한반도는 일제의 군사요새였다

이완희 PD의 일본군 전쟁기지 탐사보고

나남
nanam

이완희 李完熙

서울대 사회학과 졸업
한국방송(KBS)에 프로듀서로 입사
〈전국은 지금〉,〈추적60분〉,〈뉴스투데이〉,〈세계는 지금〉,
〈역사스페셜〉,〈KBS스페셜〉등 시사다큐 프로그램 제작
KBS부산총국 편성제작국장(2011∼2013)
현〈TV 책을 보다〉프로그램 제작

나남신서 1785

한반도는 일제의 군사요새였다
이완희 PD의 일본군 전쟁기지 탐사보고

2014년 11월 28일 발행
2014년 11월 28일 1쇄

지은이 • 이완희
발행자 • 趙相浩
발행처 • (주) 나남
주소 • 413-120 경기도 파주시 회동길 193
전화 • (031) 955-4601(代)
FAX • (031) 955-4555
등록 • 제 1-71호(1979.5.12)
홈페이지 • http://www.nanam.net
전자우편 • post@nanam.net

ISBN 978-89-300-8785-8
ISBN 978-89-300-8001-9(세트)
책값은 뒤표지에 있습니다.

이 책은 한국언론진흥재단의 저술 지원으로 출판되었습니다.

나남신서 1785

한반도는 일제의 군사요새였다

이완희 PD의 일본군 전쟁기지 탐사보고

이완희 지음

머리말

2008년 봄 제주도에 갔다가 우연히 서귀포 대정에 있는 옛 일본 해군의 알뜨르비행장 격납고 시설을 목격하였다. 한 번도 읽거나 들어보지 못한 것들이었다. 호기심으로 조사를 시작했다.

제주도 곳곳에 진지동굴, 토치카, 고사포 포대, 특공기지 등 일제가 태평양전쟁 말기에 구축한 군사시설들이 대규모로 남아 있음을 알게 되었다. 무척 놀라웠다. 후배와 함께 〈제주도 진지동굴의 비밀〉이라는 제목의 2부작 다큐멘터리를 제작, 2009년 초 방송하였다. 그 후 한반도 본토에도 무엇인가 남아 있지 않을까 하는 의문에서 조사를 시작하여 2009년 8월 광복절 특집기획으로 〈1945년 한반도는 일제의 결전기지였다〉라는 프로그램을 제작, 방송하였다.

방송이 나간 뒤 가슴 한쪽에 부끄러움과 아쉬움이 많이 남았다. 시간에 쫓겨 기본적인 조사도 미흡했고, 다루지 못했거나 제대로 설명하지 못한 사항들이 너무 많았다. 한편으로는 이 분야에 대한 학계의 연구도 빈약하기 짝이 없고, 일본 측 관계 자료도 찾기가 어려워 매우 답답했다. 무엇보다 전국 각지에 산재한 일제의 군사잔재들에 대해 우리가 너무도 무관심하다는 자책감을 떨칠 수 없었다.

그러던 중 2011년 9월 부산총국으로 발령을 받았다. 낯선 객지에서 주말이면 별로 할 일이 없었다. 틈틈이 배낭을 메고 길을 나섰다. 부산에서 시작해 거제, 통영, 남해, 여수, 목포 지역까지 곳곳을 돌아다녔다. 아름다웠다. 특히 남해안 일대, 바다와 산이 어울린 수려한 풍광은 마음을 들뜨게 하였다. "외국의 어떤 경관과 비교해도 손색이 없다!"는 감탄사가 절로 나왔다.

그런데 여행을 하는 동안 마치 생채기처럼, 아름다운 자연 속에 숨겨진, 과거 일제가 구축해놓은 군사시설들이 하나둘씩 눈에 들어왔다. 본격적으로 조사를 시작하였다. 예상했던 것보다도 훨씬 많은 일제의 전쟁관련 시설들을 새로 발견하였다.

시기적으로도 태평양전쟁(1941~1945) 말기뿐만 아니라 그보다 훨씬 이른 러일전쟁(1904~1905) 이후 계속적으로 군사시설들이 만들어졌다는 사실을 알게 되었다. 시간이 날 때마다 현장에 가서 조사하고, 사진을 찍고, 향토사 연구자나 노인들을 만나 인터뷰했다. 현장에 가지 않는 날에는 국내 도서관이나 일본의 인터넷사이트에 찾아들어가 관련 자료를 뒤지고 사 모았다. 그런 생활은 부산 근무 2년여 동안 계속되었다. 그 과정에서 이전에 알지 못했던 새롭고 놀라운 사실들을 숱하게 발견하였다.

해남, 목포, 고창, 부안, 군산 등 서남해안 요지에 구축한 수많은 일본군의 군사진지와 특공기지가 드러났고, 전국 곳곳에 만들어진 비행장은 가미카제 요원들의 교육, 훈련뿐만 아니라 특공공격을 위한 발진기지로 활용하였다는 사실을 확인하였다. 뿐만 아니라 충북 영동에는 대규모 진지동굴을 구축하여 각종 군수물자와 병력을 집결하고 총독부까지 그곳으로 이전하여 미군과 최후의 일전을 벌이려 했음을 알게 되었다. 일제가 제주도와 서남해안 곳곳에 구축한 군사시설들을 보면서 만약 1945년 8월 15일 그들이 항복하지 않았다면 이 땅에서 얼마나 끔찍한 일이 일어났을지 경악하지 않을 수 없었다.

서울로 복귀한 뒤, 그동안 취재하고 조사한 것들을 정리해 책으로 내야겠다고 결심했다. 그 뒤 주말을 이용한 서남해안 지역 답사는 한동안 계속되었다. 전문적 식견도 부족하고 역사를 전공하지도 않아서 잠시 망설이기도 했지만 책을 써야겠다고 작정한 데는 몇 가지 이유가 있었다.

첫째, 현장에 다니면서 보았던 수많은 군사유적들이 무관심 속에 방치되고 훼손되면서 조만간 모두 잊힐지 모르겠다는 걱정 때문이었다. 실제로 답사과정에서 수많은 역사의 증거자료들이 여러 이유로 파괴되고 사라져 감을 보았다. 또 당시를 경험하고 기억하는 사람들은 80대 이상의 고령자들이라 곧 이런 유적들에 대해 증언해줄 분들을 만나기 어려울 것이라는 우려가 컸다.

둘째, 어둡고 수치스러운 과거도 분명히 우리 역사의 일부라는 인식 때문이었다. 자신이 살고 있는 주변에서 과거 일제가 무슨 일을 왜 했는지에 대해 몽매하면서 어떻게 일제의 침탈을 비판하고 과거사 극복방안을 논할 수 있을까 하는 비판의식이 들었다. 우리의 무관심이 계속된다면 일제강점기에 대한 역사인식은 사라질 것이다.

셋째, 이런 작업이 사람들의 관심을 불러일으키고, 향후 본격적인 연구를 하는 분들에게 작으나마 도움이 될 수 있겠다는 기대도 작용했다. 사실 지금까지 군사사 측면에서 일제의 통치시기를 접근한 연구는 거의 없었다. 일제가 한반도에 구축해놓은 군사시설에 대한 연구는 일제의 식민지 지배체제의 성격을 좀더 분명하게 드러내는 계기가 될 것이다.

이 책은 러일전쟁부터 태평양전쟁 말기의 본토결전 시기까지 일제가 한반도 남서부 지역에 구축한 군사시설에 대해 다루었다. 그동안 필자가 현장에서 확인하고 취재한 것 중에서 50개 지역을 추린 다음, 설치 시기별로 6개 부문으로 나누어 묶었다. 이러한 분류는 독자들의 이해를 도우려 필자가 임의로 한 것이어서 정합적으로 딱 나누어떨어지는 것은 아니다. 각 장의 내용은 독립적이고 통시적으로 서술돼 관심 있는 장부터 읽어도 이해할 수 있도록 하였다.

책의 내용은 현재 남아 있는 군사유적들이 어떤 용도로 언제, 어떻게 만들어졌는지와 관련되는 일본군 문서나 연구자료를 연결해 설명하려고 노력하였다. 그리고 이해에 도움이 될 수 있도록 필자가 직접 취재한 관련자들의 증언을 덧붙이고, 촬영한 사진이나 지도 등을 첨부하였다. 아울러 향후 연구에 활용될 수 있도록 인용한 자료의 원 출처를 밝히고 책 말미에 참고문헌과 검색에 도움이 되는 인터넷사이트도 밝혀두었다. 일본 측 사이트에서 검색할 때 용이하도록 관련 지명이나 중요 시설의 한자 명칭을 병기했다.

이 책이 나오기까지 많은 분들이 도와주셨다. 향토사를 연구하시는 분들과 과거 일제 치하를 몸소 겪으신 여러 어르신들이 고령의 불편한 몸을 이끌고 마치 자기 일처럼 현장을 안내해주셨고, 직접 체험했던 과거의 기억들을 생생하게 들려주셨다. 그분들의 헌신적인 협조가 없었다면 이 작업은 불가능했을 것이다. 가능하면 그분들의 성함을 본문에 언급하여, 부족하지만 감사의 뜻을 표하려고 노력하였다.

또 일본의 츠카사키 마사유키(塚崎昌之) 선생과 다케쿠니 토모야스

（竹國友康） 선생 두 분께도 깊은 감사의 말씀을 드린다. 츠카사키 선생은 일본 오사카 지역의 고등학교 현직 교사이자 전쟁유적 전문가로, 제주도에 있는 일본군 군사시설에 대한 논문을 발표하여 관련 연구의 확산에 기여하였다. 필자의 다큐멘터리 제작과정에도 직접 참여하였고, 집필과정에서 여러 차례 자문에 응해주셨다. 다케쿠니 선생은 일본 고베에 사는 문필가로, 《한국온천이야기》, 《어느 일한 역사여행: 진해의 벚꽃》, 《일한 물고기 교류사》 등 한국관련 저서를 3권이나 썼다. 특히 《어느 일한 역사여행》은 군항도시 진해의 근대 역사를 서술한 것으로, 필자에게는 큰 자극과 시사를 주었다. 집필과정에서 자문과 조언을 아끼지 않으셨다.

아울러 이 책이 출간될 수 있도록 지원해주신 한국언론진흥재단과 흔쾌히 출판을 맡아주신 나남출판 여러분께 감사를 드린다. 특히 불비한 원고를 직접 다 읽으시고 격려해주신 '언론의병장' 조상호 회장님께 마음 깊이 감사드린다.

끝으로 이 책을 읽으실 독자 여러분께 많은 질책과 조언을 부탁드린다. 책의 내용 중에 있을지 모르는 오류는 전적으로 필자의 책임으로 앞으로 계속적인 보완을 통해 바로잡아갈 것을 약속드린다. 그리고 앞으로 이 문제에 대한 관심의 확산과 연구 열기가 뜨거워지기를 기대해본다. 지금도 전국 각지에는 방치된 채 잊혀가는 일제의 군사잔재들이 너무나 많다는 점을 다시 강조한다.

2014년 10월 15일

이완희

나남신서 · 1785

한반도는 일제의 군사요새였다

이완희 PD의 일본군 전쟁기지 탐사보고

차 례

4부 연근해 주정기지와 해상수송선 확보

5부 한반도의 수상항공 특공기지들

6부 본토결전과 최후의 저항진지 구축

1

러일전쟁과 한반도 지배체제 구축

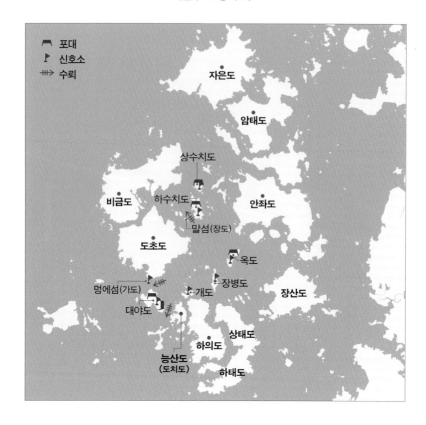

〈팔구포 방비도〉

전남 신안군 하의면 옥도

크고 작은 1,004개의 섬으로 구성되어 있다고 하여 우리에게 '천사의 섬'으로 잘 알려진 전라남도 신안군(新安郡). 그중에서도 하의도 위쪽에 자리하고 있는 작은 섬 옥도(玉島)는 주변으로 8개의 물길이 열려 있다. 이러한 지리적 특성 때문에 이 부근 수역은 예로부터 '팔구포' (八口浦)라 불렸다. 팔구포는 오래 전부터 우리나라 연안항로에서 남해와 서해를 연결하는 핵심적 교통로로서의 역할을 했다.

옥도는 면적이 1.59제곱킬로미터, 해안선의 길이는 7.5킬로미터, 거주민이라고 해봤자 30여 가구 40여 명에 불과한 작은 섬이다. 하지만 지금으로부터 110년 전 일제가 러시아와의 일전을 준비하면서 옥도를 중심으로 전략적 핵심기지로서 해군 가근거지(海軍 仮根據地)를 만들고 방비대(防備隊)를 배치했다는 사실을 알게 되면 다소 놀라지 않을 수 없다.

만주와 한반도에 대한 지배권을 둘러싸고 러시아와 계속적인 협상을

옥도 전경 (사진: 신안군청)

하던 일제는 한편으로는 만일의 경우에 대비한 전쟁준비도 철저히 진
행했다. 결국 교섭이 실패로 돌아가고 양국 간의 긴장이 고조되자, 일
본 해군군령부는 1903년 12월 비밀 작전준비계획을 하달하고 본격 전
쟁준비에 착수한다. 그 첫 번째 조치가 규슈 사세보(佐世保)에 있는
해군기지부터 목포 인근에 있는 팔구포까지, 그리고 대마도와 거제도
를 거쳐 마산포에 이어지는 구간에 전신선을 부설하는 것이었다.

　이를 위해 일본 해군은 1903년 12월 30일 당시 요코하마에 정박해
있던 체신성 소속 오키나와마루(沖繩丸)를 징발해 나가사키로 불러들
였다. 오키나와마루는 1896년 일본-대만 간의 해저전신선 부설을 목
적으로 영국에서 만들어 도입한 일본 최초의 해저케이블 부설 전용선
(총톤수 2,278톤)이었다.[1]

1 アジア歴史資料センター(JACAR),《極秘 明治三十七八年海戰史 第四部 防備及ひ運

나가사키(長崎) 항에서 부설용 해저케이블을 탑재한 오키나와마루는 인근에 있는 사세보 항의 공창으로 옮겨간다. 이곳에서 선수에 있는 케이블 부설에 사용되는 활차(sheave)가 외부에서 잘 보이지 않도록 가리고, 흰색이었던 선체 외부도 검정색으로 바꾸어 칠하는 등의 위장 작업을 철야로 진행하였다. 배의 이름도 후지(富士)라고 바꾸었다.

그리고 1904년 1월 11일 야음 속에서 오키나와마루의 전신선 부설 작업은 시작되었다. 부설작업이 진행되는 해역에는 방호순양함 아카시마루(明石丸)가 오키나와마루를 먼발치에서 호위하면서 부근 해로를 지나가는 외국 선박이 염탐하지 못하도록 경계를 펼쳤다. 사세보 인근 아이노우라(相ノ浦)에서 시작하여, 남해 거문도(巨文島)를 거쳐 소안도(所安島) 남쪽을 지나 팔구포 가운데에 있는 옥도까지 230해리에 달하는 구간에 해저케이블 부설을 완료하고, 1차 통신시험에 성공한 것은 1904년 1월 15일 오후 5시경이었다. 그 뒤 옥도에는 전신취급소가 설치되었다.

대마도와 마산포 간의 전신선 부설공사는 그 직후인 2월 6일에 시작되어 2월 10일에 마쳤다. 전신선은 대마도 이즈하라(嚴原)에서 육상을 통해 츠츠(豆酘)까지 연결한 뒤, 해저를 통해 거제도 관포(冠浦)까지 이어가고 육상으로 송진포까지 부설한 다음, 다시 해저케이블을 통해 칠원반도에 상륙한 뒤 육상을 통해 마산포까지 연결하는 구간이었다.

같은 시기 일본 해군군령부는 나주군도(羅州群島) 방어계획을 책정하고 팔구포 가근거지를 방호하기 위한 조치들을 착착 진행했다. 당시 도고 헤이하치로[2] 일본 연합함대사령장관의 명령을 받은 두 척의 군함

輪通信 卷四》, Ref. C05110109700.

(臺南丸, 臺中丸)은 2월 7일 팔구포에 도착하여 수뢰 부설작업을 시작하였다. 도초도(都草島)와 대야도(大也島) 사이의 도초수도(都草水道)와 대야도와 능산도[일본 문서에는 도치도(道治島)라고 표기되어 있다] 사이의 대야수도(大也水道), 그리고 남도(南島)와 장도(長島) 사이(섬의 명칭이 다르게 되어 있는데 남도는 하수치도, 장도는 도초도 오른쪽에 있는 말섬을 가리키는 것으로 보인다)의 물길에 각각 부표수뢰(浮標水雷)를 설치하여 외해로부터 적선의 진입을 차단하였다(16쪽 〈팔구포 방비도〉 참조). 3

뒤이어 팔구포 지역 섬들의 주요 지점에는 각각의 수도(水道)를 보호하고 소형함정을 엄호하기 위한 포대를 서둘러 설치했다. 옥도, 대야도의 북쪽과 동쪽, 상수치도와 하수치도 등에 만들어진 급조포대에는 각종 무기가 배치되고 병사들을 위한 막사가 세워졌다. 아울러 옥도, 장병도, 개도, 대야도, 가도(멍에섬) 그리고 상수치도, 하수치도 등 7군데 지역에 신호소가 세워졌다. 4 이런 일련의 작업이 마무리되고 팔구포 방비대의 최종 완성은 3월 3일이었다.

이렇게 만들어진 팔구포 방비대는 일본 연합함대가 뤼순항(旅順港)을 공격하기 위한 전진근거지로서의 역할을 수행한다. 그 예로 1904년 2월 24일 제1차 뤼순항 폐색(閉塞) 작전에 나섰다가 공격이 실패로 돌아가자 도고 사령장관은 함대를 일본의 사세보가 아닌 팔구포 가

---

2 도고 헤이하치로(東郷平八郎, 1848~1934): 러일전쟁 당시 쓰시마해전에서 러시아 발틱함대를 격파한 일본 해군의 연합함대 사령장관.
3 JACAR, 〈第4部 第1編 防備/第6章 前進根據地の防備〉, 《極秘 明治37.8年 海戰史》, Ref. C05110105200. 이하 위 책은 '《해전사》'로 약칭함.
4 JACAR, 〈八口浦防備図〉, Ref. C0511010700.

근거지로 귀환시키고, 이곳에서 수 일간 머물면서 다음 작전을 준비한 다음 3월 7일 재차 뤼순항 공격을 위해 팔구포를 출발한다. 도고 사령 장관의 일기를 바탕으로 정리한 일지를 살펴보면 당시 일본 연합함대 에게 팔구포가 얼마나 중요한 근거지였는지 쉽게 짐작할 수 있다. [5]

도고 사령장관의 일지

1904. 2. 24. 제1회의 폐색 시도(돌격 명령을 내렸지만 폐색대가 뤼순항 입 구 도달 전 침몰, 작전 실패).

1904. 2. 26. 순위도(巡威島, 황해도 남서부에 있는 섬)에 투묘(投錨). 나머지 구축함·모함(春日丸)·병원선(神戶丸)·수뢰정 등을 팔구포로 회항시킴.

1904. 2. 27. 8시 인천 앞바다 통과. 11시 팔구포 정박. 16시 30분 팔구포에 제1함대 도착.

1904. 2. 28. 감기 증세로 군의관 진료 받음.

1904. 3. 1. 이후 팔구포에 정박.

1904. 3. 3. 오후에 제7전대 팔구포에 입항.

3. 7. 팔구포에서 다시 출발.

일본 연합함대의 팔구포 구역에서의 활동은 또 다른 기록에서도 확 인된다. 1902년부터 5년간 목포 영사관에서 근무했던 일본인 관리 와

5 堀口 修, 〈明治37年2月－8月, 聯合艦隊司令長官 東鄉平八郎日記について〉, www. mkc. gr. jp/seitoku.

카마츠 도사부로(若松兎三郎)의 자서전에 따르면, 1902년과 1903년에 걸쳐 일본 해군이 비밀리에 목포 앞바다 해저 측량을 실시함에 있어서 목포주재 일본영사관은 일체의 편의를 제공하였고, 제1차 뤼순 공격작전을 끝내고 연합함대가 팔구포에 수 주간 머물렀을 때도 수시로 해군활동을 지원했다. 와카마츠는 1904년 미국산 육지면(陸地棉)을 도입하여 목포 고하도에서 최초로 시험재배를 성공시킨 인물로 알려져 있다.[6]

당시 일본군의 움직임은 팔구포 지역 민간인들에 의해서도 자주 목격되었다. 개화파 지식인이었던 김윤식(1835~1922)이 신안의 지도(智島)에서 유배생활을 하며 남긴 일기에는 "이곳에서 가까운 남쪽 50리 거리 해상에 자라(者羅) 옥도가 있다. 일명 '팔구만'으로 해로의 요충지인 데다 군함정박에 편리하다. 일본함대는 이곳을 근거지로 삼았다. 거함 수십 척이 항상 모여 정박되어 있다"는 내용이 담겨 있다.[7] 조선 지식인들이나 관리들도 일본군의 움직임을 상당히 정확하게 포착하고 있었음을 짐작할 수 있다.

이 밖에 일본 해군은 러일전쟁에 대비해 한반도 곳곳에 해상 기상관측소를 설치하였는데, 그중 하나가 1904년 3월 10일 옥도에 세워졌다. 1906년 4월 러일전쟁이 끝나고 이 옥도 기상관측소는 목포 일본영사관 내로 옮겨졌는데, 한반도에서의 근대적인 기상관측이 이런 계기

---

6 杉本幹夫, 〈或る朝鮮勤務高級官僚の自伝より〉, 《日韓關係論文目次》, www5b. biglobe. ne. jp/~korea-su/korea-su/jkorea/nikkan 내의 '와카마츠 도사부로(若松兎三郎) 자서전 소개' 참고.

7 최성환 외 공역, 《김윤식의 지도유배일기》, 신안문화원, 2010, 257~258쪽, "1904년 3월 2일 일기" 참고.

'대일본제국해군용지'라고 쓰인 경계석(좌) · 망뫼산 기슭의 일본군 집수정(우)

로 시작되었다는 사실에 씁쓸함을 떨치기 어렵다.

현재 옥도는 목포 연안여객선터미널에서 연락선을 타고 2시간 반 정도 가면 도착한다. 멀리서 바라보면 옥도는 작은 봉우리 3개가 이어져 있는 지형이다. 맨 남쪽에 있는 제산(祭山, '제사를 올리는 산'이라는 의미로, 당집이 있다)과 가운데 제일 높은 망마산(望馬山, 주민들은 망뫼산이라고 부른다), 그리고 북동쪽으로 낮게 펼쳐진 갈마산(갈머리산)이다. 망뫼산이 제일 높다고는 하지만 해발 80여 미터에 불과한 작은 산이다.

세월이 흐르면서 이전의 방비대 시설들은 대부분 부서지고 사라져 갔지만 지금도 곳곳에 흔적이 남아 있다. 옥도 선창에서 조금 올라가다 보면 몇 채의 집들이 있는데, 이 일대가 일본군 병사(兵舍)가 세워졌던 곳이다. 부근에는 일본군들이 만들어 사용하던 우물과 화약고, 목조 목욕탕 건물과 물을 끓일 때 사용하던 무쇠 솥이 있었다고 한다.

일본군이 사용하던 우물은 불과 얼마 전까지 남아 있었는데 최근 개발 과정에서 훼손되어 사진으로밖에 볼 수가 없다. 우물이 있었던 자리 부근에는 '대일본제국해군용지'(大日本帝國海軍用地)라고 새겨진 사각형의 돌기둥이 길가에 버려져 있다. 옥도 곳곳에는 이런 경계석들이 세워져 있었는데 주민들이 가져다 받침대 등 여러 가지 용도로 사용하였다.

망뫼산과 갈마산이 이어지는 잘록한 낮은 능선지대를 주민들은 '고래목'이라고 부른다. 마을에 전해지는 일화에 따르면 만조 때에는 바닷물이 능선의 거의 윗부분까지 차고 고래들이 이곳을 뛰어넘어 갔다고 하여 붙여진 이름이라고 한다. 실제로 고래목 주변 바닷가에서는 고래 뼈가 많이 발견되었다고 한다. 이 고래목 한편에 굵다란 돌무더기가 쌓여 있고, 그 안에 붉은 벽돌로 쌓은 건물의 기초가 남아 있는 것을 볼 수 있다. 이곳이 기상관측소가 세워졌던 곳이다.

고래목에서 오른쪽으로 낮게 펼쳐진 갈머리 끝자락에 일본군들이 설치한 포대가 있었다. 〈팔구포 방비도〉를 보면 갈머리 해안가에 포대의 위치가 표시되어 있는데 포구는 옥도의 동쪽 수로를 향해 있었음을 알 수 있다.

기상관측소 터에서 뒤돌아보면 바로 앞에 망뫼산이 뾰족하게 솟아 있다. 망뫼산 아래에는 현재 섬 주민들이 지하수 취수장으로 사용하는 곳이 있는데, 그곳에서 왼쪽으로 조금 떨어진 산기슭에는 당시 일본군들이 만들어놓은 콘크리트 시설물이 거의 원형 그대로 남아 있다. 대중목욕탕의 욕조 같은 장방형이다. 자세히 보면 한쪽 모서리에 산 위에서 내려오는 물을 모아들이기 위한 홈이 파여 있는 집수정이 있다. 당시 섬에서 장기주둔하기 위해서는 식수 확보가 매우 중요한 문제였다.

특이한 것은 집수정 아래 땅속에서는 지금도 맑은 샘물이 계속하여 솟아나는데 지금까지 한 번도 마른 적이 없다고 한다. 작은 섬임에도 지하수가 풍부해 가뭄이 심할 때는 인근 섬 주민들이 와서 물을 길어 갈 정도라고 한다. 이처럼 풍부한 지하수가 존재한다는 것은 옥도에 방비대를 설치할 중요한 조건이 되었을 것이다.

망뫼산 정상에는 팔구포 가근거지 전체를 관장하는 신호소와 전신소가 설치되어 있었다. 지금도 산으로 올라가는 꼬불꼬불한 산길의 흔적이 남아 있는데, 현장을 안내해준 섬 주민 송성태 씨(1933년생)에 따르면 옥도 주민들은 꼬불꼬불한 그 길의 모양이 목화에서 씨를 분리하는 씨아의 손잡이를 일컫는 꼭두말('꼭지마리'의 방언)과 닮았다고 하여 '꼭두말길'이라고 부른다. 일본군들은 산 아래 집수정에서 꼭두말길을 통해 산꼭대기까지 물을 길어 올렸다고 한다.

일본군의 흔적들을 찾아보기 위해 가시덤불을 뚫고 망뫼산에 올라갔지만 정상부는 대나무로 무성하게 뒤덮여 옛날의 자취는 찾아볼 수가 없었다. 주민들에 따르면 수년 전에 헬기장을 조성하기 위해 산 위에 있던 일본군 포대와 막사 터를 전부 허물어버렸다고 한다.

송진포 가근거지 방비대

경남 거제시 장목면 송진포리

1905년 5월 27일 새벽 2시 45분, 일본 해군 연합함대 소속 순양함 시나노마루(信濃丸)는 고토열도(五島列島, 일본 규슈 나가사키 왼편에 길게 늘어선 섬들) 서쪽에서 북쪽을 향해 조용히 항해 중인 러시아의 발틱함대를 발견한다. 이곳은 일본 해군이 '203지점'이라고 지정한 초계해역이었다. 보고를 받은 일본의 연합함대사령장관 도고 헤이하치로는 대기하던 모든 함대에게 출격명령을 내린다. 5월 27일과 28일 이틀에 걸친 격렬한 해전에서 러시아함대는 괴멸적 타격을 입는다. 양국의 피해를 살펴보면, 일본은 수뢰정 3척 침몰에 전사 117명, 부상 583명 정도지만, 러시아는 전함 21척 침몰, 6척 나포, 전사 4,830명, 포로 6,106명에 달했다. 이른바 쓰시마해전의 결과다.[1]

---

1 일본은 '일본해해전', 한국은 '동해해전'이라고 부르는데, 주요 전투가 벌어진 곳이 쓰시마와 일본 본토 사이이기 때문에 '쓰시마해전'이 좀더 정확한 표현이다. 영어권과 러시아에서도 쓰시마해전이라고 부른다.

1905년 9월 러시아와 일본은 미국의 중재하에 포츠머스조약을 체결했다. 러일전쟁 초반 고전을 면치 못하던 일본군이 그나마 유리한 조건에서 강화조약을 체결할 수 있었던 데는 일본 연합함대의 쓰시마해전 승리가 결정적이었다. 사실 쓰시마해전 직전까지만 해도 일본은 더 이상 전쟁을 끌고 가지 못할 만큼 모든 자원이 고갈되어 있었다. 러시아 역시 국내의 혼란한 정치상황으로 이후의 전쟁수행이 어려운 입장이었다. 일본이 해전에서 승리했으면서도 러시아로부터 배상금을 한 푼도 건네받지 못한 채 강화협상을 서둘러 타결한 것도 사실 그러한 배경 때문이었다.

이렇듯 쓰시마해전은 섬나라 일본이 강대국 러시아를 꺾고 러일전쟁을 승리로 이끌어낸 엄청난 사건이었다. 해전을 승리로 이끈 도고 헤이하치로는 일본 내에서 국가적 영웅 내지 군신으로 추앙되고, 해전이 시작된 5월 27일을 해군의 공식기념일로 지정해 패전 전까지 해마다 성대한 기념행사를 계속했다. 참고로 일본 육군은 펑톈회전(奉天會戰)에서 승리하고 러시아군을 패퇴시킨 3월 10일을 육군기념일로 정하고 해군과 마찬가지로 해마다 전승기념행사를 해왔다.

그런데 일본의 쓰시마해전 승리가 한반도와 밀접히 관련되어 있다는 사실은 많이 알려져 있지 않다. 쓰시마해전이 발발하기 전 일본 해군의 주력인 제1, 제2함대가 약 3개월간 비밀리에 대기하며 사격과 기동훈련 등을 반복하다가 발틱함대를 발견하자 긴급하게 출격한 곳이 바로 경상남도 진해만이었다. 당시 일본 해군 연합함대가 장악하고 군사훈련을 실시했던 진해만은 오늘날의 진해시 앞뿐만 아니라 현 마산시 진동면 앞, 구산반도 서쪽, 고성반도 동쪽, 거제도 북쪽, 그리고 거제도와 가덕도(加德島) 사이의 가덕수로 일대였다.

〈진해만 방비도〉

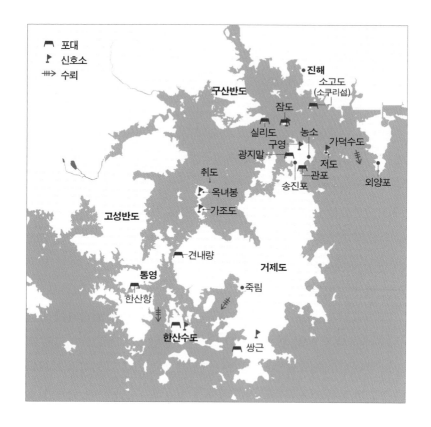

포대
신호소
수뢰

진해
소고도
(소쿠리섬)
구산반도
잠도
실리도   농소
구영   가덕수도
광지말   저도
취도   관포   외양포
옥녀봉   송진포
가조도
고성반도
견내량
거제도
통영
죽림
한산항
한산수도   쌍근

이 진해만 일대는 외해로부터 안으로 깊숙이 들어가 사방이 육지와 섬으로 둘러싸여 있어 적함으로부터의 은폐와 엄폐가 용이한 데다, 수심이 깊고 잔잔하여 함대의 훈련과 대기에 최적의 장소였다. 더구나 이곳은 뤼순항과 블라디보스토크를 연결하려는 러시아함대의 움직임을 손쉽게 감시하고 유사시 가장 신속하게 출격할 수 있는 최적지였다. 일제는 러일전쟁이 발발하기 직전 진해만 일대에 해군 가근거지를 구축하고 거제시 장목면 송진포(松眞浦)에 가근거지 방비대사령부를 설치하는 등 본격적인 전쟁에 대비하였다.

무더위가 한창 기승을 부리던 지난 2013년 7월, 나는 송진포에 남아 있는 방비대 흔적을 찾아보기 위해 거제도로 향했다. 3번째 방문이었다. 나는 그동안 몇 차례 전화통화를 통해 도움을 주셨던 향토사학자 이승철(1939년생) 선생을 찾았다. 선생은 얼마 전 큰 수술을 받고 건강을 회복 중이었는데, 불편한 몸인데도 불구하고 앞장서서 송진포 현장을 안내했다.

우선 장목항(長木港) 앞쪽 야트막한 야산에 남아 있는 송진포왜성터를 찾았다. 시루봉(91미터) 위에 있다고 해서 일명 시루성이라고도 불리는 송진포왜성은 임진왜란이 발발한 다음 해인 1593년 왜장 후쿠시마 마사노리(福島正則)가 쌓았다고 알려져 있다. 장목항 쪽에서 바라보면 왼쪽의 높은 봉우리에 본성이, 그리고 오른쪽 조금 낮은 곳에 내성이 있는데, 수풀이 우거져 남아 있는 성터를 찾아보는 일은 다음 기회로 미뤄야 했다.

본성과 내성 사이로 큰길이 나 있고 그 끝에 금무정(錦武亭)이라는 이름의 제법 멋있게 만들어진 궁도장이 서 있다. 이곳에 들어서면 주변일대의 아름다운 경치를 한눈에 내려다볼 수 있다. 우선 바로 눈 아

가근거지 방비대 사령부가 자리했던 송진포마을 전경.

래에는 사방이 산지로 둘러싸인 아늑한 모양의 송진포만이 눈에 들어온다. 남해 해안선에서 육지의 안쪽으로 깊숙하게 진해만이 들어서 있고 송진포만은 다시 진해만 안쪽 후미진 곳에 위치해, 이중으로 숨겨진 천혜의 요지라는 것이 쉽게 느껴진다. 그리고 송진포만을 가로질러 북쪽으로 멀리 대봉산(257미터)이 자리하고 있는데, 대봉산 산자락 송진포초등학교 터 일대가 방비대사령부가 있던 곳이다.

현재 남아 있는 러일전쟁 당시의 흔적은 많지 않다. 마을로 들어가는 도로 옆쪽 길가에 처박혀 있는 '가근거지방비대적'(仮根據地防備隊跡)이라고 새겨진 기념비, 그리고 대봉산 정상 부근에 남아 있는 '대일본제국해군용지'(大日本帝國海軍用地)라고 새겨진 화강암 비석 등이 거의 전부다. 《거제시지》(巨濟市地)에 따르면 송진포만 한쪽 기슭에는 직경 8미터의 원통형으로 외벽은 연와로 만들어진 군함의 급수시설 2개소가 있었다고 하는데 얼마 전 도로정비를 할 때 없어졌다. [2]

이 아름답고 평화로운 포구마을에 그 당시 무슨 일이 있었는지 사실 상상하기조차 쉽지 않다. 다만 송진포에 거주하며 일본군의 움직임을 직접 목격한 당시 20세였던 박학주 씨의 증언에서 대략이나마 당시의 상황을 짐작해볼 수 있다. 3

함선 30~40척이 갑자기 칠천도(七川島) 해협과 송진포 입구에 정박하고 당시 밀양 박씨 30여 세대가 살던 송진포에 상륙, 주민들을 모두 쫓아내고 송진포초등학교와 뒤편 기념비를 세웠던 언덕을 뭉개어 병영을 구축하고, 포구에는 산더미 같은 석탄과 군량미를 쌓았다.

러일전쟁 발발의 계기는 10년 전인 청일전쟁으로까지 거슬러 올라간다. 월등한 해군력으로 노쇠한 청나라 함대를 물리친 일본군은 1895년 4월 17일 시모노세키조약(下關條約)을 체결했다. 청국이 조선의 자주독립국임을 인정하고, 랴오둥(遼東) 반도와 타이완(臺灣) 및 평후(澎湖) 섬을 할양하며, 그리고 2억 냥의 배상금을 일본에 지불하는 조건이었다. 당시 2억 냥은 일본 정부 재정수입의 약 3배에 달하는 매우 과도한 액수였다.

그런데 조약이 체결된 지 불과 6일 후 러시아는 프랑스, 독일과 함께 일본에게 랴오둥반도를 청나라로 반환할 것을 요구하고 나섰다. 이른바 삼국간섭(三國干涉)이다. 명분은 일본의 랴오둥반도 영유가 극동지역 평화에 장애가 된다는 것이었다. 일본의 여론은 들끓었고 러시

---

2 거제시청, 《거제시지》, 제2편 "역사".
3 "성역의 땅에 日 망령소동", 〈부산일보〉, 1982년 5월 7일 자 10면.

아에 대한 적대감이 극에 달했다. 하지만 연합한 열강세력에 대적할 만한 군사력이 없었던 일본은 그들의 요구를 수용할 수밖에 없었다.

삼국간섭 이후 10년은 일본이 러시아에 대한 복수의 칼을 갈며 관민이 모두 군사력 증강에 전력한 시기였다. 도쿄제국대학 법학부 교수들까지 앞장서서 러시아와의 일전을 선동하고 나설 정도였다.[4] 국가적 슬로건이 '원수를 갚기 위해 섶에 누워 쓸개를 곱씹는다'는 와신상담 (臥薪嘗膽)이었다. 제2차 세계대전 당시 A급 전범들의 위패를 모아놓아 국제사회의 비난을 받는 야스쿠니신사(靖國神社) 내 전쟁박물관인 유슈칸(遊就館)에는 메이지 시기 일본역사를 설명하는 전시관에 '와신상담'이라는 현판이 크게 걸려 있다.

당시 일본의 재정지출 대부분은 모두 군비를 구축하는 데 사용되었다. 일본 국민들의 생활은 피폐해질 수밖에 없었다. 시모노세키조약에 따른 배상금과 랴오둥반도 반환에 따라 청나라에서 지불한 금액을 합한 약 3억 6천만 원 가운데 62.6%가 군비확장에 사용되었고, 21.9%는 임시군사비로 지출될 정도였다.[5]

일본은 육군의 사단 수를 대규모로 늘리고 해군력을 획기적으로 확장했다. 특히 '66함대계획'으로 알려진 해군확장운동을 통해 일본은 영국에서 군함을 추가로 도입하는 등 해군력을 종전의 4배 수준으로 끌어올렸다. 그 결과 러일전쟁 직전인 1902년에는 영국, 프랑스, 러시아에 이어 세계 제4위 수준의 해군력을 갖추게 되었다. 외교적으로도 1902년 영국과 동맹을 체결하는 등 러시아와의 일전에 철저히 대비

4 이창위, 《일본제국흥망사》, 궁리, 2005, 71쪽.
5 《(新編 新しい社會) 歷史》, 東京書籍, 2011, 157쪽.

하였다.

한편 삼국간섭 이후 러시아도 일본이 반환한 랴오둥반도에 있는 뤼순과 다롄에 군항과 요새를 건설하고 동청철도부설권을 확보하는 등 만주지역에 대한 진출을 본격화한다. 아울러 1899년 마산포 앞바다에 군함을 파견하여 연안을 측량하고 해군용지를 확보하려다 일본의 방해로 물러나기도 하고, 1903년에는 용암포를 무단으로 점령하는 등 한반도의 지배를 둘러싸고 일본과 치열한 경합을 계속했다. 그리고 마침내 1903년 8월 양국 간의 마지막 교섭이 결렬되자 일본은 전쟁발발은 이제 시간문제라고 보고 본격적인 개전준비에 착수하게 된다.

전쟁에 대비한 일본군의 본격적인 움직임을 알 수 있는 문서가 1903년 12월에 작성된 〈해군작전계획 요령〉이다. 이 작전계획은 상황에 따라 4개의 계획으로 나뉘어 책정되어 있는데, 비고란에 "피아의 정황에 상관없이 진해만을 우선적으로 장악하라"는 내용이 있는 것을 보면 당시 일본 해군이 진해만을 얼마나 중요시했는지를 알 수 있다. 대륙에서 러시아와 전쟁할 경우 육군에게 병력, 식량, 탄약 등을 수송하기 위해서는 일본과 한반도를 연결하는 관문인 쓰시마해협의 장악은 필수불가결하다. 아울러 뤼순과 블라디보스토크로 나누어진 러시아의 군항을 연결하는 최단항로가 대한해협이기 때문에 이 일대를 손쉽게 감시할 수 있는 진해만을 핵심적인 군사거점으로 여겼던 것이다.

당시 일본 해군의 수뇌부가 작성한 〈해군작전 제 1계획(요령)〉의 주요 내용을 살펴보면 다음과 같다. [6]

---

6 JACAR, 〈第1部 戰紀, 第1篇 開戰前一般ノ狀況及ヒ開戰〉, 《해전사》, Ref. C0511003
31200.

1. 내외에 우리 함대행동의 비밀을 유지하기 위해 가능한 모든 수단을 다해 연합함대(제1, 제2함대)를 사세보로부터 출발시켜 뤼순 방면의 적 함대를 기습한다.
2. 연합함대의 사세보 출항에 이어 제3함대로 하여금 조선(대한) 해협을 굳게 지키게 하고 블라디보스토크 방면의 적을 경계·방어토록 한다.
3. 함대의 발진 후 시기를 봐서 해군전시편제를 실시한다.
4. 가근거지를 진해만에 설치한다.
5. 사세보·팔구포 사이에 부설할 해저전신선을 통해 한국의 남서해역에서 움직이는 우리 함대와의 통신연락을 유지한다.
6. 대마도에서 거제도를 거쳐 마산포에 이르는 전신선을 부설하고 가근거지 및 한국 내지로의 통신연락을 유지한다.
7. 함대발진과 동시에 육군병력을 출발시켜 이들을 인천으로 수송한 뒤 상륙시키고, 이를 위해 극비리에 필요한 병력을 사세보에 미리 승선시켜두는 것이 필요하다.

(비고) 진해만은 조선해협을 확실히 장악하고, 일한 양국 간의 교통확보를 위해 필요하므로 피아의 정황에 상관없이 먼저 이를 점령하도록 한다.

앞에서도 말한 것처럼 일본 해군은 정황에 따라 4개의 작전계획을 마련했고, 만약 전쟁이 일어날 경우 위에서 인용한 제1계획이 가장 신속하면서도 효과적일 것으로 자체평가하고 있었다. 그리고 개전 이후의 실제 상황은 거의 제1계획대로 착착 진행되었다.

이제 본격적으로 일본 해군의 전쟁준비 과정을 구체적으로 살펴보도록 하자. 일본군은 1903년 12월 28일 해군중좌 이와시타 토모카츠(岩下知克)를 책임자로 한 가근거지 방비대 준비원을 선발하고 무기와 식량, 피복 등 필요물품 확보에 착수시켰다. 다음 해 1월 12일에는 해군 전시편제에 의거, 가근거지 방비대를 편제하고, 해군소장 모치하라 헤이지(餠原平二)를 사령관으로 임명하여 본격적인 방비대 구축작업 준비에 착수하였다. 한편으로는 일본과 한반도를 연결하는 전신선 구축작업을 서둘러 1월 15일에는 사세보와 목포 앞바다의 팔구포 사이, 그리고 2월 10일에는 대마도에서 거제도를 거쳐 마산포에 이르는 전신선 연결을 완성하였다.

한편에서 전쟁준비를 한창 진행하던 1904년 2월 4일, 마침내 일본은 러시아에 대해 국교단절을 통보하고 곧바로 2월 6일과 7일에 걸쳐 제3함대로 하여금 진해만을 점령시켰다. 뒤이어 2월 8일 밤 뤼순항에 정박한 러시아함대를 기습공격하고, 2월 9일에는 인천 앞바다에 정박해 있던 2척의 러시아군함을 격침시켰다. 그리고 그 다음날인 2월 10일에서야 일본은 정식으로 러시아에 선전포고를 하였다.

정식 선전포고 없이 상대방의 중요기지나 함대를 불시에 선제기습하고 사후에야 선전포고하는 것은 역사적으로 일본이 늘 반복해온 전쟁수행 방식이었다. 청일전쟁(1894), 중일전쟁(1937), 태평양전쟁(1941)도 마찬가지였다. 제1차 세계대전 당시 독일과의 전쟁이나 시베리아 출병(1918)의 경우는 예외였으나 그때는 일본이 연합군의 일원으로 참가한 경우였다.[7]

이제 다시 앞으로 돌아가 진해만 가근거지 방비대 구축과정에 대해 좀더 구체적으로 살펴보자. 진해만방비대 본대가 사세보 군항을 출발한 것은 러일전쟁이 발발한 직후인 2월 18일이었다. 군함 곤고(金剛)

---

7 井上 淸(이노우에 키요시), 《日本の 歷史》, 岩波新書, 2011, 73쪽.

의 호위 아래 운송선 사쓰마마루(薩摩丸), 니가타마루(新潟丸), 겐잔마루(劍山丸) 및 치요마루(千代丸)에 군인과 공사를 담당할 노동자 2,728명이 나누어 탔다. 그리고 선박에는 공사에 필요한 각종 자재와 물품 그리고 무기들이 나뉘어 실렸다.

방비대 본대 일행이 쓰시마섬 다케시키(竹敷) 요항을 거쳐 거제도 북쪽에 있는 하청만(河淸灣)에 도착한 것은 2월 20일 오전 9시 30분경이었다. 이들은 맨 먼저 하청만의 양 입구에 단평선[8]과 스틸와이어(steel wire)를 이용해 가설방재를 설치하였다. 아울러 주변에 대한 경계를 강화한 뒤 방비대 조성작업에 착수하였다. 가근거지 방어와 각종 토목공사의 착수 순서는 출발 전인 1월 20일 포새사령 해군중좌 이와시타 토모카츠(岩下知克)가 마련했는데 대략 다음과 같았다.[9]

1. 인부, 직공의 숙소 및 부속 취사장을 건축한다.
2. 건축토목의 인부, 직공은 별지 토목건축공사 착수순서에 기초하여 곧바로 공사에 착수한다.
3. 수뢰 부설대원은 맨 먼저 진해만 입구의 수뢰부설에 종사하고 이어서 죽림포, 통영 방면의 부설에 착수한다.
4. 통신부원은 가능한 한 신속하게 신호소를 설치한다.
5. 포새원(砲塞員)의 반수 및 인부 200여 명을 데리고 포와 포구를 육지로 끌어올리고 각기 설치할 위치로 운반한다.

---

8 단평선(대平船)이란 짐을 나르는 데 쓰는 바닥이 평평하고 폭이 넓은 배를 말한다.
9 JACAR, 〈第四部, 第一編, 第六章 前進根據地ノ防備〉, Ref. C05110105200, '第1節 鎭海灣附近ノ防備', 252쪽.

6. 기관부원 및 인부 약 100여 명으로 하여금 발전기, 탐해전등, 증류기 및 부속기 등을 육지로 끌어올려 각각 설치할 위치로 운반한다. (후략)

방비대원들은 매일 도시락을 휴대하고 운송선인 사쓰마, 겐잔, 니가타마루 3척에 나누어 타고 나가 수뢰부설, 포대축조 그리고 육상에서의 건축공사 등 각자 주어진 업무를 진행했다. 주요 공사의 완공 일자를 정리하면 〈표 1-1〉과 같다.

〈표 1-1〉 가근거지 방비대 구축 일지

구분	시설명	완공일자
신호소	고성지 신호소	3월 7일
수뢰방비	진해만 방면	3월 15일
급조포대	관포 포대	3월 29일
신호소	잠도 신호소	3월 31일
급조포대	실리도 포대	4월 10일
급조포대	광지말 포대	4월 8일
급조포대	잠도 포대	4월 9일
급조포대	소고도 포대	4월 11일
수뢰방비	죽림포 방면	5월 3일
신호소	저도 신호소	5월 3일
급조포대	한산수도 포대	5월 13일
신호소	가라산무선전신소	5월 19일
수뢰방비	통영 방면	5월 27일
급조포대	견내량 포대	5월 28일
급조포대	쌍근 포대	5월 28일
신호소	한산도 신호소	5월 30일
신호소	가조도 신호소	6월 4일
신호소	옥녀산 신호소	6월 4일
급조포대	한산항 포대	6월 7일

3달여에 걸친 공사는 6월 7일 한산항 포대 준공을 끝으로 진해만방비대 전부를 완성하게 된다. 대부분 전쟁발발 이후 서둘러 급조했기 때문에 임시적인 것들이고 항구적인 시설은 아니었던 것으로 보인다. 하지만 방비대사령부를 중심으로 수뢰, 포대, 신호소 등을 진해만 일대의 중요 지점 곳곳에 설치하여 철저하게 방비체제를 갖추었다. 이 시설들을 지도 위에 모아 표시해보면 얼마나 철저하게 방비체제를 갖추었는지 한눈에 알 수 있다(28쪽 지도〈진해만 방비도〉참조).

　주목해볼 만한 점은 가근거지 방어체계를 구축하면서 포대나 망루 등 군사시설을 세운 지점을 보면 역사적 중첩성이 발견된다는 것이다. 다시 말하면 러일전쟁 당시의 군사적 요충지들은 상당부분 임진왜란 당시 일본군들이 왜성을 쌓고 주둔했거나 치열한 전투가 벌어졌던 전략적 거점이었음을 알 수 있다.

　일찍이 대봉산 정상에는 외적의 침범을 알리기 위한 봉수대가 있었고, 산 너머 진해만과 접한 작은 포구마을 구영리에는 조선 전기 왜구의 침탈을 막기 위해 세운 거제 7진 중 하나인 영등진이 있었다. 지금도 영등진의 일부인 영등성의 흔적이 남아 있다. 이후 1592년경 왜장 시마즈 요시히로(島津義弘)가 대봉산에 영등포 왜성(永登浦 倭城)을 쌓았다. 정상 부근에 영등왜성 본성을, 산 아래에는 원래 있던 영등성을 부분적으로 이용해 영등왜성 외성을 쌓은 다음 군사들을 주둔시켰다.

　그런데 300여 년 뒤 이번에는 일제의 해군들이 다시 들어와 이 지역을 무단 장악하고 군사시설들을 구축한 것이다. 대봉산 앞쪽 산기슭에는 방비대사령부를 설치하고 주변 해안 일대에 각종 군사시설을 구축했다. 지금은 거의 파괴되고 흔적만 남았지만 송진포, 황포, 구영리 바닷가에 세웠던 집수정이 남아 있다. 장목면 구영리의 논 한가운데에는 당시에 만든 것으로 보이는 집수정 시설이 있다. 돌을 쌓아 만든 정사각형 모양의 커다란 우물인데, 바닥을 내려다보면 물속에 단단하게 만들어진 콘크리트 인공구조물이 놓인 것을 확인할 수 있다.

러일전쟁 당시 일본군이 진해만 주변 곳곳에 세운 신호소(망루)들 중에 고성지(古城址) 신호소가 보이는데 이는 대봉산 정상 영등왜성지에 세웠던 것으로 추정된다. 일단 고성지란 명칭을 보면 과거 왜군이 세운 성곽터를 의미하며, 또 영등왜성은 일본 왜성들 중 가장 높은 산 위에 세워져 주변을 잘 조망할 수 있는 입지조건을 갖추었다. 실제로 맑은 날 대봉산 정상에 서면 동쪽으로는 대마도, 북쪽으로는 진해와 부산, 서쪽으로는 고성 그리고 남쪽으로는 통영이 보일 정도라고 하니 방비대사령부의 핵심 관측시설이었다.

또 하나의 주목할 만한 곳은 견내량(見乃梁) 포대, 일명 광리(廣里) 포대이다. 견내량은 거제와 통영 사이의 좁은 수로로 진해만에서 남해 쪽으로 손쉽게 진출할 수 있는 전략적 요충으로 임진왜란 당시 이곳을 장악하기 위해 조선수군이 일본군과 치열하게 대치했던 곳이다. 1597년 7월 칠천량(漆川梁) 해전에서 승리를 거둔 후 대마도 도주 소 요시토시(宗義智)의 가로(家老) 야나가와 시게노부(柳川調信)가 쌓았다고 알려져 있다. 칠천량해전은 임진왜란 당시 조선수군이 거의 유일하게 대패하여 1만여 명의 조선수군이 수몰된 전투이다. 일본군은 조선의 3도 수군이 궤멸되자 견내량 수로를 안전하게 확보하기 위해 광리 왜성을 쌓고 화포를 설치했다고 한다. 왜성들 중 유일하게 바닷가에 세워진 평지성이다. [10]

10 이종락, 《성웅 이순신 그리고 일본성, 왜성》, 2010, 선인.

광리왜성이 남아 있는 거제시 사등면 덕호리 일대를 가보면 성의 흔적이 쉽게 눈에 띄지는 않는다. 하지만 멀리 거제대교에서 한산도 방향으로 이어지는 견내량이 한눈에 내려다보이는 위치라는 점과, 토성 주위에 구축한 해자 형태의 깊숙이 파인 도랑을 통해 왜성의 모습을 짐작해볼 수 있을 뿐이다. 주민들의 증언에 따르면 이 견내량포대에는 해방 직전까지 일본군이 주둔했다고 한다. 군사적 요충지는 시대나 상황이 크게 달라져도 그 전략적 가치에는 변화가 없다는 것을 알 수 있다.

한편 송진포 일대에 건설 중인 방비대사령부 시설공사도 착착 진행되어갔다. 《해전사》에는 〈진해만 방비대 위치도〉[11]가 실려 있는데 이 지도를 보면 당시 어떤 시설들이 자리했는지 알 수 있다. 우선 오늘날 송진포초등학교 뒤쪽 기슭에 방비대사령부가 있고 그 아래쪽 오른편에 각종 창고와 대장간, 주재소 등이 위치해 있었다. 그리고 학교 아래쪽 왼편으로 취사장, 군인들의 막사, 병실과 진료소가 있었으며, 다시 그 아래쪽에 전신취급소가 있었다. 그리고 현재 마을회관이 있는 동네 입구에서 지금은 매립된 들판을 따라 내려오다 보면 보이는 송진포만의 제방 주변에 수조와 증류소가 있었다. 증류소는 바닷물을 증류하여 당시 증기기관을 사용하던 함선에 급수하던 시설이었다. 증류소 바로 옆으로 석조와 목조 잔교 2개가 있었는데, 이는 난바다에 정박한 함선으로부터 소형선박으로 옮겨온 물자를 육지로 끌어올릴 때 사용했던 시설이었다.

---

11 JACAR, 〈第7部 医務衛生 卷14 第2編 第11章〉, Ref. C05110144400, 〈鎭海灣防備隊 位置圖〉, 275쪽.

〈진해만방비대 위치도〉

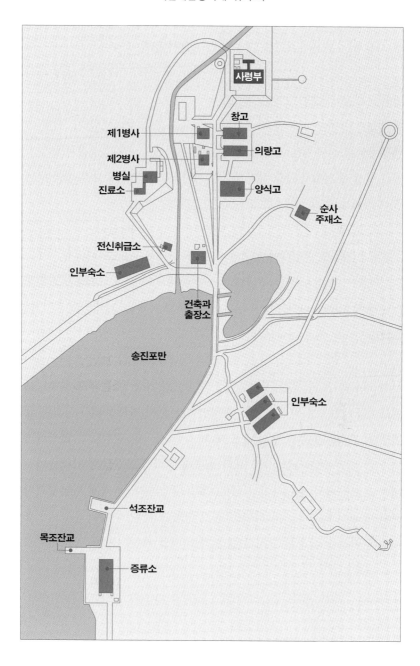

방비대사령부 건물이 준공된 것은 5월 13일이었다. 모치하라 사령관은 이틀 뒤인 5월 15일 사령부를 육상으로 이전하고 그동안 사령부로 사용했던 사쓰마마루를 사세보로 귀환시켰다.

일본군의 조선침탈 그리고 불법성

지금까지 송진포 일본군 가근거지의 구축과정을 살펴보았다. 이제 그 과정에서 조선인 주민들이 겪었던 고통과 피해, 그리고 일본군들이 저지른 불법적 침탈행위를 살펴보고자 한다. 러일전쟁 당시 일본군이 남긴 기록에는 송진포마을을 묘사한 장면이 나온다.[12]

송진은 거제도 북서쪽에 위치한 하나의 항만으로 남쪽은 바다에 접하고 서북쪽은 산으로 둘러싸인 곳으로 … 산록에 민가 25~26호가 있고 인구는 대략 150명, 다수는 농사를 지으며 때때로 어업을 겸하고 있고 인가의 남쪽 일대의 땅은 논밭으로 농경에 적합하다. …

이 기록을 보면 송진포는 농업을 중심으로 하는 아름답고 평화로운 포구마을이었음을 알 수 있다. 하지만 일본군이 침략하면서 상황은 급변했다. 수백 년간 조상 대대로 이 마을을 지키던 주민들은 하루아침에 살던 집과 문전옥답, 목숨보다 소중히 여겼던 조상들의 묘소들마저 내놓고 고향에서 쫓겨나야만 했다. 일부 주민들이 거세게 항의했지만 총칼 앞에서 속수무책이 되어 강제로 마을을 떠날 수밖에 없었다. 송진포에 인접한 신촌은 당시 오랜 삶의 터전을 빼앗기고 쫓겨난 주민들

---

12 JACAR, 〈第7部, 第11章 前進根據地隊〉, Ref. C05110144400, '第1節 鎭海灣防備隊'.

이 새로 만든 마을이다.

송진포 주민들의 울분과 원망이 어느 정도였을까를 짐작해볼 수 있는 일본 측 기록도 남아 있다. 당시 송진포에는 마산의 일본영사관이 관할하는 임시주재소가 설치되어 있었는데, 이곳에서 매일 매일의 상황을 보고한 일본인 〈송진주재소 집무보고서〉 1904년 3월 16일 자에는 다음과 같은 내용이 실려 있다. [13]

공사에 따른 원주민들의 애소(哀訴). 금번 사령부와 주보(酒保, 구 일본군 기지 내에 있었던 매점)를 세웠던 부지는 전부 보리를 심었던 논밭이어서 해당 공사가 시작되자 우매한 서민들 다수는 그 부근에 모여 소동을 벌이고 심한 경우 늙은 몸으로 겨우 걸을 수 있는 자가 아침저녁 부지에 들어와 비명애소하는 등 다양한 방해가 있음.

멀쩡하게 농사짓던 보리밭을 빼앗아 갈아엎는 것을 가만히 보고만 있을 농민은 아무도 없을 것이다. 뿐만 아니라 일본인 노동자들이 멋대로 마을을 활보하고 다녔기 때문에 부녀자들은 마음 놓고 집 밖을 다닐 수 없었고, 일본인 노동자들의 도박과 매춘 등으로 인해 조선 주민들의 분노가 들끓었던 것이다.

일본군이 강제수용한 조선인 가옥과 전답 그리고 묘지에 대해서 각각 상중하로 등급을 나누어 평가하고 토지대금을 지불한 기록이 남아 있다. 하지만 지불대금이 충분하지도 않았거니와 대금지급도 공사가 시작된 석 달 후인 5월 22일에야 이루어지게 되면서 주민들의 불만과

---

13 〈송진주재소집무보고서〉, 국가보훈처 공훈전자사료관, 《일본의 한국침략사료총서 10》.

저항이 계속되었다.[14]

　일본군의 이런 불법적 침탈행위에 대해 일본은 1904년 2월 23일 체결된 한일의정서에 의한 합법적 조치라고 주장하고 있다. 1903년 여름, 러시아와 일본의 막판협상이 결렬되고 한반도에서는 양국 간의 전쟁발발에 따른 위기의식이 크게 고조되었다. 고종의 대한제국 정부가 1월 23일 서둘러 전시 국외중립을 선언한 것도 이 때문이었다. 하지만 일본은 이런 선언을 철저히 무시하고 한국 정부를 강압해 한일의정서를 체결하였다. 한일의정서의 주요 내용은 다음과 같다.

　제1조 한일 양제국은 항구불역의 친교를 보지하고 동양의 평화를 확립하기 위하여 대한제국 정부는 대일본제국 정부를 확신하고 시정의 개선에 관한 한 충고를 들을 것.
　제2조 대일본제국 정부는 대한제국 황실을 확실한 친의로써 안전, 강녕하게 할 것.
　제3조 대일본제국 정부는 대한제국의 독립과 영토보전을 확실히 보증할 것.
　제4조 제3국의 침해나 내란으로 인하여 대한제국의 황실 안녕과 영토보전에 위험이 있을 경우에는 대일본제국은 속히 임기응변의 필요한 조치를 행할 것이며, 대한제국 정부는 대일본제국 정부의 행동이 용이하도록 충분한 편의를 제공할 것. 대일본제국 정부는 전항의 목적을 성취하기 위하여 군략상 필요한 지점을 임기 수용할 수 있다. (후략)

　일본은 특히 한일의정서 제4조에 의거하여 전쟁준비에 따른 조선

---

14 竹國友康(다케쿠니 토모야스), 《ある日韓歴史の旅, 鎮海の櫻》, 朝日選書, 1999.

영토의 침탈과 강제수용이 합법적인 것이라고 강변하고 있다. 하지만 일본의 군사적 침탈은 두 가지 측면에서 불법적이라고 할 수 있다.

첫째, 한일의정서 체결과정에서 대한제국 정부가 이를 거부하자 일본은 군대를 동원하여 위압적 분위기에서 협약체결을 강요했다. 둘째, 앞에서 보았듯이 일본은 한일의정서가 체결된 2월 23일 이전에 이미 조선 땅에 해저전신선을 무단으로 부설하고 군대를 동원하여 주민들을 내쫓았으며, 송진포를 포함한 진해만 일대에 각종 군사시설을 구축하는 등의 불법행위를 자행했다.

뿐만 아니라 군사시설 구축에 대한 반발과 저항이 거세지자 일제는 '일본제국 해군 가근거지 방비대사령관'의 이름으로 1904년 8월 다음과 같은 군령을 공포하여 조선 주민들의 저항을 강압적으로 탄압했다.[15]

제1조 당을 이루어 반항을 기도하고 군대, 군함, 군용선박에 대한 적대 행위를 하는 자는 사형에 처한다.

제2조 방비지역과 수역 내에 건설된 군용전선에 가해하는 자는 사형에 처한다.

제3조 간첩행위를 하는 자는 사형에 처한다.

제4조 군사기밀을 누설하는 자는 사형에 처한다.

제5조 군사시설을 방해하는 자는 군벌에 처한다. (중략)

제9조 방비수역 내에서 방비대사령관의 허가 없이 일반 어로와 해초 수집을 금한다. 이를 어기는 자는 군벌에 처하고 그 범행시기에 사용한 물건은 압수한다. (후략)

---

15 황정덕, 《진해시사》, 지혜문화사, 1987.

위의 군령을 통해 일본군이 무단으로 점령한 땅에 군사시설을 구축하고 군령을 통해 공포 분위기를 조성하면서 어로작업 등 일반 주민들의 생업 활동마저 제약했음을 알 수 있다.

일본의 역사 왜곡: 시바 료타로의 《언덕 위의 구름》

소설 내 역사 왜곡에 대해 처음 관심을 갖게 된 것은 다케쿠니 토모야스 씨의 《어느 일한 역사여행: 진해의 벚꽃》(ある日韓歴史の旅: 鎭海の櫻) 덕분이었다. 다케쿠니는 이 책에서 시바 료타로[16]의 인기 소설 《언덕 위의 구름》을 비판하고 나섰다. 시바 료타로가 그의 소설에서 러일전쟁 당시의 진해만을 묘사한 부분이 다케쿠니의 눈에 다소 이상하게 비쳤던 것이다.

시바의 소설 《언덕 위의 구름》은 1967년 〈산케이신문〉에 연재되기 시작하였으며 2009년에 NHK 대하드라마로 방송되어 큰 반향을 일으켰다. 청일전쟁과 러일전쟁을 통해 세계적 열강으로 부상하게 된 일본 메이지 시기의 역사를 영웅적으로 묘사한 이 소설은 패전 후 침체된 일본사회와 국민들에게 자긍심을 심어주었고, 시바는 일본의 국민작가 반열에 올랐다. 그는 이 책에서 연합함대사령장관 도고가 기함 미카사(三笠)를 타고 진해만에 들어오는 모습을 아래와 같이 묘사하고 있다.[17]

---

16 시바 료타로(司馬 遼太郎, 1923~1996)는 일본의 소설가, 평론가이며, 본명은 후쿠다 데이이치(福田定一). 대표작으로는 《올빼미의 성》, 《료마가 간다》, 《언덕 위의 구름》이 있다.

17 竹國友康, 司馬 遼太郎, 《坂の上の雲》, 文藝春秋, 1969에서 재인용. 이 책은 《언덕 위의 구름》(이송희 역, 명문각, 1992)으로 번역 출판되었다.

가덕도 물길의 여기저기에 먼저 도착한 함대가 닻을 내려두었고, 좀더 안으로 들어가면 그곳에 거제도에 의해 외해로부터 차단된 바다가 있다. 여기가 발틱함대가 올 때까지 숨어 있을 곳으로서 도고함대가 선택한 장소이고, 조선으로부터 무리하게 빌렸던 장소이다. … 미카사는 느릿느릿 만내로 들어와 이윽고 송진포라는 곳에 닻을 내렸다. 놀랍게도 육상에는 이 함대가 사용할 만한 어떠한 건물도 세워져 있지 않았다. 물론 함대의 승조원들을 위한 위안설비도 없고, 얼마나 오래 기다리게 될지도 모르는 상황에서 사령장관 이하 모두 함내 생활을 할 수 밖에 없는 상태였다. 요컨대 한국의 영토인 육상과는 어떤 교통도 없었던 것이다.

이 인용문에서 우선 눈에 들어오는 것은 "조선에서 무리하게 빌렸던 장소", "육상에는 어떠한 건물도 세워져 있지 않았다"라는 표현이다. 시바는 분명히 군사적 침략과 지배를 위해 만들어졌던 송진포방비대를 마치 조선의 동의를 구했다는 듯 "무리하게 빌렸던 장소"라고 표현하고, 심지어 분명하게 만들어졌던 해군기지의 존재를 부인함으로써 역사적 사실을 왜곡하고 있는 것이다.

도고가 기함 미카사를 타고 진해만에 들어온 것은 1905년 2월 21일이었다. 이때부터 발틱함대의 출현을 보고받고 출전한 5월 27일까지 약 3달이 넘는 기간 동안, 바로 눈앞에 올려다보이는 곳에 송진포 육상기지가 있음에도 불구하고 함내에서만 생활했다는 서술도 언뜻 수긍하기가 어렵다. 물론 《언덕 위의 구름》은 어디까지나 소설이고 단지 군기의 엄격함을 강조하기 위한 것이라고 주장할 수도 있지만 객관적 정황상 개연성이 떨어지는 서술임에 틀림없다. 다케쿠니도 이러한 묘사가 타자의 존재, 즉 군사 기지화된 조선의 존재를 전혀 고려하지 않은 채 오직 자기중심적 발상에서 러일전쟁을 '조국방위전쟁'이었다고 미화하면서 일본의 그릇된 군사행동을 정당화하고 있다고 시바 료타로를 비판하고 있다.[18]

'도고옥부'의 실체

송진포에 만들어진 일본군 방비대와 관련하여 흥미 있는 사항 중 하나는 과연 그곳에 일본군 연합함대사령장관 도고 헤이하치로의 옥부[19]가 있었을까 하는 것이다.

이와 관련하여 송진포에 사는 주민들 사이에 방비대사령부 근처에 도고 헤이하치로 연합함대사령장관의 관사, 즉 도고옥부(東鄕屋敷)가 있었다는 얘기가 전해지고 있다. 거제향토사학자 이승철 씨 역시 그런 얘기가 마을에 전해 내려옴을 확인해주었다. 또한 일본 측 문서에도 이를 뒷받침할 만한 기록이 남아 있다.

1928년 10월 송진포의 일본인 거주자들이 해군대신에게 러일전쟁 승전기념비 건립을 청원하는 탄원서에 "이 일본해 대해전의 책원지(策源地)라고 말할 수 있는 역사적 기념지인 옛 방비대 유적도 현재는 황폐화되고, 다만 도고옥부의 명칭만 남아 전하니 … "[20]라는 기술이 있다. 1931년 5월 해군대신에게 폐병기인 어뢰〔어형수뢰(魚形水雷)의 약칭; *torpedo*)〕를 무상으로 내려보내달라고 요청하는 편지에는 "위 병기는 송진포, 통칭 도고옥부에 기념 무기관을 건설하고 일반관람자의

---

18 竹國友康, 《ある日韓歷史の旅　鎭海の櫻》, 朝日選書, 1999.
19 옥부〔屋敷, 일본어로 야시키(やしき)〕란, 땅도 넓고 가옥도 큰 집, 즉 저택을 의미하며 '무가옥부'(武家屋敷) 등의 표현으로 사용된다.
20 JACAR, 〈松直浦に日本海々戰記念碑設立の件〉, Ref. C04016426000

해군병기에 대한 이해를 돕고 해군 사상의 함양자료로서 동관에 비부할 것으로 무상으로 보내줄 것을 원한다"는 기술이 나온다.[21]

　이 기록들을 통해 볼 때 적어도 1928년 전후로 송진포방비대 기지터에는 일본인 주민들 사이에서 도고옥부, 즉 도고가 살던 저택이라고 불리던 집이 있었다는 것을 알 수 있다. 이것이 단지 이름만 그렇게 불렸던 것인지, 아니면 실제로 1905년 2월부터 5월까지 연합함대가 진해만에 머물던 당시 도고가 직접 송진포에 상륙하여 머물던 곳을 의미하는지 아직은 분명치 않다. 러일전쟁이 발발한 지 100년이 훨씬 지났지만 아직도 진해만 일대에는 도고의 그림자가 배회하고 있음은 분명하다.

21 JACAR, 〈第2706号 6. 8. 27 兵器無償下附の件 福岡縣築上郡〉, Ref. C05021753100.

외양포 포대

부산광역시 강서구 대항동

가덕도(加德島)는 부산의 서쪽 끝에 있는 섬으로 현재는 부산광역시 강서구 관할이다. 면적은 20.78제곱킬로미터로 거의 여의도의 2.5배 수준이다. 진해만과 낙동강 하구 사이에 남북으로 길게 뻗은 이 섬은 러일전쟁 당시 군사전략상 매우 중요한 위치에 있었다. 최근에는 동남권 신공항 후보지로 떠오르면서 세간의 관심을 받는 곳이기도 하다.

이전에는 배를 타지 않으면 이 섬에 들어갈 수 없었으나 2010년 가덕대교가 완공되면서 쉽게 출입할 수 있게 되었다. 부산 강서구 송정동 녹산공단 쪽에서 자동차를 달려 가덕대교에 올라서면 오른쪽으로 엄청난 규모의 부산 신항 컨테이너 부두가 펼쳐진다. 지난 2006년 처음 개장한 이래 날로 규모가 커져 2012년 처음으로 부산 북항의 컨테이너 처리실적을 넘어섰다.[1]

---

1 "부산신항 '컨' 물량, 북항 추월", 〈한국경제〉, 2012년 7월 11일 자.

외양포 일본군 막사. 하나였던 막사건물을 나누어 세 가구가 살림집으로 개조해 쓰고 있다.

외양포(外洋浦)는 가덕도의 남쪽 끝자락, 진해만을 바라보는 산기슭에 자리 잡은 작은 해안마을이다. 이곳에 가기 위해서는 가덕도 대항마을에서 좁고 가파른 산길을 통과해야 한다. 최근에는 도로가 정비되어 좀더 쉽게 갈 수 있지만 구불구불하고 경사진 숲길을 지나다보면 이전에는 상당히 고립된 지역이었음을 쉽게 짐작할 수 있다.

현재 외양포에는 20채 가량의 가옥에서 30여 가구 50여 명의 주민들이 살고 있다. 마을을 내려다보면 진해만과 접한 서쪽을 제외한 나머지는 산으로 둘러싸여, 아늑하면서도 외부의 침입이 쉽지 않은 천연의 요새공간이라는 느낌을 받게 된다. 그런데 그 안에 조금은 낯설고 이국적인 단층 가옥들과 여러 개의 우물들이 아기자기하게 흩어져 있는 것을 볼 수 있다.

가까이 다가가보면 겉모습은 조금씩 바뀌었지만 기본구조는 일본식 건축양식임을 한눈에 알 수 있다. 주민들은 이전에 만들어진 일본군 막사나 사무실 등 병영시설을 큰 개조 없이 그대로 살림집으로 사용하고 있다. 사령부사무실, 장교와 병사들의 막사, 의무실 등 각 건물들의 용도도 주민들은 정확히 기억하고 있다. 재미있는 것은 길쭉한 막사 건물 중간에 칸막이를 하여 두세 가구가 나누어 쓰는 경우가 있는데, 그럴 경우 지붕의 색깔을 다르게 칠하여 가구별 구분을 하고 있다.

일본군이 요새 구축작업을 위해 이곳에 들어온 것은 러일전쟁이 발발한 지 6개월이 지난 1904년 8월 초였다. 앞에서 살펴봤듯이 일본 해군이 외양포와 인접한 거제도 북단 진해만 일대에 연합함대의 전진기지로서 가근거지 방비대를 구축하고, 송진포에 사령부 시설을 완공하여 입주한 것이 1904년 5월 13일이었다.

그 후 일본 해군은 가덕수도(加德水道)와 가근거지를 엄호하기 위한 육군의 포대 구축을 대본영에 요구했고, 그 요구가 받아들여져 인근 저도(猪島)와 외양포에 요새를 구축하게 된 것이다.

당시는 러일전쟁이 한창 진행되는 급박한 상황이었다. 그에 따라 포대 구축공사도 매우 서둘러 진행되었다. 본 공사를 위해 유수 제5사단 산하에 제3임시축성단이 만들어지고 단장인 마츠이 쿠라노스케(松井庫之助) 소좌가 이끄는 1개 중대의 공병부대가 파견되어 8월 하순부터 저도와 외양포에서 포대 구축작업을 시작하였다.

일본군이 침략하기 전 외양포는 70여 호의 주민들이 농사와 고기잡이를 하며 살아가는 한적하고 평화로운 포구마을이었다. 하지만 갑자기 들이닥친 일본군이 무력을 앞세워 살고 있던 집과 농토를 빼앗고 주민들을 모두 외지로 쫓아내버렸다. 1904년 8월 27일 제3임시축성단장 마츠이가 대본영에 보낸 조사보고서에는 당시의 상황을 보여주는 내용이 생생하게 적혀 있다. [2]

현재 방어공사를 실시하고 있는 저도에는 한인 가옥 약 50호, 가덕도 외양포에는 약 70호가 있는데(인가들은 작고 누추하고 더러워서 숙영에 적합지 않음) 주민들은 대부분 농사를 하고 있다. 평지와 산록은 경작을 위한 논밭으로 만들어진 상태여서 대구경 포대의 설치와 청사 및 창고 등의 부지로는 반드시 경작지를 쓸 수밖에 없다. 경작지에서 공사를 하기 위해 토지를 수용하더라도 주민들은 감히 저항할 용기를 내지 못하겠지만, 만약 하더라도 가래와 괭이를 들고 저항하거나 호미를 든 채 한탄 섞인 탄원과 읍소 외에는 방법이 없을 것이다.

일본군은 주민들을 생활터전에서 쫓아내고 출입을 막아버렸다. 가옥과 토지에 대한 보상도 제대로 이루어지지 않았다. 당시 한국 정부의 기록에 따르면 일부 보상이 이루어졌으나 헐값에 불과하였으며 외양포의 경우 거의 3년이나 지난 1907년 3월에야 지급되었다. [3]

저도는 땅값을 출급해 주었으나 … 가덕도 외양포는 일찍이 일본과 계약하여 포대를 건축한 까닭에 그 값을 아직 출급하지 않았다. 이는 모두 양국의 임시방편으로 인한 것으로 ….

8월에 시작된 공사는 12월 20일 완료되었다. 공사의 내용은 포대를 구축하고 1개 중대의 병력이 주둔할 수 있는 막사 등 제반시설을 건립하는 것이었다. 사령부 건물을 비롯해 병사용 막사, 창고, 우물, 위병

---

2 JACAR, 〈第3臨時築城団長猪島, 加德島外洋浦 調査の件〉, Ref. C06040463800.
3 〈度支部各部院等公文來去文〉, 규장각 17877.

외양포 본포대

소, 각종 격납고 등이 세워졌다. 이어서 1905년 1월 7일에 각종 화포
를 설치하는 공사까지 마무리되었다. 포대는 주력무기인 28cm 유탄
포 6문을 설치한 본포대, 구식 야포 6문씩을 배치한 남포대와 북포대,
약간의 기관포를 배치한 부운(浮雲) 포대가 만들어졌다. 주변 산 정상
에는 망루가 세워지고 마을 뒷산 국수봉(局水峰)에는 보루가 만들어
졌다.[4]

지금도 마을 뒤쪽 산기슭에는 당시에 만들어진 포대진지 시설이 거
의 온전하게 남아 있다. 처음 접하는 순간 그 엄청난 규모와 콘크리트

---

4 朝鮮所在重砲兵聯隊史編纂委員會, 《重砲兵聯隊史》, 東京: 千倉, 1998. (이하에서
   이 책이 출처인 내용은 제목만 표기하고 서지정보는 생략하고 《중포병연대사》로 표기함)

국수봉 정상에 구축된 보루

시설의 견고한 구조에 깜짝 놀라게 된다. 포대진지는 폭 20미터, 길이 70미터의 장방형으로 남북으로 길게 뻗어 있고 접근통로를 제외한 나머지 둘레는 높은 제방을 만들고 그 위는 대나무와 관목들을 심어 위장하였다. 따라서 주변 평지에서 바라보면 이런 포대시설이 있는지 전혀 눈치 챌 수조차 없다.

포대진지의 입구에는 후대에 만들어진 기념비가 하나 세워져 있다. 비문을 보면 "사령부가 세워진 곳(司令部 發祥之地)라는 것을 알리기 위해 쇼와 11년(1936년) 6월에 세웠다"고 되어 있다. 사령부라는 것은 포대가 소속되었던 진해만요새사령부를 의미한다. "메이지 38년(1905년) 4월 21일 편성 명령을 받고, 같은 해 5월 7일 외양포에 상륙했다"고 되어 있는 명문을 보면 좀더 확실히 알 수 있다. 다른 문헌기록들과도 일치하는 내용이다. [5]

좀더 안쪽으로 들어가보면 동쪽 제방과 접하여 두 개의 일체형 콘크

28cm 유탄포의 모습. 이 유탄포 6문이 외양포 포대에 배치되었다.

리트 구조물이 만들어 있다. 두껍고 튼튼하게 만들어진 벽과 천장구조로 볼 때 탄약고였을 것으로 추정된다. 두 개의 탄약고 가운데와 좌우 바깥쪽에 각각 두 개씩의 포좌가 만들어져 있다. 콘크리트로 단단하게 만들어진 이 포좌에 28cm 유탄포를 2문씩 3곳에 배치한 것이다. 맞은편 서쪽으로는 입구와 가까운 곳에 격납시설로 보이는 공간이 있고 그 옆으로 콘크리트 벽이 세워져 있는데, 벽이 평면이 아닌 요철식으로 만들어져 있음을 볼 수 있다. 북쪽 끝에도 입구가 막힌 콘크리트 지하시설이 있는데, 이는 대피시설이었을 것으로 추정된다.

야포를 배치했던 다른 포대의 위치는 아직 확인이 되지 않고 있다. 하지만 보루를 설치했다고 하는 국수봉에는 당시의 시설이 아주 온전하게 남아 있다. 포대 진지 뒤쪽으로 국수봉에 이르는 산길이 만들어

5 《중포병연대사》, 71쪽.

져 있다. 길가에는 화강암을 정방형으로 깎아 다듬은 돌들을 길게 배열하여 놓았는데 100년이 지난 지금도 무너지지 않고 온전하게 유지되어 놀라지 않을 수 없다. 정상에는 콘크리트로 만든 지붕이 있는 보루가 만들어져 있는데 안에 사용된 재료는 해안가에서 가져온 작은 자갈돌을 사용한 것을 볼 수 있다. 보루입구 통로 양쪽은 화강암을 사용해 축대를 쌓았는데 자세히 보면 정방형 돌들을 모로 세워 쌓은 일본식 축조방식임을 알 수 있다.

포대공사가 마무리되기 직전인 1904년 11월 27일 관할부대인 진해만요새 포병대대가 편성되었다. 포병대대는 본부와 2개 중대로 구성되었는데 12월 12일 대대본부와 제1중대는 저도로, 그리고 제2중대는 외양포로 각각 상륙하여 방비에 착수하였다. 그리고 공사가 완료된 12월 20일 자로 대대본부를 저도에서 외양포를 옮겼다.

이듬해인 1905년 4월 29일에는 진해만요새사령부의 편성이 완결되었다. 포병대대 대대장 겸 요새사령관에는 야마지 츠우신(山路通信) 소좌가 임명되어 5월 7일 자로 가덕도 외양포에 도착해 사령부를 개청하였다. 진해만요새가 만들어졌지만 불과 얼마 후인 5월 27일, 28일 양일간에 있었던 쓰시마해전에서 일본이 일방적으로 승리함에 따라 실제 전투에 참여하는 일은 벌어지지 않았다.

러일전쟁이 끝난 이후 평시체제로 전환되면서 진해만요새 포병대대는 일부 병력이 축소되기는 했지만 부대는 해체되지 않고 현지에 계속 주둔했다. 이들 일본 육군 요새병력은 1907년 7월부터 10월 사이에 마산, 통영, 진주, 부산 등지로 파견되어 당시 불길처럼 타오르던 조선민중들의 의병투쟁을 무력진압하고 토벌하는 데 동원되기도 하였다.[6]

1907년 10월 9일 자로 요새포병대대는 '요새중포병대대'(要塞重砲

진해 여좌동에 남아 있는 구 진해만요새사령부 건물

兵大隊)로 명칭을 바꾸었다. 종래 수세적 입장에서 공세적 성격을 중시한 개편의 결과였다. 그리고 1909년 8월 30일 진해만요새사령부와 중포병대대의 주력을 마산으로 이전하였다. 이미 한 달 전인 1909년 7월 31일 마산 월영동 일대에 새로운 신축병사의 건립공사가 마무리된 뒤였다. 그리고 4년여 후인 1913년 12월 19일, 진해만요새사령부는 마산에서 다시 진해의 좌천리로 옮겨갔다. 한 해 전인 1912년 4월 송진포에 있던 해군의 진해만방비대도 진해로 이전하여 해군과 육군의 지휘부가 모두 진해로 모이게 된 것이다. 그리고 태평양전쟁이 발발하기 직전인 1941년 8월 11일 진해에서 부산부(府) 대신정(大新町)으로 이전하기 전까지 약 28년간 진해만요새사령부는 진해에 위치해 있었다. 사령부 건물이 자리 잡았던 곳은 진해구 여좌동 구 육군대학 자리

6 《중포병연대사》, 74쪽.

새바지 일본군 진지동굴 입구(좌) · 대항마을 진지동굴(우)

로, 지금도 건물의 일부가 그대로 남아 있다.

외양포는 해방직전까지도 일본군의 주요 요새지로 남아 있었다. 여러 차례 보수와 보완공사가 이루어졌지만 기본적인 건물들과 배치구조는 건설 초기의 형태를 그대로 유지한 것으로 추정된다. 태평양전쟁이 막바지로 치달으면서 본토결전을 준비했던 일본군에게 외양포는 다시 한 번 중요한 군사적 요지로 부상했지만 당시 관련기록이나 문서가 남아 있지 않아 구체적 상황을 파악하는 데는 어려움이 있다.

하지만 외양포 주변에는 몇몇 군사 진지들이 남아 있어 당시의 긴박했던 상황을 짐작케 한다. 우선 선착장이 있는 대항포구 뒤쪽 새바지마을 해안가에는 입구를 콘크리트로 마감해 견고하게 구축한 인공동굴 3개가 나란히 뚫려 있다. 입구에는 어민들이 갖다놓은 각종 어구와 쓰레기들이 어지럽게 흩어져 있다. 동굴 안쪽으로 들어가보면 우선 그 폭과 높이가 상당함에 놀라게 된다. 3개의 동굴은 안에서 하나로 합쳐지고 반대쪽으로 약 30미터 길이의 동굴이 밖으로 관통된다. 그 끝은 콘크리트로 견고하게 막아 놓았는데 가운데에만 포신을 내밀기 위한 것으로 보이는 격자형 구멍이 나 있다. 바로 인접한 야산의 중턱에도 'Y'자형의 진지동굴이 만들어져 있다.

또한 대항마을 오른쪽 진해만을 바라보는 해안가에는 모두 6개의 해안동굴이 뚫려 있다. 첫 번째 동굴은 입구로 들어가면 내부가 약 15미터 정도 길이인데, 안쪽으로 들어가보면 한창 굴착공사를 하다가 갑자기 중단된 것처럼 흙더미가 쌓여 있다. 거기서 다시 해안 쪽으로 200여 미터 걸어가 바다 쪽으로 조금 튀어나온 언덕 위에는 해안을 바라보는 5개의 땅굴이 있다. 안으로 들어가보면 5개의 동굴이 해안선과 평행하게 뚫린 동굴들과 모두 연결되어 있음을 알 수 있다. 눈짐작으로 연결동굴의 길이가 못해도 100미터는 넘지 않을까 생각되었다. 굴이 무너져 바닥의 높이가 높아진 이유도 있겠지만 애초에 그리 크게 굴착한 동굴로 보이지는 않는다. 제주도나 서남해안에 굴착된 다른 진지동굴들과 그 형태가 비슷한 것들이다.

오른쪽에서 2번째 동굴 옆에는 화강암을 깎아 만들어 세운 비석이 있다. 마모가 심해 읽기가 쉽지 않지만 자세히 보면 "진해만요새 제 1 지대"라고 새겨져 있다.

그 밖에도 가덕도 북쪽 가덕대교가 통과하는 눌차도 동쪽 정거마을 해안에도 3~4개의 진지동굴이 만들어져 있는 것을 확인하였다. 하지만 이런 진지동굴들이 언제 만들어졌는지 확증할 수 있는 자료를 아직까지는 찾지 못하고 있다. 다만 다른 지역의 상황과 비교해볼 때 태평양전쟁 말기 본토결전을 대비해 서둘러 구축한 시설들로 추정된다.

해방 이후 외양포 일본군 요새지는 국방부로 귀속되었다. 그리고 이전에 일본군에 의해 쫓겨났던 주민들이 하나둘씩 돌아와 살기 시작했다. 하지만 국유지 개발 제한에 묶여 마음대로 집을 개조하거나 신축할 수 없었다. 주민들에 따르면 3년마다 국방부와 거주계약을 맺고 있는데 당국의 허락 없이 수목을 식재하거나 건물을 증개축할 수도 없으며 퇴거명령 시 어떠한 보상도 없이 떠나야 한다는 조건이 담겨 있다고 한다.

오늘날 대부분의 젊은이들은 떠나고 이제는 거의 노인들만이 외양포를 지키고 있다. 마을은 마치 지난 100여 년 전 어느 날 갑자기 시간이 멈추어버린 듯 과거의 모습을 그대로 간직한 채 그렇게 머물러 있다. 최근에는 그런 과거의 모습을 보고 싶어 하는 관광객들의 발길이 끊이지 않고 있다.

경남 거제시 장목면 유호리

'저도의 추억'. 지난 2013년 8월 초 각종 매체들은 박근혜 대통령의 휴가지 행적을 소개하는 사진과 글을 앞 다투어 소개했다. 박 대통령이 스스로 페이스북에 올린 내용인데 "35여 년 지난 오랜 세월 속에 늘 저도의 추억이 가슴 한편에 남아 있었는데 부모님과 함께했던 추억의 이곳에 오게 되어서 그리움이 밀려온다"는 감회를 적고 있다.

　일반에도 많이 알려져 있듯이 박 대통령이 휴가를 보낸 저도(猪島)에는 대통령 별장시설인 청해대(靑海臺)가 있다. 1983년 전두환 전 대통령이 충북 청원군 문의면에 만들었던 대통령 전용별장 청남대(靑南臺) 보다 10년 전인 1973년 박정희 대통령 시절에 만들어졌다. 1954년 이승만 전 대통령이 이곳 저도를 휴양지로 사용하기 시작했고, 1972년에는 대통령 별장지로 공식 지정되었으며 1973년 대대적인 공사를 통해 별장시설을 갖추었다. '바다의 청와대'라는 의미에서 청해대라고 이름을 붙였다고 한다. 박정희 전 대통령은 생전에 가족들과 이곳에서 자주 휴가를 보냈고, 당시의 상황을 보여주는 사진들도 여러 장 공개되어 있다.

현재 외부에 알려진 청해대 시설은 연면적 560제곱미터인 2층 형태의 본관 건물과 주변에 수행원 및 경호원 숙소, 막사 등이 있고, 주변에는 9홀 규모의 골프장, 전망대 등이 있다. 아울러 해안에는 200여 미터의 인공 백사장까지 만들어져 있다. 하지만 저도 내 청해대 시설이 들어선 일대에 러일전쟁 당시 일본군 포대가 만들어졌다는 사실은 잘 알려져 있지 않다. 지역향토사 관련 자료들을 두루 찾아보았지만 어디에서도 정확한 실태를 기록한 것을 발견할 수 없었다.

거제시 장목면 유호리 산 88-1번지. 현재 저도가 위치한 행정구역이다. 넓이는 43만 4,181제곱미터에 불과한 작은 섬이다. 저도가 시민들에게 보다 널리 알려지게 된 계기는 지난 2010년 12월 14일 거가대교가 준공되면서부터다. 부산의 가덕도와 거제도를 잇는 총 연장 8.2킬로미터에 달하는 거가대교는 바다 속을 관통하는 1개의 침매터널과 2개의 사장교를 연결해 만들었다. 주변의 아름다운 경관과 어울려 멋진 자태를 자랑하는 거가대교는 이 지역의 확실한 랜드마크로 자리 잡았다.

이 거가대교는 중간에 작은 섬들을 관통해 지나가는데 그중 하나가 바로 저도다. 하지만 저도에는 터널이 만들어져 있을 뿐 사람들이 저도에서 내릴 수는 없다. 저도에 들어가려면 해군의 허가를 받고 거제도 북단에 있는 상유나 하유마을에서 나룻배를 이용하는데, 10분이면 닿는 거리다.

섬 전체는 비교적 울창한 나무들로 감싸여 있다. 해송, 동백나무, 팽나무 등이 주종을 이룬다. 곁에서 보기에는 가파른 해안으로 둘러싸

개조되어 사용되고 있는 일제 포대시설(좌) · 저도 포대적(우) (사진: 해군본부)

인 작은 섬이지만 한쪽에는 농경지로 이용할 만한 제법 널따란 평지가 있다. 저도에 관한 문헌기록이 많이 남아 있지는 않지만 《조선왕조실록》에는 주민들이 이곳에서 염소를 방목했다는 기록이 남아 있다.[1]

저도에는 1900년 초 50여 가구의 주민들이 살고 있었다는 사실은 앞에서 본 외양포 관련기록에서 확인할 수 있었다. 1905년 3월 10일 일본군이 저도 주민들을 내쫓고 토지와 가옥에 대한 보상등급을 책정하기 위해 만든 보고서에는 대상자가 48명으로 나와 있다.[2]

저도는 먼 바다에서 진해만의 내해로 들어가는 가덕수도의 요지에 자리 잡고 있다. 멀리 가덕도 외양포나 거제도 쪽에서 바라보면 가덕

---

1 《조선왕조실록》, 성종 5년(1474년), 갑오 4월 1일, "칠원현(漆原縣)의 저도(猪島)는 사면이 모두 바다입니다. 그러나 동북쪽은 육지와의 거리가 겨우 1백 보(步)이므로 악수(惡獸)들이 넘어 들어와서 방목하는 염소를 잡아먹습니다. 그 피해가 적지 않으니, 비록 농사철이라 하더라도 군사를 동원하여 잡아야 합니다."

2 〈度支部各部院等公文來去文〉, 규장각 17877.

수도를 통행하는 선박들을 감시하는 초소 같은 역할을 하고 있다는 생각이 든다. 한마디로 저도는 전략적 요충지라고 할 수 있다.

일제는 러일전쟁이 한창 진행되는 동안 이곳에 서둘러 포대를 구축하였다. 앞에서 살펴본 외양포와 마찬가지로 1904년 8월에 착공해 그 해 12월에 완공하였다. 공사는 28cm 유탄포 포대(6문) 1개, 경포 포대 3개와 관측소 그리고 섬의 정상에는 보루를 만들었다.[3] 포대공사를 끝내고 1차로 화포 설치를 완료한 것은 1905년 1월 7일이었다. 그리고 외양포 포대와 함께 진해만요새 포병대대의 관할하에 들어가게 된다. 그 뒤 저도에는 포대 관련 부대시설이 세워지고 수리, 보완을 거듭하면서 요새로서의 기능이 계속 유지되었다. 그러다 중일전쟁 발발 직전인 1936년 거제 지심도에 새로 포대 건설공사가 시작되면서 저도 포대는 폐지되었다. 하지만 관련기록이 빈약하여 정확한 경위는 알 수 없는 상황이다.

필자는 저도에 남아 있는 일제가 구축한 군사시설을 취재하기 위하여 해군 측에 몇 차례 입도 승인을 요청했지만 군 보안상의 이유로 거부당했다. 대신 일제가 구축했던 포대자리의 모습을 촬영하여 보내주었다. 사진을 보면 이전 일본군 포대시설이 많이 변형되어 있지만 일부 개조하여 군 시설로 활용되고 있음을 알 수 있다. 하지만 아쉽게도 현장을 볼 수 없어 사진만으로 포대의 위치나 방향, 시설규모 등을 정확히 알 수가 없었다.

사실 요즘에는 군인가족 등 많은 민간인들이 휴양과 골프를 즐기기 위해 저도에 출입하고 있다. 뿐만 아니라 거가대교의 개통으로 하루에

---

3 〈저도 포대 배치도〉, 《중포병연대사》, 72쪽.

도 수많은 사람들이 저도를 지나다니기 때문에 보안의 필요성도 더 이상 의미가 없어 보인다.

청해대는 이미 김영삼 대통령 시절인 1993년 11월 19일 대통령령에 따라 대통령 별장시설에서 해제되었다. 그에 따라 행정구역도 이전에 해군통제본부가 있는 진해시에 속했다가 현재는 거제시 장목면으로 귀속되었다. 하지만 행정구역만 환원되었을 뿐 지금도 저도는 국방부 소속으로 해군이 관리하면서 주민들의 자유로운 출입을 통제하고 있다. 거제도 주민들은 계속하여 '저도 관리권'을 자치단체로 넘겨달라고 해군에게 요구하고 있지만 '군사적 요충지'라는 이유를 들어 거부하고 있는 상황이다.

경남 창원시 진해구 태평동

우리에게 벚꽃의 도시로 알려진 진해. 매년 봄이 시작되는 4월 초순이 되면 거리 곳곳에 만발한 아름다운 벚꽃 경치를 즐기기 위해 전국 각지에서 수많은 사람들이 진해로 몰려든다. 특히 군항제(軍港祭)가 열리는 기간이 되면 진해 여좌천과 중원로터리 주변에는 그야말로 인산인해를 이루어 꽃보다 사람 구경에 정신을 잃을 지경이 된다.

　축제기간 진해를 찾는 상춘객들이 꼭 한 번씩 찾는 곳이 있다. 시내의 중원로터리 주변에서 올려다보이는 야트막한 산 위에 진해탑이라는 조형물이 세워져 있는 제황산(帝皇山) 공원이다. 많은 진해시민들 사이에서는 탑산이라고도 불리는 제황산(해발 107미터)은 이전에는 부엉이가 앉아 있는 모습과 비슷하다고 하여 '부엉산' 또는 '부엉등'이라고 불리다가 일제강점기에는 투구와 비슷하다고 하여 투구산(兜山, 가부토야마)이라고 불렸는데 해방 후 제황산이라는 이름으로 정착되었다. 제황산이라는 이름은 임금이 태어날 땅이라는 의미이다.

현재 이곳에는 모노레일이 설치돼 있어 어렵지 않게 정상까지 올라 갈 수 있다. 모노레일 옆에는 돌계단이 만들어져 있는데 그 수가 365개여서 '1년 계단'이라는 별칭을 가지고 있다. 제황산 정상에 올라서면 해군군함을 형상화해서 만들었다는 높이 28미터, 9층으로 이루어진 진해탑이 제법 웅장하게 세워져 있다. 대부분의 관광객들은 진해 시가지를 사방으로 내려다볼 수 있는 탁 트인 전망 때문에 진해탑을 많이 찾지만 이곳의 역사적 기원에 대해서 정확히 아는 사람은 많지 않은 것 같다.

해방 전까지 진해탑 자리에는 일제가 만든 일본해해전 기념탑(日本海海戰 記念塔)이 세워져 있었다. 1905년 5월 27일과 28일에 걸쳐 도고 헤이하치로가 이끄는 일본의 연합함대가 러시아의 발틱함대를 괴멸시키고 러일전쟁을 승리로 이끈 것을 기념해 세운 것이다.

한국을 강제로 병탄한 이후 진해에 거주하는 일본인들은 쓰시마해전을 기념해 제정한 해군기념일(5월 27일)에 매년 성대한 기념행사를 개최했다. 그러다가 1920년대 중반부터 진해의 일본인 유지들을 중심으로 조직을 결성하여 기금을 조성하는 등 본격적인 일본해해전 기념탑 건설을 추진한다.

그리고 그들의 요구를 받아들이는 형식을 통해 진해 요항부(鎭海 要港部) 사령관이 발기하여 1929년 5월 27일 투구산 정상에 15만 원의 예산을 들여 기념탑을 세우고 성대한 제막식 행사를 열었다. 제막식에는 해군성 대표로 일본에서 날아온 다케시타 이사무(竹下勇) 해군대장을 비롯하여 가나야 한조(金谷範三) 조선군사령관, 총독부 경찰국장, 진해 요항부 사령관 등 주요 인사들이 대거 참석하였다.[1]

당시 일본 해군대신은 사세보진수부 사령장관에게 훈령을 내려 제

진해탑(좌) · 일본해해전 기념탑(우)

막식 행사를 축하하기 위해 군함 토키와(常磐)와 경순양함 나가라(長良)를 진해에 파견시켰다. 장갑순양함 토키와는 7천 톤급으로 쓰시마 해전 당시 제2함대 제2전대 소속으로 참전한 군함이었다. 하늘에서는 구레(吳) 진수부에서 보낸 히로시마(廣島) 항공대 소속 해군비행기 2대가 선회비행을 했다. 행사장에는 수백 명의 내빈과 해군 병사, 주민 등 2만 명 가까운 군중이 모여들었다.[2]

당시 제황산에 세워진 기념탑은 러일전쟁 당시 일본 연합함대의 기함이었던 미카사(三笠)의 함교(bridge)와 돛대(mast)의 형상을 본떠서 만들었다. 함교는 지름 4미터의 원통형으로 높이가 27.58미터이고, 돛대의 높이는 6.52미터였다. 그리고 기념탑의 정면에는 도고의 친필

1 "일본해전기념탑 성대한 제막식", 〈매일신보〉, 1929년 5월 27일 자.
2 JACAR, 〈常磐を鎭海灣へ派遣の件〉, Ref. C04021841000.

당시 행사를 보도한 〈경성일보〉(1929. 5. 27.)

'日本海海戰記念塔' 8자와 도쿠토미 소호[3]가 쓴 찬문이 새겨져 있었다. 찬문 가운데는 러시아의 태평양함대를 만났을 때 도고가 전 함대에게 내린 "일본(皇國)의 흥폐가 이 전투에 걸려 있다. 모든 병사들은 일층 분투노력하라"는 내용이 적혀 있었다.

당시 기념탑 건립을 추진한 진해의 일본인들은 해군대신에게 보낸 편지에서 "이번 행사의 의미는 단순히 기념탑건설추진회의 광영에 그치지 않고, 전 국민에게 철저한 국민사상을 불러일으키는 데 있다"고 내세우고 있다. 남의 땅을 무단으로 침략하여 전쟁을 벌이고 마침내 식민지로 강제합병한 뒤, 전승을 기념하는 기념탑을 세우고 성대한 환영연을 펼치는 모습을 말없이 지켜봐야만 했던 진해지역 조선 민중들

---

3 도쿠토미 소호(德富蘇峰, 1863. 3. ~1957. 11.) 일본의 저널리스트, 역사가, 사상가로, 저서에는 《근세일본국민사》 등이 있다.

의 억눌린 분노가 어떠했을까. 다만 쉽게 분출할 수 없었기에 그 억압된 분노와 아픔은 민간전승 형태로 바뀌어 전해지고 있다.

진해의 향토사학자 황정덕 씨의 《우리고장 문화유산》에 보면 일본이 기념탑을 세우기 위해 제황산 산봉우리를 깎아내기 시작하자, 어느날 밤 진해에 있는 묘법사(妙法寺)의 일본인 주지 아사히 간세이(旭寬成)의 꿈에 백발의 노인이 나타나 공사를 당장 중단하고 산꼭대기를 복구시키지 않으면 재앙이 이어질 것이라고 경고했다고 한다. 그럼에도 불구하고 공사가 계속되자 석재를 실어 나르던 삭도차의 줄이 끊어져 일본인 감독과 석공이 죽고 다치는 사고가 일어났다.[4]

이듬해인 1930년 3월 10일에는 대화재로 진해에서 104명의 어린 학생들이 불타 죽는 참사가 일어났다. 진해고등여학교 학생 1명, 진해소학교 학생 73명, 경화소학교 학생 24명 등이었다. 그중 103명이 일본인 학생이었다. 육군기념일 행사의 일환으로 인근 지역 학생들이 진해만요새사령부 연무장에서 영화 〈노기(乃木) 장군〉을 관람하다 누전에 인한 불이 영화필름으로 옮겨 붙어 발생한 화재사고였다. 대부분의 직접적 사인은 연기로 인한 질식이었다.

당시 일본 육군은 희생자들을 위한 대규모 추도식을 개최하는 등 민심수습을 위해 나섰다. 육군의 고등관 이상은 봉급의 1%를 조의금으로 갹출하고, 사고 재발방지를 위한 안전교육도 대폭 강화했다. 일본의 천황 부부도 육군대신을 통해 조의금 1천 원을 전달했다.

진해 제황산 일본해해전 기념탑이 언제 어떤 과정을 통해서 철거되었는지는 분명치 않다. 진해탑 안내문에는 "이곳에는 1927년 러일전

---

4 황정덕 외, 《우리고장 문화유산》, 진해·웅천향토문화연구회, 2008.

쟁에서 승리한 일본이 세운 전승기념탑이 있었으나 1945년 조국광복과 함께 그 탑을 철거하고, 1967년 우리 해군의 위용을 상징하는 진해탑을 세우게 되었습니다"라고 간단히 설명되어 있다.

경남 거제시 장목면 송진포리

현재 거제 고현에 있는 시청 지하창고에는 일제에 의해 만들어진 또 다른 러일전쟁 승전기념비가 보관되어 있다. 좀더 정확히 말하면 직육면체로 만들어진 기념비의 각 측면에 글귀를 새겨 넣은 4장의 석판 중에 하나가 남아 있다. 진해 탑산에 세워진 제황산 일본해해전 기념탑보다 2년 뒤인 1931년에 만들어진 것이다.

　높이 160센티미터, 폭 60센티미터, 두께 20센티미터 정도의 이 화강암 빗돌 전면에는 1905년 5월 27일 일본 연합함대가 러시아 발틱함대를 발견하고 대본영에 타전했다는 전문의 내용이 도고 헤이하치로의 친필 글씨체로 새겨져 있고, 끝에 서명이 되어 있다. 비석은 위쪽 1/3 지점이 절단되어 두 동강이 났지만 명문내용은 아주 뚜렷하게 남아 있다.

　그렇다면 이 비석은 어떻게 하여 시청 지하창고에 남겨지게 된 것일까? 관련기록을 찾다가 이 비석의 연원을 가장 잘 알고 있는 거제시 향

발견 당시의 비석

토사학자 이승철 씨의 여러 가지 설명을 직접 들을 수 있었다.

　오랫동안 세간의 관심에서 멀어졌던 이 비석이 다시 주목을 받기 시작한 것은 1970년이었다. 당시 거제군 문화관광과 직원이었던 이승철 씨는 향토문화재에 대한 조사작업 중 장목면 지서 앞을 지나다 도랑 위 징검다리로 사용되는 이 비석을 발견하였다. 한눈에 특이한 비석임을 간파한 그는 곧바로 동아대 박물관장이었던 김동호 교수를 현장으로 불렀다. 김 교수는 거울을 비석 아래쪽에 들이밀어 글씨 내용을 읽어보고 이것이 '송진포 일본해해전 연합함대근거지 기념비', 통칭 송진포 러일전쟁 전승기념비임을 확인했다. 원래 장목면 송진포에 세워졌던 이 기념비는 해방 후 일부 청년들이 왜색을 제거하기 위해 파괴를 시도했으나 장비부족으로 실패하고 1951년에 공병대가 동원되어 해체했다고 한다. 그리고 한동안 잊혀 있었다.

　김동호 교수팀에 의해 발굴된 뒤 거제경찰서로 옮겨진 이 비석은 그 뒤 거제시청에 보관하게 된다. 그리고 이런 사실들이 언론을 통해 알려지면서 다시 주목 받기 시작한다.

일본에서도 많은 취재진과 연구자들이 이 비석과 파괴된 기념비 터를 직접 살펴보기 위해 찾아왔다. 그중에는 도쿄에 있는 도고신사 내 모임인 도고회(東鄕會) 같은 도고 헤이하치로 추종모임의 회원들도 있었다. 이승철 씨에 따르면 당시 송진포를 찾아온 일본인들은 한결같이 기념비 터에서 매우 경건한 자세로 꿇어앉아 기도하고 심지어 눈물을 쏟는 사람들도 많았다고 한다.

1981년에는 한일문화교류협회 엄현섭 회장이 일본의 해군 퇴역장교 모임인 수교회(水交會) 측과 수차례 만나 기념비 복원에 합의하고, 이를 제안하기 위해 두 차례에 걸쳐 거제도를 방문하여 이봉목 군수를 만났다. 당시 일본은 기념비 복원과 마을정비를 위해 3억 원이라는 거금의 지원을 제안했다고 한다. 거제군에서도 기념비 복원을 통해 일본인 관광객을 유치하고, 오욕의 역사에 대한 산 교육장으로 활용한다는 명분으로 기념비 복원계획을 도지사에게 전달했다. 그리고 1982년 4월 당시 최종호 경남지사는 초도 순시차 방문한 전두환 전 대통령에게까지 보고했다.

하지만 이런 사실이 알려지자 지역의 주민들과 주요 언론들이 거세게 반발하고 나섰다. 일본인들이 전쟁영웅으로 떠받드는 도고의 승전 기념비를 이충무공의 전적지에 세운다는 것은 말도 안 되는 처사로 일제의 망령을 되살리는 일이라고 비난했다.[1] 여론의 뭇매에 직면한 최

---

1 "이충무공 전적지에 일제 망령", "성역의 땅에 日 망령수동", 〈부산일보〉, 1982년 5월 4일, 7일 자.

도고의 친필비문과 휘호 (사진: 아시아역사자료센터)

종호 경남지사는 결국 5월 8일 기자회견을 갖고 복원계획의 전면철회를 선언했다.

그런데 애초 이 기념비는 언제, 어떤 계기로 세워지게 된 것일까? 1928년 10월 13일 진해 요항부에서 일본 해군성에 보낸 "송진포에 일본해해전 기념비 건립의 건"이라는 공문에 의문의 일단을 풀어줄 내용들이 담겨 있다.

위 기록에 따르면 1926년 8월에는 와다(和田) 경상남도 지사가, 그리고 이듬해인 1927년에는 나가사와(長澤) 진해 요항부 사령관이 각각 거제 송진포를 방문했다. 그때 송진포의 일본인 유지인 이와사 가츠지(岩佐勝次)와 마츠모토 쇼기치(松本淸吉)라는 자들이 기념비 건립을 탄원하게 된다. 탄원의 내용을 보면 일본해 대해전의 책원지라고 말할 수 있는 방비대 유적이 황폐화되고 도고의 저택도 다 없어지고 이름만 남았으니 이곳을 정비하고 기념비를 건설하겠다는 것이었다.[2]

진해 요항부 사령관은 주민들의 탄원을 해군대신 오카다(岡田)에게 전달하는 형식으로 기념비 건립을 본격 추진한다. 1928년 8월에는 '기념비건설 발기인회'를 조직하고 도고 원수에게 직접 그 뜻을 진정하여 비문으로 쓸 친필 휘호를 요구하였다. 그때 도고는 두 장의 친필비문과 별도로 '분려노력'(奮勵努力)이라고 글씨를 써 보냈다.

　두 장의 비문 중 하나는 거제시청 지하창고에 보관 중인 비석에 새겨진 글귀로, 앞서 말한 것처럼 1905년 5월 27일 일본 연합함대가 러시아 발틱함대를 처음 발견하고 대본영에 보낸 전문이다.

　　接敵艦見之警報聯合　적 함대를 맞아 모든 함대에 알린다.
　　艦隊欲直出動擊滅之　즉시 출동하여 적을 격멸하고자 한다.
　　本日天氣晴朗波高　오늘 날씨는 맑으나 파도는 높다.
　　平八郎 書　헤이하치로 씀

　다른 한 장의 비문에는 도고가 일본 해군의 전 장병에 내렸다는 잘 알려진 격문이 쓰여 있다.

　　皇國興廢在此一戰　황국의 흥폐가 이 일전에 달렸다.
　　各員一層奮勵努力　모든 병사는 한층 힘을 내 노력하라
　　平八郎 書　헤이하치로 씀

　1931년 1월에는 지역 유지들과 친일조선인들로 구성된 '기념비건설

---

2 JACAR, 〈松眞浦ニ日本海海戰記念塔設立ノ件〉, Ref. C04016426000.

위원회'를 발족시키고 총사업비 4천 원을 갹출하여 본격적인 기념비 건설에 박차를 가하게 된다. 당시 위원회에는 송병문, 김기정 같은 친일 조선인들이 자발적으로 참여하여 건립기금을 출연하는 등 일제의 정책에 적극 협력하였다.

그해 5월 기념비는 부산에 있는 일본인 건축회사(竹本組)에서 만들어져 선박을 통해 송진포로 옮겨진 뒤 5월 27일 해군기념일에 맞춰 건립을 마무리하고 제막식을 열었다. 당시 신문에는 "거제도 송진포에서 전첩기념제 ― 성대하게 진행되다"라는 제목으로 그날 행사가 소개되었는데, "고바야시(小林) 요항부사령관을 비롯하여 지역유지 등 수백명이 참가한 가운데 도고 원수의 휘호가 새겨진 비 앞에서 엄숙장엄한 제식을 치른 뒤, 고바야시 사령관의 선창으로 대원수 폐하 만세 삼창을 하고 2시에 해산하였다"고 전하고 있다. 3

일본 해군방비대가 있었던 거제시 장목면 송진포리. 마을 사이에 만들어진 언덕길을 따라 올라가다보면 지금은 폐교가 된 송진포초등학교를 중심으로 여기저기 오래된 농가들이 자리 잡고 있다. 주변을 돌아봐도 언뜻 옛 일본군의 주둔 흔적을 찾기는 쉽지 않다. 학교 뒤쪽으로 올라가면 제법 널따란 밭이 펼쳐져 있다. 거제의 향토사학자인 이승철 씨의 설명에 따르면 이곳이 방비대사령부와 연병장이 있던 곳이라고 한다.

밭의 끝자락, 산기슭과 잇닿은 곳에는 받침대 부분만 남은 채 상부가 부서져 나간 콘크리트 조형물이 남아 있다. 이전에 왔을 때 주민들에게 물었지만 이 조형물이 무엇인지 알 수가 없었다. 이승철 씨는 이

---

3 "거제도 송진포에서 전첩기념제 ― 성대하게 진행되다", 〈부산일보〉, 1935년 6월 1일 자.

어뢰탑 조형물에 대해 설명하는 이승철 씨

조형물은 일제가 도고 기념비를 건립하면서 함께 세웠던 어뢰 설치대라고 했다.

　일본군 기록 속에서 관련내용을 찾을 수 있었다. 1931년 5월 7일 송진포 기념비 건설회장인 사토(佐藤德重)라는 자가 일본 해군대신에게 청원서를 보내 사세보 해군군수부에서 보관중인 폐병기를 무상으로 보내줄 것을 요청하는데, 그것이 바로 45cm 어형수뢰와 비행기용 프로펠러었다. 이 폐병기를 거제 송진포 통칭 도고저택 자리에 전시하여 현지를 방문하는 관람자들에게 해군무기에 대한 이해를 증진시키고 해군의 정신을 함양시키는 데 사용하겠다는 것이었다. 해군대신은 이 요구를 받아들여 무상으로 폐병기를 제공하였다.[4]

　4 JACAR, 〈廢兵器無償下俯ノ件〉, Ref. C05021753100.

송진포 전승기념비 기단부 잔해

이 어뢰탑 옆쪽으로는 산 위쪽으로 올라가는 돌계단이 있었다. 그 계단의 끝에 '송진포 일본해해전 연합함대근거지 기념비', 일명 송진포 러일전쟁 기념비가 만들어져 있었다. 오랫동안 방치되어 길도 없고 여름의 무성한 수풀로 뒤덮여 기념비 터를 찾기가 쉽지 않았다. 그런데 잠시 뒤 수풀 속에 하얗게 빛나는, 기념비를 떠받치고 있던 대리석 기단부가 80여 년의 세월에도 불구하고 너무나 뚜렷하게 두 눈에 들어왔다. 남아 있는 비의 기단부는 높이가 2.5미터 되는 정방형으로 모두 3단으로 만들어져 있다. 맨 아래 기단은 한 변의 길이가 8.5미터, 맨 위쪽 기단은 한 변이 2.5미터 정도로 규모가 꽤 컸음을 알 수 있다. 그리고 이 기단 위에 높이가 10미터 정도인 직육면체 콘크리트 구조물이 올려져 있었다. 그리고 콘크리트 구조물 각 면마다 글씨를 새긴 화강암 석판을 세워 붙이는 식으로 만들었다.

기념비 전면에는 '일본해해전 연합함대근거지 기념비'라 새기고, 그 위에 도고가 내려 보낸 친필 글씨체로 '분려노력'(奮勵努力)을, 오른쪽에는 대본영에 보낸 전문, 왼쪽에는 장병들에게 내린 격문을 새기고, 뒷면에는 기념비를 세우는 데 협력한 명단을 적어 넣었다.

지금의 기념비 터 앞은 나무가 우거지고 수풀이 무성해 시야가 막혀 있지만, 거기서 조금만 내려가면 멀리 송진포만과 방비대가 있던 마을 전체가 한눈에 들어온다. 순간 러일전쟁이 끝난 지 100년이 넘었지만 마치 지금도 도고가 거제도의 조용하고 아름다운 포구마을을 지배하듯 내려다보고 있을지도 모른다는 착각에 빠져들었다.

경남 거제시 사등면 창호리

거제도에서 시청이 있는 고현을 지나 통영 쪽으로 달리다 오른쪽으로 빠져나가면 가조도(加助島) 라는 제법 큰 섬을 만나게 된다. 지금은 연륙교를 통해 본섬과 이어져 있기 때문에 딱히 섬이라는 느낌도 들지 않는다. 자동차로 섬 주변 일주도로를 달리다보면 진해만의 아름다운 풍광에 매료되게 된다. 섬 북쪽 끝에 있는 옥녀봉(332미터) 에 올라가면 주변의 경치를 한눈에 내려다 볼 수 있다. 그리고 이 옥녀봉 아래 해안가에서 1킬로미터 정도 떨어진 곳에 작은 돌섬이 하나 보이는데 이곳이 바로 취도(吹島) 다. 원래 이곳 주민들은 독수리섬이라는 의미의 취도(鷲島) 라고 불렀다고 한다.

　해안가에서 육안으로 보면 겨우 식별할 수 있을 정도의 작은 탑이 취도 가운데 솟아 있는데 이것이 바로 일제가 러일전쟁 승리를 기념해 세운 취도 기념비다. 이 탑이 세워진 것은 일제강점기인 1935년 8월 23일이다. 1934년 이치무라 히사오(市村久雄) 진해요항 사령부(鎭海要

취도 전경과 취도 기념비(오른쪽 위)

港 司令部) 사령관이 처음으로 계획한 뒤 후임자인 고바야시 세이자부로(小林 省三郞) 중장이 이어받아 완성시켰다. 당시 신문보도를 보면 이 탑의 준공식에는 3척의 구축함 등 각종 함선이 동원되고 진해 요항부 사령관 고바야시 중장 이하 각 장교, 진해만요새사령관, 통영의 각 향군 분회장, 진해읍장, 통영군수, 조선인 대표 등 각계 유지들이 대거 참여하여 성대하게 열렸다.[1]

기념탑은 7월에 기공한 뒤 진해 요항부 방비대원들을 동원, 삼복더위의 무더운 날씨에도 공사를 계속하여 8월 14일 완공하였다. 화강암을 다듬어 만든 비석에 비문을 새기고 그 위에 군함에서 사용하던 포탄을 올려놓았다. 이 포탄은 바로 전해 진해 요항부 사령관이 해군대신

---

1 "고도고 원수 연고지 취도에 해군기념비, 23일 준공식 거행", 〈부산일보〉, 1935년 8월 25일 자(석간 3면).

에게 요청하여 구레(吳) 해군군수부 창고에 있던 30cm 철갑탄을 폐품 처리하여 가져온 것이었다.[2]

비석을 올려놓은 대석의 폭은 208센티미터, 대석에서 포환까지의 높이는 471센티미터, 포탄의 길이는 90센티미터이다. 공사에 필요한 경비 202원 73전은 모두 요항부 및 방비대원들의 기부금으로 마련하고 공사도 방비대원들이 직접 담당하여 완성하였다.

탑의 정면에는 고바야시 사령관이 쓴 '취도기념'(吹島記念)이라는 글씨가 새겨져 있고 뒷면에는 이치무라 전 사령관이 짓고 쓴 '취도회고'(吹島懷古)라는 비문이 적혀 있다.

吹島在鎭海灣西隅
취도는 진해만의 서쪽에 있는데
日露戰爭之際 我聯合艦隊待機在于此
러일전쟁 때 우리 연합함대가 이곳에 대기했다
日夜行實彈射擊以此島爲標的殆不留原形
밤낮으로 이 섬을 표적 삼아 실탄사격하여 원형이 거의 남아 있지 않다
日本海之功名亦多所負于此島
일본해의 공명은 많은 부분 이 섬 덕분이다
今建碑成詩以頌之云爾
이제 이 비를 세우고 시를 지어 이를 기리고자 한다
一擧吹島舊形無 亂石崩沙鐵火敷
일거에 취도의 옛 모습은 없어지고 바위는 포탄에 모래같이 부서졌다

2 JACAR, 〈第5029号 9. 11. 27 廢兵器無償下付の件 吳海軍軍需部〉, Ref. C05023755800.

喜得旋揚陳亦事 千年㈦朽補皇圖
이 기쁜 일을 선양하여 천 년 동안 황국의 앞날을 보전하리라

당시의 보도내용(〈부산일보〉, 1935. 8. 25.)에 따르면 이 비석은 러일전쟁 전승 30주년을 기념하기 위해 세워졌다. 즉, 30년 전인 1905년 2월부터 5월까지 도고가 이끄는 연합함대가 진해만에 머물면서 밤낮으로 맹렬한 실탄사격 훈련을 실시하여 쓰시마해전에서 대승하고, 결과적으로 러일전쟁을 승리로 이끈 것을 기념하기 위해 세운 것이다.

그 과정에서 취도는 크게 훼손되었다. 일본군 문서에는 "취도는 우리 연합함대 실탄사격의 표적이 되었던 작은 섬으로, 본래 원추형의 아름다운 섬이었지만 탄환 작열에 의해 지금은 그 원형을 유지하지 못하고 있어 당시의 맹훈련을 떠올리게 한다"라고 적혀 있다.[3] 그 결과 섬의 크기는 10분지 1 정도로 줄어들어 약 50평(165제곱미터) 정도만 남게 되었다고 한다.

이처럼 취도가 일본군의 사격훈련으로 완전히 파괴되었다는 분명한 기록이 남아 있음에도 불구하고 시바 료타로(司馬遼太郞)가 쓴 《언덕 위의 구름》에는 연합함대의 사격훈련과 관련하여 역사적 사실과 전혀 다른 묘사가 나온다. 시바는 자신의 소설에서 일본 연합함대가 진해만에서 실시한 함선의 사격훈련에 대해 다음과 같이 서술하고 있다.[4]

3 JACAR, 〈第5029号 9. 11. 27 廢兵器無償下付の件 吳海軍軍需部〉, Ref. C05023755800.
4 馬遼太郎, 《坂の上の雲》, 〈鎭海灣〉の章(竹國友康, 《ある日韓歷史の旅 f鎭海の櫻》에서 재인용).

실탄사격에 관해서는 이 함대가 개전 전 히다카 다케시스스무(日高壯之丞)가 상비함대 사령장관이었을 때 세토나이카이(瀨戶內海)에 있는 한 섬을 산산이 부수어 소멸시킬 만한 정도의 훈련 경험을 가지고 있다. 진해만에서도 그런 일이 행해졌을 터인데 누구의 기억에도 어떤 기록에서 발견되지 않았고, 공통으로 말하는 것은 내당포(內膛砲) 사격에 관한 것뿐이다.

내당포 사격은 대포의 중심에 소총을 장착하고 소총을 발사하여 대포의 표적을 조준하는 훈련을 말한다. 또 내당포 사격은 뗏목 위에 함석판과 범포로 만든 1×1.5미터 정도의 인공 표적을 사용한다고 한다. 시바의 역사소설에 따르면 적어도 진해만에서는 실물인 섬을 표적으로 한 사격훈련은 없었고, 그나마 내당포 사격을 통한 훈련이었기 때문에 섬을 물리적으로 파괴하는 일은 전혀 없었던 것이 된다.

다케쿠니는 그의 책[5]에서 구체적인 예증을 들어가며 시바 료타로의 이런 서술을 비판하고 있다. 그에 따르면 일본군이 실전과 같은 함포사격 훈련을 실시했다는 것을 보여주는 기록들은 많이 남아 있다. 쓰시마해전이 벌어지기 직전인 1905년 4월 중순경부터 각 군함들이 순차적으로 취도를 표적으로 한 다양한 실전사격훈련을 실시했는데 당연히 그 과정에서 취도는 파괴될 수밖에 없었다. 이 훈련과정에서 취도에 인접한 옥녀봉 정상에 만들어진 전신소에는 관측병들이 머물면서 함대사격의 착탄지점을 관찰하고 교신을 통해 오차를 수정하는 작업이 이루어졌다.

5 竹國友康, 《ある日韓歷史の旅　鎭海の櫻》, 朝日選書, 1999, 68~72쪽.

시바 료타로는 메이지 시기 일본의 역사를 상찬하고 미화하기에 골몰한 나머지 이처럼 명백한 역사적 기록들을 애써 외면하고 모른 체했다. 결과적으로 조선인들이나 조선의 영토에는 아무런 피해도 끼치지 않은 것처럼 묘사하는 역사왜곡을 자행한 것이다.

　취도와 취도 기념비는 러일전쟁 과정에서 일본의 조선 침략과 영토 파괴를 분명히 보여주는 역사적 증거로 남아 있다. 그리고 다행스러운 것은 진해 제황산이나 거제 송진포의 러일전쟁기념탑과는 달리 취도 기념비는 파괴되지 않고 지금도 그대로 남아 있어 당시 역사를 증거하고 있다. 육지에서 1킬로미터 정도 떨어진 무인도에 세워져 있어 사람들의 손길을 피할 수 있었기 때문이다.

　하지만 취도 기념비도 한때 없어질 위기에 직면한 적이 있었다. 광복 60년, 그리고 러일전쟁 100주년이 되던 지난 2005년 거제도의 시민단체들이 일제 침략야욕의 상징인 이 취도 기념비를 철거하거나 이전할 것을 주장하고 나섰기 때문이다. 하지만 불행했던 역사도 제대로 보존하고 후대에 역사의 교훈으로 삼아야 한다는 이견도 제기되어 양쪽의 주장이 팽팽히 맞섰지만 결국 현지 주민들은 남겨두는 방향으로 결정하였다. 그리고 국치일인 8월 29일 주민들은 기념탑 주변에 돌을 쌓아 가리는 것으로 소동은 일단락되었고, 그 후 일부 주민들에 의해 쌓아둔 돌은 무너져버렸다.[6]

　기억하기 싫은 치욕적인 역사의 증거라고 무조건 파괴하고 배제한다면 우리가 당했던 피해와 침략의 증거들도 없어지고 사람들의 기억에서 멀어지게 된다.[7] 우리의 지난 과거를 돌이켜볼 때 수없이 반복된

---

6 "취도기념탑 철거 찬반 논란", 〈경남일보〉, 2005년 6월 2일 자.

역사적 과오들을 되풀이하지 않기 위해서라도 그러한 증거들을 주위에 남겨두고 부단히 반추해갈 필요가 있을 것이다.

7 도진순, "동북아 평화벨트 시론: 한중일 전쟁 기억, 망각을 넘어 평화의 연대로", 〈역사비평〉, 2009년 여름호(통권 87호), 2009. 5, 393∼425쪽.

경남 창원시 진해구 현동

우리에게 진해라는 도시는 몇 가지 이미지로 다가온다. 벚꽃축제로 유명한 군항제의 도시, 훈련소와 사관학교가 있는 해군의 도시, 그리고 방사상가로가 만들어진 계획도시 등이다. 이러한 도시에 대한 인상은 현재진행형으로 누구에게나 친숙하게 다가오지만 그러한 인식 형성의 역사적 배경에 대한 이해는 대개 해방 이후에 머물러 있다.

　간단히 요약하면 진해에는 일제에 의해 철저히 계획된 해군 군항(軍港)과 그 배후도시가 만들어졌으며, 진해만 방비대, 진해 요항부, 진해 경비부로 이어지는 해군 지휘기관이 설치되어 한반도의 지배와 대륙침략을 위한 군사적 지원역할을 수행했다. 아울러 태평양전쟁 말기에는 육군과 보조를 맞춰 각종 결전기지를 구축하고 특공부대를 배치하는 등 본토결전에 대비한 제반 작전을 수행했다. 하지만 이런 여러 사항에 대해서 우리에게 구체적으로 알려진 것은 그리 많지 않고 연구실적도 매우 빈약한 편이다. 개략적이나마 진해에 군항이 설치된 연원과 그 이후 변화와 발전과정 그리고 현재까지 남아 있는 군사유적들을 살펴보고자 한다.

대한제국 정부에서 진해만에 군항을 설치하기로 공식적인 결정을 내린 것은 을사보호조약이 체결된 이듬해인 1906년 8월 20일이었다. 당시 의정부 참정대신 박제순과 내부대신 이지용 등은 관련 내용을 고종 황제에게 상주하고 재가를 받았다.[1]

> 의정부 참정대신 박제순, 내부대신 이지용, 군부대신 이근택, 농상공부 대신 권중현 등의 진청에 따라 경상남도 진해만과 함경남도 영흥만을 국방상의 필요에 따라 상당 구역을 군항으로 예정한다.

영흥만은 진해만과 함께 러일전쟁 당시 일제가 해군방비대를 설치했던 요새지대였다. 두 곳의 만에 국방상의 필요에 따라 군항을 설치한다는 이러한 기록은 그 자체로만 보면 대한제국 정부가 주체적인 판단에 의해 결정한 것으로 절차상 전혀 문제가 없어 보인다. 하지만 그 이면을 들여다보면 철저히 일제의 의도에 의한 것으로 거의 일방적 통고에 따른 진행과정에 불과했다.

러일전쟁을 승리로 이끈 일본은 미국의 중재로 이루어진 포츠머스조약(1905. 9. 5)을 통해 한국에서의 우월권을 인정받는다. 이어서 물리적 강압을 통해 외교권을 박탈하고 한국을 보호국으로 만드는 제2차 한일협약(을사늑약, 1905. 11. 17)을 체결하였다. 바로 뒤이어 통감부를 설치하고 그 지방기관으로서 이사청 관제를 공포(12. 21)하였다.

1 《고종실록》, 광무 10년 8월 21일.

이에 따라 전국 각지에 있는 일본영사관들이 모두 이사청으로 이름을 바꾸었다. 이는 조선을 보호국화함에 따라 자국민 보호를 위해 외국에 설치되는 영사관 기능은 더 이상 필요 없고 이제부터는 이사청을 마치 자국 내 행정기관처럼 활용해 직접적이고 노골적으로 조선의 내정에 간여하겠다는 것이었다. 마산에 있는 영사관도 이때 이사청으로 이름과 역할을 바꾸었다.

초대통감에 임명된 이토 히로부미[2]는 이듬해 3월 2일 취임한 직후부터 한국 정부의 각부대신들이 참여하는 '한국 시정개선에 관한 협의회'를 만들어 수시로 회의를 직접 주재하면서 외교 분야뿐만 아니라 한국의 내정 전반에 대한 간섭을 시작했다. 진해만에 군항을 설치하는 문제에 대한 논의가 이루어진 것은 1906년 8월 15일 통감 관사에서 개최된 제 10차 협의회에서였다.

이 자리에는 이토 통감과 한국의 참정대신 박제순, 내부대신 이지용, 군부대신 이근택 등이 참여했다. 다른 한편 군항 건립을 추진해온 일본 측 관계자, 즉 통감부 무관 해군소장 미야오카 나오키(宮岡直記), 해군군령부 참모 해군중좌 모리 코시타로(森越太郎), 마산 이사청 이사관 미마스 구메기치(三增久米吉), 법학박사 우메켄 지로(梅謙次郎) 등이 참석했고 통역과 기록원도 배석했다.

회의는 협의가 아니라 이토가 일방적으로 설명하고 통고하는 방식으로 진행되었다. 이토는 진해만과 영흥만에 설치할 군항예정지를 검

2 이토 히로부미(伊藤博文, 1841~1909) : 일본의 정치가. 야마쿠치(山口) 태생. 1905년 을사늑약을 체결하고 초대총감이 되어 조선 병탄을 주도하였다. 1909년 하얼빈에서 안중근 의사에 의해 사살되었다.

은 선으로 표시한 해도(海圖)를 들고 나와 광대한 지역에 군항을 설치하는 이유를 설명하고 예정지 내에서의 토지매매 금지 등 필요한 조치 사항들을 미리 정리해 와서 참석자들에게 내밀며 읽어보도록 요구했다. 그 조치사항들의 개요는 다음과 같다.[3]

1. 한일 양국 국방의 필요에 따라 경상남도 진해만 및 함경남도 영흥만을 한국 군항으로 예정하여 당분간 다음의 여러 군(郡) 내에 있는 토지, 가옥, 기타 부동산은 전매를 금지할 것을 요한다. 두 군항지역에 관계가 있는 여러 군은 아래와 같다.

   진해만 군항 방면: 거제군, 진남군, 고성군, 진해군, 창원군 내포, 칠원군, 칠원반도, 웅천군

   영흥만 군항 방면: 영흥군, 부원군, 문천군, 덕원군, 안변군

2. 한일 양국 국방의 필요에 따라 경상남도 진해만 및 함경남도 영흥만을 한국 군항으로 한다. 위 두 군항 구역의 대략은 별도 붉은 선으로 제시하나 추후 위 구역은 양국의 관계 관헌이 실제 입회한 후에 이를 확정하기로 한다. 위 두 군항은 일본 정부가 이를 사용하기 위해 그때그때 군사상 필요한 설비를 시설할 것이다. 이에 필요한 토지의 접수에 관한 약정은 따로 실시할 필요가 있다. 차제에 진해만 군항구역 내 별지도면 파란 선 이내 지역을 일본 정부가 필요로 할 때 한국 정부는 이를 일본 정부에 인도하기로 한다. 그리고 해당 구역 내에 있는 사유지는 차제에 한국 정부에서 이를 매입하되 그 대가는 일본 정부에서 일시

---

3 국사편찬위원회 한국사데이터베이스, "주한일본공사관-통감부문서", '한국 시정개선에 관한 협의회'.

또는 편의한 방법으로 지불하는 것으로 한다.

    진해만에 군항을 설치하겠다는 일본 측 계획은 한국 정부에서 논의하고 황제의 재가를 받는 형식적 절차를 거치고 8월 27일에는 관보를 통해 게시했다. 이어서 창원 감리에게 7개 항에 걸친 고지문을 통보하고 군항예정지 내에 있는 주민들에게 관련내용을 알리도록 조치하였다. 고지문의 대략적인 내용은 다음과 같다. [4]

1. 진해만에 한일 양국의 국방을 위해 군항을 만들 필요가 있음을 한국 정부가 인정하고 8월 27일 관보에 고시하였다.
2. 한국은 아직 자위력을 갖지 못해 국방상 필요한 군비를 충실하게 갖출 때까지 일본 정부가 제반을 경영하고 필요한 설비를 하도록 협정하였다.
3. 관보에 게재한 군항예정구역은 광대하지만 인민의 재산이나 생활에는 하등 피해를 주지 않을 것이며, 다만 해당 구역 내 토지를 외국인에 매도하는 것은 금한다.
4. 군항예정지역인 모도(毛島)부터 행암리(行巖里)까지와 그 부근 토지는 일본 정부에서 해군의 설비를 위하여 필요한 부분만 수용한다. 그 지역 내에서는 외국인은 물론이고 한국인 사이에서도 매매나 소유권의 이전을 금한다.
5. 토지수용에 관해서는 상당한 가격을 지불하고, 지불한 뒤에도 사용하지 않는 토지는 종전과 같이 거주와 경작을 허용한다.

4 황정덕, 《진해시사》, 진해향토문화연구소, 1983.

6. 가옥과 묘지의 이전비는 미리 정했다가 이전의 명령이 내려졌을 때 지불한다.

7. 수용의 집행에 불편함이 없도록 수용당사자의 명령에 따를 것. 또 국가에 불충한 일이 생길 경우에는 중벌에 처한다.

이 고지문에서 주목할 점은 진해만에 군항을 만드는 것은 철저히 일본의 계획에 의해 추진되는 것임에도 그 의도를 숨기고 마치 한국의 필요에 의해 만드는 것처럼 포장하고 있다는 것이다. 고지문 제2항의 "국방상 필요한 군비를 충실하게 갖출 때까지"라는 표현도 일본의 지배야욕을 숨기고 예상되는 한국인들의 반발을 무마하기 위해 초안에 없던 내용을 회의석상에서 추가한 것이다. 그와 관련된 내용이 시정개선에 관한 협의회 회의록에 잘 남아 있다.

권중현: 이 서류(이토가 제시한 문서)의 제4항에 후일 한국 정부의 국방이 충실해지고 나면 상당한 변상을 한 뒤 되살 수 있는 조건을 두었으면 합니다.

이토: 지극히 적절하오. 한국인의 마음을 안도시켜 정부에 대한 공격을 피할 수 있는 명안이오. (이토 통감이 '한국 자위의 군비가 충실해질 때까지'의 문구를 직접 써 넣고 각 대신에게 보여주며) 이것으로 적절하오?

각 대신: 그러하오.

일제가 군항예정지로 진해만을 선정한 것은 앞서 살펴보았듯이 이 일대가 수심이 깊고 주변이 크고 작은 섬으로 둘러싸인 천혜의 양항이기 때문이다. 이토는 1909년 초 순종 황제의 동남 순행에 수행하여 내려갔다가 마산에서 있었던 한일합동환영회 석상에서 "진해만은 세계 각국에 있는 유수한 항만과도 비교할 수 없는 요항일 뿐 아니라 한일 양국 관계에서 국방상 결코 없어서는 안 될 위치를 차지하고 있다"고 주장했다. 당시의 신문 지상에서는 '동양 제일의 양항', '세계 굴지의 양항' 등으로 진해만을 표현하고 있다.[5]

일제는 이미 오랜 역사적 경험을 통해 이 일대의 지형조건에 매우 익숙할 뿐만 아니라 일본과 대륙을 연결하는 전략적 요점이라는 것을 너무나 잘 알고 있었다. 그 예를 들자면, 비록 실패로 끝났지만 여몽(麗蒙) 연합군이 두 차례(1274년, 1281년)에 걸쳐 일본을 공격할 때 원정대의 출발점이 바로 진해만 안쪽에 있는 마산 합포 지역이었으며, 조선 전기에는 부산포, 염포(울산)와 함께 대일 국제무역항 역할을 했던 곳이 바로 진해만 제포(지금의 진해구 웅천동)였다. 뿐만 아니라 진해만 일대는 왜구들이 약탈과 노략질을 일삼은 지역이었고 임진왜란 당시에는 수많은 격전이 진해만 일대에서 벌어지기도 했다.

특히 이순신 장군이 이끄는 조선 수군의 활약으로 서해를 통한 보급을 차단당한 일본군은 결국 대륙침략의 야욕을 접어야 했던 아픈 경험이 있으며, 바로 직전에는 진해만 내에 만들었던 일본군 연합함대의 근거지를 발판으로 러일전쟁을 승리로 이끌 수 있었다.

사실 진해에 군항을 설치하기 위한 움직임은 훨씬 이전부터 치밀하게 준비되었다. 을사보호조약이 체결된 다음 달 일본 정부는 마산주재 영사 미우라 고로(三浦梧樓)에게 편지를 보내 해군중좌 오카노 후지마츠(岡野富士松)의 비밀 출장에 협조하도록 통고하였다. 오카노의

---

5 "鎭海の發展"(진해의 발전), 〈東京時事新報〉, 1912년 6월 4일~7일 자.

출장 목적은 진해만 군항예정지를 돌아보고 논, 밭, 산림 등 토지의 성격이나 관유, 민유 여부를 조사하고 매수 금액 등 필요한 제반사항을 파악하는 것이었다. [6]

진해군항 건설계획이 공식적으로 발표된 뒤 한일 양국의 관리들로 구성된 진해만 군항지조사위원회가 현지에 파견되었다. 위원장은 한성부윤 박의병이고, 일본 측에서는 해군군령부참모 해군중좌 모리 코시타로(森越太郎), 마산이사청 이사관 미마스 구메기치(三增久米吉) 등이 참여했다.

일본이 군항예정지 내에서 토지수용을 위한 측량활동을 계속하자 현지 주민들이 거세게 반발했지만 무력을 내세워 조사를 강행하고 서둘러 군항지 매수계약서를 체결했다. 당시 일반에 알려진 계약서의 주요 내용은 다음과 같다. [7]

1. 군항예정지 내에 관유에 속한 토지는 무상으로 수수하고, 사유의 토지는 한국 정부에서 매입하되 그 대금은 일본 정부가 후일에 지급한다. 가옥, 분묘의 이전비와 사유 산림의 대가는 가격과 평수에 따라 지급한다.
2. 명년 3월 상순 내에 매수를 마치고 공사를 시작할 예정인데 해당 구역에 소재하는 염전 및 전답 혼합지 평수가 합 381만 4,400평이고 평당 가격 9전씩인데 합계가 37만 8,681원이라더라.

---

6 국가보훈처 공훈전자사료관, '岡野 富士松 해군중좌의 마산비밀출장(1905. 12. 15)', '岡野 해군중좌 來島本官 依囑의 件', 〈日露戰役時 韓國에서 帝國의 軍事經營1件〉, 《일본의 한국침략사료총서》.
7 〈황성신문〉, 1906년 10월 30일 자.

당시 매수예정 토지의 면적은 381만 4,400평(12.6제곱킬로미터)으로 통상적인 여의도 면적의 1.5배 분량이다. 하지만 이는 보상금을 지급하는 사유지의 면적이고, 무상으로 제공되는 관유지를 포함하면 그 총면적은 훨씬 컸을 것으로 보인다. 민유지에 대한 보상은 토지 등급에 따라 상중하로 나누어 지급되었다. 하지만 가격이 낮게 책정된 토지 주인들의 반발이 이어졌고 곳곳에서 항의가 잇달았다.

일제는 일부 단가를 재조정하기도 했지만 기본적으로 토지매입 예산을 38만 원 이하로 책정했기 때문에 토지 소유자들을 만족시키기에는 한계가 있었다. 결국 만일의 사태에 대비해 현장에 일본 군인들을 배치한 채 강압적 분위기 속에서 서둘러 토지보상금 지급을 마쳤다. 그 직후 이토 통감은 진해군항지를 성공적으로 매수하는 데 기여한 박의병과 일본관리들에게 서훈을 내리도록 총리대신에게 상신했다.

군항 건립을 위한 움직임이 구체화되기 시작한 것은 토지수용이 끝난 직후부터였다. 일제는 1909년 6월 26일 군무국, 경리국, 함정본부, 임시건축부, 군령부 등에서 선발된 14명을 진해만시설 조사위원으로 임명하고 군항건설을 위한 청사진을 만들도록 지시했다. 다음 해 1월, 현지조사를 마친 조사위원들이 해군대신 사이토 마코토(齋藤實) 앞으로 〈진해군항 시설지 실지답사보고〉를 제출하였다. 보고서에는 진수부, 공창, 수뢰단, 화약고, 대포발사장, 병원, 연병장, 관사, 시가지, 정차장, 묘지, 학교 등 군항 내에 필요한 제반 시설들의 위치, 규모 등이 명기되고 그 선정 이유가 부기되었다.[8]

그리고 1910년 4월 1일 군항건설을 담당할 임시해군건축지부가 세

---

8 竹國友康, 《ある日韓歷史の旅 鎭海の櫻》, 朝日選書, 1999.

위졌다. 처음에는 마산에 있는 철도관사를 임시사무실로 이용하다가 나중에 현동에 새로 지어 이사하였다. 한편으로는 현동에 대형창고와 무선전신소를 설치하는 등 본격적인 건립 준비에 착수했다.

가장 먼저 공사가 완료된 것은 1912년 4월 현동 해안의 군항 부두시설과 경리부, 수뢰단 그리고 진해방비대 청사 건물이었다. 건물들이 새로 지어짐에 따라 1912년 4월 8일 거제도 송진포에 있었던 진해만방비대를 진해 현동으로 옮겨 개칭하였다.

당시 지어진 진해방비대 건물은 지금도 잘 남아 있어 진해군항제 기간에 가면 일반인들도 돌아볼 수가 있다. 본관과 별관 2개의 건물로 이루어진 방비대는 붉은 벽돌과 가공된 흰색의 화강암을 사용하여 화려하게 지은 근대식 건축물로, 각각 등록문화재 195호와 196호로 등재되어 있다. 해방 이후 우리 해군 작전사령부 청사로 사용했는데 지난 2007년 12월 해군작전사령부가 부산 용호동으로 이전하면서 현재는 해군의 사무실로 활용되고 있다고 알려졌다.

한편 군항과 함께 배후도시의 시가지 건설도 착착 진행되었다. 중원로터리를 중심으로 8방으로 뻗어나가는 방사상의 대로를 만들고, 그 주위에 엄격한 건축기준에 따라 민가와 상점 건물들이 조성되었다. 진해우체국(1912. 10), 진해경찰서(1913. 1), 진해신사(1916. 6), 진해역사(1926. 11) 등 각종 공공시설들도 세워졌다. 러시아풍의 근대건축물인 진해우체국은 지금도 잘 보전되어 사적(제291호)으로 지정하여 보호하고 있다.

한편으로 시가지를 건립하면서 경관조성을 위해 시가지 주변에 23만여 그루의 각종 나무를 심었는데 그중에는 벚나무도 2만 주가 있었다. 이후에도 일본 해군은 군국주의의 상징이라고 할 수 있는 벚나무

심기를 계속했는데 일부 기록에 따르면 1910년대에만 약 10만 그루의 벚나무가 군항과 시가지 일대에 식재되었다고 한다. 사실 오늘날 매년 4월 초에 열리는 진해 벚꽃축제의 시발점이라고 볼 수 있다.

진해군항의 등급

다시 앞으로 돌아가 당시 일제가 진해군항을 조성하면서 그 성격을 어떻게 규정하고 어느 정도의 등급으로 책정했는지를 살펴보고자 한다. 앞에서 언급한 것처럼 군항지조사위원회를 진해로 파견하기 전에 다음과 같은 구두 훈령이 하달하였다.

1. 큰 틀에서 마이즈루(舞鶴) 군항 설비 정도를 표준으로 하고, 주로 함선의 입거(入渠), 수리 등을 목적으로 하고 진해만에 필요한 시설 및 그에 따르는 예산을 조사 보고할 것.
2. 진해만방비대를 현동방면으로 이전하는 데 필요한 설계 및 예산을 별도로 사정 보고할 것.
3. 참고할 별도 서류를 첨부한다.

아울러 조사위원들에게 다음과 같이 군항의 기본적 방향성을 제시하는 지침이 전달되었다.[9]

제1관. 군항의 성질
1. 전시적 성질: 출정함대의 근거지로 한다. 단 전시 군수품의 공급은 사

---

9 JACAR, 〈鎭海永興關係書類〉(진해·영흥 관계서류), Ref. C08020166500.

세보에서 담당한다.

2. 평시적 성질

　　1) 각 진수부 소관 함정의 교육 훈련을 위해 해상연병장으로 할 적당
　　　 한 설비를 만든다.

　　2) 공창은 함정의 수리를 주된 일로 한다.

　　3) 함정을 재적에 올리지 않는다.

　　4) 한국 주변 바다의 경비를 담당한다.

　이 지침을 자세히 살펴보려면 먼저 일제의 해군 편제와 관련한 몇 가
지 개념들을 이해할 필요가 있다. 일제는 해군의 관할 해역을 해군구
(海軍區)라고 부르는 4개의 구역으로 나누었다. 그리고 해군구의 중
심적 거점을 특별히 군항(軍港)이라고 하고, 각 군항에는 해군구를 통
할하는 기관으로서 진수부(鎭水府)를 설치하였다. 군항보다 격이 낮
은 것은 요항(要港)으로 정하고, 진수부보다 한 단계 격이 낮은 요항
부(要港部)가 설치되었다.

　당시 4개의 해군구와 진수부를 간단히 살펴보면 도쿄만과 수도권을
담당하는 제1해군구의 요코스카(橫須賀) 진수부(가나가와 현), 세토
내해(瀨戶內海)를 담당하는 제2해군구의 구레(吳) 진수부(히로시마
현), 규슈와 서일본을 대상으로 하는 제3해군구의 사세보 진수부(나
가사키 현), 대 러시아 거점으로 만들어져 동해지역을 담당하는 제4해
군구의 마이즈루(舞鶴) 진수부(교토부)로 이루어져 있었다.

　진수부의 역할은 해당 구역의 방비, 소속 함정의 통솔·보급·출동
준비, 병사들의 징모, 훈련, 시정의 운영 및 감독 등이었다. 진수부
사령장관은 천황에 직속하고 보통 해군대장이나 중장이 임명되는데,

군정은 해군대신 그리고 작전은 해군군령부장의 지시를 받았다.[10]

조사위원에게 하달된 위 지침을 다시 살펴보면 진해항의 시설기준을 마이즈루 군항설비를 기준으로 책정하라는 것임을 알 수 있다. 마이즈루 진수부는 청일전쟁의 배상금을 활용해 조성했는데 4개의 진수부 중 가장 늦은 1901년 10월에 설치되었다.

위 지침에서 주목되는 것은 군항의 성질 규정에서 "주로 함선의 입거, 수리 등을 목적으로 하고"라는 문구와, 군항의 평시적 성질 규정 중 "공창을 함정의 수리를 주된 일로 한다"라고 되어 있는 제2조이다. 보통 해군 공창은 진수부의 직할 조직으로, 함선의 수리뿐만 아니라 조선소를 두고 직접 제조까지 담당하는 것이 일반적이었다. 적어도 위의 규정들을 근거로 판단한다면 한국을 강제로 병합하기 전까지는 진해군항의 등급을 진수부보다는 한 단계 낮게 책정했던 것으로 보인다.

그 이유에 대해 다케쿠니는 당시 조선은 공업발달 수준이 낮아 숙련된 직공들을 찾기 어렵고 필요한 모든 직공들을 일본 내지에서 데려와야 하는 어려움이 크다는 점, 그리고 한반도를 오로지 일본의 농산물, 원료공급지로 상정하여 공업화는 억제한다는 조선 경영에 대한 일본 정부의 초기 사고방식 등 때문이었을 것으로 추정했다.[11]

그런데 이러한 진해군항의 성격 규정이 1910년 8월 29일 한국을 강제로 병탄한 직후 바뀌었다. 일제는 1910년 연말 진해군항과 관련한 천황의 칙령을 잇달아 하달했다. 먼저 칙령 제452호를 보면 기존의 4해군구제를 5해군구제로 바꾸었다. 신설되는 제5해군구는 쓰시마와

---

10 〈위키피디아〉일본판(http://ja.wikipedia.org) '鎭守府' 항목 참조.
11 竹國友康,《ある日韓歴史の旅 鎭海の櫻》, 朝日選書, 1999.

조선 해안을 담당하며, 제5해군구의 군항은 조선 경상남도 창원군 진해에 둔다고 되어 있다.[12] 이어서 칙령 제453호를 내려 확정된 진해군항의 경역을 지도에 표시해 제시하는데 1911년 1월 1일 자로 시행한다고 되어 있다.[13]

기존 제3해군구의 사세보 진수부 소속에서 떼어낸 쓰시마와 새로 병탄한 조선의 해안지역을 담당구역으로 하는 제5해군구를 신설하고 그 진수부를 진해에 설치한다는 것은 그만큼 일제가 진해지역의 전략적 가치를 높이 평가했다는 것을 의미한다. 아울러 강제로 병탄한 한반도의 지배통치에 대한 자신감의 반영이라고도 볼 수 있다.

그런데 칙령 제452호 제5조에 보면 "당분간 진해군항에 진수부를 두지 않고 사세보 진수부로 하여금 제5해군구를 관할케 한다"고 단서를 달고 있다. 그 정확한 이유를 알 수 없지만 일단은 진해에 군항시설이 아직 건립되지 않았기 때문에 우선은 사세보 진수부에서 관할하게 한 것으로 보인다.

군항건설을 위한 공사가 착착 진행되었고 1912년 초 터 닦기 공사를 시작했던 진수부 청사건물도 1914년 3월 준공되었다. 그런데 1916년 4월 10일, 당초의 계획이 변경되어 진해에 설치하기로 한 진수부 대신 요항부가 설치되고 사세보 진수부로 하여금 관할케 하였다. 그리고 진해군항 건설계획도 대폭 축소 조정되었다.

다케쿠니 선생의 견해에 따르면 진해군항 건설계획이 축소된 배경

12 JACAR, 〈御署名原本・明治43年・勅令第452號・明治36年 勅令 第5號(海軍區ノ件)中改正〉, Ref. A03020876500.
13 JACAR, 〈御署名原本・明治43年・勅令第453号・鎮海軍港境域ノ件〉, Ref. A03020876600.

일본 해군 진수부청사(진해 현동)

은 대략 두 가지로 짐작된다. 첫째로, 1914년 일본의 해군 간부가 독일의 무기회사로부터 뇌물을 받고 군수품을 발주한 사건이 발각되면서(일명 지멘스 사건) 내각이 총사퇴하고, 그에 따라 해군의 예산이 대폭 삭감되었기 때문이다. 둘째로, 한국 병탄 이후에도 일제의 지배에 대한 한국 내 저항이 거세게 지속되면서 정세가 불안했던 것도 진해에 거점 군항을 세우려던 계획을 축소한 배경으로 보인다.[14]

그러다 1920년 9월 3일, 군항 건설을 담당했던 임시 해군진해건축지부(臨時海軍鎭海建築支部)가 폐지되면서 약 10년에 걸친 작업을 끝내게 되었다.

이후 요항부 체제가 계속 유지되던 진해군항은 1941년 11월 20일 일제가 하와이 진주만 기습공격을 앞둔 시점에서 경비부(警備府)로

---

14 竹國友康, 《ある日韓歷史の旅 鎭海の櫻》, 朝日選書, 1999.

승격되었다. 경비부는 기본적으로 진수부에 준한 기관이지만 독자적인 전력은 해병단(海兵團) 뿐이고 고유의 함정이나 공창을 보유하지 못했다는 차이가 있었다. 이후 진해 경비부는 태평양전쟁 동안 조선 연근해 지역의 항로 보호와 대잠수함 작전 등 본토결전을 위한 여러 가지 활동을 펼치다가 패전을 맞았다.

1914년 3월 진수부청사로 준공된 건물은 이후 진해 요항부, 진해 경비부의 사령부 건물로 사용되고, 해방 후에는 한국 해군의 진해기지사령부로 사용되었다. 이 3층 건물은 일제 해군의 한반도 침략과 지배의 중심부이자 화려하고 멋있게 지어진 근대건축의 조형물이라는 이중적 상징성으로 다소 복잡한 감정을 느끼게 해준다. 현재 등록문화재 194호로 지정되어 있다.

2

대륙침략을 위한 관문의 방어

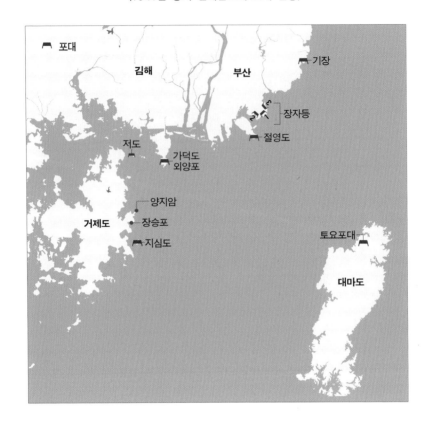

〈1941년 당시 진해만요새 포대 현황〉

포대
김해
부산
기장
장자등
저도
절영도
가덕도
외양포
양지암
거제도
장승포
지심도
토요포대
대마도

부산광역시 남구 용호동

대한민국 제 1의 국제항구인 부산항은 왼쪽으로는 남북으로 길게 뻗은 영도(影島)가, 오른쪽으로는 멀리 황령산과 금련산에서 뻗어 나온 산줄기로 이루어진 적기(赤崎) 반도가 방파제처럼 감싸고 있는 천혜의 양항이다. 적기반도 끝자락에는 보는 위치에 따라 5개 또는 6개로 보인다 하여 오륙도(五六島)라고 불리는 섬들이 있는데 부산을 상징하는 명소로 알려져 사람들의 발길이 이어진다. 부산시에서 인근 이기대(二妓臺) 해안 둘레길을 정비하고 주변 산자락에 공원을 조성하는 등 일대를 깔끔하게 단장하였다. 하지만 공원 옆에 괴물 같은 초대형 아파트단지가 들어서 해안의 아름다운 자연경관을 크게 훼손하고 있어 찾는 사람들의 눈살을 찌푸리게 한다.

아파트 뒤쪽 비탈진 언덕 위에는 오륙도 해맞이 공원이 조성되었다. 여기에 서면 짙푸른 바다 위에 솟아 있는 오륙도가 시원하게 내려다보이고, 왼쪽으로는 이기대 공원 해안절벽과 저 멀리 해운대의 달맞이 언덕과 동백섬 일대의 아름다운 풍광도 한눈에 들어온다. 이곳을 찾는 사람들은 대부분 이런 멋진 풍광에 매료되어 카메라 셔터 누르기에 바쁘다.

그런데 이 일대가 해방 전 부산 인근 해역의 방비를 담당하던 일제 부산 요새사령부 산하의 여러 군사진지 중 가장 중요하고 규모가 컸던 장자등(張子嶝) 포대가 있었던 곳이었다는 사실을 아는 사람은 많지 않다. 3단계에 걸쳐 만들어진 장자등 제 1·2·3포대는 해방직전까지 부산요새의 핵심 전력으로 유지되었다(106쪽 지도 〈1941년 당시 진해만 요새 포대 현황〉 참조).

일제는 언제, 왜 이곳에 포대를 만들었을까? 먼저 포대가 만들어진 배경 및 축성과정과 그때 만들어진 군사시설들을 살펴보고, 일제가 한반도를 식민지배하면서 꿈꾸었던 궁극적 목표가 무엇인지를 생각해보고자 한다.

장자등 포대가 자리했던 곳은 현재 크게 두 구역으로 나누어진다. 첫째는 오륙도 선착장에서 바라봤을 때 뒤쪽에 있는 대단위 아파트단지와 그 오른쪽 해맞이 공원 일대로, 현재 이곳에서 포대의 흔적을 찾아보기는 쉽지 않다. 이 지역에는 불과 몇 년 전까지만 해도 한센인들의 자활마을인 용호농장이 자리하고 있었다. 당시 용호마을은 적기반도 끝자락의 외지고 가파른 해안가에 있어서 외지인들이 쉽게 접근하기 어려웠다. 해방 후 하나둘씩 모여들기 시작한 한센인들은 한때 그 인구가 수천 명에 달할 정도로 규모가 커졌고 국립용호병원이 세워지기도 했다. 그들은 이곳에서 닭과 돼지 같은 가축을 기르거나 산비탈을 개간해 채소를 키우기도 하고 나중에는 가구공장 등을 운영하면서 생활했다. 하지만 2008년 대규모 아파트단지가 들어서면서 모두 각지로 흩어지고 그들의 흔적들도 전부 사라졌다.

둘째는 아파트단지 위쪽에 담으로 길게 둘러싸인 군부대 지역이다. 이곳에는 1951년부터 육군문서보존소가 자리했는데 2009년 계룡대 육군기록보존센터가 준공되면서 보존소는 그곳으로 옮겨갔다. 현재는 해군작전사령부에서 부지관리권을 가지고 있는데 부대 정문에는 예비군훈련장이라는 간판이 달려 있다.

부산시민들은 육군문서보존소가 자리했던 15만 8,329제곱미터에 달하는 땅을 시민들의 품으로 되돌려 자연공원으로 만들 것을 요구하고 있지만 아직까지 군과의 협의가 매듭을 짓지 못한 상황이다. 이렇듯 이 지역은 오랜 기간 군부대가 자리하면서 그 안에 남아 있던 포대의 흔적들이 비교적 보존되어 있는 상황이다.

장자등 포대 설치 배경

러일전쟁에서 승리한 일제는 한반도 지배야욕을 실현하기 위한 계획들을 점차적으로 실행하는 한편, 그 물리적 기반으로서 군사시설들을 하나하나씩 확대했다. 일본 육군의 요새 설치계획도 그중 하나다. 일본 육군은 1909년에 조선에서의 〈요새정리안〉을 책정하고 심사를 거쳐 1912년에 참모총장과 육군대신에게 제출했다. 그 핵심 내용은 기존의 진해만요새를 강화하고, 부산에도 새로 요새를 설치하기 위해 적기반도와 절영도에 포대를 설치하여 부산항을 엄호하고 일본 본토와 한반도와의 연결항로를 확보하려는 것이었다.[1]

'장자등'이라는 구체적 명칭은 1919년 5월에 내세운 〈요새정리요

1 《중포병연대사》 참조.

령〉에 다시 등장한다. 여기에는 절영도에 2개 포대, 장자등에 1개 포대, 그리고 거제도 장승포에 1개 포대를 신설한다는 계획이 담겨 있다. 새로운 포대 설치의 목적은 진해군항과 부산항을 보호하고, 대마도 서쪽 수로에서 적함대의 통행을 방해하며 일본 본토와 대륙 간의 연락루트를 확보한다는 것이었다.

그런데 〈요새정리요령〉에는 1909년 〈요새정리안〉에서 제기된 부산요새 신설 계획이 취소되어 진해만과 부산을 통합해 1개의 요새를 설치하는 것으로 정리되었다. 또 하나 주목할 만한 것은 이때 처음으로 '조선해협 요새계'(朝鮮海峽 要塞系) 안이 제시되었다는 것이다. 조선해협 요새계는 이키(壹岐) 섬에 요새를 신설하여 대마요새, 진해만 요새 등과 상호 협력체계를 구축하여 일본-대륙 간의 항해 항로의 안전을 확보한다는 구상이었다.

부산의 장자등에 포대를 신설하려는 계획은 예산상의 문제 등으로 지연되다가 의외의 사건이 계기가 되어 다시 추진되었다. 제1차 세계대전이 끝난 뒤 반전과 평화의 분위기가 확산되었다. 오랜 전쟁 동안 지불해야만 했던 막대한 비용과 과도한 희생에 대한 반성의 결과였다. 그 연장선상에서 1921년 11월부터 1922년 2월까지 미국 워싱턴 D. C.에서는 미국, 영국, 프랑스, 이탈리아, 일본 5개국이 참여하는 해군군축회의가 열렸다. 그 결과 주력함은 3만 5천 톤 이하로 크기를 제한하고 함포의 구경도 16인치(40.64센티미터) 이하로 제한하기로 합의하였다. 또한 미국, 영국, 일본 사이에 보유 주력함의 총톤수를 5 : 5 : 3의 비율로 정하는 조약을 성립시켰다. 이 조약은 1923년 8월 17일 발효되었다.

이 해군군축조약으로 인해 강대국 간의 대함거포(大艦巨砲) 건조

경쟁은 일단 제동이 걸렸다. 일본도 건조 중이던 대형군함을 폐기하거나 항공모함으로 용도를 변경하는 조치를 취해야 했다. 이때 건조가 중단된 군함 중 하나가 전함 도사(土佐)였다. 1920년 2월 16일 건조에 착수한 전함 도사는 전장이 234.09미터, 폭 32.3미터에 상비배수량이 3만 9,979톤에 달하는 거함이었다. 다양한 무기가 탑재될 계획이었는데 주력포로는 포탑(砲塔)[2] 형태인 1기 2문의 연장포 5기가 설치될 예정이었다. 하지만 군축조약에 따라 건조중지 명령을 받은 전함 도사는 다양한 포탄과 어뢰의 성능실험 대상으로 활용되다 1925년 2월 29일 자침(自沈)되었다.

문제는 선체와는 별도로 제조되었던 군함에 장착될 대포의 처리방안이었다. 일본 해군은 고심 끝에 폐기된 군함의 함포들을 육군에 매각하기로 하였다. 그리고 육군은 헐값에 사들인 함포들을 활용해 일본의 주요 해안의 방비를 위한 요새 구축에 나섰다. 그중 하나로 선택된 곳이 바로 부산의 장자등이었다.

일본 육군은 축성부 출장소를 부산에 개설하고 장자등 일대에 포대 부지를 매입하는 등 본격적인 준비에 들어갔다. 당시 경상남도 동래군 서면 용호리의 장자등 포대부지는 주로 임야지대였고 약 200여 기의 분묘가 있어 보상금을 주고 강제로 이전케 하였다.[3] 1924년 10월 11일에 착수된 포대공사는 1차 연기를 거쳐 1930년 10월 30일 준공되었다. 6년에 걸친 대 토목공사였다.

---

2 포탑(*gun turret*)이란 군함이나 전차 등에 설치되는 포에서 포신을 제외한 나머지 부분을 강철로 감싼 형태를 말한다.
3 JACAR, 〈土地買收の件〉, Ref. C03011935600.

무엇보다도 힘들었던 것은 준공 직전에 있었던 주포의 설치공사였다. 장자등에 설치된 것은 앞에서 언급한 전함 도사의 2번 포탑으로 예정되었던 것으로, 공식명칭은 포탑 45구경 40리 가농포(加農砲)였다. 구경이 40리(糎, 센티미터)라고 되어 있지만 실제는 41센티미터였다. 가농포는 캐논포의 한자식 표현으로 비교적 포신이 긴 평사포를 의미한다.

이 포의 크기와 무게는 실로 엄청났다. 포탑 전체의 중량은 977.7톤에 달했다. 포신의 중량만도 120톤이었고 그 길이는 13.84미터였다. 장갑판 1조각만의 무게도 70톤에 달했다. 무엇보다도 이 포의 이동과 설치는 큰 골칫거리였고, 결국 각 부품별로 해체되어 운반되었다. 당시에 재조립을 위한 부품별 도면만 해도 1천 부에 가까웠다.[4]

일본의 병기창에서 부산 장자등요새로 포를 옮기기 위해 대형화물 운반 전용의 특수 기중기선인 세이슈마루(蜻州丸)가 동원되었다. 세이슈마루는 전함의 포탑포를 운반하기 위해 특별히 제작된 배로, 150톤의 무게를 끌어올릴 수 있는 기중기를 갖추고 있었다. 장자등에서 이 포를 하역하고 포대 위치로 끌어올리는 작업도 무척 힘든 일이었는데 수많은 인력과 발동기 등 장비가 총동원되었다. 포대의 구축과 함께 군인들의 숙소인 병사와 탄약고, 관측소, 전등조명소, 포구고 등이 만들어지고 오류도 선착장 부근에는 배의 접안시설인 계선장(繫船場)을 만들었다.

---

4 JACAR, 〈砲塔四十五口徑四十糎加農第1號砲(舊土佐2番) 秘密圖面送付の件〉 Ref. C01003919900

장자등 제1포대 (포탑포대)

오륙도 해파랑길 관광안내소에서 아파트단지 옆쪽으로 닦은 비탈길을 올라가면 주변에 정자와 함께 공원이 있다. 그런데 이 길을 좀더 따라가다 보면 길옆에 있는 언덕 경사면에 훼손된 콘크리트 구조물이 노출되어 있는 것이 눈에 띈다. 좀더 자세히 보면 콘크리트 구조물은 해안가에서 가져온 매끄러운 자갈돌과 철근을 뒤섞어 만든 것임을 알 수 있다. 이런 자갈돌은 인접한 백운포 해안가에서 쉽게 구할 수 있는 것들이다.

이 콘크리트 구조물이 무엇인지 알려주는 단서는 좀더 앞쪽 길가에 있는 안내판에 있다. 안내판에는 "일본군 포진지(입구)"라는 제목 밑에 사진과 함께 간단한 설명이 적혀 있다. 그리고 그 옆에는 하수관 입구처럼 만들어진 콘크리트 구조물이 만들어져 있고 입구는 덮개문으로 닫혀 있다. 아파트 공사를 하면서 원래의 지하 포진지 입구가 파괴되어 임시로 만들어 놓은 통로인 것이다. 이 덮개문이 바로 장자등 제1포대의 존재를 확인할 수 있는 역사의 관문인 셈이다.

문을 열고 밑으로 내려가면 기다란 동굴을 만나고, 다시 동굴을 따라 들어가면 상당히 큰 지하공간이 나온다. 오랜 기간 폐쇄되면서 여기저기 천장과 벽면이 무너져 내리고 바닥에는 흙더미가 수북이 쌓여 있다. 대부분의 콘크리트 구조물들도 파괴되고 깨져나갔는데, 해방 이후 주민들이 콘크리트 구조물 안에 있던 철근을 캐내가기 위해 쇠망치로 깨트린 흔적이라고 한다. 한쪽에는 여기저기 뒤얽힌 거미줄 너머로 녹슨 드럼통과 수레 등이 나뒹굴고 있다. 용호농장 시절 한센인 주민들이 이 지하포대 공간을 젓갈 숙성 창고로 사용했다고 한다.

입구 쪽에서 좀더 안으로 들어가보면 왼쪽으로 높이가 4~5미터 정

장자등 제1포대 수압축력기 흔적

도의 커다란 원통형 수조가 있고 천장은 철판으로 덮여 있다. 이것은 거대한 포신을 가동하기 위한 수압축력기(水壓蓄力機)가 설치되었던 흔적이다. 그리고 다시 안쪽으로 들어가면 커다랗고 둥근 기둥 같은 것이 솟아 있고, 그 둘레에 빙 둘러 통로가 있는데 이곳이 바로 포탑이 올려져 있던 포대의 중심 부분이다. 또 지하공간의 가장자리 부근 천장에는 여기저기 환기구 구멍이 뚫려 있었던 것을 볼 수 있다. 하지만 남아 있는 시설만으로는 워낙 훼손이 심해 원래의 모습을 추정조차 하기 어려운 실정이다.

〈아시아역사자료센터〉를 검색해보면 진해만요새 장자등 제1포대의 설계도면을 찾아볼 수 있다. 1/100 축도로 그려진 이 설계도를 보면 포대 내부 지하구조를 파악할 수 있다.[5] 이 설계도를 바탕으로 관련 기록과 증언들을 종합하여 장자등 포탑 포대의 모습을 살펴보면 115쪽의 〈장자등 포대 설계도면〉과 같다.

5 JACAR, 〈全 鎭海灣要塞 張子嶝砲臺 設計図 1/100 昭和 2年 9月〉, Ref. C14021062400.

〈장자등 포대 설계도면〉

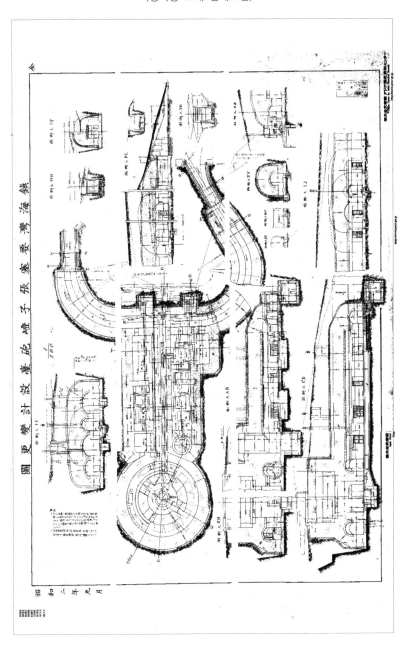

우선 땅 위로 드러난 것은 구경 41센티미터, 길이 약 13미터의 거대한 2문의 포신뿐이다. 포신 주변에는 소나무와 관목 등을 심어 외부에서는 좀처럼 포대의 존재를 알 수 없도록 은폐되어 있었다. 포신의 아래쪽은 두꺼운 콘크리트 외벽으로 둘러싸인 지하공간으로 감싸져 있다. 주벽의 콘크리트 두께는 80센티미터에 달했다. 포대의 지하공간으로 들어가는 문은 좌우 양쪽으로 나 있고 그 위에 포탄 등을 실어 나르기 위한 레일이 설치되어 있었다. 통로를 통해 안으로 들어가면 대략 3등분 되어 있는 공간이 있는데 이곳에는 포대 운영에 필요한 제반 시설이 갖추어져 있었다. 즉, 포탑을 가동하는 동력을 만들어내는 수압축력기, 수압을 만들어내기 위한 75마력 중유 발동기, 32마력과 8마력의 소형발동기, 37킬로와트 직류발전기 등이 설치되어 있었고, 물을 저장하는 수조와 포탄고 등이 있었다.

　40cm 포탑포에 사용되는 포탄은 길이가 150센티미터로, 거의 사람 몸 정도의 크기였다. 이 거대한 포탄은 수레에 실려 포신이 설치된 포탑부 아래쪽으로 운반된 뒤, 엘리베이터로 포탑 위로 올려 보내 장전되었다. 목표물의 방향과 거리를 측정한 뒤 권총의 방아쇠처럼 생긴 작은 장치를 당기면 굉음과 함께 발사되었다. 일단 포탄이 발사되면 포구에서 뿜어져 나온 화연이 수 미터 상공까지 뻗어나갔다. 포격훈련에서 포탄을 발사한 뒤에는 압착공기를 쏟아 포신 내부를 청소했다. 구경이 41센티미터에 달했기 때문에 사람이 직접 포구 안쪽으로 들어가 폭약의 잔재를 닦아내기도 했다. [6]

　6 谷本光生, 《私の軍隊生活 現役・應召とその前後》, 2001.

장자등 제2·3포대

일제는 장자등에 대형 포탑포대를 구축한 이후인 1930년대에 몇 년간에 걸쳐 부산항 주변을 중심으로 포대 건설에 나섰다. 장자등 제2·3포대, 지심도 포대, 기장 포대, 절영도 포대가 그것이다. 당시는 일제가 만주사변(1931)을 일으킨 뒤 괴뢰정권인 만주국을 세우고 대륙침략을 본격화하던 시기였다. 침략전쟁 수행을 위한 군수물자와 병력수송이 급증했고 그 수송의 관문인 부산항의 방비가 무엇보다도 중요했던 시기였다.

장자등 제2포대가 1년여의 공사 끝에 준공된 것은 1935년 12월 말이다. 위치는 장자등 포대의 남쪽, 현재 오륙도 스카이워크가 설치된 승두말 옆쪽 평평한 공간 부근으로 추정된다. 설치된 무기는 45식 15cm 가농포 4문이다.[7] 45식이란 이 포가 개발된 메이지 45년(1912년)을 연식으로 표현한 것이다. 구경은 14.91센티미터, 포신의 길이는 7.535미터, 최대사거리는 20.2킬로미터였다. '45식 15가'는 발사속도를 높여 대잠수함용으로 개발한 것으로 해안방위나 요새와 같은 강고한 목표물의 파괴에 활용되었다. 일제는 일단 유사시 이 포를 만주지역 전투에 전용할 계획이었다.

한편 장자등에 설치된 45식 15가 포대에 대한 일본군 병사의 증언이 기록으로 남아 있다. 초기에는 해안가에 설치되었는데 태평양전쟁 말기 미군의 공습이 빈번해지자 일본군은 1945년 7월부터 병사들을 총동원하여 이 포를 은폐하기 위해 뒤쪽 바위산을 파내고 콘크리트 구조물 공사를 서두르다가 패전을 맞았다.[8]

---

7 JACAR, 〈鎭海湾要塞張子嶝台第2砲台備砲工事實施の件〉, Ref. C01007469600.

중일전쟁(1937)이 발발한 다음 해에는 장자등 제 3포대 공사에 착수한다. 역시 1년여의 공사 끝에 1939년 8월 완성하였다. 본포대보다 오른쪽, 산 위쪽에 세워진 것으로 추정되는데 정확한 위치나 흔적은 찾을 수 없다. 설치된 포는 11년식 7cm 가농포 4문이다. '11년식'은 다이쇼(大正) 11년인 1922년식임을 의미한다. 구경은 7.5센티미터, 최대사거리는 13.8킬로미터, 최대사고는 9.1킬로미터였다. 11년식 7가의 가장 큰 특징은 수평으로부터 대공 방향까지 손쉽게 전환할 수 있는 대공·대잠수함 겸용이었다는 점이다.

장자등 제 2·제 3포대를 설치한 가장 큰 이유는 잠수함이나 비행기로부터의 공격이 점차 빈번해지자 이를 대비하여 부산항을 엄호하고 대륙수송루트의 안전을 강화하기 위함이었다.[9]

탄약고

장자등 지역 일대에는 포대자리 외에도 몇 가지 군사유적들이 남아 있다. 우선 장자등 포대에서 산 위쪽, 현재 군부대 터 안쪽의 산기슭에 있는 거대한 지하구조물인 탄약고를 살펴보기로 한다. 포대와는 상당히 멀리 떨어져 있는데 탄약고와 포대 사이에는 포탄을 실어 나르기 위한 군도가 만들어져 있었다. 탄약고도 포대와 마찬가지로 2개의 입구가 있다. 입구에서 탄약고 본고까지 이어지는 지하통로는 직사화기의 공격에 대비하기 위해 타원형으로 약간 휘어져 있다. 바닥에는 수레가 다니는 레일이 깔려 있었다. 본고는 시멘트 블록을 쌓아 만든 외고와

---

8 松本數則, 〈부산요새의 나날〉, 《중포병연대사》.
9 《중포병연대사》, 86쪽.

현재 남아 있는 장자등 포대 탄약고의 모습

콘크리트 구조물로 만든 내고의 2중고 형태로 되어 있는데, 내고와 외고 사이는 약 60센티미터의 간격을 유지하고 있다. 전실과 본실로 구분하여 각 입구에는 두터운 금고식 철문을 세워두었다. 내고의 외벽 및 바닥은 아스팔트를 사용하여 방수방습 처리를 하였다.

문화재청에서 발간한 연구용역보고서에 따르면 탄약고 통로의 크기는 1.5×1.99미터이고, 안쪽 저장 공간의 크기는 가로, 세로, 높이가 각각 5.17×19.70×2.23미터이다.[10] 본 탄약고 옆으로 2개의 탄약고가 더 남아 있다.

10 문화재청, 《태평양전쟁 부산 · 경남 · 전남지역 일제조사 연구 용역》, 2013.

마구간

탄약고 앞쪽으로 만들어진 길 아래쪽을 보면 제법 규모가 큰 목조건물이 하나 보인다. 지붕이나 창틀이 만들어진 모양새가 전형적인 일본식이다. 건물 입구에는 체력단련장이라는 간판이 붙어 있는데 우리 육군 문서보존소가 있었던 시절 군인들이 운동하는 공간으로 활용했던 모양이다. 통상 일본군 병사들이 사용했던 막사보다는 규모가 커서 막사가 아니라 말을 키우던 마구간 시설이었다는 주장이 있다.

병사들의 막사는 탄약고 부근과 포대 아래쪽 관광안내소 주변 두 군데로 나누어졌던 것으로 추정되는데 현재 남아 있는 것은 없다. 해방 직전에 장자등 지역 전체에는 일본군 3개 중대 병력이 주둔했다.

관측소

요새포대에는 기본적으로 지하 또는 반지하식의 관측소가 만들어졌다. 장자등 포대가 준공된 지 한 달 뒤인 1930년 11월 29일, 관측소가 완공되었다는 기록이 남아 있는 것으로 보아 포대 공사와 관측소 건축공사가 거의 동시에 진행되었던 것을 알 수 있다. 관측소는 먼 바다에 오가는 적함을 망원경이나 잠망경과 같은 광학기구들을 사용해 감시하던 장소를 말한다.

《일본축성사》에 따르면 장자등 포대 관측소에는 잠망경을 사용하는 88식 해안사격구(海岸射擊具)가 설치되어 있었다.[11] 해안사격구는 일본 육군이 개발한 요새용 사격지휘 장치를 말한다. 장자등에 이런 장치를 설치하고 시험을 마친 것은 관측소가 완공된 지 10년 만인 1940

---

11 淨法寺朝美, 《日本築城史: 近代の沿岸築城と要塞》, 東京: 原書房, 1971.

년 5월 23일이었다. [12] 관련 장비와 시설로는 잠망경, 측원기, 산정실, 사령실, 통신실 등이 있었다.

　이런 시설들이 갖추어진 관측소는 두께가 80센티미터인 콘크리트 지하구조물이었다. 덮개도 3.8센티미터 강판을 사용하고 그 위에 다시 30센티미터 두께의 콘크리트를 타설하고 흙으로 덮은 뒤 관목을 심어 위장했다. 이 관측소에서는 잠망경과 측원기 등을 사용해 포대에서 적함까지의 거리, 방향, 각도 등 사격에 필요한 데이터를 산정한 뒤 전기신호를 통해 포대로 보내는 역할을 했다.

　관측소의 정확한 위치는 아직 밝혀지지 않았다. 다만 《일본축성사》에는 "관측소가 서북방 84미터 고지에 설치되어 있었다"고 기록되어 있다. 포대의 위치를 '표고 40미터 지점'이라고 표현한 것을 감안한다면 관측소 위치는 대략 지금 남아 있는 탄약고 부근으로 추정된다. 실제로 제1탄약고 입구로부터 왼쪽 방향으로 조금 올라간 산기슭에는 흙으로 덮인 두꺼운 콘크리트 지하구조물이 남아 있는데 이 시설이 관측소로 추정된다. 하지만 현장에 갔을 때는 구조물이 자물쇠로 잠긴 채 오랫동안 방치된 상태여서 내부의 구조나 용도를 확인할 수가 없었다. 추후의 답사와 검증이 필요할 것으로 보인다.

수척(水尺)

오륙도 관광안내소 앞쪽을 보면 '승두말'이라고 불리는 작은 바위산이 바다 위에 솟아 있다. 현재 스카이워크가 만들어져 이곳에 올라 발아

---

12 JACAR, 〈鎭海湾要塞張子嶝砲台八八式海岸射擊具据付試驗實施の件〉, Ref. C0100
　　4803300.

현재 거미섬에 남아 있는 장자등 포대 수척(사진: 왕종문)(좌)
일본 와카야마현 유라요새(由良要塞) 수척(우)

래 파도에 부딪히는 기암괴석들을 내려다볼 수 있다. 그런데 승두말 왼쪽 아래에는 '상여돌'이라고 불리는 작은 바위섬이 있다. 자세히 보면 그 앞에 둥근 기둥형태의 콘크리트 구조물이 하나 세워져 있다. 또 오륙도 선착장에서 백운포 쪽을 바라보면 멀지 않은 바다 위로 주민들이 '거미섬'이라고 부르는 야트막한 바위들이 솟아 있는데, 이 거미섬 사이에도 비슷한 모양의 콘크리트 기둥이 세워져 있다. 이것은 일본군들이 바닷물의 높이를 측정하기 위해 세운 수척이라는 것이다.

수척의 존재를 처음 알게 된 것은 용호동에서 몇 대째 살고 있다는 향토사학자 왕종문 씨의 증언 덕분이었다. 왕 씨는 해방 전 장자등 포대에서 직접 일했던 부친으로부터 포대에 관련된 여러 가지 얘기를 듣고 정리하여 개인 블로그에 올려놓았다. 왕 씨는 '수척'이라는 용어 대신 '해수표'라는 말을 사용하는데, 일본군들이 공식적으로 사용한 표현은 수척이었다. [13]

수척은 관측소에서 먼 바다에 있는 적함까지의 거리를 측정할 때 조수간만에 따라 조준의 오차가 생기기 때문에 이를 보정하기 위해 바닷물의 높이를 측정하는 도구였다. 포대를 설치할 때는 반드시 이런 수척을 만들어 세웠는데 일본의 해안 요새지 곳곳에는 비슷한 모양의 수척이 많이 남아 있다. 거제 지심도에도 이러한 수척이 남아 있다는 제보를 접했지만 아직 현장을 확인하지는 못한 상황이다.

그 밖의 흔적들

해맞이 공원에서 이기대로 가는 산길 쪽으로 향하다보면 둘레길이 두 갈래로 나누어지는 지점 오른쪽으로 우거진 대나무숲이 있다. 그 속에 약 두 칸 정도의 격자형 콘크리트 구조물이 제법 잘 남아 있는데, 한동안 주민들이 쓰레기 소각장으로 이용했다고 한다. 왕종문 씨는 이곳이 관측소 자리였다고 들었다고 하지만 여러 가지 정황상 관측소로 보기는 어려워 보인다. 그보다는 《일본축성사》에서 포대의 동쪽에 만들었다고 하는 200cm 탐조등(search light)이 설치된 전등소 위치가 아니었을까 생각된다.

그 밖에도 산 위에서 내려오는 물을 모으는 데 사용한 집수정과 경비소 터로 보이는 곳 등에 콘크리트 잔해가 일부 남아 있다. 추후 좀더 면밀한 검증이 이루어져야 할 것이다.

---

13 對馬要塞物語編集委員會, 《對馬要塞物語》(쓰시마 요새 이야기), 제 2권, 2013, 107쪽.

나가사키 현 쓰시마 시 가미쓰시마쵸 와니우라

일제의 육군 참모본부는 1917년에 책정한 〈요새 재정리 계획〉에서 처음으로 '조선해협 요새계'라는 개념을 제시하고 구체적인 설정목적, 임무 등을 명시했다.[1] 조선해협 요새계의 개념을 간단히 설명하면, 일본 본토에서 한반도로 이어지는 해상루트 곳곳에 해안요새를 설치하고 상호협력하여 항로의 안전을 확보하고 동해로의 적함 침투를 저지하겠다는 것이다.

동해의 안전을 확보하기 위해서 쓰가루(津輕) 해협(혼슈와 홋카이도 사이)과 소야(宗谷) 해협(홋카이도와 사할린 사이)에 있는 요새와의 협력도 중요한 과제로 부각되었다. 조선해협 요새계는 이마리(伊万里, 규슈 사가현), 이키(壹岐), 쓰시마(對馬), 진해만(뒤에 부산)으로 이어지는 항로 주위에 설치된 요새들로 구성하고, 이들을 통일적으로 운

---

1 《중포병연대사》, 78쪽.

	요새/포대명	포종	탑재함명	설치연도	최대사정(m)
대마	류가사키 제1	50구경 30cm	셋쓰(攝津)	S3(1928)	28,900
	류가사키 제2	50구경 30cm	셋쓰	S7(1932)	28,900
	토요	50구경 40cm	도사(土佐)	S5(1934)	30,300
이키	아즈치오오시마	45구경 30cm	가시마(鹿島)	S2(1927)	27,400
	구로사키	50구경 40cm	도사	S5(1930)	30,300
부산	장자등	45구경 40cm	도사	S4(1929)	30,300

《중포병연대사》

용할 사령부를 설치할 계획이었다. 1933년에는 요새계의 출발점이 이 마리에서 시모노세키(下關)로 바뀌는데, 시모노세키가 일본 본토로부터 대량의 병력과 물자 수송에 유리하고 북규슈 공업지대 방공포대의 보호를 받을 수 있다는 이점 때문이었다.

조선해협 요새계 설치 움직임은 1922년 제정된 일본군의 전시편제에서 처음으로 요새계사령부(편제인원 22명)를 이마리(나중에는 이키로 바뀜)에 설치하려는 계획으로 나타난다. 이에 따라 시모노세키의 후타오이지마(蓋井島)를 비롯한 각 요새 주변에는 크고 작은 포대들이 조성되었다.

특히 1922년 해군 군축조약에 따라 건조 중이던 해군의 대형군함에 탑재될 함포들을 요새포로 전용하도록 하였는데, 그에 따라 이키, 쓰시마, 부산의 장자등에는 대구경의 해군 포탑포가 설치되었다. 이키 섬의 아즈치오오시마(的山大島) 포대와 구로사키(黑崎) 포대, 쓰시마의 류가사키(龍ヶ崎) 포대와 토요(豊) 포대, 그리고 부산의 장자등 포대가 그것이다.

조선해협 요새계에서 특히 주목해야 하는 것이 쓰시마 섬에 설치된

대마도 토요 포대 포탑 상층부

토요 포대이다. 토요 포대는 대마도 최북단 와니우라(鰐浦) 지역의 산
기슭에 설치되어 있으며 부산의 장자등과는 바다를 사이에 두고 직접
마주보는 곳이다. 장자등과 마찬가지로 포탑 45구경 40리 가농포가 설
치되었다. 이곳에 설치되기로 예정된 것이 전함 도사의 포였다는 설도
있지만, 순양전함 아카키(赤城) 또는 전함 나가토(長門)의 포라는 이
설도 있어 일본 내에서도 의견이 엇갈리고 있다.[2] 토요 포대는 1929년
5월 기공하여 1934년 3월 완성하였다. 장자등 포대보다 4년 뒤였다.

　무엇보다도 중요한 것은 대마도와 부산의 최단거리 지점 양쪽에 사
정거리가 30킬로미터에 이르는 초대형 포대를 구축했다는 것이다. 부
산에서 대마도까지의 직선거리가 약 50킬로미터 정도이니, 이 사이를
지나는 어떠한 군함도 양 포대의 사정거리를 벗어날 수 없게 되었다.

2 對馬要塞物語編集委員會, 《對馬要塞物語》(쓰시마 요새 이야기), 제1권, 2013.

대마도 토요 포대 내부 동력실 모습

이 포대는 그 유적이 지금도 잘 남아 있다. 부산에서 페리선을 타면 히타카츠(比田勝) 항에 닿는 데 2시간이 채 걸리지 않는다. 히타카츠 항에서 내려 택시를 타면 15분 정도 걸리는 거리에 유적이 있다. 날이 맑으면 부산과 진해 일대가 바라다 보인다고 하는 한국전망대로 올라 가는 언덕 직전 오른쪽 산기슭에 있다. 바로 앞에 있는 우니시마(海栗 島)에는 일본 항공자위대 레이더 기지가 있어 예나 지금이나 군사적 요충지라는 느낌이 든다.

지하포대 입구로 들어서면 가운데 통로를 중심으로 왼쪽 공간에는 각종 발전기 등이 설치되었던 동력실과 수압축력기실이, 통로 오른쪽 에는 기름과 물 등을 보관하던 콘크리트 저장시설과 포구고 등이 만들 어져 있다. 가장 안쪽으로 들어가면 포탑이 설치되었던 거대한 원통형 수직구조물이 나타난다. 당시 세계최대급의 거포였던 만큼 그 규모에 압도 당한다. 비슷한 크기의 대형 포탑포가 설치되었다고 하는 부산

장자등 포대가 많이 훼손되어 있어 원형을 알 수 없는 상황에서 토요 포대를 보면 간접적으로나마 원래 모습을 비교 추정해볼 수가 있다.

이러한 초대형 포대시설 때문만은 아니겠지만 태평양전쟁의 중반기까지 조선해협의 항로는 비교적 안전하게 유지되었다. 하지만 1943년 이후 미군의 잠수함과 전투기에 의한 공격이 빈발하면서 항로의 안전은 상실되고 민간 선박을 포함한 일본군의 피해가 속출하였다. 일본은 요새계를 구축하고 대공과 대잠수함 방어를 위한 전력을 갖추려고 노력했지만, 불충분한 무기로 인해 공격을 막아내기에는 크게 역부족이었다. 실제로 조선해협 요새계는 끝내 편성되지도 못하고 패전을 맞이하였다.

종전 후 진주한 미군은 일본군의 무장을 해제하고 장자등과 토요 포대 등 주요 포진지 시설을 해체하거나 불능화시켰다. 주민들의 증언에 의하면 장자등은 미군이 포신에 폭약을 넣고 터뜨려 불능화시켰다고 한다. 토요 포대의 경우도 포신을 해체한 뒤 규슈 북부에 있는 야하타 제철소에서 녹여서 전후 경제부흥을 위한 자재로 사용했다고 한다.

토요 포대의 경우 비교적 시설이 온전하게 남아 있는 데다 지하포대 안에는 100엔의 동전을 넣으면 30분간 내부를 돌아볼 수 있도록 조명 시설까지 갖추어 관광객의 편의를 돕고 있다. 장자등 포대가 비록 자랑스러운 역사의 일부분은 아닐지라도 일제가 이 땅에서 언제 무슨 일을 획책했는지를 있는 그대로 보여주는 역사의 증거물임은 분명하다. 이런 유적들을 파괴하고 덮어버리는 것만이 능사는 아닐 것이다. 오늘을 살아가는 세대들, 그리고 그 후손들이 두고두고 생생한 역사교육의 현장으로 삼아야 할 공간임에 분명하다.

경남 거제시 일운면 옥림리

거제도 장승포(長承浦) 항에서 유람선을 타고 시원한 주위 풍광을 즐기며 달리기를 10여 분. 저 멀리 상록의 숲으로 둘러싸인 작은 섬이 눈에 들어온다. 거제시 일운면 옥림리에 속하는 지심도(只心島) 다. '지심도'라는 조금은 독특한 이름은 하늘에서 본 섬의 모양이 마음 심(心) 글자와 닮은 데서 유래되었다고 한다.

섬 전체가 수백 년 이상 자란 동백나무들로 빼곡하고 그 사이로 수백 종의 희귀한 식물들이 자생하고 있다. 쉼 없이 파도에 부딪히는 가파른 해안절벽의 풍광도 수려하다. 선착장에서 내려 섬 위쪽으로 올라가면 동백나무숲 속으로 뚫려 있는 작은 산책로가 섬 곳곳으로 이어진다. 길가에서 자라고 있는 수십 센티미터 굵기의 동백나무 몸체에서 전해지는 연륜의 깊이에 몸과 마음은 절로 편안해진다. 그래서일까, 면적이 0.33제곱킬로미터, 전체 둘레가 3.5킬로미터에 불과한 이 작은 섬에 주말이면 수백 명의 관광객이 찾아온다. 최근에는 바다낚시를 즐기려는 사람들의 발길도 끊이지 않는다고 한다.

섬의 아름다운 풍광을 즐기며 산책로를 따라 걷다보면 여기저기 일제강점기의 군사시설들을 어렵지 않게 만날 수 있다. 관광객들의 이해를 돕기 위해 각 시설마다 안내간판도 세웠다. 지심도가 육지에서 제법 멀리 떨어져 있고, 지금도 섬 전체가 국방부 관할지역으로 묶여 있어 자연환경과 함께 인공시설물들도 비교적 잘 보전할 수 있었다. 고요하고 아름다운 동백의 섬 지심도에 언제 어떻게 군사시설이 들어서게 된 것일까?

일본 참모본부에서 지심도에 포대를 건설하기 위한 자세한 계획을 마련해 보고하라는 지시가 내려진 것은 1935년 11월 말이었다. 이후이 계획은 요새건설 실행위원회의 심의를 거쳐 확정되고 실행을 위한구체적 조치들이 하나씩 취해졌다. 먼저 이듬해인 1936년 4월과 5월에 걸쳐 지심도 내 포대로 사용할 민유지를 국방용 토지로 매입한다. 이 과정에서 10여 가구의 주민들은 강제로 섬을 떠나야 했다.[1]

이어서 7월에는 지심도 포대 건설공사를 본격 착수하기에 앞서 장승포에 헌병분주소가 설치되었다. 지심도를 출입하는 주민들이나 인근거제도 주민, 그리고 주변에 포교 목적으로 와 있는 외국인 선교사들이 포대 관련 군 기밀에 접근하지 못하도록 하는 방첩활동이 목적이었다. 상주인원은 군조(軍曹) 1명, 상등병 2명, 헌병보 1명 등 총 4명이었다.[2]

---

1 JACAR, 〈國防用土地買入の件〉, Ref. C01002100800.
2 JACAR, 〈只心島(麥ヶ島)防御營造物新設に伴う憲兵分駐所設置の件〉, Ref. C01004211600.

45식 15리 가농포 사진

지심도 포대 건설공사는 1936년 7월 10일에 시작되어 부대시설을 포함한 모든 공사가 마무리된 것이 1938년 1월 27일이었다. 약 1년 반의 공사기간과 14만 6,500원의 공사비가 소요되었다. 포대의 건설과 비포 공사는 그보다 훨씬 앞선 1937년 9월 30일 서둘러 끝냈다. 설치된 포는 45식 15cm 가농포 4문으로 개조고정식이다.[3] 포구의 지름은 149.1밀리미터, 포신의 길이는 7.515미터, 최대사거리는 2만 2,600미터에 달했다. 이는 장자등 제2포대에 설치된 포와 같은 것으로 대잠수함 방비가 주된 목적이었다. 포대의 설치와 함께 탄약고, 관측소, 전등소, 병사들이 사용할 막사 등도 세워졌다.

포대는 선착장을 기준으로 섬의 오른쪽 끝, 현재의 국방과학연구소 건물 앞쪽에 있었다. 주변의 바다가 시원하게 내려다보이는 탁 트인

---

3 JACAR, 〈只心島砲台備砲工事實施の件〉, Ref. C01004318000.

위치다. 주변의 바다를 통행하는 배들을 한눈에 감시할 수 있었을 것이다. 단단한 콘크리트 구조물로 만들어진 총 4개의 포대는 약간의 거리를 두고 흩어져 있다. 포대는 지름 18미터, 높이 1.5미터의 둥근 방호벽 형태로 그 안에 포가 설치되었다.

그중 한 포대 옆에는 콘크리트 벙커 형식으로 만들어진 탄약고가 있고 입구와 지붕은 나무를 심어 은폐했다. 내부는 기다란 통로를 중심으로 모두 4개의 방으로 나누어져 있다.

포대가 있는 장소로부터 섬의 반대쪽 끝 바위 난간에는 주둔 일본군의 국기게양대로 사용되었던 콘크리트 받침대가 남아 있다. 이곳에서 다시 올라오다 보면 콘크리트로 만든 사각기둥 위에 주변의 지명을 써넣은 방향 지시석들이 줄지어 서 있다. 이곳에서 직경이 2미터, 불빛 도달거리가 7~9킬로미터나 되는 탐조등을 사용하여 주변 수역을 지나는 배들을 탐색했다고 한다. 이곳에서 멀지 않은 곳에는 역시 콘크리트 구조물로 만든 탐조등 보관소가 있다.

탐조등 보관소에서 좀더 아래쪽으로 내려오다 보면 육지 쪽을 바라보는 경사면에 민가가 서너 채 있는데, 자세히 들여다보면 지붕이나 기본구조가 일본식이다. 어떤 집은 외부만 개조해 민박집으로 사용하고 있다. '전등소장 사옥'이라는 팻말이 붙은 건물은 이전 일본식 가옥의 외형을 그대로 유지하고 있다. 그 옆으로 발전기 설치 자리와 계곡물을 모으는 콘크리트 수조도 남아 있다. 탐조등 가동 등에 필요한 전력생산을 위한 시설이다.

민박집 화단에는 당시에 만들어 세운 경계표지석이 마치 조경석처럼 무심히 서 있는데 많이 닳아서 읽기 어렵지만 '쇼와 12년(1937년) 육군성'이라는 글자를 읽을 수 있다. 이 밖에도 지심도에는 포대의 필수시설이라고 할 수 있는 관측소가 있었다.

일본군의 문서에는 포대건설요령서 중에 일부를 개정한다는 기록이 남아 있는데 관측소에 89식 포대경 대신 96식 측원기로 교체한다는 내용이다. [4] 하지만 현재 관측소가 있던 자리가 어디인지는 확인되지 않고 있다.

태평양전쟁 말기 본토결전을 위한 작전준비 기간에 지심도 포대에서의 움직임을 알 수 있는 기록이나 증언이 아직 발견되지 않고 있다. 추가적인 조사와 연구가 필요한 부분이다. 다만 패전 시 지심도에는 장교 4명을 포함한 174명에 달하는 1개 중대 병력이 주둔하고 있었다고 기록되어 있다. [5]

---

4 JACAR, 〈砲台建設要領書中 1 部改訂の件〉, C01005449700.
5 《중포병연대사》, 102쪽.

기장 포대

부산광역시 기장군 일광면 학리

부산의 동북쪽에 위치한 기장군(機張郡)은 현재 행정구역상 부산광역
시에 편입되어 있다. 일반 사람들에게는 청정바다에서 생산되는 기장
미역, 대변항의 멸치축제, 그리고 짚불곰장어구이 등으로 널리 알려
진 곳이다.

　부산항의 방호를 위한 목적으로 만들어진 기장 포대는 1937년 7월 5
일 착공하여 1939년 3월 31일 완공되었다.[1] 공사가 시작되기 전인
1937년 5월 23일에는 부산전화교환소와 기장 포대 사이의 통신망 증
축공사를 시작하여 9월 30일에 준공하였다.[2] 이런 기록으로 보아 훨씬
이전에 부산과 기장 사이에 통신망 시설이 갖추어졌음을 알 수 있다.
그리고 포대공사가 시작된 직후인 8월과 9월 포대 예정지 내의 민간

---

1 《중포병연대사》, 98쪽.
2 JACAR, 〈防御營造物建築工事竣工の件(築本)〉, Ref. C01004318700.

96식 15cm 가농포

소유의 땅이 매입 절차에 들어갔다.[3]

　기장 포대와 관련하여 포대의 준공이나 포의 설치 등에 관한 기록 등은 아직 확인되지 않고 있다. 다만 《일본축성사》를 통해 기장 포대에 96식 15cm 가농포 4문이 편성되었다는 것을 알 수 있다. 이 포는 구경 149.1밀리미터, 사정거리 2만 6,200미터, 중량 25톤이며 일본 육군이 해안 요새포로 개발한 것이었다. 그런데 이 포는 완성된 지 3년 이상 지난 뒤에야 설치되었다. 1942년 9월 15일 일본 오사카에서 부산 요새사령부 산하 기장 포대로 96식 15cm 가농포(포신 4, 포가차 4, 고정포상 4 등)를 수송한다는 기록이 남아 있다.[4]

　기장 포대의 정확한 위치는 어디였을까? 《일본축성사》에서는 부산

3 JACAR, 〈國防用土地買入に關する件〉, Ref. C01002191700.
4 JACAR, 〈軍需品輸送に關する件〉, Ref. C01000702100.

동북방 약 20킬로미터, 해운대 온천의 동북 7킬로미터, 경상남도 기장의 해안 돌단(突端)에 있다고 기술한다. 포대의 위치를 추적하던 중, 기장문화원의 황구 연구실장으로부터 "기장 포대가 일광면 학리(日光面鶴里) 오른쪽, 현재의 신앙촌 부지 안에 있다"는 제보를 받았다. 현장을 직접 확인해보기 위해 길을 나선 것은 한여름 무더위가 기승을 부리던 2012년 7월이었다. 기장에서 버스를 타고 일광해수욕장에 도착한 뒤 해안길을 따라 학리를 향해 걸어갔다. 일광해수욕장에서 학리로 가는 해변의 오른쪽 산자락에는 도로를 따라 끝없는 철조망이 둘러쳐 있었다. 굳게 닫혀 있는 철문 안쪽에서 청소하고 있는 한 노인에게 철조망으로 둘러싸인 안쪽은 뭐하는 곳이냐고 묻자 시온그룹 땅이라고 대답했다.

다시 한참을 걸어 올라가 학리에 도착한 뒤 마을이장 박홍식 씨(1939년생)를 만났다. 해방 당시 7살이었던 박 씨는 산 위쪽에 있는 일본군 포대의 상황을 잘 기억하고 있었다. 지금은 철조망으로 둘러싸여 들어갈 수 없는 마을 뒷산, 즉 바다에서 약 200미터쯤 떨어진 높다란 언덕 위에 포대자리가 있었는데 콘크리트로 다져 만든 둥글고 평평한 형태였다고 한다. 포대 주변까지 도로가 나 있었고 그 주위에는 철근은 사용하지 않고 모래와 자갈을 섞어 만든 매우 견고한 벙커가 3개 있었다고 한다. 주변에는 굵은 소나무가 많았고 주변의 바다가 한눈에 들어오는 곳이었다고 하였다. 그런데 해방 후 미군이 이 포대 주변을 폐탄처리장으로 사용하면서 기존에 있던 포대시설이 파괴되었다고 한다.

그리고 1970년 이 일대에 천부교 신앙촌이 들어서면서 주위에 울타리가 쳐졌고 주민들의 출입도 차단되었다. 그로 인해 이웃마을인 죽성리로 가는 길도 막혀 버려 마을 간의 교류도 끊어졌다고 박 씨는 불만

기장 죽성리 포구 전경. 사진의 왼쪽 위에 보이는 능선에 별장이 보이고, 그 근방이 포대 터로 추정된다.

을 토로했다. 여러 가지 얘기를 듣고 자리에서 일어서는데 박 씨는 선친이 일본군 포대가 있던 곳에서 가져온 것이라며 집안 한쪽에 놓여 있던 사다리를 보여주었다. 잘 다듬은 나무에 정교하게 홈을 파고 철판을 붙여 고정한 사다리는 한눈에도 일본식이라는 느낌을 주었다.

내친 김에 학리에서 포대가 있는 곳의 건너편 지역인 죽성리(竹城里) 포구로 향했다. 죽성리로 가기 위해서는 다시 신앙촌이 들어선 드넓은 지역을 우회하여 산길을 돌아가야 한다. 죽성리로 가다보면 도로 안쪽으로 수많은 건물들이 들어선 신앙촌과 그 앞쪽에 넓게 자리 잡은 주차장을 볼 수 있다.

죽성리에서 만난 마을이장 홍영구 씨(1953년생)도 비슷한 증언을 해주었다. 죽성리에서 나고 자란 홍 씨는 제대한 후 신앙촌 안에 있는 한일물산의 나염공장에서 2년 동안 일한 경험도 있어 주변의 상황을 잘 알고 있었다. 그에 따르면 죽성리 포구에서 올려다보면 신앙촌 안쪽으로 높은 언덕이 보이는데, 그 위에 세워진 하얀 별장 건물 옆쪽이 기장 포대가 있던 곳이라고 한다. 그곳에는 콘크리트로 만든 둥근 포대자리 위에 포가 선회할 수 있도록 하는 받침대가 만들어져 있었다고도 한다. 포대자리에는 나중에 신앙촌이 들어서면서 별장이 세워졌다. 현재 별장으로 연결되는 길이 100미터, 폭 3~4미터 정도의 도로는 뱃돌(검은 자갈돌)로 덮여 있다고 한다.

홍 씨에 따르면 해방이 된 뒤 미군들이 어디선가 불발탄들을 트럭에 싣고 와서 포대자리에서 폭파시켰다. 이 일은 신앙촌이 들어서기 전 거의 20년간 계속되었다. 폭발음이 계속 들리고 때때로 파편이 마을까지 날아와 주민들은 불안에 떨 수밖에 없었다. 주민들이 항의하자 나중에는 폭파 10분 전에 경고 사이렌을 울려 주민들에게 대비하도록 조치하였다. 폭파가 끝나면 마을사람들은 산으로 올라가 탄피와 쇠붙이 등을 주워다 팔았다. 운이 좋으면 신주(놋쇠)나 구리 등 값어치 있는 물건들을 건질 수도 있었다. 고철을 주워 부자가 된 사람도 있었다고 한다.

《일광면지》에도 이런 증언을 뒷받침하는 간단한 언급이 있다. 그 기록에 따르면 일제강점기 시절 일광면 학리에 포부대가 있었고 장안읍 고리에는 해군기지가 있었다. 해방 후 신앙촌이 들어서기 전에는 1950년대부터 그 일대 약 22만 평(약 72만 제곱미터)에 미군들의 불발탄 처리장이 있었다고 기술되어 있다.[5]

이런 증언들을 종합해볼 때 기장 포대가 자리했던 곳은 현재 신앙촌이 들어선 곳(기장읍 죽성리)에서 오른쪽 해안가(기장군 일광면 학리)

---

5 일광면지편찬위원회, 《일광면지》, 2006.

별장 주변지역이라는 것을 알 수 있다. 신앙촌 안쪽 별장지대 주변을 좀더 잘 살펴보기 위해 주변의 고지대인 죽성리왜성 터에 올라갔다. 이 성은 왜장 구로다 나가마사(黑田長政)가 임진왜란이 발발한 다음 해인 1593년, 전쟁의 장기화에 대비해 쌓은 것이라고 한다. 성의 둘레는 960미터, 성벽의 높이는 4~5미터 정도다. 일본식 축성법에 따른 성벽이 제법 잘 남아 있다. 이 성터에 올라가보면 저 멀리 널따란 신앙촌 부지가 한눈에 들어온다. 한쪽으로는 공장 건물들과 주거용 아파트 건물이 몰려 있고, 그 오른쪽으로는 드넓은 초지가 펼쳐져 있으며 해안가 언덕 위에 세워진 흰색 별장 건물이 좀더 가깝게 다가온다.

필자는 포대자리를 눈으로 확인해보고 싶어 신앙촌 측에 정식으로 취재 요청을 하고 찾아갔다. 홍보담당자를 만나 내부의 시설을 둘러보고 여러 가지 얘기도 들을 수 있었다. 신앙촌은 천부교의 창시자인 박태선 장로가 세운 종교집단으로 원래 부천 소사에서 시작하여 경기도 와부읍 덕소에 제2차 신앙촌을 꾸렸다가 1970년 2월에 기장으로 옮겨 왔다. 소사에 있던 신앙촌이 재개발되자 그 땅을 판 돈으로 기장 땅을 새로 마련했다고 한다.

현재 신앙촌 안에는 시온그룹 소속의 6~7개 기업체가 들어서 있다. 그중 비교적 활발한 제조활동을 하고 있는 것은 침구와 의류 등을 생산하는 한일물산, 양말과 화장품류를 생산하는 시온합섬 그리고 요구르트, 간장, 두부 등을 생산하는 시온식품 등이다. 전체적으로 약 3천 명 정도의 직원이 일하고 있는데 대부분 천부교 신도들이다. 그중 2천 명은 신앙촌 내 아파트에서 거주하고 나머지 1천 명은 외부에서 출퇴근한다. 내부 거주 2천 명은 대부분 여성 독신자들이다. 규정상 부부나 가족은 안에서 거주할 수 없다고 한다. 죽성리 포구마을에는 이전에 신앙촌에서 살았던 30여 명의 할머니들이 거주하고 있다고 한다.

　현재 신앙촌이 차지하고 있는 면적은 봉대산을 중심으로 약 200만 평에 달한다. 제방 안쪽의 여의도 면적(2.9제곱킬로미터)의 두 배가 넘는 광대한 땅이다. 기장군 내 신앙촌 소유의 땅은 이뿐만 아니다. 신앙촌은 대운산 입구 용소마을 주변 70만 평을 영농조합법인 명의로 가지고 있으며, 정관신도시와 연화리 포장마차촌 일대, 동부산관광단지 내 용궁사 입구 대부분의 땅을 사들였고, 대변항 앞에 있는 죽도도 소유하고 있다. 그 밖에도 경주와 고성에도 많은 땅을 소유하고 있다는 것이 내부 상황을 잘 아는 주민의 전언이다.

　신앙촌 일부시설들을 돌아본 다음, 애초의 방문 목적을 설명하고 포대가 있던 현장을 답사할 수 있도록 협조를 부탁했지만 신도 외에는 별장지역에 갈 수 없다는 것이 공식적 입장이었다. 거듭된 부탁에도 끝내 현장 접근은 거부되었다. 오랜 시간이 지나는 동안 주변이 개발로 인해 많이 변해버려 이전의 흔적이 남아 있지 않을 가능성이 크지만 어쨌든 현장 확인은 추후의 숙제로 남게 되었다.

부산광역시 영도구 동삼동

부산 영도(옛 이름 절영도)의 끝자락에 있는 태종대(太宗臺) 유원지는 이 지역을 대표하는 명승관광지다. 신라의 태종무열왕이 머물렀었다는 일화에서 태종대라는 지명이 유래했다고 한다. 해안도로를 따라 잘 자란 해송과 120여 종의 식물들이 울창하게 자라고 있고 깎아 세운 듯한 절벽과 기암괴석들이 짙푸른 바다와 잘 어울려 아름다운 경관을 자아내고 있다.

태종대 유원지에는 사시사철 가족과 연인 등 수많은 관광객들의 발길이 이어진다. 대개 '다누비'라고 하는 순환열차를 타거나 걸어서 태종대 유원지 순환도로를 한 바퀴 돌거나, 섬 주변을 왕복하는 유람선을 타고 절경을 즐긴다. 경치가 너무 빼어나서인지 몰라도 현재의 순환도로 중간에 있는 전망대 자리는 한때 자살바위라는 이름이 붙을 정도로 절벽 아래로 투신하는 사람이 많았다. 사회적으로 문제가 되자 1976년 같은 자리에 어머니의 지고한 사랑을 다시 생각해보라는 의미에서 모자상(母子像)을 세우기도 하고 투신을 만류하는 여러 가지 캠페인도 펼쳐 왔는데 그 뒤 자살자가 급감했다고 한다.

그런데 부산의 대표적인 관광지인 태종대 유원지 일대도 일제강점기 일본의 요새지대로, 진해만 요새사령부(후에 부산 요새사령부) 산하 절영도 포대가 있었던 곳이다. 하지만 부산지역의 향토지에서는 그와 관련된 기록을 거의 찾아 볼 수 없다. 1983년에 간행된 《절영지》(絶影誌)에는 태종대 지역이 일제 때부터 계속 군 요새지로 민간인의 출입이 통제되어 왔던 곳이라는 단 한 줄의 기록만 나와 있다. [1]

그렇다면 절영도 포대는 언제 어떻게 해서 만들어진 것일까? 부산항의 서쪽에 남북으로 길게 뻗어 있는 영도는 항만을 아늑하게 감싸며 천혜의 방파제 역할을 하고 있다. 아울러 영도에서는 부산항을 한눈에 내려다 볼 수 있기 때문에 부산항 방호를 위한 천연의 요새지로서의 지형 조건을 갖추고 있다.

그 때문에 일제는 한국병합 직후인 1912년에 확정한 〈요새정리안〉에서 기존의 진해만요새와는 별도로 부산요새의 건설을 검토하면서 부산항 오른쪽 적기반도와 절영도 남단에 포대를 구축할 계획을 수립하였다. 이후 1919년에 마련된 〈요새재정리요령〉에서는 절영도에 제1, 제2 두 개의 포대를 설치하는 것으로 계획이 바뀐 뒤 몇 차례 수정이 거듭되다가 1937년에 다시 포대를 하나로 합쳐 세우는 것으로 최종 결정되었다. 그에 따라 절영도 포대는 1938년 6월 20일 공사에 착수하여 1939년 2월 28일 완공하였다.

절영도 포대에 설치된 병비는 장자등 제3포대와 같은 11년식 7cm

---

1 絶影誌發刊推進委員會, 《絶影誌》, 釜山, 1983.

가농포 4문과 2m 탐조등 1대(일부 기록은 150센티미터 탐조등 1대) 등이 있었다. 수평사격에서 대공사격으로 유연하게 전환할 수 있도록 설계된 11년식 7cm 가농포는 잠수함이나 항공기를 이용한 공격으로부터 부산항을 보호하기 위한 목적으로 설치된 것이다.

특기할 만한 것은 절영도 포대가 완성되기 훨씬 전인 1930년대 초에 절영도 전등소와 장자등 포대 절영도 관측소가 먼저 만들어졌다는 것이다. 일본군 문서를 보면 이 두 시설이 대략 1931년 8월에 완공을 목표로 공사가 진행되고 있음을 알 수 있다. 절영도 포대보다 7년 이상 앞선 시기다.[2] 이 전등소와 관측소가 순전히 장자등 포대를 위한 것인지 아니면 절영도 포대도 같이 사용한 것인지는 분명치 않다. 추가적인 검토가 필요한 사항이다.

절영도 포대가 만들어졌던 정확한 위치는 어디일까? 일본 측 기록이 자료에 따라 조금 차이가 있어 약간 혼란스럽다. 즉, 영도의 남단으로 표시된 지도도 있지만 지금의 영도구청 주변으로 표시된 지도도 있다. 하지만 이런 혼선은 계획상의 포대자리를 실제 완성된 포대자리로 잘못 표시한 것으로 추측된다. 정확한 포대의 설치 장소는 당시 일제가 요새지대로 편입하기 위해 확보한 토지의 위치를 통해서 확인할 수 있다.

절영도 포대 구축공사가 시작되기 13년 전인 1925년 3월 27일 일본 육군축성부 본부장은 경상남도 도지사로부터 절영도 남단의 대규모 임야를 육군용지로 사용할 목적으로 인수한다. 이전에 그 땅은 총독부 관할의 국유지였다. 자세한 인수내역을 보면 경상남도 부산부(釜山

---

2 JACAR, 〈要塞築造工事 開始時期 期間等の件〉, C01003860500.

府) 동삼동(東三洞) 산 19번지 임야 135정보[3], 산 27-1번지 임야 76정보, 산 29-1번지 임야 1,237정보 등 도합 약 1,448정보였다. 평수로 환산하면 43만 5,600평이 넘는 광대한 면적이다. [4]

일본 육군 축성부는 그보다 얼마 전인 3월 3일, 같은 권역에 있는 민간 소유지인 동삼동 산 28번지 임야 약 2정보(6천 평)도 1,314원을 들여 매입하였다. [5]

일제가 영도 포대를 건설하기 위해 인수한 땅의 면적은 놀랍게도 현재 동삼2동 중에서 남쪽으로 태종대 유원지가 들어선 동삼동 산 29-1번지 구역의 면적과 거의 비슷하다. 다시 말하면 현재 태종대 유원지가 있는 산림지역 전체가 일제의 요새지대였다는 것을 알 수 있다.

절영도 포대의 흔적들

진해만요새 절영도 포대의 흔적은 얼마나 남아 있을까? 필자는 그 흔적을 찾아보기 위해 주말마다 영도를 찾아가 지역 도서관을 뒤지고 마을의 어른들을 만나 탐문을 계속하였다. 다른 지역도 마찬가지지만 토박이 주민들은 직간접적으로 포대의 존재에 대해서는 알고 있었지만 대체로 증언이 단편적이고 부정확한 것들이 뒤섞여 매우 혼란스러웠다.

처음으로 정확한 단서를 제공해준 사람은 부산지역 향토사학자인 민학회 주경업 회장이다. 주 회장은 영도 남단에 있는 태종사 주변에 포대흔적이 남아 있다고 말해주었다. 태종사는 태종대 지역에 민간인

---

3 1정보(町步)는 약 3천 평 또는 100아르.
4 JACAR, 〈國有地 管理換の件〉, Ref. C03012061800.
5 JACAR, 〈土地買入濟の件〉, Ref. C03012187500.

태종대에 남아 있는 탄약고(좌) · 집수정(우)

출입이 허용된 직후인 1973년에 세워진 사찰로 알려져 있다.

태종사는 태종산 아래 계곡 사이를 통과하는 일주도로 주변에 자리하고 있다. 태종사 앞을 지나는 일주도로 옆의 제1호 매점에서 일하는 남기원 씨(1938년생)는 주변에 있었던 일본군 관련시설들을 잘 알고 있었다. 남 씨의 설명에 따라 매점 뒤쪽으로 가니 작은 계곡 건너편에 지하탄약고로 보이는 콘크리트 구조물이 눈에 들어왔다. 안전상의 이유로 입구는 블록을 쌓아 막아놓았지만 후미진 곳에 있어서 훼손되지 않은 채 온전하게 외형을 유지하고 있었다. 남 씨는 이 구조물 안으로 들어가면 제법 넓은 공간이 칸칸으로 나누어져 있으며, 바닥 아래에 있는 통로와 연결되는 더 깊은 지하공간도 있는데 물이 채워져 있어서 들어가 볼 수는 없다고 말했다. 탄약고로 보이는 구조물 왼쪽으로는 자갈돌과 시멘트를 섞어 거칠게 쌓아 만든 수조처럼 생긴 시설물이 남아 있는데 물을 저장하던 곳으로 보인다.

매점 앞 일주도로 건너편 태종사 입구 왼쪽에 있는 널따란 공터는 일본군 막사가 세워져 있던 자리라고 한다. 절 입구 오른쪽에는 자그마한 인공연못이 만들어져 있고 그 위쪽으로 물길을 따라 올라가면 콘크리트 수조시설이 남아 있다. 이것이 일본군이 만든 것인지 해방 후 한국 군인들이 설치한 것인지는 확실치 않다. 그리고 연못 옆에는 깊이 10여 미터 정도 되는 지하동굴도 뚫려 있는데 입구는 막아 놓았다.

　우리나라에서는 흔치 않은 남방불교 계통의 사찰이라는 태종사는 대웅전 건물 형태가 일반 사찰과는 다른 독특한 모양새를 하고 있다. 기와집 형태이긴 하지만 2층 구조로 지붕 아래 다락 형태의 공간을 두고 외부와 연결되는 창들을 만들어 놓았다. 더욱 이상한 것은 대웅전 건물 왼쪽에 있는 적멸보궁이다. 부처의 진신사리를 모시고 있다는 이 건물은 보통 절과는 달리 콘크리트를 사용한 일체형으로 만들어져 있으며 땅속에 들어 앉아 있는 형태다. 언뜻 보면 요새의 지하벙커와 같은 모양새다. 외벽은 웬만한 폭탄에도 끄떡없을 만큼 두껍게 만들어져 있다. 눈짐작으로 두께가 30~50센티미터는 되어 보인다. 건물 옆을 돌아 위로 올라가보니 지붕도 튼튼한 콘크리트로 덮여 있고 가운데에는 둥근 환기구멍이 뚫려 있는데 투명한 판으로 덮여 있다. 다른 사찰에서는 한 번도 보지 못한 이런 독특한 형태의 사찰 건물이 언제 어떻게 만들어졌는지 매우 궁금했다. 그 궁금증을 풀기 위해 나중에 다시 태종사를 찾아가 주지 스님을 만났지만 명쾌한 답을 들을 수 없었다.

　현재 남아 있는 여러 흔적이나 증언을 종합해볼 때 태종사가 있는 주변 지역이 일본군 절영도 포대 소속 1개 중대 병력이 주둔했던 곳이었음을 분명히 알 수 있다. 포대 병력의 막사가 해안가나 산 정상 부근이 아닌 계곡 안쪽에 세워졌던 것은 장기 주둔에 필요한 물을 손쉽게 확보할 수 있었기 때문으로 보인다.

그렇다면 정작 포를 설치한 장소는 어디였을까? 일단 당시 설치한 11년식 7cm 가농포는 대잠·대공 겸용이었기 때문에 사방이 산으로 둘러싸인 태종사처럼 계곡 깊숙한 곳에서는 제 기능을 할 수 없다. 당연히 바다가 잘 내려다보이는 해안가나 산 정상부에 설치했을 것이다. 이러한 판단을 근거로 포대가 설치되었을 만한 곳을 찾아보기 위해 태종대 주변 여러 지역을 돌아보았다. 무작정 산 정상부로 올라가려고 가파른 경사면을 거슬러 올라가 숲 속에서 길을 잃고 다시 내려오기도 했다. 그러다 해안 쪽에서 태종사로 넘어오는 고갯마루에 있는 제2호 매점에서 일하는 할머니로부터 중요한 단서를 얻었다. 태종사 앞에 있는 산 정상부에 일본군이 만든 콘크리트로 만든 포대의 흔적들이 남아 있다는 것이었다. 태종대 유원지 안내도를 보면 전망대에서 등대로 이어지는 일주도로 왼쪽 가파른 경사면 위쪽 '묘망대'라고 표시된 지점이다.

산 정상부는 일반인들의 출입이 제한되는 지역이다. 태종대 일주도로를 따라 빙 둘러 철조망이 쳐져 있어 위쪽으로 올라갈 수 없게 되어 있다. 그런데 할머니가 말해준 대로 제2매점 앞쪽 일주도로 건너편을 바라보니 산으로 올라가는 계단이 만들어져 있고 그 위에 설치된 철조망 안쪽으로 산 정상을 향해 완만하면서도 제법 널따란 임도가 닦여져 있다.

철조망 안쪽 숲길은 울창한 수목 때문에 한낮인데도 제법 어둑했고 오랫동안 사람들이 다니지 않아서인지 숲길은 온통 수풀로 뒤덮여 있어 약간은 으스스한 느낌이었다. 한참을 걸어가 정상 부근에 이르러 주변을 찬찬히 돌아보니 나뭇가지 사이로 여기저기 콘크리트 구조물

묘망대에 있는 일본군 포대 관련 시설

들이 살포시 모습을 드러냈다. 순간 마침내 원하던 것을 찾아냈다는 생각에 가슴이 두근거렸다. 사진을 찍으며 가까이 다가가 보니 두꺼운 벽체의 콘크리트 구조물이 눈에 들어왔다. 입구 쪽 벽의 두께는 약 30 센티미터, 옆의 바다와 접한 쪽 벽은 60센티미터 정도 되어 보였다. 누군가 벽을 깨뜨려 부분적으로 많이 훼손되었고 그 벽체 밖으로 철근들이 그대로 노출되어 있었다. 이 단단한 콘크리트 구조물의 용도는 무엇이었을까? 확인이 필요하지만 이 정도 두께의 단단한 구조물이라면 탄약고나 관측소였을 것으로 추측된다. 기록에는 절영도 전등소와 장자등 포대, 절영도 관측소를 만들기 위해 1929년 5월부터 1931년 8월까지 부산부 동삼동 절영도 공사장에 매일 50명의 공사 인원을 투입한 것으로 되어 있다.[6]

---

6 JACAR, 〈要塞築造 工事開始時期 期間等の件〉, Ref. C01003860500.

다시 이 콘크리트 구조물 오른쪽으로 조금 더 올라가니 거대한 무덤 같은 흙더미들이 서너 군데 솟아 있다. 안으로 들어가보니 앞쪽에 콘크리트로 둥근 형태의 방호벽을 만들어 놓은 포대들이다. 이 포대시설의 표면 상태는 일본군 콘크리트 시설물에서 흔히 볼 수 있는 일반적인 형태와는 좀 달랐다. 해방 후 70여 년의 세월 동안 한국군이 사용하면서 수많은 변화가 덧씌워졌을 것으로 보인다.

다시 처음 본 콘크리트 구조물 왼쪽으로 돌아 내려가다보니 두서너 군데 경사면에 돌로 쌓은 제법 높은 축대가 눈에 띄었다. 축대 위쪽으로 올라가 확인해보니 앞에서 본 것처럼 앞쪽에 콘크리트로 둥글게 방호벽을 두른 포대들이다. 전체적으로 아주 여러 개의 포대들이 밀집되어 있는 것을 알 수 있다. 어디까지가 일본군이 원래 만든 포대의 흔적인지는 좀더 검증이 필요하겠지만 전체적으로 이 산 정상부가 일본군의 포대자리임은 분명해보였다.

절영도 포대와 관련하여 주목할 만한 또 다른 기록이 남아 있다. 1945년 봄부터 패전 때까지 태종대에 있는 절영도 포대에서 근무하다 일본으로 돌아간 한 일본군 병사의 회고록이다. 이 기록에 따르면 요새는 섬(영도)의 남쪽 끝부분에 있고 경계선은 가시철망으로 둘러져 있으며, 출입구는 제 1·2·3의 위문으로 되어 있어 일반인들의 출입은 절대 불가능했다. 그리고 당시 절영도 포대에는 11년식 7cm 가농포 4문과, 관측 장비로 4m 측고기(測高器) 외에 장자등 포대와 마찬가지로 88식 해안사격구를 갖춘 관측소, 지하에 설치된 직경 2미터의 탐조등 1대가 있었다고 적고 있다. [7]

---

7 吉田徹之, 〈釜山要塞の思い出〉, 《중포병연대사》, 130쪽.

〈표 2-2〉 진해만요새 병비상황(1941년 말 기준)

구분 명칭	화포			축성	
	종류	문 수	포좌 수	착공날짜	준공날짜
외양포	28류	6	3	1904. 8. 22	1904. 12. 20
저도	28류	6	3	1904. 8. 25	1904. 12. 20
장자등	포탑 45구경 40가	2	1	1924. 10. 11	1930. 10. 30
장자등 제2	45식 15가	4	4	1934. 5. 17	1935. 12. 31
장자등 제3	11년식 7가	4	4	1938. 6. 20	1939. 8. 15
지심도	45식 15가	4	4	1936. 7. 10	1938. 1. 27
기장	96식 15가	4	4	1937. 7. 5	1939. 3. 31
절영도	11년식 7가	4	4	1938. 6. 20	1939. 2. 28

《중포병연대사》, 98쪽

전등소는 탐조등을 격납, 보관하는 시설을 말한다. 보통 전등정(電燈井)이라고 하는 깊이 4미터 정도의 수직통로 아래에 만들어진 격납 공간에 탐조등을 보관하다가 필요할 때마다 리프트를 사용해 상층부로 끌어올려 사용하였다. 일본 토모가시마(友ヶ島) 요새에 남아 있는 전등소가 이런 형태로, 사방 1.9×1.9미터 넓이에 깊이 4미터 정도의 콘크리트 시설로 만들어져 있다. 기록으로 볼 때 절영도 포대에 만들어진 전등소도 이런 지하격납형이었던 것으로 보인다. 그리고 그 절영도 전등소가 있었던 장소로 추정되는 곳을 태종대 등대 부근에서 확인할 수 있었다.

좀더 정확히 말하자면 태종대 등대 위쪽에 해기사(海技士) 기념탑이 있고 다시 그 위쪽으로 산기슭을 깎아 만든 제법 넓은 평지가 있다. 한쪽에는 야외용 탁자가 놓여 있고 다른 한쪽 구석 바닥을 보면 사각 형태의 콘크리트 시설물이 땅 위로 모습을 드러내고 있는데, 원래 수직 지하통로로 연결되는 것을 흙으로 막아놓았다고 한다. 지역주민들에 따르면 수직통로에는 사다리 모양의 손잡이가 있어 아래로 오르내릴 수 있었다고 한다. 위치상으로 보면 부산항 입구를 오가는 배들을 한눈에 내려다볼 수 있는 곳이다. 여러 가지 정황으로 볼 때 절영도 포대의 전등소와 관측소는 등대 뒤쪽 이 일대에 있었을 것으로 추정되지만 사람들의 증언 외에 확증할 만한 기록은 아직 찾지 못하고 있다.

끝으로 지금까지 살펴본 1940년대까지 만들어진 진해만요새사령부 산하 일본군의 영구 포대 현황을 정리하면 106쪽의 지도 〈1941년 당시 진해만요새 포대 현황〉과 같다.

영도 포대 근무 일본군 병사의 회고록

일본군 관련기록들은 대개 공식 문서이거나 주로 장비, 시설 위주이기 때문에 그 안에서 시간을 보낸 병사들이 실제 어떤 삶을 살았는지를 알기는 쉽지 않다. 그런데 《중포병연대사》에는 1945년 4월부터 패전 때까지 몇 달간을 부산의 영도에 배치된 중포병부대에서 근무했던 요시다 토루(吉田徹之)의 회고록이 실려 있다. 요시다는 육군소년중포병학교를 졸업하고 조선으로 처음 배치 받았는데 소속은 중포병연대 제4중대(절영도 포대)였다. 그의 회고록 중에서 당시 상황에 대한 이해에 도움이 될 "부산요새의 추억" 일부분을 옮겨 싣는다.[8]

쇼와 20년(1945년) 봄, 졸업 휴가가 끝난 뒤 조선군 배속대원만 한발 먼저 동기생과 제3기생의 환송을 받으며 학교를 출발, 후지사키(藤崎) 구대장의 지휘에 따라 시미즈(淸水) 역에서 집결지인 시모노세키로 향하는 차에 몸을 실었다. 차 안에서 사흘을 보내고 무사히 시모노세키에 도착하여 규슈·시코쿠 출신자들과 합류, 전원(20명)이 제17방면 군관구로부터 출영한 하사관에게 인솔되어 그날 밤 0시에 관부연락선 흥안(興安) 호에 탑승하였다. 잠수함이나 비행기의 공격을 피하기 위해 오전 0시 반경, 조선을 향해 시모노세키 항을 출발하였다.

항해 중 구명동의 착용 및 피난 훈련 등을 실시하면서 약 6시간 만인 다음 날 아침 무사히 부산항에 상륙한 뒤 휴식을 취하였다. 오후 3시경 부산역에서 특별군용열차로 만주로 가는 혼성부대와 함께 출발, 도중 경성의 용

8 吉田徹之,〈釜山要塞の 思い出〉,《중포병연대사》.

산역에서 우리들만 하차하여 제17방면군에 배속 신고를 하기 위해 사령부로 갔지만 사령관이 부재중이어서 약 1주일간 용산의 항공대에서 대기하였다. 4월이라고 하기에는 매우 추웠다. 밖은 잔설이 얼어붙게 하는 대륙 특유의 추위가 몸에 스며들어, 모두들 페치카 주위에서 불을 쬐며 잡담에 빠져 있었다. 1주일 뒤 무사히 신고를 마치고 서로 최후의 승리를 다짐하며 나진, 원산, 여수, 부산 등 각자의 부대를 향해 출발하였다. 우리는 부산요새수비대 축(築) 제7400부대에 배속되었다. 우리 일행 3명은 천대(泉隊)(4중대)에 배속되었다.

중대의 편성은 장교 3명(중대장 중위, 소대장 소위와 견습사관), 준위 1명, 조장 3명, 군조 7명, 오장 14명, 병장 18명, 상등병 약 40명, 일등병 10명, 초년병 30명으로 모두 약 120~130명의 노후한 중대였지만, 포의 조작에 관해서는 일사불란하여 기계와 같이 신속 정확했고, 막사로부터 발사까지 겨우 1분 정도밖에 걸리지 않는 점은 매우 놀라웠다. 포의 조작에 관해서는 평소의 행동과는 다르게 각자 자신 있게 스스로의 역량을 자유롭게 발휘하고 있다는 인상을 받았다.

배속 당시의 중대 전력은 11년식 7cm 구경(평사·고사 겸용) 4문과 관측용 4m 측고기 외에, 88식 해안사격구와 2미터 구경의 탐조등(지하에 설치) 1대가 있었다. 수중청측(水中聽測)의 경우 청측실은 근사한 방이 지하에 만들어져 있었지만 핵심적인 기계가 도착하지 않았기 때문에 가끔 초년병 교육(기계의 구조, 청측 요령)을 하는 정도였다. 발전기도 지하에 설치되어 운전하도록 되어 있었다. 육지와 떨어진 섬이기 때문에 전등은 처음부터 자가발전이었다.

중대의 지리적 위치는 조선반도 최남단의 섬으로, 부산시 소관이었지만 좁은 해협을 사이에 두고 분리되어 있었다. 섬에는 일반 민가도 상당히 있었지만, 요새는 그 섬의 남쪽 끝부분에 있고 경계선은 가시철망으로 둘러쳐져 있으며 입구(위문)는 제1・2・3 위문의 3중으로 되어 있어 일반인이 들어가는 것은 절대 불가능했다. 나는 가장 바깥쪽 제3위문의 위병사령을 1일 교대로 약 3개월간 근무하였다. 비번 시에도 공습 시 중기관총 또는 포의 방아쇠를 당길 준비를 해두고 있었다. 8월에 들어서부터는 공습이 밤낮 구분 없이 하루에도 십여 차례 빈번하였고 그런 사이에도 적의 상륙에 대비하여 전차육공훈련(戰車肉攻訓練)에 매진하였다.

1945년 6월경부터 이 섬에 고사포진지가 만들어졌다. 구경 12센티미터, 사정거리 1만 5천 미터의 신예포 24문이었다. 부산 쪽이기 때문에 우리가 사격하더라도 금방 고사포의 사정권 안에 들어오지 않아 우리가 사격을 끝낸 뒤 발포하는 것이 일반적이었다. 조선반도에서 공습을 받은 것은 우리 중대가 최초이고, 처음에는 피해도 상당히 나왔다. 고사포진지가 증강되고 나서부터는 적기도 그렇게 가까이는 날아오지 않았다. 폭격기는 기관포 공격 위주였지만, 그라만기(미 해군의 함상전투기 — 필자 주)가 바다 위를 스칠 듯 저공비행으로 접근하여 진지의 500미터 앞에서 급상승하며 기관총과 기총으로 공격을 가해 괴롭혔다. 우리의 전과는 반년 동안 B29-2기를 격파(검은 연기를 뿜으며 바다 위로 사라짐)한 것뿐으로, 당시 포의 비행기에 대한 명중률이 나쁜 것은 지금 다시 생각해도 놀랍다.

잠깐 여담을 하자면 낚시는 일반 어선의 출입이 금지된 구역이었기 때문에 3시간 정도에 60~70센티미터 크기의 농어가 30~40마리가 잡힐 정도였고, 매일같이 저녁식사의 부식으로 신선한 생선회와 조림요리가 식탁을 장식했다. 하지만 가장 괴로웠던 것은 신선한 야채가 없고 거의 마른 야채뿐이어서 각기병에 걸릴 정도였다. 생야채 한 잎이 식사 때 겨우 지급될 정도로 신선한 비타민의 섭취가 가장 곤란하였다. 때때로 신선한 사과가 지급되면 무엇보다 즐거웠다. 주식은 백미뿐이고 보리, 콩, 국수, 수수 등은 한 번도 먹어본 일이 없었다.

패전 당시 위병으로 근무 중이었기 때문에 옥음방송을 직접 들을 기회는 없었다. 그 당시 대원 전체가 패전의 기운은 느끼고 있었지만 적기가 날아오면 종래와 같이 포에 탄약을 장전하고 조준하여 적기를 추적하였다. 적기가 나타나면 허가를 기다리지 않고 즉각 발포하면 백발백중 확실히 근거리까지 접근하였다. 적기도 투탄 발포하지 않는 날이 2, 3일 계속되면서 처음으로 패전이 확정적이라는 사실을 깨닫게 되었다. (후략)

잊힌 전사들, 영도 Y부대

부산 영도 남단에 있는 태종대 유원지 전역은 일제강점기 일본군의 군사요새 지역으로, 이 땅의 주인인 조선 사람들은 출입조차 할 수 없는 곳이었다. 뿐만 아니라 해방이 된 이후에도 한동안 주민들의 출입은 자유롭지 않았다. 계속적으로 군사지역으로 묶여 있는 데다 접근할 수 있는 해안도로 등이 제대로 만들어져 있지 않았기 때문이다. 태종대 지역이 개발되기 시작한 것은 1967년 4월 22일 태종대가 건설부에 의해 유원지 지역으로 고시되면서부터다. 그 후 1970년 12월부터 1972년 12월까지 1차 일주도로 개설공사가 실시되고, 이어서 1974년에 2차 정비공사를 끝낸 뒤 본격적으로 유원지로 개발되었다. 그런데 태종대 지역이 해방 이후 곧바로 민간으로 환원되지 못했던 이면에는 또 다른 이유가 있었다. 바로 그곳에 한국전쟁 당시 대북 특수전을 수행한

영도유격대 해상훈련 장면

유격부대와 그 훈련장이 있었기 때문이다. 태종사의 대웅전 건물 오른 편으로 돌아나가면 그 위쪽에 군부대가 자리하고 있고 철조망 옆 오솔 길을 따라 좀더 옆으로 걸어가다 보면 영도유격부대 전적지가 있다. 가운데에 무명용사기념탑이 세워져 있고 그 주위로 전사한 대원들의 이름과 작전내역을 설명하는 내용들이 비석에 새겨져 있다. 한쪽에는 이 부대의 활동 기간이 '1951. 1. 16~1952. 12. 2'라고 쓰여 있다.

영도유격부대의 창설을 주도한 것은 미국의 CIA(중앙정보국)였다. 한국전쟁 발발초기 CIA는 한국에서 2개의 준 독립조직을 운용하고 있 었다. 조지 오렐(George Aurell)이 이끄는 특수작전국(OSO, Office of Special Oper-ations)과 한스 토프테(Hans Tofte)가 이끄는 정책조정국 (OPC, Office of Policy Coordination)으로 각각 첩보수집과 비밀작전 을 담당하였다. 이 두 조직은 1951년 7월 2일 유엔군연합고문단 (JACK; Joint Advisory Commission Korea)이라는 명칭으로 통합된다.

한스 토프테는 한철민 대위를 소개받아 영도에 세운 CIA OPC 훈련장을 이끌게 하였다. 한철민은 함경남도에서 해방 직후 월남하여 육사 8기 특별반을 수료하고 장교로 임관되었다. 그는 육군본부 정보국 소속으로 대북 첩보활동을 담당하다가 특수전부대의 편성을 제안받았다. 1950년 9월 말, 한철민 대위는 부산 인근에 훈련장을 세우고 북한에서 월남한 사람들을 대상으로 특수전부대 요원들을 모집하였다. 그중 15명은 일본에 있는 미군의 유격훈련장에 보내 특수전 교육을 받게 하였다.

1951년 2월 한스 토프테는 부대를 영도로 옮겼다. 쇄도하는 수많은 지원자들을 수용할 수 있고 보안상으로도 안전한 영도가 적합한 지역으로 선택되었다. 이때부터 이름도 'Y부대'라고 불렸다. 영도캠프에서 4월 말까지 훈련을 받은 대원은 1,200명에 달했다. 이들은 공중투하와 해상침투 등 강도 높은 훈련을 받았다. 이들은 작전지역에 따라 4개의 부대로 나뉘었다. 각각의 이름은 황룡(강원도 북부와 함경도 남부), 청룡(함경남도 중부), 백룡(함경남도 북부와 함경북도 남부) 그리고 부엉이(함경북도 북부)였다.

1951년 4월부터 1952년 11월까지 영도에서 훈련받은 수많은 유격대원들이 함경도와 강원도 북부지역에 투입되었다. 요원들은 대부분 미군 함정이나 비행기에 실려 목표지점에 투입되었다. 당시 비행기는 수영비행장(오늘날 부산 해운대 센텀 지역에 있었던 것으로 원래 일본 육군 비행장이었다)에 있는 C-46 쌍발수송기를 이용했는데, 특별한 무장이 없고 속도가 느려 대원들은 '바보 비행기'라고 불렀다. 이들에게 주어진 임무는 철도나 교량 폭파, 북한 내 유격대와의 연계작전 및 이들의 해상탈출 지원이었다. Y부대는 유격전 활동을 통해 많은 전과를 거두었다. 하지만 영도훈련장에서 훈련받은 한국인 대원 중 약 770명이 작전 중 사망하거나 실종되었다. 생존 귀환자는 30여 명에 불과했다. 1952년 말 휴전 분위기와 함께 활동은 중지되었고 1953년 7월 휴전협정과 함께 영도에 있던 CIA OPC 기지는 폐쇄되었다.

현재 영도유격부대 전우회 회장을 맡고 있는 한인석 씨(1929년생)는 함남 단천이 고향으로 1·4후퇴 때 남하했다가 영도유격부대에 지원하였다. 한 씨에 따르면 당시 부대의 본부는 현재 기념탑이 세워진 곳에 있었고 그 아래쪽에 천막 막사와 연병장이 있었다. 당시는 전시상태라 상황에 따라 부대장이 즉결처분을 할 수 있을 정도로 군기가 매우 엄했다. 교육은 초단기 속성으로 진행되었다.

M1 소총을 사용했는데 사격훈련도 충분치 않았다. 하지만 물품의 보급은 좋은 편이었다. 대원들은 작전에 투입되기 직전 본부 옆에 있는 소나무 밑에 머리카락과 손톱을 잘라 묻고 떠났다. 한인석 씨는 단기 목적으로 미군 함정을 타고 들어가 철교 파괴와 첩보수집 임무를 수행하고 무사히 귀환하였다.

강원도 회양군이 고향인 이경훈 씨(1935년생)는 17살 때 영도유격부대에 지원하여 일본 히로시마 부근에 있었던 미군훈련장에서 100일 가량 훈련을 받고 돌아왔다. 그는 나이가 어리다는 이유로 전장에 투입되지는 않고 영도훈련장 내 미군 고문실에서 일했다. 당시 영도훈련장에는 4~5명의 미군 교관이 나와 있었는데 그들은 대부분 동래온천장에서 머물고 있었다. 이 씨는 부대가 폐쇄된 뒤에도 다른 동료 2명과 함께 부대의 잔무정리를 도와주었다.

영도유격부대는 한동안 이름도 없는 잊힌 부대였다. 부대가 해산할 때 남아 있던 270명의 대원들은 이전의 활동에 대해서는 일체 비밀을 지키겠다는 각서를 써야 했다. 이들의 활동이 조명되기 시작한 것은 최근에 들어서다. 영도유격부대에 대한 CIA 보고서도 비밀에서 해제되어 일부 공개되었다. 몇 년 전부터는 생존한 대원들이 모여 영도유격부대 전우회를 결성하고 매년 10월 3일 한 번씩 모여 희생자들에 대한 추모행사를 갖고 있다. 9

9 참고자료: 하재평, 〈전사〉, 제3호, 군사편찬연구소; 정전60주년 특별기획 다큐멘터리 "기록 없는 전쟁: 영도 Y부대", KBS부산방송, 2013년 7월 24일 방영; 'The Secret War in Korea: June 1952', 〈Secret of Korea〉.

경남 거제시 능포동 양지암

거제도 동남쪽에 자리 잡고 있는 장승포는 한때 연근해 어업과 해상 운송의 거점이자 행정의 중심지였다. 그런데 지난 1995년 거제시청이 현재의 고현(古縣)으로 옮겨가고 2010년 거가대교가 개통함에 따라 연근해 항로의 역할이 크게 줄어들면서 장승포는 옛 명성을 많이 잃게 되었다. 하지만 여전히 아름답고 평온한 항구도시다. 최근에는 바다 낚시와 지심도 등 주변 해안의 자연경관을 즐기려는 관광객들의 발길이 끊이지 않고 있다.

　일제강점기 장승포에 진해만요새 산하 요새지대가 설정되고 포대를 구축하려는 계획이 있었다는 사실을 확인한 것은 일본 측 기록을 통해서였다. 보통 일본군이 남긴 군사유적을 취재하는 과정은 현장에 남아 있는 유적을 인지한 다음 관련문서 등을 조사하는 방식으로 이루어지지만, 반대로 문헌에 남아 있는 단서를 근거로 하여 현장에 남아 있는 유적을 찾아내기도 한다. 장승포 포대는 후자의 경우였다.

장승포 포대는 몇 가지 관련기록이 남아 있지만 실제로 포대가 설치된 현장이 어디인지는 쉽게 찾을 수 없었다. 몇 차례 주변지역을 답사하고 거제도의 향토사학자와 장승포 지역의 연세 드신 어른들에게 탐문했지만 이렇다 할 단서조차 찾지 못했다. 한동안 답답한 마음을 떨칠 수 없었다. 그러다 지난 2014년 4월 거제도 능포동에 사는 신태조 선생(1947년생)의 제보를 통해 장승포 포대의 위치를 확인하고 현장에 남아 있는 포대 관련시설의 흔적도 확인할 수 있었다. 포대가 있었던 곳은 장승포항 위쪽에 있는 능포동에서 동북쪽으로 길게 뻗어 있는 양지암(洋支岩) 끝자락이다.

처음 장승포 포대에 관심을 갖게 된 것은 1936년 7월 장승포 포대가 완성되는 동시에 저도 포대는 폐지되었다는 일본 측 기록 때문이었다.[1] 그 후 《중포병연대사》에서 장승포 포대와 관련한 좀더 구체적인 기록들을 찾을 수 있었다.[2]

시기적으로 가장 앞선 기록은 1919년 5월의 〈요새정리요령〉에 "진해군항을 엄호하기 위해 30류(榴) 1개 포대를 거제도 장승포에 신설한다"는 내용이다. 병비표에는 '23구경 30류 4문'이라고 되어 있는데 여기서 '류'는 유탄포(榴彈砲)의 약자로 평사포와 박격포의 중간 형태인 곡사포를 의미한다.

그런데 1923년 〈요새재정리요령〉 지침에 따라 장승포 포대에 설치하려고 한 병비는 30류에서 포탑 45구경 40가 2문으로 계획이 바뀌게 된다. 이는 그 전해에 있었던 워싱턴군축회의 결과에 따라 폐기된 전

---

1 〈위키피디아〉 일본판, '釜山要塞' 항목 참조.
2 《중포병연대사》, 87~92쪽.

함의 함포인 포탑 45구경 40가를 육군 요새포로 전용하여 포대에 설치하려는 계획의 일환이었다. 구체적인 일정도 정해져 부산 용호동 지역인 장자등은 1928년, 장승포는 1932년에 포를 설치하기로 했다가 경비 문제로 1년씩 착수를 늦추기로 하였다. 만약 이 계획대로 추진되었다면 장승포에도 부산 용호동에 설치된 장자등 포대와 똑같은 거대한 요새포대가 들어서게 되었을 것이다.

일본군 문서에서 장승포 포대를 구축할 부지 확보에 관련된 기록도 확인할 수 있었다. 장승포 포대가 설치될 곳은 당시 경상남도 통영군 이운면(二運面) 능포리(菱浦里)와 장승포리 일대였다.[3] 지금의 거제시 능포동과 장승포동 일부 지역이었다. 1924년 일본 육군은 이 지역 일대를 요새지대로 설정하고 그 안에 진해만요새 장승포 포대 및 교통로를 설치할 계획을 마련하였다.[4]

1899년에 제정된 일본군 요새지대법에 따르면 국방을 위해 건설한 방어영조물(防禦營造物)이 있는 구역 내에서는 시설물의 촬영이나 모사가 금지되고 가옥이나 공장의 신·증축, 묘지의 신설이나 이장, 산림의 조성이나 벌채, 어로나 수렵행위까지 일절 금지되었다. 이를 위반하면 사안에 따라 2년 이하의 징역 또는 3천만 원 이하의 벌금에 처해졌다.[5]

일본 육군이 요새지대로 설정한 능포리와 장승포리 일대의 땅은 원래 일본 해군성 관할지역이었다. 1925년 3월 9일 일본 육군대신은 이

3 JACAR, 〈土地買收の件〉, Ref. C03011936500.
4 JACAR, 〈要塞地帶內 居住民 等の陳情書 提出の件〉, Ref. C01003806400(이 문서 내 요새지대 약도 참조).
5 〈要塞地帶法〉(明治 32年 法律 第105号) 참조.

일대 해군성 관할부지 31만 897평(약 1.02제곱킬로미터)의 관리권을 넘겨 달라는 요청을 대장대신에게 전달했다.[6] 그 대신 육군이 관할하고 있던 창원군 천가면 천성리와 거제 장목지역의 이호도(利湖島), 하청의 황덕도(黃德島) 그리고 능포와 장승포의 다른 부지 등 41만 4,947평(약 1.37제곱킬로미터)의 관리권을 해군에게 넘겨주는 조건이었다.[7]

이미 1년 전인 1924년 3월 축성부본부는 해당지역 내에 있는 민간인 토지도 조사하고 매수를 마쳤다. 대상 부지에는 222기의 조선인 분묘가 있었는데 그중 199기는 보상을 마치고 다른 곳으로 강제이전시켰다.[8] 아무튼 해당지역이 요새지대로 편입되면서 민간인들의 출입은 통제되었고 생계를 위한 농사와 어업활동도 큰 제약을 받게 되었다.

그런데 그 후 장승포 포대 건설계획은 또 다시 변화를 겪었다. 1933년의 요새설치에 대한 수정계획을 보면 종래 포탑 45구경 40가 2문과 직경 2미터 전등 1기를 설치하려던 계획이 포탑 45구경 30가 2문과 직경 1.5미터 전등 1기로 바뀌게 된다. 병비의 규모가 크게 축소된 것이다. 그리고 4년 뒤인 1937년 내려진 재수정계획에서는 아예 장승포 포대의 설치계획이 삭제되어 없어진 것을 볼 수 있다.

여러 가지 정황과 기록을 근거로 판단하건대 애초에 건립하려던 포탑 45구경 40가의 대형 포대 구축계획은 중단된 것이 확실해 보인다. 일본 육군의 요새포를 망라해 정리한 책에는 장승포 포대에 대해 별다

---

6 JACAR, 〈土地管理換の件〉, Ref. C03012062500.
7 JACAR, 〈管理換2(6)〉, Ref. C08051240300.
8 JACAR, 〈地上物件 移轉に關する件〉, Ref. C01006144200.

른 설명 없이 '계획중지(?)'라고 표시해 놓고 있다.[9]

그렇다면 포탑 45구경 40가의 장승포 포대 건립이 도중에 중단된 이유는 무엇일까? 직접적인 이유를 설명해줄 기록을 찾을 수는 없지만 몇 가지 추론해볼 수 있는 근거는 남아 있다.

첫째는 능포리 일대가 1924년에 요새지대로 편입된 이후 해당지역 내 주민들의 불만 제기와 진정이 잇따랐다는 것이다. 실제로 1928년 1월 27일 이운면 능포리 주민 56명은 일본군 축성부 진해만지부장에게 진정을 제기하고 요새지대 편입에 따른 피해를 줄여줄 것을 요구하였다. 주민들은 요새지로 편입되면서 산림의 벌채나 어로활동에 제약을 받고 경작지마저 크게 축소되었다고 반발하였다. 당시 해당지역의 인구분포를 보면 진정을 제기한 능포리에 122가구 583명, 인근인 이운면 장승포에 404가구 1,720명 그리고 아양리에 117가구 344명 등 도합 2,647명이었다. 생계에 타격을 입을 주민들의 수가 적지 않아 반발이 확산될 우려가 매우 컸다.[10]

장승포 앞바다는 대한해협의 한류와 난류가 교차하는 지점으로 예로부터 어족자원이 풍부한 곳이었다. 그에 따라 일찍이 일본인들도 이지역에 진출하여 대형 정치망 어장을 운영하고 있었다. 그 대표적인 것이 부산 수산업계에서 크게 성공한 것으로 알려진 일본인 카시이 겐타로(香椎源太郎)가 운영하는 어장이었다. 거제도에서는 아직도 '향추어장'이라고 기억하는 사람들이 많다. 그곳에는 많은 조선인들이 노동자로 일하고 있었다. 당시 요새지대 설정으로 조선인들뿐만 아니라

9 佐山二郎, 《日本陸軍の火砲: 要塞砲》, 光人社NF文庫, 2012.
10 JACAR, 〈要塞地帶內 居住民 等の陳情書 提出の件〉, Ref. C01003806400.

일본인 사업가들도 피해 확산이 우려되는 상황이었다. 주민들의 진정서에 대해 일본 당국이 실태조사를 하고 나서 구체적으로 어떤 결정을 내렸는지 확인할 수는 없지만 포대 건설계획에 상당한 영향을 끼쳤을 가능성이 있다.

둘째, 포대설치에 따른 과중한 예산이 부담되었을 수 있다. 장승포 포대 설치계획이 최종 삭제된 1937년경은 대형포를 사용하여 먼 거리에 있는 적의 함선을 공격하는 것보다는 적의 잠수함이나 비행기에 대한 대비가 강조되던 시기였다. 일본군의 입장에서는 막대한 포대 건설비를 줄여서 대잠·대공용 화포를 확보할 필요가 있었다.

셋째, 능포리 주민들이 요새지대 편입에 대한 불만으로 진정서를 제출한 1928년 1월 27일 이후의 상황변화를 살펴보면, 1933년에 포대의 병비 규모를 축소 조정했다가 1936년 7월 10일 인근에 있는 지심도에서 포대의 건설공사가 시작되고 그 이듬해인 1937년에 장승포 포대의 건설계획이 취소되는 것을 볼 수 있다. 그리고 지심도 포대는 그 다음해인 1938년 1월 27일에 준공되었다. 이 일련의 과정을 살펴보면 장승포 포대의 건설을 중단하는 대신 지심도 포대가 만들어진 것임을 알 수 있다. 능포리 양지암각(洋支岩角)에서 지심도까지는 직선으로 불과 7~8킬로미터 정도에 불과하다. 비록 포대의 지향점이 다르다고 할지라도 좁은 권역 내에 거대한 포대를 두 군데나 설치할 필요는 없었을 것이다.

장승포 포대 건설계획이 중단된 이후 일제가 능포동 양지암 일대 군사 요새지대를 어떻게 활용했는지 알 수 있는 자료는 없다. 다만 1938년 12월 29일 작성된 한 문서를 보면 요새지대인 능포동 일대가 여전히 군사적으로 중요한 지역으로 관리되고 있었음을 짐작할 수 있다.

진해만요새사령부 포병부원이 작성한 이 문서를 보면 병력과 물자를 운반하는 연락선 모모야마마루(桃山丸)가 진해의 행엄만(行嚴湾)-대항리(大項里)-능포-지심도-저도 등 주요 요새지를 연결하는 노선에 정기적으로 운행하고 있었음을 확인할 수 있다.[11]

능포동 지역 노인들의 증언에 따르면 해방 직전까지도 양지암 일대에는 일본군들이 계속 주둔하고 있었다. 하지만 일반 주민들은 근처에 접근조차 할 수 없어 그곳에 어떤 부대, 어떤 시설이 있는지 알 수가 없었다.

해방된 이후에도 이 능포동 양지암 일대는 군사보호구역으로 묶여 일반인들의 접근이 제한되었다. 그런데 지난 2004년부터 주민들의 요구가 받아들여져 군부대 시설인 양지암기지가 있는 뒤쪽, 등대가 있는 곳까지 산책로가 만들어지고 민간인들의 출입이 허용되었다. 그 과정에서 군사보호구역 안쪽에 있었던 일본군 군사유적의 존재도 자연스럽게 알려지게 되었다.

포대의 흔적을 확인하기 위해 찾아간 능포동 양지암 산책로 주변에는 쭉쭉 뻗은 소나무들이 하늘 높이 솟아 있었다. 안내를 해준 신태조 씨(1947년생)는 군사보호구역에서 해제된 뒤 양지암 해안가에 낚시하러 다니다가 일본군 시설들을 발견하였다고 한다. 산책로를 따라 한참을 걸어가니 양지암 땅줄기가 잘록하게 좁아지는 곳이 있는데 주민들은 그 앞쪽 양지암 끝자락을 '소모가지'라고 부른다. 일본군 기록에 양지암각이라고 표시된 지점이다.

소모가지에는 두 군데에 평지가 만들어져 있다. 앞쪽에는 현재 군부

---

11 JACAR, 〈鎭海湾要塞陣中 日誌提出の件(25)〉, Ref C04121255900.

장승포 양지암에 남아 있는 포대시설

대 시설인 양지암기지가 들어서 있고 그 뒤쪽으로 헬기장이 있는 제법 넓은 공간이 있다. 이 공간 한쪽 구석에 작은 포대가 만들어져 있다. 지름이 3미터 남짓한 둥근 형태다. 포대 안쪽에 포탄고로 보이는 작은 수납공간이 만들어져 있는데 검붉게 녹슨 철문이 오랜 세월의 흐름을 말해주고 있었다. 포대의 콘크리트는 일부 개수한 흔적도 있지만 일본군 시설임에는 분명해 보였다. 위치도 지심도를 비롯한 주변해역을 한 눈에 파악할 수 있는 요지였다.

　포대가 있는 주변에는 일본군들이 주둔했던 흔적들이 곳곳에 남아 있다. 우선 포대 옆 헬기장 마당에는 당시 일본군들이 세웠던 막사의 기초로 추정되는 격자형 콘크리트 골조들이 노출되어 있다. 또 포대가 있는 곳에서 왼쪽으로 내려가면 해안가에 콘크리트로 견고하고 만든 잔교가 남아 있는데 일본군들이 접안시설로 만든 것이다. 눈짐작으로 높이 2미터, 폭은 3미터, 길이는 10미터쯤 되어 보인다. 원래는 좀더

양지암에 남아 있는 일본군 콘크리트 잔교

길었는데 끝부분이 파도에 쓸려 나갔다고 한다. 아마 이 콘크리트 잔교를 통해서 요새지대를 오가는 군 연락선 모모야마마루가 싣고 온 병력과 군수물자를 공급받았을 것이다.

콘크리트 잔교가 있는 곳에서 해안을 따라 좀더 걸어가자 또 다른 시설물이 눈에 띄었다. 콘크리트로 만든 직육면체의 구조물인데 상부에 사각형의 통로가 만들어져 있고 안쪽은 비어 있다. 선박에 용수를 공급하기 위한 급수시설로 보인다. 그리고 양지암기지 바로 아래쪽 산기슭에도 콘크리트 구조물이 남아 있는데 일본군 저수시설로 추정된다. 깨져 나간 구조물 단면에 철근과 인근 해안가에서 가져온 것으로 보이는 몽돌이 노출되어 있다. 몽돌은 일본군 시설에서 골재로 흔히 사용되었다.

전반적인 상황을 종합해보면 일본 육군은 장승포 포대를 양지암 끝자락 '소모가지' 지점에 건설할 계획이었다. 하지만 여러 사정으로 인하여 장승포 포대의 건설계획은 중단되었고 대신 인근 지심도에 포대가 건설되었다. 현재 양지암각 주변에는 일본군 병력이 주둔했던 막사, 포대시설, 수조시설, 급수시설, 접안시설 등의 유적이 있다. 하지만 이런 흔적들을 정확히 언제, 어떤 부대가 구축한 것인지는 분명치 않다.

태평양전쟁 말기 능포동 양지암각에는 일본 해군이 적 잠수함의 침입을 탐지하고 저지하기 위한 방비위소(防備衛所)를 설치해 운영했다는 기록을 보면 그때 만들어졌던 시설이었을 가능성이 크다. 그렇다고 한다면 장승포 포대 건설계획이 취소된 이후 능포동 일대에 설정되었던 육군 요새지대는 다시 일본 해군에게 귀속되어 해군기지로 사용되었다는 추측이 가능하다(제3부 10장 "진해방비대의 방비위소들" 참조).

3

태평양전쟁과 요새체계의 강화

부산 요새사령부

부산광역시 중구 영주동

1941년 6월 22일 나치 독일은 소련에 대한 선제공격을 개시했다. 군사 작전상 역대 최대 규모라고 불리는 바르바로사(Barbarossa) 작전이 발동되었다. 독일의 침공 소식을 접한 일본 군부는 6월 24일 〈정세의 추이에 따르는 제국국책요강〉을 마련하고 7월 2일 어전회의에서 이를 확정하였다. 남북 양 방면에서 동시에 전쟁 준비태세를 갖춘다는 것이 기본 방침인데, 대 소련 관련내용은 다음과 같다.[1]

독소전쟁에 대해서는 3국 추축의 정신을 기조로 하여 당분간은 이에 개입하지 않고 은밀하게 대소 무력전 준비를 정리하고 자주적으로 대처한다. 독소전쟁의 추이가 제국에 유리하게 진전되면 무력을 행사하여 북방문제를 해결하고 북변의 안정을 확보한다.

---

1 JACAR, 〈12' 情勢の推移に伴ふ帝國 國策要綱 昭和16年 7月 2日〉, Ref. C12120207500.

러일전쟁 이래로 일본은 만주지역의 지배를 둘러싸고 소련과 패권 다툼을 이어오고 있었다. 위 기본방침은 당장 러시아와 전쟁에 돌입하지는 않더라도 향후 상황에 따라서 즉각 전쟁을 할 수 있도록 무력을 준비함을 의미한다. 그에 따라 일본은 만주의 관동군 전력을 계속하여 확대해갔는데, 1936년 약 4개 사단의 병력을 유지했던 관동군은 1941년에는 무려 12개 사단으로 늘어났다.

일본 육군은 독일의 소련 침공을 대소작전 실행의 호기로 간주했다. 7월 5일 일본 군부는 '관동군특종연습'(關東軍特種演習)이라는 이름으로 16개 사단에 동원령을 하달했다. 줄여서 관특연(關特演)이라고 부르는 이 동원령은 단순한 군사연습이 아니라 소련과의 일전을 겨냥한 관동군의 전력 증강책이었다. 1941년 7월 16일부터 7월 31일 사이에 실시된 이 군사연습을 위해 만주에 있는 관동군 외에 조선군 2개 사단과 대만, 일본 본토에서도 병력이 동원되었다.

당시 실제로 동원된 병력은 74만 명에 달했다. '정예 백만 관동군', '무적의 관동군'이라는 말이 유행했다. 만주지역으로 막대한 물자와 병력을 수송하는 일 때문에 일본 내에서 민간인들이 타 지역으로 이동하는 일조차 불가능하게 되었고 그 결과 제27회 전국중등학교 야구대회가 중단되는 사태까지 발생하였다. [2]

대륙으로 병력과 물자를 수송하기 위한 핵심 관문인 부산항의 방비는 더욱 강화되어 부산에 준전비령이 하달되었다. 아울러 부산항의 방어강화를 위해 진해만요새사령부의 주력부대인 마산 중포병연대를 2개 중대 규모에서 6개 중대 규모로 확대 개편하고 명칭도 진해만요새

2 〈위키피디아〉 일본판, '關東軍特種演習' 항목 참조.

포대명	포종	문수	연대수비병력			적요
			장교	하사관	계	
장자등	포탑 40가	2	6	220	226	제1중대, 150cm탐조등, 88식 해안사격구
	28류	4				
	45식 15가	4	4	170	174	제2중대
	38식 야포(대공설비)	4				
	11년식 7가	4	4	120	124	제3중대, 150cm탐조등, 88식해안사격구, 4m측고기
절영도	11년식 7가	4	4	120	124	제4중대, 기재는 위와 같음
외양포	28류	6	4	170	174	제5중대, 150cm탐조등
	38식 야포(평사전용)	4				
지심도	45식 15가	4	4	170	174	제6중대, 88식해안사격구
계		36	26	970	996	

《중포병연대사》

중포병연대로 바꾸었다. 그리고 8월 11일 사령부를 진해에서 부산으로 이동하였다.

이듬해인 1942년 7월 1일에는 명칭을 부산 요새사령부와 부산요새 중포병연대로 바꾸었다. 명실공히 부산항 방어의 주력으로 자리 잡게 되었다. 부산 요새사령부는 본부와 산하에 요새중포병연대 병력 약 1천 명, 6개 중대 편제로 패전 시까지 유지되었다. 패전 시 부산 요새사령부의 전력은 〈표 3-1〉과 같다.[3]

부산 요새사령부는 부산 어느 지역에 자리하고 있었을까? 당시 일제는 군사관련 정보를 사전에 철저히 검열하고 통제했다. 신문이나 출판물 또는 지도상에서 군사 보안과 관련되는 항목들은 전부 삭제되고,

3 《중포병연대사》, 101~102쪽.

부산 요새사령부(오른쪽 위 큰 건물)(1954년, 사진: 김한근)

관련 지명이나 용어도 ○○ 등으로 공란 처리했다. 그로 인해 당시에 간행된 지도나 출판물에서 군사시설에 관한 항목을 찾기가 쉽지 않다.

지역사 연구자들의 증언과 남아 있는 기록들을 종합해보면 부산 요새사령부는 부산항이 내려다보이는 영주동(瀛州洞) 산기슭에 있었다. 현재 코모도호텔이 들어선 지역 일대이다. 코모도호텔 자리에는 요새사령관 직무소와 지휘본부가 있었고 인근 메리놀병원 자리에는 사령부 막사가 있었다. 그리고 '논치'라고 하는 곳 인근의 옛 러시아영사관 자리에는 요새사령관 관사가 있었다. [4]

부산의 향토사학자인 부경근대사료연구소 김한근 소장에 따르면 영주동 부산 요새사령부 일대에는 지하벙커와 같은 요새 시설들이 꽤 남아 있었는데 호텔이 들어서면서 거의 사라져버렸다.

4 김한근 · 홍성권, 《산복도로이야기》, 산리협동조합, 2014.

현재 살림집으로 쓰이고 있는 부산 요새사령부 부근 콘크리트 지하벙커.

지금도 몇 군데 지하시설은 남아 있다. 코모도호텔 부지를 끼고 왼쪽으로 돌아 올라가면 동영로(행정구역상 동광동)라는 산복도로를 만나는데, 그 부근에 일제가 만든 콘크리트 지하벙커가 잘 남아 있다. 콘크리트의 두께나 표면의 마감처리를 보면 반영구적으로 견고하게 구축되었음을 알 수 있다. 지금도 안에서 주민들이 살고 있다. 안으로 들어가보면 의외로 지하공간이 무척 넓고 길게 만들어져 있다. 주민들에 따르면 이 지하벙커들은 한국전쟁 이후 갈 곳 없는 피난민들의 임시 거처로 사용되었다. 그중 위쪽에 있는 것은 지하공간을 임시 칸막이로 나누어 10가구 30여 명의 주민들이 살았다고도 한다. 부산항 뒤편 영주동 산기슭에 남아 있는 일제의 지하벙커에는 과거의 어둡고 음습한 기운이 짙게 배어 있다.

부산광역시 중구 영주동

1945년 8월 15일 일제의 패망 당시 부산 요새사령부 산하의 핵심 전력에는 부산요새중포병연대와 함께 고사포 제 151연대가 있었다. 고사포 제 151연대는 모두 14개 중대, 총원 2,577명으로 이루어져 있었으며 각 중대별로 부산지역 곳곳에 배치되어 부산항 일대의 방공을 담당하였다.[1]

　　쇼와(昭和) 연간(1926~1989)에 들어서면서 부산지구에서도 기존의 해안방어 중심에서 방공(防空)·방잠(防潛) 대책의 필요성이 강조되었지만 이렇다 할 움직임이 없다가 처음으로 방공부대가 들어선 것은 1941년이다. 그해 6월 독소전쟁이 발발하고 이어서 7월에는 관특연이 발동되면서 일본과 만주를 이어주는 시모노세키-부산 간의 항로 안전 대책이 더욱 절실하게 되었다. 그에 따라 동년 7월 16일 자로 고

---

[1] 이하 내용은 《중포병연대사》를 참조.

1950년경 영선고개 일대 (사진: 김한근)

쿠라(小倉)에서 독립 고사포 제23중대를 편성하여 부산요새사령관 예하로 편입시켰다.

그러던 중 1941년 11월 8일 조선군은 남방작전 준비의 일환으로 하달된 〈요새방공제부대의 임시편성〉(영갑 제80호)에 따라 2개의 방공연대를 편성하였는데 그중 부산지구를 담당한 것이 방공 제41연대였다. 당시 부산지구에 있던 독립 고사포 제23중대는 현지복귀하고 일부가 남아 방공 제41연대의 편성요원이 되었다. 편제는 연대본부, 고사포 5개 중대, 조공(照空) 1개 대대(2개 중대)로 이루어졌으며 각 중대는 10cm 고사포 4문을 보유하고 있었다.

1944년 4월 19일부터 대본영의 〈방공부대의 개편강화〉(영갑 제137호) 지시에 따라 방공 제41연대는 고사포 제151연대로 개칭되었다(조선 제7420부대). 이는 요새포병을 중포병으로 개칭한 것과 마찬가지로 소극적, 수동적인 이미지를 공세적인 의미로 바꾸기 위한 것이었다.

〈표 3-2〉 고사부대의 배치

부대명	배치장소
연대본부	사병산(四屛山)
제1중대	북문항 북측
제2중대	사병산
제3중대	절영도(絕影島) 서북
제4중대	(미정) 파견중
제5중대	북외항 동북측
제6중대	조공대 절영도 중앙부
제7중대	수영만 서남측
제8중대	전정산(前淨山) 북측
제9중대	전정산 북측
제10중대	북외항 동북
제11중대	북외항 동북
제12중대	전정산 남측
제13중대	북문항 북천(10고)
제14중대	북문항 동북(10고)

《중포병연대사》

　1944년 10월 편제개정에 따라 동연대는 연대본부, 고사포 2개 대대(대대는 각각 6개 중대, 중대당 6문), 조공 1개 대대(2개 중대)로 확대 개편되었고, 1945년 2월까지 모두 36문의 포가 교부되었다. 전쟁말기 결호작전 하령에 따라 동연대는 목포, 여수, 인천에 일부의 고사포를 배치하고 방공작전에 대비하였다. 《중포병연대사》에는 당시 고사포부대의 배치장소가 지도와 함께 표시되어 있다. 하지만 도시화되면서 이전의 흔적들은 거의 남아 있지 않다.

　그런데 당시 해당 부대의 연대본부는 어디에 있었을까? 기록을 보면 당시 연대본부의 전투지휘소는 사병산(四屛山, 160미터) 정상, 사무실은 사병산 중복에 구축하였다고 되어 있다. 사무실은 연대본부를 의

미군 작성(1946) 지도에 사병산(SABYŎNG-SAN)이 명기되어 있다.

미하는 것으로 보인다. [2]

그렇다면 연대본부와 제 2중대가 배치되어 있었던 사병산은 어디를 말하는 것일까? 부산의 지명 소개서에 따르면 "지금의 수정동, 초량동 뒤를 병풍처럼 감싸고 있는 산을 통칭하여 사병산이라고 한다"고 되어 있다. 하지만 실제 그 산줄기가 상당히 길게 뻗어 있어 이를 근거로는 정확한 위치를 알 수가 없다.

그런데 1946년 미군이 이전에 일본이 만든 지도를 기초로 발행한 부산의 지도를 보면 사병산의 위치가 정확히 표시되어 있다. 지금의 영주동 뒤쪽 민주공원과 부산시립중앙도서관이 들어서 있는 곳이다. 이 지역 주민들은 이곳을 보수산이라고도 부르고 있다. 부산의 저명한 문학인이자 향토사학자인 최해군 선생은 일본인의 기록에 자주 나오는

2 《중포병연대사》, 107쪽.

사병산은 구봉산에서 이어져 나와 보수동과 대청동의 터전이 되고 있는 보수산이라고 설명하고 있다.[3]

현재 보수산, 이전에 사병산이라고 불렸던 산의 정상부에는 부산 민주공원이 조성되어 있다. 해방 직전 민주공원 일대는 민간인이 거의 살지 않는 산림지역이었고 건너편 충혼탑이 들어선 일대는 공동묘지 지역이었다. 해방이 되고 한국전쟁을 거치면서 이 지역에는 수많은 피란민들이 몰려들어와 오랫동안 판자촌을 형성하게 된다.

그러다 1970년 이 일대를 정비하여 대청공원을 만들었고, 1986년 12월 2일 구봉산 아래쪽에 충혼탑을 건립하면서 중앙공원이라고 이름을 바꾸었다. 그리고 1999년 10월 16일 부마항쟁 20주년을 기념하여 중앙공원 한쪽에 민주공원을 조성하였다. 민주공원 옆 사병산 정상부라고 추정되는 곳에는 한국전쟁 당시의 전승탑인 해전승전기념탑이 들어서 있다. 이 자리는 부산항 일대가 한눈에 내려다보이는 곳으로 고사포부대의 전투지휘소가 위치했을 가능성이 가장 큰 곳이다.

위 책에서 언급한 '사병산 중복에 구축된 사무실', 즉 고사포 제151연대의 연대본부가 있었던 곳은 어디일까? 연대본부의 위치를 추정할 만한 단서를 아시아역사자료센터 소장자료에서 찾을 수 있다. 여기서 찾은 〈각대 위치약도 제322호〉[4]를 보면 부산지역 배치 군 관련 주요 시설의 위치를 그린 지도가 그려져 있다. 지도 상태가 매우 흐릿하여 정확한 위치를 구별하기는 매우 힘들지만 분명한 것은 고사포 제151연대 본부와 중포대연대본부가 똑같은 위치인 'イ'(1)로 표시되어 있는

3 최해군, 《부산의 맥》, 지평, 1990.
4 JACAR, 〈1各隊 位置畧図 第322号〉, Ref. C13020827700.

것으로 보아 두 부대의 본부가 같은 장소에 자리했던 것을 알 수 있다. 당시 부산 방어의 주력부대라고 할 수 있는 중포병연대와 부산 요새사령부는 위에서 살펴본 것처럼 현재의 중구 영주동 코모도호텔 부근에 위치하고 있었다. 이런 여러 가지 자료를 종합하면 당시 고사포151연대 연대본부도 부산 요새사령부와 인접해 있었을 것으로 추정된다.

전남 여수시 공화동

우리나라 남부의 정중앙부에 돌출해 있는 여수반도 남단에 자리한 여수는 이름 그대로 다도해의 아름다운 절경 속에 자리한 천혜의 미항이다. 뿐만 아니라 전통적으로 남해안 제1의 어항이자 연근해 항로의 중심 항구였다. 여수에서 부산, 목포, 제주도로 이어지는 항로를 이용한 연근해 수송이 활발하게 이루어졌고 일제강점기에는 일본으로 오가는 정기연락선도 운행되었다.

뿐만 아니라 여수는 외해로 나가는 해협의 수심이 깊고 경상남도 남해도와 남북으로 길게 뻗어 있는 돌산도가 천연의 방파제 역할을 하는 요항이다. 그 때문인지 여수는 예로부터 우리나라 수군의 방어 거점으로서 조선시대에는 전라좌수영(全羅左水營)이 설치되었던 곳이다. 1592년 임진왜란 발발 초기 이순신 장군은 이곳 여수 전라좌수영을 중심으로 일본 수군과 해전을 벌여 연전연승을 거두고 남해 수로를 거쳐 서해를 통해 북상하려는 적들의 기도를 저지하였다. 여수시 군자동 수

〈여수 지역 일본군 배치도〉

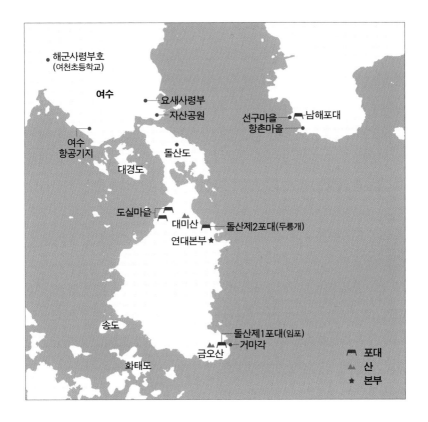

해군사령부호
(여천초등학교)

여수

요새사령부
자산공원

선구마을
항촌마을
남해포대

여수
항공기지

돌산도

대경도

도실마을
대미산
돌산제2포대(두룡개)
연대본부 ★

송도

돌산제1포대(임포)
금오산
거마각

화태도

포대
산
★ 본부

군 본영이 있던 자리에 세워져 있었던 진해루는 정유재란 때 불타 없어지고 그 자리에 다시 세운 75칸의 거대한 객사 건물 진남관(국보 제304호)은 지금도 웅장한 모습으로 잘 남아 있다.

일본 역시 여수항의 군사적 가치를 잘 알고 있었다. 1937년 이후 중일전쟁이 점차 확대일로로 치닫고 그로 인해 대륙침략을 위한 물자수송이 중요해지면서 일제는 한반도 서남해안 항로 곳곳에 임시요새를 설치하는 계획을 마련하는 한편, 그에 필요한 병기확보에 나섰다. 임시요새 설치 예정지는 여수, 남해와 서해로 이어지는 길목인 목포, 충청남도 서해안 천수만을 둘러싸고 있는 안면도, 서울의 외항인 인천 그리고 황해도의 연근해 방어에 중요한 백도였다.

그중에 실제로 임시요새 건설이 이루어진 곳은 여수뿐이었다. 남해안 연안항로의 안전 확보에 있어서 부산·경남 지역은 진해만요새가 그 역할을 담당하고 있었다. 여수임시요새는 그 서쪽 항로의 안전을 확보하고 여수항을 방비하기 위한 것이었다. 또한 태평양전쟁 말기 여수항은 대륙으로부터 제주도로 이동하는 병력과 군수물자 수송의 중심이었다.

여수 요새부대(요새사령부, 여수 중포병연대, 병원)의 편성 명령이 내려진 것은 관특연이 발동된 1941년 7월 7일이었다.[1] 곧바로 진해만요새사령부에서 부대의 편성이 이루어졌다. 1941년 9월 17일 조선군사령부가 일본 육군차관에게 보고한 자료에 의하면 여수요새의 편성 병력은 589명(장교 27명, 하사관·병 562명), 말 7필이었다. 이들은 여수요새의 축성공사가 끝날 때까지 마산에서 대기하면서 교육훈련을 실

---

1 이하 전반적 내용은 《중포병연대사》 참조.

시하거나 진해만요새의 방비활동을 지원하였다.

일본 육군 군수품본창에서 여수임시요새 건설에 필요한 자재가 교부된 것은 부대가 편성된 이듬해인 1942년 2월이었다. 구루메(久留米, 후쿠오카 남서부지역)에 있는 유수 제58사단에서 차출된 요원들이 건설을 담당하였고, 2월에 시작되어 4월에 끝나는 초단기 공사였다.

1942년 4월 28일 마산에 대기하고 있던 요새사령부 및 요새중포병연대 병력이 여수에 도착하여 각 근무지에 배치되고 방비에 착수하였다. 요새 건설이 극히 단기간에 끝나 미비한 시설이 많았고 그로 인해 새로 배치된 부대는 경비를 서면서 통신연락이나 관측소 설비공사 등을 계속해야만 했다.

초기의 여수요새부대는 요새사령부, 요새중포병연대, 요새방공대 그리고 육군병원으로 이루어져 있었다. 일본군 문서에는 요새사령부가 여수 시가의 동북지구에 있는 것으로 나타나 있다. 정확한 위치를 알아보기 위해 탐문하던 중 주석봉 여수문화원 사무국장으로부터 현재 여수중학교가 있는 자리에 요새사령부가 있었다는 기록을 소개받았다. 《여수여천발전사》라는 향토지에는 "지금의 여수중학교 자리에 목조건물로 병사를 짓고 여수 요새사령부를 설치했으며 기마대도 같이 있었다"고 기술되어 있다.[2] 여수중학교는 해방 직후인 1946년 이 여수요새사령부 터에 만들어졌다. 이 학교를 졸업한 사람들의 증언에 따르면 개교 후 한동안 공부할 수 있는 공간이 부족하여 일본군 막사 건물을 교실로 사용하였다고 한다.

여수의 진산인 종고산(199미터) 중턱에 자리한 여수중학교는 여수

---

2 김계유, 《여수여천발전사》, 향토문화사, 1988.

엑스포가 열렸던 신항 일대와 오동도가 잘 내려다보이는 곳이다. 지금은 고층 건물들이 시야를 가렸지만 이전에는 외해로부터 여수항으로 들어오는 물길이 한눈에 들어오는 요지였다(185쪽 〈여수 지역 일본군 배치도〉 참조).

요새의 주력인 요새중포병연대는 불과 3개 중대 317명 정도에 불과했고 보유하고 있는 화기도 매우 빈약하였다. 기록마다 약간 차이가 있지만 45식 15가 1문, 45식 24류 1문, 38식 야포 12문을 확보하고 있었다. 청측기 기자재도 없어 인접한 해군부대의 청측기 정보를 제공받아야 했다. 이들 중포병 병력은 여수항 남단의 돌산도와 여수항 동쪽 건너편 남해도에 분산 배치되어 있었다.

여수지역의 방공을 위해 1941년 11월 8일 요새방공대의 편성이 하령되었다. 총원 145명으로 이뤄진 방공대는 마산에서 준비를 마친 후 여수로 이동하였다. 태평양전쟁이 본격화되던 1944년 4월에는 '여수요새고사포대'로 명칭을 변경하고 인원도 527명으로 증강되었다.

여수에는 일본군 고사포진지의 흔적이 남아 있다. 해가 뜰 때 아름다운 자색으로 물든다 하여 자산(紫山)이라고 이름 붙은 야트막한 야산의 정상부에 만들어진 자산공원은 주변으로 여수항과 거북선대교 그리고 외해로 나가는 항로가 한눈에 들어오는 요지이다. 이 공원의 사방 언저리에는 콘크리트로 만든 일본군 고사포 포대의 잔해물이 남아 있고 그 옆에는 안내간판이 세워져 있다. 원래는 현재 이순신 장군 동상이 세워진 장소 앞쪽에 4개의 고사포 포대가 있었는데 공원을 조성하면서 중장비를 사용해 사방으로 밀어내버렸다고 한다. 자산공원 자리에는 고사포 포대 외에 대형 지하벙커도 있었는데 지금은 입구를 막고 위를 흙으로 덮어버렸다고 한다.

일본 오타루 데미야 공원 고사포적(위), 자산공원 고사포 포대(아래)

여기에 설치되었던 고사포의 종류가 어떤 것이었는지 알 수 있는 기록은 남아 있지 않다. 다만 남아 있는 흔적을 보면 고사포는 콘크리트로 만든 포대 위에 설치된 진지 고정식임을 알 수 있다. 남아 있는 콘크리트 포대 위에는 고사포를 고정하던 12개의 볼트가 원형으로 박혀 있는데, 이는 일본 홋카이도 서부 오타루(小樽) 시 데미야(手宮) 공원 내 육상경기장에 있는 고사포 기지의 포대와 형태가 똑같다. 이는 99식 8cm 고사포로 구경 88밀리미터, 포신 길이 3.96미터, 최대사거리 1만 5,700미터, 초속 820미터의 성능을 가졌다. 태평양전쟁 말기 일본 고사부대의 주력 병기로, 1942년에서 1945년까지 1천 대 이상 생산·배치되었다.

여수 중포병연대 돌산 포대

전남 여수시 돌산읍

여수항 방호의 임무가 부여된 여수 요새사령부 산하 여수요새중포병
연대는 그 부대를 돌산(突山)과 남해(南海) 2군데로 나누어 배치하여
방비에 들어갔다. 돌산도에 2개 중대, 남해에 1개 중대가 각각 배치되
었다. 부대를 양쪽으로 나누어 배치한 것은 양 해안에 포대를 설치하
여 여수항으로 들어오는 적함을 협격(挾擊)한다는 의도였다.

　돌산도는 남북으로 길게 펼쳐져 있는 섬으로 전국에서 9번째로 큰
섬이다. 돌산도 제1포대는 이 섬의 최남단인 임포(돌산읍 율림리)에
자리 잡았다.[1] 이곳은 외해로부터 함선이 여수항으로 들어가는 만의
초입에 해당하는 곳이다. 금오산(金鰲山, 323미터) 줄기가 바다와 만
나는 가파른 절벽 위에 화엄사의 말사인 향일암(向日庵)이 올라서 있
다. 주변 바다가 시원하게 내려다보이는 이곳은 해마다 신년 해맞이를

---

1 이하 전반적 내용은 《중포병연대사》 참조.

현재 남아 있는 돌산 임포 포대적(돌산읍 율림리)

위해 수많은 관광객들이 찾는 곳이기도 하다.

　주민들의 말에 따르면 향일암이 올려다보이는 야산 중턱에 일본군 포대가 있었다고 한다. 산기슭에는 지금도 평평하게 다져진 콘크리트 시설물이 풀숲에 가려진 채 남아 있다. 초기에 배치된 화기는 45식 24류와 45식 15가와 같은 해안포였던 것으로 보인다. 포대가 있던 자리 아래쪽 해안가에 섬처럼 생긴 작은 곳은 '거마각'(巨摩角)이라고 불리는 곳인데, 일본 해군의 방비위소가 설치되어 있던 곳이다.[2] 현재 이 곳에는 군부대가 자리 잡고 있어 안으로 들어갈 수 없다.

　돌산도 제2포대와 중포병연대 연대본부가 배치된 곳은 계동(桂洞) 마을(돌산읍 평사리)이었다. 동네 주민들의 말에 따르면 마을 해안가에 있는 갈릴리교회 주변이 일본군들이 주둔했던 곳이라고 한다. 교회

---

　2 제3부 제10장 "진해방비대의 방비위소들" 참조.

건물은 돌과 시멘트로 지은 독특한 모습인데 원래 정치망 사업을 하는 사람들이 창고로 지은 것이라고 한다. 마을 노인들에 따르면 이 교회가 있는 일대에 목재를 사용해 지은 일본군 막사들이 들어서 있었는데 지붕에는 검은 콜타르가 칠해져 있었다.

정확한 위치를 확인해보기 위해 여수시청에서 구토지대장을 조사해보았다. 구토지대장에는 교회가 자리한 돌산읍 평사리 17번지 일대의 소유권이 1942년 5월 14일 자로 기존의 민간인에서 일본 육군성으로 이전되었다고 기록되어 있다. 원래 민간인 소유였던 땅을 서둘러 매입하고 군 관련시설을 건립했음을 알 수 있다. 돌산도 제2포대가 초기에 보유한 화력은 38식 야포 4문 정도였다. 정확한 기록이 없어 나중에 어떻게 병비가 보충되었는지 알 수 없지만 상당히 빈약한 화력이었음을 알 수 있다.

임포와 계동에 각각 1개 중대를 배치한 일본군은 양 지역을 연결하는 군사도로 건설에 나섰다. 일본군은 근로보국대라는 이름으로 주민들을 강제동원하여, 기존에 나 있던 좁은 해안 길을 자동차가 다닐 수 있는 도로로 확장했다. 이 과정에서 주민들의 소유지가 강제로 수용되고 많은 경작지가 훼손되는 경우도 많았다. 근로보국대란 중일전쟁 후 일제가 조선인들의 노동력을 수탈하기 위해 만든 강제노역조직이다.

군대가 주둔하고 포대가 구축되었지만 한동안 평화로웠던 이 지역에 긴장감이 감돌고 군인들이 대거 몰려든 것은 태평양전쟁이 막바지로 치닫던 1945년 2월 이후였다. 당시 일본군에게는 모든 화포와 병력을 숨길 수 있는 지하시설을 구축하라는 명령이 내려졌다. 조선인 노무자들까지 동원되어 주야 3교대로 주변 산기슭에 굴 파기 공사가 진행되었다.

현재 두릉개 대포굴의 모습

돌산읍 평사리 일대에서는 당시 구축된 포대의 흔적이 몇 군데 남아 있다. 계동마을에서 여수 쪽으로 향하다보면 두릉개 포구 위쪽 도로변에 동네 주민들이 '대포굴'이라고 부르는 포대 터가 남아 있다. 낙석을 방지하기 위해 설치한 철조망 안쪽 산기슭에 있는데 안으로 들어가보니 콘크리트로 만든 견고한 벙커형 구조물이다. 도로를 확장하면서 일부가 잘려나갔다고 하는데 남아 있는 것만 봐도 상당히 거대한 크기임을 알 수 있다. 포대는 여수만 건너 남해도를 향해 있다. 주민들은 이곳 대포굴에 있는 대포가 남해섬에 설치한 대포와 함께 여수항으로 들어오는 적함을 겨냥해 만든 것이라고 설명했다. 여러 가지 정황을 감안해보면 45식 15가와 같은 해안포가 이곳에 설치되어 있었던 것으로 추정된다.

실제로 바로 인근에 사는 주민 박우식 씨(1943년생)의 말에 따르면 이 포대 안에는 어린아이 팔로 한 아름쯤 되는 굵기의 아주 긴 대포가 놓여 있었다. 그의 말에 따르면 5·16군사쿠데타가 일어난 해 바로 직전까지 포가 그대로 있었다. 대부분의 일본군 무기들이 해방과 함께 파괴되거나 해체되었던 것과 달리 오랫동안 남아 있었던 이유는 사람들의 통행이 적은 외딴 곳이었기 때문인 것으로 보인다.

주민들의 증언에 따르면 두릉개 외에도 천마산이 바라다보이는 도실(桃實) 마을 안쪽 산기슭에도 두 군데에 콘크리트로 만든 포대가 있고, 주변 산기슭에는 지하동굴이 만들어져 있었다. 지금은 포대가 있었던 곳이 농경지로 개간되어 이전의 흔적을 찾아 볼 수는 없는데, 주민들의 증언에 따르면 아이들이 들락거릴 정도로 포신 구멍이 컸다고 한다. 기록에 남아 있는 병기 중에 45식 24류 같은 병기의 포대였을 가능성이 높다. 일본군의 기록에 보면 돌산 포대에 주둔하고 있었던 병사가 나진 요새사령부에 가서 24H〔24센티미터 유탄포(Howitzer)〕2문과 견인차 부속품 등을 수령하고 귀대했다는 것을 봐서 전쟁말기에는 여러 가지 병기가 추가로 보충되었음을 알 수 있다.[3]

한편으로는 주변 산속에 지하호를 구축하는 작업도 계속되었다. 인근에 있는 대미산(359미터) 정상과 중턱에는 당시에 암반을 뚫어 만든 동굴이 남아 있다. 정상에 있는 달암산성 아래 둘레길 옆에는 길이 약 30미터 정도의 관통굴이 만들어져 있는데 굴 입구에서 보면 주변의 바다와 평지가 한눈에 들어온다.

평사리에 사는 문소암 씨(1930년생)는 해방되던 해 16살이었는데 보국대로 끌려가 강제노역을 한 일들을 잘 기억하고 있었다. 일본군은 주민들을 동원하여 일본군 연대본부가 있는 계동마을에서 도실마을까

---

3 赤水末己, 〈雄基から麗水まで〉, 《중포병연대사》.

지 연결하는 교통로를 만들게 하였다. 그리고 말과 수레를 이용하여 포탄과 식량을 실어 나르게 하였다.

문 씨는 계동마을에서 도실마을로 가는 산기슭에 호리가타(참호)를 파는 일에 동원되었다. 문 씨는 바지게에 흙과 돌을 짊어 날랐다. 주민들은 남포굴을 파는 데 동원되기도 했다. '남포'는 굴을 파는 데 사용한 폭약을 의미한다. 암반 위에 정을 사용해 작은 구멍을 파고 그 안에 남포를 집어넣고 터뜨리는 방식으로 굴을 파나갔다. 마을 입구 큰길가 언덕 위에는 '승냥간'(대장간)이 있어 굴을 파는 데 필요한 정을 벼리는 일을 했다.

전쟁말기 북쪽으로부터 밀려들어온 일본군들은 돌산도 곳곳에서 진지구축 작업에 투입되었다. 당시에 동원된 일본군들은 막사가 부족하자 동네 민가에까지 들어와 기거하였다. 문 씨는 일본군들이 먹을 것이 충분치 않아 수수가루로 '기비당고'(きびだんご, 수수경단)를 만들어 먹었다고 한다. 불쌍할 정도였지만 일본군들이 주민들의 식량을 강탈하는 일은 없었다고 증언했다.

남해 망운산 미 공군 전공기념비

경남 남해군 서면

경상남도 남해군 서면에는 제법 높고 험준한 망운산(786미터)이 우뚝 솟아 있다. 임도(林道)가 잘 닦여져 있어 자동차를 타고 손쉽게 정상까지 올라갈 수 있다. 정상부에서 내려다보면 멀리 여수반도와 여수항으로 연결되는 물길이 한눈에 들어온다.

임도를 따라 올라가다보면 산꼭대기에 솟은 KBS중계소가 먼발치에 올려다보이고, 산 중턱 길가에 '미 공군 전공기념비'라는 작은 안내비가 서 있으며 거기에서 가파른 계곡 길을 따라 내려가면 경사면을 깎아 만든 작은 평지가 나타난다. 그 한쪽에 화강암을 다듬어 세운 기념비가 세워져 있다. 거기에는 제2차 세계대전이 거의 막바지로 치닫던 1945년 8월, 이 지점에서 추락해 사망한 에드워드 B. 밀즈 2세(Edward B. Mills Jr.) 등 11명의 미군 장병 이름이 새겨져 있다. 이처럼 험하고 외진 남해의 망운산 중턱에 어떻게 하여 이런 기념비가 세워지게 된 것일까?

196

에드워드 B. 밀즈 2세 등이 탄 미군 비행기는 미 육군 항공군(U.S. Army Air Corps) 산하 제 868폭격단(the 868th Bombardment Squadron) 소속으로, '해방자'(Liberator)라는 애칭을 가진 B-24 폭격기였다. 당시에 미국 항공군은 육군 소속으로, 독자적인 공군 조직이 만들어진 것은 1947년 9월 이후이다.

B-24는 제 2차 세계대전이 한창 진행되는 동안에 캘리포니아 샌디에이고에 있는 콘솔리데이티드(Consolidated)사가 개발, 제조한 대형의 중폭격기였다. B-24는 종전 직전까지 1만 8,431대가 제조되어 미 육군에 공급되었다. 당시 B-29가 약 4천 대, B-17이 약 1만 3천 대가 생산된 것을 감안하면 제 2차 세계대전 중에 가장 많이 생산된 폭격기 기종임을 알 수 있다. B-24는 'PB4Y-1'이라는 이름으로 미 해군에도 납품되어 대잠 초계임무에 사용되었다.[1]

밀즈 중위와 그 대원들이 탄 B-24(기체번호 #44-42131)기는 일본 히로시마에 원자폭탄이 투하된 1945년 8월 6일 밤, 로버트 엘링슨(Robert Ellingson) 중위가 지휘하는 또 다른 B-24 폭격기와 함께 오키나와 기지를 출발하였다. 그들은 제주도 북쪽에서 한반도 남해연안을 따라 부산 방향으로 날아가면서 야간에 일본의 선박을 공격하는 임무를 부여받았다. 이를 위해 비행기에는 저고도에서도 적선을 수색하고 폭격할 수 있도록 레이더 등의 특수장비가 갖추어져 있었다.

엘링슨 중위가 이끄는 폭격기는 부산 근처에서 일본 선박을 성공적으로 공격하고 오키나와 기지로 무사히 귀환하였다. 하지만 밀즈 중위 일행이 탄 폭격기는 새벽 1시 50분경 마지막 교신을 끝으로 아무런 연

---

1 〈위키피디아〉 영문판 'Consolidated B-24 Liberator' 항목 참조.

망운산에서 추락한 B-24 승무원들

락이 없었다. 그 후 며칠간 수색이 이루어졌지만 끝내 실종 비행기를 찾지 못하고 9월 9일 이들은 정식으로 행방불명 처리되었다.

실종자는 조종사인 중위 에드워드 B. 밀즈 2세와 부조종사인 조 오렌부치(Joe Orenbuch) 등 모두 11명이었다. 이들이 탄 폭격기가 추락한 곳은 남해군 망운산의 해발 348미터의 가파른 경사면으로, 북위 34° 20′ 00″, 동경 126° 50′ 00″ 지점이었다.[2]

B-24 폭격기가 추락한 정확한 이유는 아직까지 밝혀지지 않고 있다. 미국이나 일본 어느 쪽에서도 분명한 추락의 원인을 제시하고 있지 않다. 다만 비행기가 추락한 곳에서 가까운 여수지역에는 종전 직전에 약 12문 정도의 일본군 고사포가 배치되어 있었고, 당시 B-24 폭격기의 출격 임무가 남해연안을 저고도로 비행하면서 일본 선박을 공

---

2 Mark Lovmo, 'KIM DUK-HYUNG MEMORIAL PAGE'(www.dokdo-research.com).

망운산 미 공군 전공기념비

격하는 것임을 주목할 필요가 있다.

미군기가 추락한 사실이 알려지자 일제는 한국인 노무자들을 동원하여 B-24의 잔해에서 중요한 소지품과 비행기 부품 등을 수습하고, 승무원들의 시신은 그대로 방치해둔 채 돌아갔다. 그리고 이를 대대적으로 보도하고 체제홍보에 활용하였다. 3

당시 비행기 잔해를 수습하는 현장에는 남해면사무소에서 일하던 한국인 김덕형 씨가 있었다. 김 씨는 불과 얼마 전 일본군으로 끌려가 버마전선에서 사망한 동생을 떠올리며 미군들의 시신들을 몰래 수습해 매장해주었다. 이 사실이 알려지면서 김 씨는 일본 당국에 체포돼 고문까지 받았지만 곧 해방이 되면서 풀려날 수 있었다. 4

3 수요역사연구회, 《제국 일본의 하늘과 방공, 동원1》, 선인문화사, 2012.
4 김종식, 《기독(奇篤)한 인간, 김덕형 이야기》, 도서출판 목민, 2008.

해방이 되고 미군정이 실시되면서 B-24 폭격기가 남해에 추락한 사실이 알려지고 미군들의 시신은 미국으로 송환되었다. 그 후 김덕형 씨는 '미 공군 전공기념사업협회'를 만들고 모금을 통해 비행기가 추락한 현장에 기념비를 세워 1956년 11월 30일에 성대한 개막식 행사를 열었다. 1989년에는 남해 읍내에 있는 자신 소유의 건물 내에 관련자료와 사진들을 전시해놓은 기념관을 꾸리고 매년 추도식을 열어왔다. 그로 인해 김 씨는 미국으로부터 많은 표창과 감사장을 받기도 했다. [5] 김덕형 씨는 지난 2010년 96세로 별세하였고 현재는 그의 아들인 김종식 씨가 뒤이어 기념관을 관리하고 있다.

태평양전쟁이 막바지로 치닫던 1944년 중반 이후 일본 본토에 대한 미군의 공습이 본격화되었다. 주로 부산과 서남해안 등 한반도 주변에서도 미군의 공습이 빈번해졌다. 남해에서의 미군 B-24 폭격기의 추락도 이 과정에서 발생한 것이다. 에드워드 B. 밀즈 2세를 포함한 11명의 대원들은 제2차 세계대전 동안에 한반도의 육상지역에서 사망한 유일한 미군 희생자들이었다.

---

5 "WWⅡ bomber crew saluted in annual Namhae Ceremony", *Stars and Stripes*, 2006년 12월 3일 자.

경남 남해군 남면 선구리

여수 요새사령부 산하 중포병연대가 돌산도와 마주한 곳에 설치한 포
대를 확인하기 위하여 경남 남해를 찾았다. 남해는 우리나라에서 네
번째로 큰 섬이었지만 지금은 북쪽으로는 남해대교를 통해 하동으로
연결되고, 동쪽으로는 삼천포대교를 통해 사천과 연결되어 육지화되
었다. 동쪽으로는 경남 통영, 서쪽으로는 전남 광양, 여수와 마주하고
있다.

수소문 끝에 남해군 남면 선구리(仙區里) 선구(船九) 마을에 사는
하윤선 씨(1933년생)를 만났다. 평생을 이 마을에서 살아온 하 씨는
해방 전 일본군들이 선구리에 주둔하면서 바닷가에 포를 설치하기 위
해 굴착했던 해안 진지동굴 상황을 잘 알고 있었다. 하 씨의 안내로 군
대의 주둔지와 해안동굴을 돌아보았다.

마을에는 일본군들이 사용하던 막사와 연병장도 만들어져 있었다.
일본군 포대가 만들어진 곳은 선구마을 뒤쪽 '몰랑등'이라고 부르는 작

남해 진지동굴 #2 (바닥에 콘크리트 포좌(砲座)가 만들어져 있다)

은 야산의 해안가 가파른 절벽지대다. 바로 건너편 여수항과 돌산도가 잘 건너 보이는 곳이다. 당시 동굴진지를 파는 일에는 각지에서 끌려온 조선인들이 동원되었다. 마을 한쪽에는 그들이 끼니를 해결하던 '함바'(飯場)가 만들어졌다. 마을에서 몰랑등으로 올라선 언덕 위에는 일본군 탄약고와 '가지야'(鍛冶屋; 대장간)가 자리하고 있었다.

  몰랑등 주변은 가파른 해안 암벽으로 둘러싸여 있다. 탄약고 터에서 해안가 암벽을 따라 조금 앞으로 걸어가자 첫 번째 동굴이 나타났다. 약 15미터 깊이의 암벽굴인데 안쪽은 'Y'자형으로 갈라져 있다. 다시 해안절벽을 따라 좀더 걸어가자 두 번째 동굴이 나타난다. 크기와 형태는 첫 번째와 엇비슷했다. 그런데 동굴 입구 바닥 위에는 포를 올려놓고 고정하기 위한 콘크리트 시설이 만들어져 있었다. 다시 해안을 따라 100여 미터 나아가자 저 멀리 커다란 바위 너머로 진지시설이 보였다. 동굴 입구는 콘크리트로 총안(銃眼)을 만들고 튼튼하게 마감되

절벽에 만들어진 진지동굴(좌, #3)과 그 내부에서 촬영한 진지동굴(우, #4)

었는데 불과 얼마 전에 공사가 끝난 것처럼 온전하게 남아 있었다. 하지만 바로 눈앞이 깎아지른 듯한 해안절벽이라 쉽게 건너갈 수가 없다.

할 수 없이 한 달 후 절벽을 타고 내려가기 위해 자일 등의 등산장비를 가지고 현장을 다시 찾았다. 직접 내려가 살펴보니 먼발치에서 봤던 것처럼 동굴 입구와 옆면은 콘크리트로 축대를 쌓듯 튼튼하게 구축되어 있었다. 동굴 안으로 들어서니 천장에서는 계속 물방울이 떨어지고 여기저기 박쥐들이 매달려 있었다. 동굴은 'T'자형으로 만들어져 있는데 왼쪽으로는 10미터 정도 깊이로 파들어가다 중단되었다. 오른쪽은 해안절벽으로 관통되어 있는데 다시 마주보는 건너편 절벽에도 20미터 정도 깊이의 동굴이 만들어져 건너갈 수 있도록 되어 있었다. 여기저기 동굴 벽에는 정으로 뚫어놓은 폭약 구멍들이 생생하게 남아 있어 마치 한창 공사가 진행되고 있는 상황이라고 착각하게 만들 정도였다.

다시 거기에서 몰랑등 해안절벽을 따라 100여 미터를 걸어가면 또다시 수직에 가까운 절벽에 접하게 된다. 가파른 계곡을 따라 자일을 잡고 밑으로 내려가면 정말 아슬아슬한 수직 절벽에 뚫어 놓은 길이 40미터 정도의 관통굴을 만나게 된다. 어떻게 이런 곳에 동굴을 만들 수 있었을까 하는 의구심과 함께 영화 속에 나오는 요새의 한 장면이라는 생각이 들게 하였다. 굴 안으로 들어서면 중간에 작은 방 규모의 지하 공간이 3군데 만들어져 있고 관통된 반대쪽으로 나가보면 해안으로 이어지는데 바로 여수항이 건너다보이는 지점이다.

돌산도 북부와는 직선거리로 불과 8킬로미터 떨어진 곳이다. 이곳에 해안포를 설치하고 돌산의 두릉개 포대와 협력한다면 여수항에 출입하는 배들을 손쉽게 타격할 수 있을 것이다. 실제로 눈앞에는 여수항과 여천공단으로 오가는 대형 콘테이너선들이 줄지어 서 있었다.

하윤선 씨의 말에 따르면 이 동굴이 있는 곳에서 좀더 앞쪽에도 2개의 동굴이 더 만들어져 있다고 하는데 혼자 힘으로는 도저히 접근할 수가 없는 곳이다. 아무튼 확인하지 못한 2개의 동굴을 포함한다면 몰랑등 해안절벽에는 모두 7개의 진지동굴이 만들어져 있다. 전쟁말기 아주 급박한 상황에서 가파른 해안 암벽에 필사적으로 진지동굴을 굴착한 일본군과 조선인 노무자들의 모습이 떠오르면서 알지 못할 착잡함이 스쳐 지나갔다.

일본군 기록에 따르면 패전 직전 선구마을에는 야포 4문을 보유한 일본군 1개 중대 병력이 주둔하고 있었다.[1] 현재 남아 있는 해안 진지동굴의 수나 규모에 비해 보유한 무기가 매우 빈약했음을 알 수 있다.

---

1 〈여수중포병연대 배치도〉, 《중포병연대사》, 285쪽 참조.

당시 진지동굴은 80~90% 정도까지 완성되었지만 갑작스런 일제의 항복과 함께 요새포의 배치조차 이루어지지 못한 것으로 보인다.

남해의 일본군 포대진지를 취재하다가 새롭게 확인한 사실 하나는 일본 육군이 선구리 선구마을로 옮겨오기 이전에, 우리에게 '다랭이마을'로 알려진 남면 홍현리 가천마을에서 한동안 주둔했었다는 것이다. 정확한 시기와 이유는 밝혀지지 않았지만 처음에는 남해 포대를 다랭이마을에 건설하려다 선구리로 이동해온 것으로 추정된다.

선구리에서 홍현리로 향하는 해안 길은 남해의 멋진 풍광을 즐길 수 있는 환상적인 드라이브 코스다. 한려수도라는 말이 정말 실감나게 다가온다. 가천(加川) 마을에 들어서면 사진에서만 보던 다랭이마을이 한눈에 펼쳐진다. 이곳 다랭이마을 주민들도 이전에 일본군들이 주둔했던 사실을 잘 알고 있었다. 주민들에 따르면 마을 위쪽에서 바다 쪽을 내려다보면, 마을 오른쪽 중간 지점에 있는 다랭이논이 있는 곳에 일본군 연병장이 있었고 그 옆 대나무밭 부근에는 부대장 관사와 병사들의 막사가 줄지어 있었다고 한다. 마을 바닷가에는 배로 싣고 온 군수물자를 하역하기 위한 간이 선착장이 있었는데 지금도 일부 콘크리트 흔적이 남아 있다. 주민들에 따르면 남해 바다가 내려다보이는 해안언덕 위에 일본군 포대가 남아 있었으나 최근 개발이 진행되면서 그 흔적이 대부분 사라져버렸다고 한다.

전남 여수시 신월동

전남 여수시 신월동(행정동명; 월호동)에 있는 구봉산(九鳳山, 366미터)은 여수반도가 남해와 접하는 곳에 있는 산으로 정상에 서면 여수시와 가막만 일대가 한눈에 내려다보인다. 구봉산의 서남쪽 산자락에는 각종 화약류 제품을 생산하는 한국화약 여수공장이 자리하고 있다. 1976년에 인천에서 현재의 장소로 이전했다. 그리고 가막만과 접한 해안도로 주변에는 최근 여수 스카우트 캠프타운이 조성되었다. 이 스카우트 캠프타운이 들어선 일대 308만여 제곱미터의 부지에는 과거 일본 해군이 만든 여수 항공기지가 위치했다.

당시 강제로 동원되어 공사에 참여했던 주민들의 증언을 종합하면 태평양전쟁이 발발한 후인 1942년~1945년 사이에 만들어진 것으로 보인다. 주민들에 따르면 당시 건설공사는 일본의 토목회사가 담당했지만 현장작업에는 인근 지역에서 근로보국대로 끌려온 조선인들이 다수 투입되었다.

가막만 해안의 여수 항공기지 활주대

현재 이 지역에는 여수 항공기지 관련시설들이 꽤 많이 남아 있다. 또한 패전 후 일본 해군이 미군에게 넘긴 〈진해 경비부 인도목록〉[1]에는 관련 문서들도 남아 있는데 그중에는 주요 시설들의 배치도면이 포함되어 있다. 이 문서와 현재 남아 있는 시설을 비교하여 여수 항공기지의 배치상황을 살펴보면 대략 다음과 같다.

활주대(활대)
신월동 해안도로를 달리다보면 잔잔한 호수와 같은 가막만 바다가 시원하게 펼쳐져 있다. 사방이 육지와 섬으로 둘러싸인 내해만으로 사시사철 파도가 높지 않고 수심이 깊어 예로부터 수산물이 풍부하고 양식업이 발달한 곳이다.

1 JACAR, 〈麗水航空基地〉, Ref. C08010532200.

그런데 해안도로와 가막만이 접한 해안도로 중간부분에 바다 쪽으로 직사각형 모양의 콘크리트 구조물이 돌출해 있는 것을 볼 수 있다. 가까이 가보면 커다란 콘크리트 덩어리를 이어 붙여서 만든 평평한 공간이다. 바다 쪽으로 약간 경사지게 만들어져 있다. 이것이 수상비행기가 바다 위에 내려앉은 뒤 육상으로 끌어올리는 데 쓰던 활주대〔滑走臺, 일명 활대(滑臺) 또는 활수대〕이다. 일본군 문서에는 크기가 210×100미터라고 되어 있다. 주민들의 증언에 따르면 전쟁말기 이곳 가막만에서 일본군 수상비행기들이 뜨고 내리는 것이 자주 목격되었다.

유도로

활주대를 통해 끌어올린 수상비행기는 사람이나 말이 끌어 격납고로 옮겨 보관하였다. 그때 활주대와 격납고 사이에 난 길이 유도로(誘導路)이다. 문서상으로는 900미터의 유도로가 만들어져 있었다. 배치도면에는 활주대에서 격납고까지의 유도로가 분명하게 표시되어 있다. 현재 스카우트 캠프타운 안쪽 울타리를 따라 유도로의 흔적이 잘 남아 있다. 활주대에서 시작된 유도로는 언덕 위로 올라와 왼쪽을 향해 현재의 하수종말처리장 옆까지 이어져 있다.

유개엄체

여수 항공기지에는 모두 5기의 유개엄체(有蓋掩體), 즉 비행기 격납고가 만들어져 있었다. 제주도 모슬포 알뜨르 해군비행장에 있는 격납고와 모양이 똑같다. 콘크리트를 사용해 아주 견고하게 만들어졌으며 지금은 5개 중 4개만 남아 있다. 그중 3개는 입구를 막아 창고로 사용되고 있고, 유도로의 가장 끝에 있는 격납고는 상당부분 훼손된 채 입

현재 남아 있는 여수 항공기지 격납고

구를 흙으로 막아 놓은 상태이다.

폭탄고

여수 항공기지 배치도에는 기지의 가장 왼쪽 끝 해안가에 폭탄고(爆彈庫)가 표시되어 있다. 지하에 수도(隧道), 즉 땅굴 형태로 만들어졌으며 면적은 125제곱미터라고 되어 있다. 현재 그 자리에는 하수종말처리장이 들어서 있다.

탄약고(콘크리트 벙커)

항공기지 부지에는 탄약고 등으로 쓰였을 것으로 보이는 시설물들이 여러 개 남아 있다. 기지 가운데 거주구 지역에 콘크리트 일체형 벙커가 2개, 정문 오른쪽 위로 1개가 있다. 그리고 정문에서 좀더 올라간 길옆 경사지에 땅굴을 파고 콘크리트로 마감한 동굴이 2개 있다.

지휘 벙커

정문에서 조금 올라가 헬기장이 있는 곳 아래쪽에 콘크리트로 만든 동굴의 입구가 남아 있다. 안으로 들어가보면 콘크리트로 만든 대형벙커가 지하에 구축되어 있는데 눈짐작으로 깊이가 족히 30미터는 되어 보인다. 벽면은 아주 정교하게 마감되어 있고 안쪽 깊숙한 곳에는 붉게 녹슨 두꺼운 철문도 그대로 남아 있다. 제주 알뜨르비행장 옆에 있는 지휘벙커와 유사한 구조이다. 여수 항공기지의 지휘벙커로 만들어진 것으로 추정된다.

연료고

한국화약 정문 오른쪽 산기슭에 '비상대비소'라는 간판이 붙은 땅굴 입구가 5개 줄지어 있다. 안으로 들어가보면 콘크리트로 견고하게 만든 지하시설이 드러난다. 해방 직후 여순사건을 주도했던 제14연대가 이 지하공간을 지휘본부로 사용했다고 전해진다.

5개 땅굴 중 4개는 하나의 통로로 연결되어 있다. 가장 중앙부 뒤쪽에는 장방형의 대형 지하공간이 만들어져 있는데, 통상 탄약고에서 볼 수 있는 이중벽은 보이지 않았다. 아마 연료고로 만들어졌을 것으로 추정된다.

일본군 문서에도 항공기지 내에 600제곱미터 정도의 연료고가 지하 동굴에 구축되어 있다고 표시되어 있다. 배치도상으로는 한국화약 정문 옆에 있는 비상대피소보다 훨씬 오른쪽으로, 현재 주택이 들어서 있는 곳에 4개 정도의 지하연료고가 더 있었던 것으로 나타나 있다. 하지만 개발이 진행되면서 그 흔적을 찾을 수가 없다.

여수 항공기지 공장구 굴뚝

공장구와 굴뚝

배치도에는 공장구(工場區)가 표시되어 있고 6개의 공장건물이 있다고 되어 있다. 현재는 당시에 만들어진 굴뚝이 남아 있는데 높이가 약 40미터에 달한다. 일본군이 항공기지 안에 어떤 용도의 공장을 세웠는지 현재로서는 알려진 바가 없다. 각종 무기나 장비의 부품을 제조하고 수리했을 것으로 추정된다.

넘너리 철도터널

전쟁말기 일제는 여수 미평역에서 신월동 해군기지를 연결하는 철도를 부설하는 공사를 실시했다. 이 공사를 위해 신월리에서 넘너리로 들어가는 고개 아래에 철도터널을 뚫었는데 주민들의 증언에 따르면 광주형무소의 수형자들을 동원해 일을 시켰다고 한다. 현재 자동차학원 사무실 옆으로 철도터널의 입구가 잘 남아 있다. 안으로 들어가보면 레일이나 침목은 남아 있지 않으며 터널은 중간에 막혀 있다. 당시 철도공사는 마무리 직전 단계까지 진행된 것으로 보인다. 이 철도건설의 목적이 무엇인지는 불분명한데, 기지 내 공장시설과 관련하여 대량의 군수물자 수송이 필요했던 것으로 추정된다.

여수 항공기지가 패전까지 어느 정도 공사를 마쳤고, 어떤 역할을 했는지는 분명치 않지만 시설은 거의 마무리 단계에 이르렀던 것으로 보인다. 위에서 살펴본 시설 외에도 청사 1동, 장교용 막사 2동, 병사용 막사 2동, 전신소 3동, 병원건물 2동, 잔교(부두시설) 2곳 등이 만들어져 있었다.

여수 항공기지는 진해 경비부(鎭海 警備府) 산하의 수상기(水上機) 기지로 만들어졌지만 자체적인 항공대는 갖추지 못했다. 1944년 12월 15일에 만들어진 제951항공대(본부는 일본 본토의 사세보)의 일부 분견대가 배치되어 있었다. 패전 직전인 1945년 6월 10일에는 부산, 진해, 제주, 원산 비행장 등과 함께 조선해군항공대로 편성되어 본토결전에 대비한 훈련과 함께 일본과 한반도를 연결하는 항로상에서의 대잠수함 작전을 수행하였다. 패전 시 여수 항공기지에 주둔했던 일본군은 사관 3명, 하사관·병 51명, 군속 5명 등 총 59명이었다. 기지의 규모에 비해 주둔 병력이 그리 많지 않았음을 알 수 있다. [2]

---

2 JACAR, 〈人員現在表〉, Ref. C08010530700.

전남 여수시 주삼동

여수시 주삼동(珠三洞) 여천초등학교 건물 뒤쪽 야산에는 거대한 콘크리트 지하벙커가 있다. 두 개의 입구가 타원형 통로로 연결되고 그 가운데에는 거대한 장방형 지하공간이 만들어져 있다. 통로가 타원형으로 굽은 것은 직사화기의 공격을 방어하기 위한 것으로, 일본군 지하벙커 시설의 입구는 대부분 이런 형태를 따르고 있다. 입구의 콘크리트벽의 두께는 50~60센티미터에 달해 웬만한 폭탄 공격에도 끄떡없을 만큼 견고하게 만들어졌다. 일부 주민들의 증언에 따르면 야산을 절개하여 콘크리트 지하벙커를 만든 다음, 다시 흙으로 덮고 그 위에 관목을 심어 위장했다고 한다.

여천초등학교에서 오른쪽 자동차도로 건너편 논 한복판에는 같은 시기에 만들어진 콘크리트 시설이 있는데 덮개가 있는 우물처럼 보인다. 일부 주민들은 이곳에서 학교 뒤쪽 지하벙커 시설까지 송수관이 있었다고 했다.

여수 일본해군사령부호 입구(여천초등학교 뒤편)

이 지하벙커를 누가, 언제 만들어졌는지 밝혀진 것이 거의 없다. 관련 문서는커녕 시설공사와 관련된 주민들의 증언도 들을 수 없었다. 주체나 용도에 대해서 철저하게 비밀에 부쳐진 상황에서 공사가 진행되었던 것으로 추정된다.

1차 답사 후 이 시설의 정체를 알 수 없어 고심하던 차에 일본에서 건너온 츠카사키 마사유키(塚崎昌之) 씨와 함께 현장을 다시 찾았다. 츠카사키 씨는 일본 오사카에 거주하는 현직 고등학교 교사로, 시민운동 차원에서 일본 내에 있는 전쟁유적들을 답사해온 이 분야 전문가이다. 제주도에 남아 있는 일본군 군사시설의 실태를 조사하고 논문을 발표하여 세간의 관심을 불러일으키는 데 크게 기여하였다.[1]

1 츠카사키 마사유키, "제주도에서의 일본군의 '본토결전' 준비", 《4·3과 역사》, 제4호, 2004, 제주4·3연구소.

츠카사키 씨와 함께 내부를 둘러본 뒤 몇 가지 새로운 사실을 알게 되었다. 먼저 내부에는 오랫동안 지하에서 체류하는 데 필요한 물탱크가 만들어져 있는 것을 확인하였다. 아울러 취사 시 발생하는 연기가 빠져나갈 수 있는 환기구가 뚫려 있고, 화장실 용도의 하수구도 있었다. 중앙부 바닥에는 발전기를 설치한 자리가 남아 있고 주위 벽에는 전기배선도 있었다. 그리고 지하공간을 부분으로 나누기 위한 칸막이 시설이 놓였던 흔적도 발견하였다.

지하벙커의 내부를 두루 살펴본 그는 이 시설의 용도를 일본 해군의 지하사령부였을 것으로 조심스럽게 결론 내렸다. 그러한 판단의 근거는 다음과 같다.

첫째, 당시에 이 정도로 견고하고 깔끔하게 마무리한 지하요새를 만들 수 있었던 것은 육군보다는 해군일 가능성이 크다. 전쟁 당시 일본 해군은 육군보다 시멘트와 철근 같은 물자를 훨씬 풍부하게 보유하고 있었다. 둘째는 지하벙커 안에 장기체류할 수 있는 제반시설을 갖추어 놓았다는 점이다. 유사시 해군 지휘부만 지하벙커에 남는다고 하면 최대 20여 명이 장기간 체류할 수 있는 공간이 될 수 있을 것이다. 셋째, 여천초등학교와 인접한 여수농업기술센터 정문 옆에는 전신소(電信所)가 지하에 구축되어 있는데, 이는 지하사령부의 통신을 담당했던 시설로 볼 수 있다는 점들을 들었다.

여천초등학교와 담장을 사이에 둔 여수농업기술센터 입구 오른쪽에는 커다란 지하공간이 만들어져 있다. 일본 해군이 통신을 하기 위한 전신소로 구축한 시설로 거의 온전하게 남아 있다. 지하의 서늘한 기온을 이용해 한동안 농업기술센터에서 버섯 등의 배양시설로 활용했는데 최근에 안전상의 이유로 입구를 막아버렸다.

여수 일본 해군 전신소 지상부(여수농업기술센터 내)

이 지하시설 역시 콘크리트 구조물로서, 견고하고 깔끔하게 마무리되어 있다. 형태와 구조는 신월동 여수 항공기지나 제주 알뜨르비행장 옆 지휘벙커와 비슷하다. 이 시설의 지상에는 굴뚝 형태의 구조물 6개가 있다. 그 안을 들여다보면 지하공간과 연결되어 있는데 이는 안테나를 지상으로 올리기 위한 통로로 보인다. 통상 이러한 전신소는 신호간섭을 피하기 위해 일정한 거리를 두고 송신소와 수신소가 따로 만들어졌다. 그렇다면 이 주변 어딘가에 또 다른 전신소가 만들어져 있을 가능성이 있다고 츠카사키 씨는 설명했다.

하지만 더 이상 구체적인 것은 알 수가 없었다. 해방된 지 70년이 다 되도록 이 땅에서 일본군들이 비밀리에 구축해놓은 지하시설들이 언제, 어떤 과정을 통해 만들어졌는지를 밝히지 못한 채 방치해두고 세월의 흐름 속에 잊혀간다는 사실이 자못 쓸쓸할 뿐이다.

창원시 진해구 일원

진해 요항부는 1941년 11월 20일 경비부로 승격되었다. 진해 경비부는 제주도를 포함한 조선 전 지역에 주둔하는 일본 해군부대를 총괄하는 최고 지휘부였다. 최고 지휘관인 진해 경비부 사령장관에는 해군 중장이 임명되었으며 패전 당시 예하병력은 약 4만 1,700명에 달했다.[1]

패전 시점을 기준으로 진해 경비부 소속 부대를 살펴보면, 우선 진해 방비대는 각종 전함과 기뢰 등을 사용해 조선연안의 해면 방어를 담당하는 핵심전력이었다. 예하에는 쓰시마해협 방비부대, 거문도해면 방비부대, 흑산도해면 방비부대가 있었다. 그중 쓰시마해협 방비부대는 진해와 부산 그리고 대마도 인근의 해역 방위를 담당했다.[2]

---

1 1945년 8월 15일 기준 조선에는 육군 29만 4,200명, 해군 4만 1,700명이 배치되어 있었다 (일본 후생성원호국 쇼와 39년(1964년) 3월 1일 작성 기록).
2 JACAR, 〈昭和20年1月1日~昭和20年3月31日 鎭海防備隊戰時日誌〉(3), Ref. C0803 0457100 외.

〈표 3-3〉 진해 경비부 부대 일람표(38도선 이남)

지휘관	부대	임무	인원
진해경비부사령부		재조선 해군부대의 지휘, 담임지역 방위	67
진해방비대사령	진해방비대	진해지구 조선연안 해면방어, 기뢰 부설, 소해 적잠수함공격	2,551
제48소해대사령	제48소해대	소해	
제41돌격대사령	제41돌격대 (제주도)	제45, 제119, 제120 진양대, 진양정 93척, 적함선의 공격	707
진해해병단장	진해해병단	신병 교육, 진해지구 육상방위	1,615
진해해군보안대지휘관	진해해군보안대	진해 및 각 파견지구 치안유지	1,797
진해해군통신대사령	진해해군통신대	무선통신의 실시	269
진해해군항무부장	진해해군항무부	진해요항 항무관계 일반관리	224
조선해군항공대 사령관	조선해군항공대	조선에서의 해군육상항공기지 및 동시설의 지휘정비	322
부산항만경비대사령	부산항만경비대	부산항만 방비 소해	191
제351설영대장	제351설영대(진해)	진해지구에서의 축성과 설영	90
제352설영대장	제352설영대(부산항공기지)	부산항공기지에서의 축성과 설영	316
제353설영대장	제353설영대(평택항공기지)	평택항공기지에서의 축성과 설영	14
진해해군운수부장	진해해군운수부	운수통제(부산에 지부)	31
진해해군인사부장	진해해군인사부	진해경비부소관 인사 일반	20
진해해군군수부장	진해해군군수부		158
진해해군공작부장	진해해군공작부		552
진해해군항공창장	진해해군항공창		96
진해해군시설부장	진해해군시설부		719
진해해군병원장	진해해군병원		105
진해해군경리부장	진해해군경리부	(경성에 지부; 4)	21
진해경비부수석법무장	진해해군군법회의		22
진해해군형무소장	진해해군형무소		11
부산재근해군무관	부산재근해군무관부	해상교통보호	8
경성재근해군무관	경성재근해군무관부	해상교통보호	6
제3해군의량창장	제3해군의량창	재조선 해군 각 부대시설에 의량공급	21
경성지방해군인사부장	경성지방해군인사부		6

〈진해경비부 편성조직임무 일람표〉(Ref. C08010529500) · 〈인원현재표(1945. 9. 15)〉(Ref. C08010530700) 재편집.

진해해병단(鎭海海兵團)은 진해지구의 육상방위와 해군 신병교육을 목적으로 1944년 2월 1일에 설치되었다. 조선에서 해군 신병이 모집된 것은 1943년 8월 1일부터 시행된 해군특별지원병제에 따른 것이다. 일본 해군은 한동안 조선인 선발을 꺼렸지만 태평양전쟁 전선이 크게 확대됨에 따라 병력 부족이 심각해지자 육군에 이어(육군특별지원병제는 1938년 2월) 특별지원병 제도를 도입한 것이다.

만 16세 이상 21세 미만의 청년들 대상으로 선발한 제1기생 1천 명은 1943년 10월 1일 진해 중초동 해안지대에 만들어진 해군지원병훈련소로 입소하였다. 6개월의 훈련을 마치고 다음 해 4월 1일 진해해병단에 입단하였다. 1944년 2월 제2기생 2천 명을 모집한 뒤 지원병제는 폐지되고 징병제로 바뀌었다. 이에 따라 훈련소는 해병단으로 개편되고, 징병검사를 통해 합격한 자는 곧바로 해병단에 입단시켰다.[3] 진해해병단이 있던 곳은 현재 창원시 진해구 경화동에 있는 해군교육사령부 자리이며 현재의 장천동 일대에도 해병단 행암분단(行岩分團)이 있었다.

진해해군항공대는 조선 연안에서의 정찰, 대잠초계, 선단호위를 임무로 하는 정찰부대로 1916년 진해요항을 기지로 하여 창설되었다. 해군항공대는 진해 외에도 부산(김해), 영일, 평택, 광주, 여수, 제주, 옹진에도 설치되어 있었다. 그중 진해와 여수는 수상기 기지였다.[4]

그 밖에 제41돌격대는 신요(震洋)정이라고 부르는, 합판으로 만든

3 황정덕, 《진해시사》, 진해향토문화연구소, 1987.
4 坂本 正器・福川 秀樹(編集), 《日本海軍編制事典》(일본해군 편제사전), 芙蓉書房出版, 2003.

농소 특설견장소 시설 진해(좌) · 특설견장소로 추정되는 가거도 일본군 벙커(우, 사진: 김상호)

작은 보트에 폭탄을 싣고 적함에 돌진, '몸통 박치기'로 자살공격을 감행하는 일본 해군의 특별공격부대였다. 패전 직전 제주에는 제41돌격대 산하 제45, 제119, 제120 신요대가 실전 배치되어 있었으며, 총 707명의 병력에 93척의 자살공격보트 신요를 보유하고 있었다.[5]

조선 연근해에서 미군 비행기와 잠수함의 출몰이 빈번해지자 진해경비부는 곳곳의 요지에 감시초소인 특설견장소(特設見張所)를 설치하였다. 견장(見張, みはり)은 '망을 보다', '감시하다'라는 일본어다.

특설견장소는 진해방비대에서 설치한 것과 진해해병단에서 설치, 운영한 두 가지가 있었다. 진해방비대에서 운영한 특설견장소는 조선 연근해 해역 감시를 주된 임무로 하였는데 〈표 3-4〉와 같이 모두 8군

5 JACAR, 〈編成組織任務一覽表 軍需品目錄〉, Ref. C08010529500.

<표 3-4> 진해방비대 특설견장소

| 종별 | 지명 | 위치 | | 현 주소 |
		북위	동경	
을(乙): 유선통신장치	죽변리	37° 00′ 45″	129° 26′ 00″	울진 죽변등대
	장기갑	36° 01′ 00″	129° 30′ 45″	포항 호미곶
병(丙): 무선통신장치	울릉도(송도)	37° 33′ 00″	130° 54′ 00″	북면 천부리
	망산각	34° 41′ 30″	128° 30′ 45″	거제 대포항
	우도	33° 59′ 15″	126° 58′ 00″	제도 우도면
	마라도	33° 06′ 50″	126° 16′ 15″	서귀포 대정읍
무(戊): 대공용 전탐*	거문도	34° 01′ 45″	127° 18′ 00″	삼산면 덕촌리
	소흑산도	34° 03′ 45″	125° 08′ 00″	흑산면 가거도

*대공용 전탐은 레이더를 뜻한다.
** 〈鎭海防備隊〉(1), Ref. C08010524800.

데 지역에 설치되었다. 특설견장소는 보유장비에 따라 유·무선 통신시설을 모두 갖춘 갑(甲), 유선통신시설을 갖춘 을(乙), 무선통신시설을 갖춘 병(丙) 등의 등급으로 나뉘었다.

〈표 3-4〉를 살펴보면 진해방비대가 설치한 감시초소인 특설견장소는 동해안 울진부터 서남해 가거도까지 연근해 해역의 주요 항로 주변 곳곳에 위치했다. 일부 지역에서는 당시에 설치했던 특설견장소 시설의 흔적이 확인되고 있다.

흑산도 서남쪽 70킬로미터 해상에 위치한 가거도(일제시대에는 '소흑산도'라고 불렀다)는 우리나라 최서남단에 위치한 작은 섬으로 면적은 7.98제곱킬로미터이고, 섬의 북쪽에 독실산(639미터)이 우뚝 솟아 있다. 그런데 가거1구, 일명 '대섶재'라고 불리는 지역에 콘크리트로 단단하게 만든 2개의 동굴형 벙커가 남아 있고 주변에는 막사로 사용했던 콘크리트 구조물 흔적들도 보인다. 이 일대가 일본 해군이 특설견장소를 설치했던 장소로 추정된다.

<표 3-5> 진해해병단 특설견장소

	명칭	현재 위치	주요시설
1	산성산(山城山)	진해시 현동(해사 뒷산)	견장소, 병사, 창고
2	청량산(淸凉山)	창원시 청량산(318m)	발전기실, 연료고, 냉각실, 변압기실, 병사
3	농소리(農所里)	거제 장목면 농소리	발전기실, 연료고, 냉각실, 펌프실, 변압기실, 병사
4	불모산(佛母山)	창원 성산 불모산(801m)	발전기실, 연료고, 냉각실, 펌프실, 병사

JACAR, 〈鎭海海兵團〉(2), Ref. C08010525100.

<표 3-6> 진해지구 해병단 방공포대

소재	품명	수량	현재 위치
부도(釜島)	12.7cm 연장고각포	2	진해 안곡동
행암리(行巖里)	12cm 고각포	4	행암동
석리(石里)	12cm 고각포	4	석동
	13mm 단장기총	3	
전산(前山)	8cm 고각포	4	전산(146m): 진해구 현동
	25mm 연장기총	2	
소모도(小毛島)	8cm 고각포	2	진해 비봉동(매립)
	25mm 연장기총	2	
가덕도(加德島)	14cm포	2	
	단8cm포	2	
견내량(見乃梁)	단8cm포	2	거제시 사등면 덕호리
수도(秀島)	25cm 연장기총	2	수도동
덕산(德山)	25cm 연장기총	2	덕산동
마천(馬川)	25cm 연장기총	2	마천동

JACAR, 〈各種兵器目錄〉, Ref. C08010529400.

진해 주변 산지에는 진해해병단이 진해기지를 경비하기 세웠던 특설견장소도 있었다. 모두 4군데 지역에 만들어졌는데 설치된 장소와 주요 시설을 정리하면 〈표 3-5〉와 같다.

거제시 장목면 농소리에는 당시 진해해병단에서 설치한 특별견장소 시설이 일부 남아 있다. 일명 '중박골'이라고 불리는 산기슭에는 콘크리트로 구축한 여러 가지 구조물들이 남아 있다. 용도가 분명치는 않지만 감시에 필요한 장비를 설치했을 것으로 보이는 콘크리트 건축물, 발전기 설치대, 병사들의 막사 터 등이 있으며 정상부에는 포대시설도 상당히 온전하게 보존되어 있다. 이 중박골 일대에 특별견장소가 설치되어 있었는데 전쟁말기에는 해군특별육전대도 만들어져 같은 장소에서 주둔하였다(제3부 11장 "거제 농소 해군연합특별육전대" 참조).

진해해병단에서는 특설견장소와는 별도로 진해 경비부 일대를 방호하기 위한 포대시설도 기지 주변 곳곳에 설치하고 경비 병력을 배치하였다(〈표 3-6〉 참조). 8cm 고각포 2문이 설치되었던 소모도는 마산만 입구 오른쪽에 있는 모도를 가리킨다. 섬 위쪽 비봉리(현재의 비봉동)에는 해군의 각종 무기들이 집적된 무기고가 있었고, 인접한 해안가에는 기뢰고가 만들어져 있었다. 지난 1990년대 우리 해군이 비봉동과 모도 사이를 매립하여 현재는 육지로 연결되어 있다.

진해만 가운데에 있는 부도는 현재 우리 해군의 관할지로 오랫동안 민간인의 출입이 제한되었던 곳이어서 비교적 일본군 관련시설들이 잘 남아 있다. 부도선착장에서 남쪽으로 200미터, 300미터 지점에 일본군이 탄약고용으로 굴착한 동굴이 2개 있으며 그 사이에 콘크리트로 만든 집수정이 남아 있다. 부도선착장에서 남동쪽으로 약 800미터 떨어진 곳에 있는 말봉 정상부에는 콘크리트로 만든 포대가 보인다. 진지의 평면 형태는 8~9각형의 열쇠구멍 모습을 하고 있으며 가운데에 지름 1.77미터의 원형 포대가 만들어져 있다.[6]

부도 이외의 지역에서는 포대가 있었던 정확한 위치나 시설 잔해가 확인되지 않고 있다. 체계적인 조사가 이루어지지 못한 이유도 있지만 많은 곳이 도시개발 과정에서 사라져버렸기 때문이다.

6 문화재청, 〈2009년도 군부대 문화재 조사보고서: 우리군〉.

동남해 연안지역

일본 해군이 운영한 방어시설에는 감시초소인 특설견장소 외에 방비위소가 있었다. 주로 중요 항만이나 해협으로 적의 잠수함이 침입하는 것을 저지하기 위해 육상 거점에 설치한 시설이다. 시설만을 가리킬 경우 수중청음소(水中聽音所) 또는 수중청측소(水中聽測所)라고 부른다. 인근 해저에 수중청음기(*passive sonar*)를 설치하여 적 잠수함의 접근을 탐지한 다음, 대잠수함 부대에 통보하거나 사전에 설치된 관제기뢰(管制機雷)를 적시에 폭파시켜 직접 공격하기도 한다. 관제(管制)라 함은 육상에 있는 방비위소에서 바다 속에 설치한 기뢰를 '원격 제어'한다는 뜻이다.[1]

　태평양전쟁 발발 직전부터 일제는 각지에 있는 해군 진수부·경비부에 방비위소를 설치하여 주요 함대의 박지를 방어하는 역할을 맡게

---

1 JACAR, 〈鎭海防備隊(1)〉, Ref. C08010524800.

하였다. 전쟁이 확대되는 1943년부터 방비위소는 더욱 늘어났는데 진해방비대 예하 요지에 방비위소가 설치된 것도 이 무렵으로 추정된다.

　　방비위소의 표준편제는 갑·을·병 3종류가 있었다. 갑은 수중청음기 외에 기뢰와 기뢰관제장치를 보유하였고, 을은 수중청음기만을 가지고 있었다. 병은 수중자기탐지기 4개조만을 보유하였다. 방비위소에는 탐지장치와 함께 기본적으로 장비운용에 필요한 발전기와 축전지를 갖추고 있었다.

〈표 3-7〉 진해 경비부 방비위소 현황

위소명	위치	인원	병기	현재 주소
갑(甲)				
천수말 (天秀末)	북위35° 01′ 23″ 동경128° 48′ 34″	준사관 이상(1) 하사관·병(11)	97식 수중청음기(3) 92식 기뢰청음관제기(3)	부산 강서구 천성동 (가덕해양파크)
조도 (朝島)	북위35° 04′ 31″ 동경129° 05′ 47″	―	2식 자기탐지기	부산 영도구 동삼1동 한국해양대
을(乙)				
울기 (蔚崎)	북위35° 29′ 04″ 동경129° 25′ 05″	보관원(4) 철수	탐조등(1) 97식 수중청음기전람	울산 동구 일산동 (울기 등대)
항촌 (項村)	북위34° 43′ 05″ 동경127° 51′ 08″	보관원(4) 철수	97식수중청음기전람 97식수중청음기가대(2)	남해군 남면 선구리 항촌마을
동두말 (東頭末)	북위34° 59′ 02″ 동경128° 49′ 08″	준사관 이상(1) 하사관·병(12)	97식수중청음기(3) 97식수중청음기가대	부산 강서구 대항동 (가덕도 등대)
양지암각 (洋支岩角)	북위34° 53′ 06″ 동경128° 45′ 02″	준사관 이상(1) 하사관·병(18)	97식수중청음기(3) 97식수중청음기가대(3)	거제시 능포동 (양지암각)
호도 (虎島)	북위34° 40′ 07″ 동경128° 02′ 09″	보관원(4) 철수	가솔린발동기(1) 청음기가대(3)	남해군 미조면 미조리 (호도)
거마각 (巨摩角)	북위33° 35′ 06″ 동경127° 48′ 06″	준사관 이상(1) 하사관 이상(19)	97식수중청음기(3) 97식청음기가대(3)	여수시 돌산읍 율림리 (군부대)

JACAR, 〈鎭海防備隊(1)〉, Ref. C08010524800.

〈진해 경비부 인도목록〉 중 진해방비대 관련문서에는 예하에 만들어졌던 8개의 방비위소 위치와 인원, 장비 등이 비교적 자세히 나와 있다. 그중 가덕도 천수말과 부산 조도 두 곳은 갑 편제의 시설이었고 나머지는 모두 을 편제였다. 8개의 방비위소 중 울기, 항촌, 호도의 시설은 패전 당시 이미 병력을 철수시킨 상태였다(〈표 3-7〉 참조).

천수말 방비위소에는 준사관 이상 1명과 하사관·병 11명이 배치되어 있었다. 시설 내역을 살펴보면 지휘부 건물에는 지휘관실, 청음실, 감시대, 전신실, 전지실, 관제실 등이 마련되었으며 350미터쯤 떨어진 곳에는 발전기실이 설치되어 있었다. 보유 병기 내역을 살펴보면 97식 수중청음기 3기, 92식 기뢰청음관제기 3기, 92식 기뢰발화관제기 1기, 축전기 99기, 6 kW 직류발전기, 3 kW 교류발전기, 92식 기뢰 등이다.

일본군은 천수말 서남쪽 진해만 입구 항로상에 3개의 수중청음기 가대를 설치하고, 천수말 서쪽방향으로는 92식 관제기뢰를 부설하였다. 이 92식 관제기뢰는 기뢰통에 부착된 수중포음기를 통해 적 잠수함의 움직임이 포착되면 육상에 있는 방비위소에서 수중으로 연결된 전선을 통해 원격으로 제어하여 기뢰를 폭파시키는 것이다. 천수말은 부산시 강서구 천가동 가덕도 서쪽 해안에 있는 천성마을 아래쪽에 있는 작은 곶을 가리킨다. 거가대교가 바다 속을 통과하는 가덕해저터널이 완성된 이후, 천수말은 가덕해양파크의 주차장으로 탈바꿈하면서 이전 방비위소의 흔적은 전혀 찾을 수 없다. 그런데 가덕도의 역사와 여행지를 소개하는 한 책자에는 천수말 방비위소의 존재를 확인시켜주는 다음과 같은 기록이 실려 있다. [2]

천성리의 해안이 끝나는 지점의 돌출된 곳을 천수말이라고 한다. 서쪽 바다 500미터 지점의 바위섬을 천수대라 하여 섬의 돌출부가 있는데 제 2차 세계대전 당시 일본군의 포진지가 있었다. 이곳은 옛 일제 군사요지로 해저케이블을 설치한 화력발전시설 등이 있었다.

조도(朝島)는 부산시 영도구 동삼동에 있는 둘레 6킬로미터 정도의 작은 섬이다. 하지만 1974년 한국해양대학이 이곳으로 이전하면서 영도 본섬과 연결도로가 만들어져 육지화되었다. 해양대학 캠퍼스 뒤쪽에 작은 야산(해발 141미터) 정상부에는 부산항의 해상교통관제센터(VTS)가 들어서 있는데 이 부근이 일본군 방비위소 자리다.

지도를 보면 조도는 선박들이 부산항으로 진입하는 항로 길목을 지키는 것을 알 수 있는데 일본군들이 왜 이곳에 방비위소를 설치했을지 쉽게 짐작할 수 있다. 조도도 천수말과 마찬가지로 수중청음기와 92식 관제기뢰장치를 갖춘 갑 편제의 시설이었는데, 위 일본군 문서에는 조도방비위소의 시설이나 병기에 대한 세부내역이 누락되어 있어 자세한 내용은 알 수 없다.

항촌(項村)은 경남 남해군 남면 선구리 항촌마을을 말한다. 이곳에는 상당히 큰 규모의 해군이 주둔했는데 막사 터, 등대건물, 급수탱크, 선박수리소 등 많은 흔적들이 남아 있다. 전쟁말기에는 주정기지가 설치돼 운영되었던 것으로 보인다(제 4부 1장 "남해 일본 해군 주정기지" 참조).

주민들의 증언에 따르면 항촌의 해안가에 일본군이 만든 발전소가

---

2 천가동주민센터, 〈천가동 역사기행: 가덕도 편〉, 2009.

부산 조도 (사진: 영도구청)

있었고 바다 속으로 굵은 동선이 연결되어 있었다고 하는데 그 부근에 방비위소가 있었을 것으로 추정된다. 이 항촌 방비위소 남쪽 해상 두 곳에 수중청음기 가대가 설치되어 있었다. 이는 여수항으로 진입해 들어오는 잠수함을 감시하기 위한 시설이었다.

동두말(東頭末)은 가덕도의 최남단 지점을 가리키는 지명이다. 일제는 1909년 12월 항로상의 요점인 이곳에 가덕도 등대를 세웠다. 일본 해군은 등대 바로 인접한 곳에 방비위소를 세우고 동남쪽 해상에 3개의 청음기 가대를 설치하였다. 현재 이 일대는 우리 군이 관할하는 군사통제구역으로 일반인의 출입이 제한되는 곳이다.

양지암각(洋支岩角)은 거제시 능포동 능포항 오른쪽으로 길게 뻗어 있는 땅줄기의 끝자락 지명으로 주민들은 '소모가지'라고 부르는 곳이다. 이곳은 주변 해역을 오가는 선박들을 감시할 수 있는 전략적 요충이었다. 러일전쟁 당시에도 일본 해군은 거제도 양지암각과 가덕도 동

거마각(여수시 돌산읍 율림리)

두말을 연결하는 감시 라인을 설정하고 그 주변에 가장포함(假裝砲艦) 2척을 띄워놓고 진해만으로 들어가는 항로를 밤낮으로 감시했다.[3]

양지암 일대는 1924년 일본 육군이 요새지대로 설정했던 곳으로 장승포 포대를 건립할 계획이었다(제2부 6장 "장승포 포대" 참조). 그 후 포대건립 계획이 취소되면서 전쟁말기에 해군의 방비위소가 만들어졌다. 양지암각 방비위소에는 동남쪽 해상에 모두 3개의 청음기 가대가 설치되었다.

거마각(巨摩角)은 여수시 돌산읍 율림리 임포마을 앞바다 쪽으로 돌출한 곳을 가리키는데, 이곳에도 동남쪽으로 3개의 청음기 시설이 만들어졌다. 거마각은 남해 항촌과 함께 여수항 방호를 목적으로 만들어진 방비위소였다. 거마각에는 현재 군부대가 주둔하고 있어 일본군

---

3 JACAR, 〈機密(5)〉, Ref. C09050643300.

시설의 잔존 여부를 확인할 수가 없었다.

　그 밖에 울기(울산 동구 일산동 울기등대 부근)와 호도(남해군 미조면 미조리)에도 방비위소가 설치되었는데 자세한 것은 아직 확인되고 있지 않다.

경남 거제시 장목면 농소리

경남 거제시 장목면(長木面) 농소리(農所里) 임호마을. 마을 앞쪽에
는 주민들이 중밭골이라고 부르는 작은 산이 있다. 옛날 스님들이 기
거하던 계곡이라고 해서 붙여진 이름이라고 한다. 이 중밭골 계곡에서
부터 산의 정상으로 이어지는 능선 주변 곳곳에는 지금까지 외부에는
거의 알려지지 않은 일본군 진지시설의 흔적이 남아 있다. 거가대교가
거제도와 연결되는 지점에 있는 장목터널 아래, 해안과 접한 작은 봉
우리 주변이다. 이곳은 러일전쟁 당시 일본군의 포대가 설치된 저도와
저 멀리 가덕도가 잘 바라다 보이는 요지다.

　계곡 입구에 들어서면 '파놀 저수지'라는 간판이 세워진 조그마한 인
공연못이 눈에 들어온다. 일본군이 동네주민들을 보국대로 끌어내 급
하게 만든 것이라고 한다. 저수지로 이어지는 물길을 따라 계곡 위쪽
으로 조금 올라가다보니 제법 널따란 평지 여기저기에 콘크리트 구조
물들의 잔해가 남아 있다. 많이 부서지기는 했지만 기본 골격이 유지

거제 농소 일본군 시설 흔적

된 작은 건물도 남아 있다. 지하로 연결되는 공간이 있었다고 하는데 지금은 막혀 있어 확인할 수가 없다. 바로 옆에는 철근이 박힌 콘크리트 구조물이 놓여 있다. 발동기를 올려놓고 고정시켰던 받침대로 보인다. 짙푸른 숲 속에 남은 회색빛 콘크리트 잔해들이 스산한 느낌을 불러일으켰다.

다시 계곡을 따라 올라가다보니 숲속으로 난 작은 길이 보였다. 일본군이 만든 군도(軍道)인데 이전에는 자동차가 올라 다닐 수 있을 만큼 폭이 넓었다고 한다. 소로가 꺾어지는 지점 위쪽으로 산 중턱 경사면에는 여기저기 봉분이 흩어진 풀밭이 펼쳐져 있다. 그런데 가까이 가보니 봉분 주변으로 시멘트 구조물들이 땅 위에 솟아 있다. 자세히 살펴보면 콘크리트를 사용해 만든 건물의 기초로 장방형의 형태를 취하고 있다. 이 일대에 일본군의 병사나 병영건물들이 들어서 있었음을 알 수 있다. 뿐만 아니라 여기저기 벙커형태의 콘크리트 구조물들도

거제 농소 일본군 시설 흔적(포대 입구)

눈에 띈다.

다시 정상 부근으로 올라가니 두꺼운 콘크리트 방벽이 둥글게 둘러쳐진 시설물이 눈에 들어온다. 한쪽에는 안으로 들어가는 입구가 만들어져 있다. 안으로 들어가보면 콘크리트 방벽에 이어 커다란 돌들을 가져다 사람 키 높이로 둥글게 축대를 쌓았다. 수목이 우거져 한눈에 윤곽을 볼 수는 없지만 상당히 큰 규모의 포진지임을 알 수 있다. 현장을 안내한 농소리 주민 박창고 씨(1946년생)는 어려서 자주 이곳에 소를 몰고 올라왔다고 한다. 주민들은 포진지가 있는 안쪽 공터가 넓어서 연병장이라고 불렀다고 한다.

포진지에서 조금 위쪽으로 올라가다보면 나무 사이로 평평한 공간이 만들어져 있고 그 주변 여기저기 콘크리트 잔해들이 흩어져 있다. 박 씨는 마을 어른들로부터 이 일대에도 발전기 시설과 커다란 탐조등이 있었다고 전해 들었다고 한다.

이곳 농소리 중밭골 계곡 아래쪽에 남아 있는 시설들은 위치한 장소나 콘크리트 구조물의 형태 등을 감안할 때 진해해병단이 설치한 감시초소인 특별견장소가 있었던 장소로 보인다. 관련문서를 보면 거제 농소에 설치된 특별견장소의 시설에는 발전기, 연료고, 냉각실, 펌프실 등이 있었는데 현재 남아 있는 콘크리트 유적들과 거의 유사함을 알 수 있다. [1]

또 하나 거제 농소의 일본 해군시설이 어떻게 활용되었는지를 밝혀 줄 수 있는 문서를 패전 시 일본군이 미군에게 넘긴 진해 경비부 인도목록에서 발견하였다. [2] 이 문서에 따르면 이 지역은 태평양전쟁이 끝나기 바로 직전 진해 경비부 소속 진해연합특별육전대(鎭海連合特別陸戰隊) 1개 대대가 긴급 투입되어 최후의 결전을 준비했던 곳이다.

육전대(陸戰隊) 또는 해군육전대란 상시적인 부대가 아니고 함선의 승무원을 무장시켜 임시로 편성한 육상전투부대를 의미한다. 이에 비해 해군기지인 진수부 등의 육상근무 인원을 훈련시켜 만든 상설 지상전투부대를 특별육전대라고 부른다. 그리고 다수의 특별육전대를 결합하거나 방공대 등과 결합해 만든 것을 연합특별육전대라고 한다. 태평양전쟁이 끝날 무렵 일본 해군에는 특별육전대가 54개, 연합특별육전대가 11개 만들어졌다. 진해 연합특별육전대도 그중 하나였다.

진해 경비부에 연합특별육전대가 설치된 것은 패전 바로 직전인 1945년 7월 20일이다. 이 당시 일본 해군은 필리핀과 오키나와 해전에서의 계속적인 패전으로 전함의 대부분을 상실하고 남아 있는 것이 별

1 제3부 9장 "진해 경비부의 감시초소와 방어시설" 참조.
2 JACAR, 〈鎭海連合特別陸戰隊〉, Ref. C08010525200.

〈표 3-8〉 진해연합해군 특별육전대 해대(解隊) 당시의 상황

부대명	구분	인원	합계
사령부 부대	연특사령부, 사령부 대대(4개 중대 편제) 연특통신대, 연특화병대, 연특의무대, 연특주계대	1,653	
진해 제1 특별육전대	제1육전대 본부, 제1대대, 제2대대, 제3대대 공작대, 통신대, 의무대, 주계대	3,138	7,776
진해 제2 특별육전대	제2육전대 본부, 제4대대, 제5대대, 제6대대, 공작대, 통신대, 의무대, 주계대	2,985	

JACAR, 〈鎭海海兵團(1)〉, Ref. C0801052500.

〈표 3-9〉 배비 철폐(撤廢) 전의 병력 주둔상황

주둔지명	병력	대원 수	기타
해병단	사령부 부대	1,900	
가덕도	2개 대대 (3개 중대결)	1,798	1개 대대 (2개 중대결)
장목면 (거제도)	1개 대대 (1개 중대결)	1,127	1개 대대 (1개 중대결)
견내량	1개 중대	157	1개 중대결
행암치 (고개)	3개 중대	350	
진해여학교	1개 대대	756	
진창치 (고개)	반개 대대	455	
산성산	반개 대대	433	
번정	반개 대대	34	
매락현	1개 중대	113	
마천수원지	1개 소대	58	
상남통신대	1개 소대	50	
원산파견대	1개 중대	145	함경남도 원산항공대 파견
합계		7,776	

JACAR, 〈鎭海海兵團(1)〉, Ref. C0801052500.

로 없었다. 조선의 주변 해역 방어를 담당하는 진해 경비부의 상황은 말할 것도 없었다. 더구나 미군의 한반도 상륙이 불시에 이루어질 것으로 점쳐지는 다급한 시점이었다.

이처럼 전세가 극히 불리해지고 위기감이 커지는 상황에서 일본 해군은 동원할 수 있는 함정과 육상의 근무인원을 총동원하여 서둘러 연합특별육전대를 편성하였다. 해군기지가 무너진 뒤를 상정하여 잔여 병력을 육상전투로 전환하려는 계획이었던 것이다. 당시 진해 연합특별육전대의 편성인원은 사령부와 제1·2 특별육전대 등 총 7,776명이었다. 1945년 8월 22일 부대를 해체할 당시의 부대현황은 〈표 3-8〉과 같았다.

부대인원의 계급별 현황을 보면 장교 91명, 준사관 82명, 하사관 310명, 일반병이 7,293명이었다. 아울러 연합특별육전대 병력의 지역별 배치현황을 살펴보면 〈표 3-9〉와 같다.

〈표 3-9〉를 살펴보면 특별육전대 병력은 크게 세 군데 지역에 집중 배치되어 있음을 알 수 있다. 진해 경비부를 중심으로 한 진해 시가지 주변지역과 가덕도와 거제 장목지역이다. 가덕도와 거제 장목은 진해만 안으로 연결되는 가덕수도를 방어하기 전략적 요충이다. 〈표 3-9〉를 보면 농소에는 1개 대대병력 1,127명이 주둔했음을 알 수 있다. 이 밖에 소수의 병력들이 배치된 지점들은 러일전쟁 이래 일본군이 진해지역 방어를 위한 군사적 요점으로 중시했던 곳들임을 알 수 있다.

결론적으로 거제 농소에는 진해 경비부 산하 해군기지가 자리하고 있었으며, 태평양전쟁 말기 전황이 다급해지면서 이곳에는 감시초소인 특별견장소가 세워졌고 패전 직전에는 연합특별육전대가 편성, 배치되어 최후의 본토결전을 준비했던 장소였음을 알 수 있다.

4

연근해 주정기지와 해상수송루트 확보

〈군산 · 목포 부근 연안압어배비요도〉

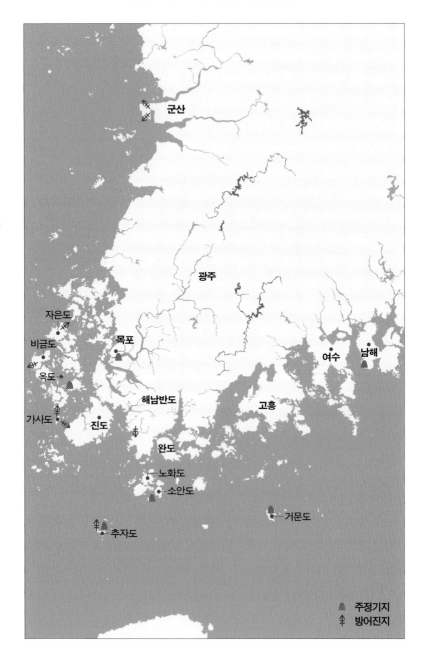

경남 남해군 남면 선구리

여수 요새사령부 산하 여수 중포병연대 남해 포대가 자리잡았던 남해군 남면 선구리 선구마을의 맞은편에는 작은 포구를 끼고 있는 항촌(項村) 마을이 있다. 이곳에는 진해 경비부 산하 일본군 해군기지가 있었는데 관련 흔적들도 제법 많이 남아 있다. 남면 선구리 한 구역 내에 일본 육군이 설치한 요새포대와 해군부대가 동시에 배치되었던 것이다.

　항촌마을은 서북쪽으로는 작은 만을 사이에 두고 선구마을과 마주하고 있고, 남서쪽으로는 주민들이 앞산이라고 부르는 야산이 자리하며 그 왼쪽에 목섬이라는 작은 돌섬이 연결되어 있다. 해방 전 이 일대 전역에 일제의 해군부대가 자리잡고 있었다.

　주민들의 증언에 따르면 우선 포구 위쪽 바닷가에는 간이발전소가 만들어졌으며 여수 쪽을 향해 바다 속으로 해저케이블이 연결되어 있었다. 포구 아래쪽 앞산과 접한 지점에는 현재 선박수리소가 있는데 그 주변으로 일본군들이 사용하던 건물들이 들어서 있었다. 지금은 거

남해 향촌마을 전경. 일본군이 만든 물탱크가 남아 있다.

의 사라지고 단 하나의 시설물이 남아 있는데 용도가 분명치 않다. 시설물은 견고한 콘크리트 하층부만 남아 있으며 주민이 그 위에 지붕을 새로 얹어 주거용으로 사용하고 있다.

그곳에서 100여 미터쯤 떨어진 언덕 위, 밭 한가운데에 높이가 약 2미터 정도 되어 보이는 직육면체의 콘크리트 구조물이 서 있다. 사방이 막혀 있으나 아래쪽에 만들어진 배수구를 통해 언덕 아래 시멘트로 만든 수로와 연결되어 있다. 주민들은 물을 보관하는 저수탱크라고 말했다.

마을 위쪽 앞산 언덕 위에 제법 널따란 주차장 공간과 건물이 덩그러니 세워져 있다. 이 주차장 일대에 일본군 막사가 여러 채 있었다. 바닥은 콘크리트 기초로 만들어졌는데 너무 견고하여 동네 사람들이 이를 깨버리는 데 애를 먹었다고 한다.

주차장에서 다시 정상부로 연결되는 산길을 따라가다 보면 팔각정

남해 주정기지 시설물 (신호소로 추정됨)

을 만난다. 그런데 팔각정 너머 숲속 평지에 여기저기 격자형의 콘크리트구조물들의 잔해가 흩어져 있다. 막사가 세워졌던 기초인데 한눈에 봐도 수십 간은 될 듯한 넓이다. 전체적으로 몇 개 중대의 병력이 주둔할 수 있는 규모로 보였다.

막사 터 남쪽, 바다를 접한 지점에는 잘록한 원통형의 콘크리트 구조물이 세워져 있다. 높이는 4~5미터 정도인데 안쪽 벽면에 위로 올라가기 위한 쇠사다리가 만들어져 있다. 등대나 신호소(망루)로 사용한 것으로 추정된다. 막사 터에서 항촌마을을 바라보는 쪽 산기슭에는 직육면체의 콘크리트 구조물이 세워져 있는데, 내부가 칸칸으로 나누어진 물탱크였다.

해방 후 주민들은 마을에 남아 있는 일본군 시설들을 대부분 없애버렸다. 산 위에 있던 막사건물도 헐어버리고 목재들만 뜯어내 인접한 사촌마을의 삼남초등학교 증축공사에 사용했다고 한다.

항촌마을에 해군기지가 언제 어떻게 만들어졌는지를 밝힐 수 있는 문서는 찾지를 못했다. 하지만 남아 있는 다른 기록을 통해 몇 가지 사실은 확인을 할 수 있다. 첫째, 일본군은 1944년~1945년 사이 서남해안을 통과하는 항로상의 요지 곳곳에 주정기지(舟艇基地)를 설치했는데 항촌마을도 그중 하나였다. 태평양전쟁 말기 미군의 비행기와 잠수함 공격이 본격화되면서 한반도 주변해역을 오가는 일본군 수송선들의 피해가 극심해졌다. 그러자 일본군은 곳곳에 만들어진 주정기지에 해방함(海防艦)과 같은 소형 구축함들을 배치하여 수송선을 호위하게 하였다. 주정기지는 장거리 항로를 오가는 선단들이 미군의 공격에 대비해 일시 피항하는 장소로 사용되었다.

일본군 문서에 〈군산·목포부근 연안방어배비 요도〉[1]라는 지도가 남아 있는데 서남해안 항로를 보호하기 위해 설치한 주정기지와 방어부대의 배치상황을 보여준다. 이 지도에 표시된 주정기지는 남해도, 거문도, 노화도, 추자도, 옥도, 목포 등이다. 항촌마을의 해군기지도 그러한 주정기지의 하나로 활용된 것으로 보인다(240쪽 지도 참조).

둘째, 태평양전쟁 말기 항촌마을에는 진해 경비부에서 설치한 방비위소가 있었다. 방비위소는 수중청음기를 사용해 적의 잠수함이 침투해 들어오는 것을 사전에 탐지하는 시설이다. 여러 가지 정황을 볼 때 방비위소 관련시설은 포구 아래쪽 선박수리소 부근에 있었을 것으로 추정된다. 주민들이 증언하는 발전소나 케이블 등은 수중청음기를 운용하는 데 필요한 설비들이었다. [2]

---

1 JACAR, 〈附図第1 群山·木浦附近沿岸 防禦配備 要図〉, Ref. C13031946500.
2 제3부 10장 "진해 방비대의 방비위소들" 참조.

전남 여수시 삼산면

여수에서 여객선을 타고 2시간여를 내려가면 다도해 최남단에 위치한 거문도에 도착한다. 여수로부터 114. 7킬로미터, 제주도로부터는 110 킬로미터로, 여수와 제주를 잇는 뱃길의 거의 중간지점에 위치한다. 행정구역상로는 전남 여수시 삼산면에 속한다. 거문도는 동도와 서도 그리고 면사무소가 있는 고도(거문리) 등 3개의 섬으로 이루어져 있다. 그래서 예로부터 삼도, 삼산도 또는 거마도(巨磨島) 등의 이름으로 불렸다. 그러다가 1885년 이곳을 방문한 청나라 수군제독 정여창이 주민들과 필담을 나누다가 그들의 문장 실력이 대단한 것에 놀라 '뛰어난 문장가들이 많다'는 의미에서 거문도(巨文島) 라고 부르기 시작했다는 일화가 전해진다.

섬 전체의 면적은 약 27.54제곱킬로미터. 길쭉한 3개의 섬이 병풍처럼 둘러싸고 있어 안쪽으로 3. 30제곱킬로미터 정도의 아늑한 내해를 형성했다. 수심도 깊어 큰 배들이 자유롭게 드나들 수 있으며 주변에 풍부한 어장이 형성되어 수산업의 중심지 역할을 해왔다.

거문도는 지정학적 측면에서도 매우 중요한 곳에 위치한다. 우리나라 남해안에서 제주도로 연결되는 항로의 중간에 있을 뿐 아니라 동해에서 서해로 이어지는 항로의 중심에 자리한다. 그로 인해 일찍부터 서구열강들은 거문도에 눈독을 들이고 치열한 주도권 다툼을 벌였다.

처음으로 거문도가 세계에 알려진 것은 1845년 영국 해군소속 사마랑(HMS Samarang) 호에 의해서였다. 그들은 약 한 달간에 걸쳐 제주도와 거문도 사이의 해역을 탐사하고, 당시 영국 해군성장관 W. A. B. 해밀턴(Hamilton) 의 이름을 따서 해밀턴 항(Port Hamilton) 이라고 이름 붙였다.

1852년 일본과의 무역을 개척하기 위해 원정탐사 길에 나섰던 러시아의 푸탸틴(Yevfimy Putyatin) 해군중장도 거문도의 전략적 중요성에 주목하였다. 그가 이끄는 군함 팔라다(Pallada) 호는 1854년 4월 거문도를 방문하여 11일간 머물면서 주민들과 필담을 통해 저탄장 건립 가능성을 타진하였다. 당시 푸탸틴의 비서관이었던 작가 이반 곤차로프(Ivan Goncharov) 가 남긴 여행기에는 거문도에서의 경험과 주민들의 생활 모습 등을 그린 내용이 담겨 있다.

그로부터 31년이 지난 1885년 4월, 영국정부는 3척의 군함, 아가멤논(HMS Agamemnon), 페가수스(HMS Pegasus), 파이어브랜드(HMS Firebrand) 등을 보내 거문도를 무단으로 점령하였다. 이른바 거문도사건이 일어난 것이다. 이는 러시아가 아프가니스탄의 영토를 무단으로 점령하는 판제 사건(Panjdeh Incident) 이 일어나자, 이후의 러시아의 움직임에 기선을 가하려는 조치였다. 거문도를 점령함으로써 러시아의 동북아 진출을 막고 러시아 해군의 남하를 차단하려는 의도였다.

영국은 거문도에 병사들을 위한 막사를 세우고 방어물을 설치하였다. 그리고 거문도에서 중국 양쯔 강 입구까지 해저케이블을 가설하여 전신망을 완성하였다. 무단점령에 대한 조선 정부의 항의에도 불구하고 거문도에서의 주둔을 강행하던 영국군은 러시아의 위협이 줄어들자 1887년 2월 27일 기지를 해체하고 완전히 철수했다. 거문도 내 고도에는 지금도 10명의 영국인 수병과 해병의 무덤이 남아 있으며, 1982년 존 모건 대사가 처음으로 방문한 뒤부터 해마다 주한영국대사관은 이곳을 참배하고 있다.[1]

일본도 거문도의 전략적 중요성을 일찍부터 간파했다. 일본은 일찍이 조선에 대한 침략을 준비하면서 상인과 군인들을 동원하여 조선의 주변 지리에 대한 정보를 수집하고 정리하는 데 몰두했다. 푸탸틴 제독이 거문도를 방문한 이듬해인 1855년, 동남해안 일대를 측량하고 만든 해로지도를 입수하여 이 일대의 지리적 상황을 꿰뚫고 있었다.

러시아와의 일전을 준비하던 일제는 1904년 1월 사세보에서 거문도까지 해저케이블을 부설하였다. 그리고 거문도를 진해만방비대의 전초기지로 삼았다. 서도에 있는 망루산〔덕촌마을 남동쪽의 보로봉(170미터)으로 추정됨〕꼭대기에 해저전신 및 무선전신소와 가설망루를 설치하여 주변 바다상황을 감시하도록 하였다. 아시아역사자료센터에는 당시에 설치한 가설망루의 위치도와 배치도가 남아 있다.[2]

---

1 거문도의 개략사는 곽영보 편, 《격동 거문도 풍운사: 한말거문도사건》, 삼화문화사, 1987 참고.
2 JACAR, 〈第76号 巨文島 仮設望樓 位置図〉, Ref. C05110173900, 〈第77号 巨文島 仮設望樓 配置図〉, Ref. C05110174000.

당시 서도 덕촌리에서 기거하면서 해군의 해저전신 업무를 담당했던 것은 도토리현의 사족 출신인 고야마(小山光正)라는 자였다. 그는 러일전쟁이 끝나고 해군기지가 철수한 뒤에도 거문도에 남아 있었다. 그리고 1906년 6월 체신대신의 허가를 받아 거문도에 우편소를 개설하고 수년간 소장을 역임하였다. 그는 거문도에 거주한 최초의 일본 민간인으로 기록되고 있다.

그 후 거문도에 들어오는 일본인들의 수는 점점 늘어났다. 일제에 의해 한국이 강제로 병합되고 일본인들의 식민지 이주가 아주 쉬워졌기 때문이다. 당시 거문도는 일본에서 가까운 천혜의 양항인 데다 일찍이 통신시설이 갖추어졌고 주변에는 수산자원이 풍부했다. 반면 당시 서일본 지역의 연근해 어업은 거의 포화상태였기 때문에 생업을 포기하다시피 했던 일본인들에게 거문도는 신천지로 여겨졌던 것이다. [3]

고도(거문리)를 중심으로 형성된 일본인 마을에는 면사무소, 순사주재소 등 각종 행정기관이 세워지고 신사도 만들어졌다. 아울러 수산가공, 철공, 조선, 유흥, 숙박업소 등도 들어섰다. 기록에 따르면 1942년 고도(거문리)에는 일본인이 78호 309명, 조선인은 223호 1,092명으로 총 301호 1,401명이 거주했다. [4]

비교적 평화로운 어촌마을이었던 거문도에 군국주의 바람과 함께 전쟁의 기운이 고조된 것은 일제가 만주사변(1931)과 중일전쟁(1937)을 일으킨 1930년대부터다. 한반도는 일제의 대륙침략을 위한 병참기지로 본격 편입되었고, 무기와 병력을 실어 나르기 위한 수송루트의

---

3 中村 均, 《韓國巨文島にっぽん村: 海に浮かぶ共生の風景》, 東京: 中央公論社, 1994.
4 최길성 편, 《일본 식민지와 문화변용: 한국 거문도》, 1994.

안전 확보가 무엇보다 중요해졌다. 이런 상황에서 거문도를 찾는 일본 육해군 장성들의 발길이 계속하여 이어졌다. 당시에 거문도를 방문했던 일본군 인사들을 살펴보면 다음과 같다. [5]

1928. 8. 6. 가나야 한조(金谷範三) 조선군사령관(육군중장), 곤고마루(金剛丸)를 타고 내도.

1930. 7. 29. 미나미 지로(南次郎) 조선군사령관 내도.

1931. 4. 9. 요나이 미츠마사(米內光政) 진해 요항부 사령관(해군소장)이 구축함 2척을 인솔하고 내도.

1932. 9. 10. 우가키 가즈시게(宇垣一成) 조선총독(육군대장), 곤고마루를 타고 내도(이 배에서 1박).

1933. 5. 16. 가와시마 요시유키(川島義之) 조선군사령관이 유아사 사부로(湯淺緣郎) 조선헌병사령관(육군소장)을 대동하여 내도.

1937. 6. 22. 하라 다카시(原敬太郎) 진해 요항부 사령관(해군중장)이 구축함 2척을 인솔하여 내도〔장문옥(長門屋) 여관에서 1박〕.

1937. 9. 20. 나가노 오사미(永野修身) 연합함대사령장관(해군대장)이 막료인 고마츠 데루히사(小松輝久) 공작(해군소장)을 대동하고 내도.

1940. 2. 25. 고바야시 소노스케(小林宗之助) 진해 요항부 사령관(해군중장)이 구축함 2척을 인솔하여 내도.

1942. 5. 7. 오와다 요시노스케(大和田芳之介) 진해 방전사령관(해군소장)이 내도.

---

5 中村 均, 《韓國巨文島にっぽん村: 海に浮かぶ共生の風景》, 東京: 中央公論社, 1994.

위에서 나열된 인물 중 우가키 가즈시게는 1927년 제 4대 조선총독으로 잠시 재직했으며, 1931년 제 6대 총독(1931~1936 재임)에 재취임, 조선에서 황국신민화정책을 추진하고 파쇼지배체제를 확립하는 데 힘을 기울인 자였다.

미나미 지로 조선군사령관은 후에 우가키 가즈시게에 이어 제 7대 조선총독(1936~1941 재임)에 취임하였다. 그는 조선총독으로 재임한 6년 동안 내선일체의 황민화정책을 강행하고 조선인 지원병제도를 도입하여 조선인을 전쟁터로 내몰고 창씨개명을 강요하여 조선인들의 이름을 빼앗으며 한민족 문화말살정책을 추진한 장본인이었다. 그는 조선 재임시절 지방을 수시로 순시하고 곳곳에 그 흔적을 남겼다. 1930년 7월 거문도를 순시하고 난 뒤에는 덕촌마을 남쪽 높이 70미터가 넘는 해안암벽에 그의 이름을 크게 새겼는데, 이는 해방 후 주민들이 폭파했다고 한다.[6]

지난 2011년 11월에는 목포여자중학교 운동장 공사현장에서 미나미 지로 필체의 '팔굉일우'(八紘一宇)라고 새겨진 비석이 발견되었다. 팔굉일우는 일제가 침략전쟁을 합리화하기 위해 지어낸 구호로, '(천황을 위해) 전 세계(八紘)를 하나의 집으로 만든다'는 의미를 담고 있다. 이 비석은 목포의 근대역사관에 옮겨져 보관되고 있다.

이처럼 남해 먼 바다에 외롭게 떠 있는 거문도에 일제의 최고위층 군부 인사들의 발길이 끊이지 않았다는 것은 분명 이곳이 군사전략상 매우 중요한 곳이었음을 말해준다. 하지만 일제가 당시에 거문도의 전략적 가치를 어떻게 평가했는지, 그리고 거문도에서 구체적으로 어떤 군

---

6 郭泳甫, 위의 책.

사적 정책을 펼쳤는지는 제대로 알려지지 않고 있다. 추후의 연구가 요구되는 부분이다.

거문도가 다시 한 번 군사적 요충으로 부각된 것은 1941년 12월 태평양전쟁이 발발하면서부터다. 거문도는 진해 경비부 사령관의 지휘 아래 들어가고, 만내에는 구축함 등 전함의 출입이 더욱 빈번해져 거문리 해안에는 초계정들이 상주하였다. 그 후 한반도 주변 해역과 동중국해 부근에서 미군이 항공기와 잠수함을 동원해 일본 군함과 수송선뿐만 아니라 민간 선박에 대해서도 무차별적 공격을 가하기 시작하면서 긴장은 더욱 고조되었다. 거문도 근해의 방어를 위해 진해 경비부 소속의 거문도해면 방비부대가 편성, 배치되었고 1944년 말부터는 일본과 중국을 오가는 수송선단을 호위하기 위한 해방함들도 배치되어 주변의 주정기지를 오가며 호송임무를 수행하였다.

거문도 장촌마을이 고향인 이성화 씨(1929년생)는 1944년 10월 강제징용을 당해 해방될 때까지 일본 사세보 지역의 광산에서 일했다. 이 씨는 징용을 떠나기 직전 거문도의 상황을 다음과 같이 기억했다.

거문도 만내에 구축함이 많을 때는 9척까지 있었어요. 구축함의 전문이 잠수함 잡는 것 아닌가요. 거문도 밖에서는 (만내에 있는) 이런 군함들이 안 보여요. 크기는 한 2천 톤급. 그렇게 크지는 않았어요.

거문도 곳곳에는 일본 해군들이 구축한 군사시설들이 많이 남아 있다. 우선 서도리 장촌마을에는 진해 해군항공대 거문도파견대가 주둔하였던 흔적을 볼 수 있다. 주민들은 이곳에는 수상비행기 3대가 배치되어 마을 앞바다에서 이착륙하는 것을 자주 볼 수 있었고, 전쟁말기

거문도 불탄봉 일본군 진지시설과 그 내부

일본군들은 서도국민학교 건물의 일부를 강제로 수용해 머물면서 수상비행기의 정비와 보급 등의 업무를 수행하였다고 증언했다.

서도리 덕촌마을에도 일본 해군들이 주둔했다. 마을에는 일본군들이 파놓은 동굴진지 두 개가 있었는데 해방 후 입구를 막아버려 안으로 들어가 볼 수는 없다. 덕촌마을 해군은 마을 뒷산인 불탄봉(해발 190미터) 정상에 있는 군사시설과 관련이 있는 것으로 보인다. 불탄봉 정상에는 3개의 콘크리트 구조물이 남아 있는데 1개는 '一'자형, 2개는 'T'자형이다. 입구의 콘크리트 두께가 35센티미터에 달할 정도로 매우 견고하게 만들어져 있다. 'T'자형 구조물 안쪽 천정에는 사방 50센티미터 정도의 환기구 두 개가 만들어져 있다.

이 불탄봉 정상의 시설물들은 일본 해군의 레이더 부대가 주둔하면서 사용했던 것이다. 일본군이 남긴 〈거문도수비대 진지배비 요도〉[7]에 의하면 불탄봉 정상에는 전파탐신기(電波探信機; E. L.)가 설치되

거문도 동도리 지휘벙커

어 있었다. 전파탐신기는 일본 육군의 전파경계기와 비슷한 것으로 전파를 발사해 적기의 움직임을 포착해내는 레이더 시설이다.

　동도리 죽촌마을 해안가에는 모두 7개의 동굴 입구가 만들어져 있다. 마을 민가 뒤쪽에 위치해 있고 일부는 수풀로 가려져 쉽게 눈에 띄지는 않지만 찾아 들어가보면 입구부터 콘크리트를 사용해 견고하게 만들어져 있다. 입구는 5개이지만 그중 두 개는 ㅓ모양으로 연결되어 있고 3개는 王자를 옆으로 누인 모양으로 연결되어 있기 때문에, 전체적으로 보면 4개의 동굴진지로 볼 수 있다. 동굴의 크기는 대략 폭 3미터, 높이 2.5미터, 길이는 16~30미터에 달한다. 그리고 동굴진지가 있는 해안가 위쪽 산기슭에도 두 개의 견고한 콘크리트 벙커가 있는데 지휘부가 사용하기 위한 시설로 판단된다.[8]

　7 JACAR, 〈巨文島守備隊 陣地配備 要図〉, Ref. C14021106000.

주민들에 따르면 이 동도리 해안에서 진지동굴 공사가 이루어진 것은 1944년 후반부터 1945년 해방직전까지다. 이 공사에는 거문도 각 마을에서 교대로 동원된 60명과 외지에서 들어온 광산기술자들이 투입되었다. 주된 작업은 해안가 자연암반에 폭약을 사용해 동굴을 굴착하는 것으로, 바위가 무척 단단해 공사가 더딜 수밖에 없었다. 15살에 편찮으신 아버지를 대신해 강제노역에 동원되었던 김철성 씨(1941년생)는 당시를 다음과 같이 회고한다.

발파할 때 생기는 돌들을 광차에 실어다 해안가에 버리는 일을 했어요. 그 돌들이 쌓여 자연스럽게 바닷가 부두의 저반시설이 되었지. 당시에는 누구라도 일을 안 하면 배급을 받을 수가 없었어요.

동도리 해안가에 구축한 진지동굴의 용도는 자살특공기지였다. 〈거문도수비대 진지배비 요도〉에는 '해군 수상특공기지 동굴'(海軍水上特功基地 洞窟)이라고 명시되어 있다.[9] 육군과는 달리 일본 해군은 군사시설 관련기록들을 철저히 없애버려 남아 있는 것이 거의 없는데, 이런 기록이 남아 있는 것은 매우 드문 일이다.

동도리 해안 진지동굴에 어떤 특공무기를 숨겨두려 했는지를 추정해볼 수 있는 단서가 남아 있다. 먼저 17방면군의 본토결전 준비과정을 정리한 문서에 작전준비 제2기(1945년 4월~5월) 사이에 일본 해군

---

8 김윤미, "일제말기 거문도 요새화와 조선인 동원", 한일민족문제학회, 〈한일민족문제연구〉, 제22권, 2012, 161~198쪽.

9 JACAR, 〈巨文島守備隊 陣地配備 要図〉, Ref. C14021106000.

이 "제주도지구 및 여수, 거문도, 진해, 통영 부근에 카이텐(回天), 코류(蛟龍) 등의 수중특공기지를 설정함과 함께 육전병력의 증강을 계획 중이었다"는 기록이다.[10] 이를 통해 본다면 동도리 해안진지는 인간어뢰 카이텐이나 특수잠항정인 코류를 숨겨두기 위한 시설로 판단된다.

동도리 해안 진지동굴의 시설규모도 카이텐(폭 1미터, 길이 14.75미터)이나 코류(폭 2미터, 길이 26.15미터)를 격납하기에 충분한 크기로 보인다. 당시에는 해안동굴에서 바다로 이어지는 유도로 시설까지 만들어졌는데 지금도 간조 시에는 콘크리트로 만든 그 흔적들이 물 밖으로 드러난다.

1945년 4월 미군의 오키나와 공략이 시작된 전후부터 거문도에 육군 병력이 계속 투입되면서 섬은 군인들로 더욱 붐비게 되었다. 당시 거문도에 투입된 군인들은 주로 제150사단 예하 병력이었다. 그들은 섬 곳곳에 토치카와 진지동굴 등 방어시설들을 만들었는데 지금도 흔적들이 꽤 남아 있다.

〈거문도수비대 진지배비 요도〉를 보면 일본군은 먼저 서도의 음달산(230미터) 정상부에 지휘소를 설치하고 주변 산기슭에 7~8개의 기관총 설치용 진지동굴과 2개의 포대를 구축한 것으로 나타난다. 지금도 산 중턱에는 토치카 시설이 남아 있는데, 특이하게도 벽면은 콘크리트로 만들어졌지만 천장은 주변 산에서 베어온 굵은 나무를 갱도 버팀목으로 사용했다. 시멘트와 철근 등 물자가 부족했던 것이다.[11]

---

10 JACAR, 〈本土作戰記錄 第5卷(第17方面軍)〉, Ref. C13070044800.
11 "1945년 한반도는 일제의 결전기지였다", 〈KBS스페셜〉, 2009년 8월 15일 방영 참조.

거문도 음달산 토치카

이 밖에도 서도의 북쪽 엄나무산 중턱에 2개, 고도의 오른쪽 작은 산봉우리에 1개, 그리고 동도의 망향산 정상부(해발 240미터)에 2개의 진지시설을 구축했던 것으로 표시되어 있다.

전황의 악화는 거문리를 중심으로 살아가던 일본 민간인들의 삶에도 큰 변화를 가져왔다. 남자들은 재향군인회 중심으로 매일같이 군사훈련을 실시하고 여자들도 '몸뻬'(もんぺ) 차림으로 각종 노역과 훈련에 동원되었다. 밤마다 등화관제 연습이 실시되었고 집집마다 뒷마당에 방공호를 파야만 했다. 지금도 거문리에 남아 있는 일본식 가옥의 뒤뜰에는 당시에 파놓은 방공호들이 남아 있다.

제2차 세계대전의 패전과 함께 일본인들은 거문도를 떠났다. 거문도에 남아 있던 일본인 묘지들도 모두 철거되었다. 해방 후 한동안 거문도에 거주했던 일본인들의 발길이 이어졌는데 최근에는 점차 뜸해지고 있다고 한다.

전라남도 완도군 소안면

전라남도 완도군에 속해 있는 소안도(所安島). 소안도에 가기 위해서 완도의 화흥포(花興浦) 항으로 가서 농협에서 운영하는 카페리를 타면 약 50분 정도 걸린다. 노화도 동천항을 거쳐 소안도의 비자리항까지 가는 이 카페리는 이용객 수가 많아서인지 한꺼번에 자동차 50대 이상을 실어 나를 수 있는 제법 큰 규모이다.

　소안도는 인접한 횡간도(橫看島), 노화도(蘆花島), 보길도(甫吉島), 당사도(唐寺島) 등과 함께 소안군도(所安群島)를 이룬다. 소안군도의 지형을 좀더 자세히 살펴보면, 오른쪽에 소안도가 남북으로 길게 펼쳐지고 왼쪽으로는 위아래로 노화도와 보길도가 위치한다. 이 세 섬 사이에 남북으로 이어진 수로는 예로부터 육지와 제주를 연결하는 중요한 항로였다. 수로의 좌우로 산들이 둘러싸고 있어 안쪽은 잔잔한 내해를 이룬다. 그래서 현재 이곳은 천혜의 전복과 김 양식장으로 이용되고 있다.

소안도 수로

이 수로의 남쪽 끝에는 당사도가 커다란 내해의 입구를 지키는 수문장처럼 버티고 서 있다. 지도상에서 보면 당사도는 마치 난바다의 거센 파도가 곧장 소안군도의 내해로 밀려드는 것을 정면에서 막아주고 있는 듯한 느낌이다. '소안도'라는 지명도 제주에서 출발한 배들이 거친 파도와 싸우며 힘겹게 항해하다 당사도를 지나 소안도에 이르면 "비로소 마음을 놓고 안심할 수 있는 곳"이라는 의미로 붙여진 것이라 한다.

소안도가 제주도를 오가는 항로상에서 중요한 역할을 했음을 알려주는 비석이 비자리 선착장 부근에 세워져 있다. 조선후기 제주목사를 지낸 백낙연과 심연택의 영세불망비가 그것인데, 《완도군지》에 따르면 이들이 육지와 제주를 오가는 선박들의 중간기항지를 소안도에 두게 함으로써 소안도가 번성하는 데 많은 기여를 했다는 것이다.[1] 당시 안전한 항해를 위해서는 난바다로 나서기 전에 바람이 잦아들고 파도가 잔잔해질 때까지 섬 안의 안전한 포구에서 무작정 기다려야 했다.

일본도 일찍이 소안도의 이런 지정학적 특성을 간파했다. 1888년 일제의 육군참모본부가 발간한 《조선지지략》(朝鮮地誌略)의 총론에는 소안도에 대해 "해만(海灣)이 저명한 곳으로 삼도(거문도)와 소안도가 있는데 만내(灣內)는 풍파를 피하기에 적당하고 좋은 묘지(錨地, 배의 정박지)로 삼을 만하다"고 적고 있다. ²

일제가 소안군도 남쪽에 자리한 당사도에 유인 등대를 세우고 최초로 불을 밝힌 것은 1909년 1월 1일이었다. 당사도는 부산에서 인천으로 이어지는 연근해 항로와 목포 등에서 제주로 가는 남북 항로의 교차점에 위치한 요충지였다. 당시 조선을 병탄하고 대륙침략의 야욕을 본격화하던 일제로서는 대형 상선과 군함의 통항에 필요한 등대의 설치가 매우 시급한 사안이었다.

원래 당사도의 지명은 자지도(者只島) 또는 '항구의 문'이라는 의미의 항문도(港門島)였다. 지금도 소안도 사람들은 당사도보다는 자지도라는 이름으로 더 많이 부르고 있다. 그런데 이런 지명들이 입에 담기에 민망하다고 하여 1982년도에 지금의 당사도(唐寺島)라는 명칭으로 바꿨다. 당사도는 중국과의 무역에 종사하는 상인들이 안전항해를 기원하는 제를 올렸던 섬이라는 의미라고 한다.

등대가 불을 밝힌 지 얼마 안 된 1909년 2월 24일, 소안도 출신 동학군과 해남 출신 의병들이 자지도 등대를 습격하여 일본인 등대 간수 4명을 처단하는 사건이 발생했다. 사건의 전말을 말해주는 구체적 자료

---

1 莞島郡誌編纂委員會, 《莞島郡誌》, 莞島郡, 1992.
2 陸軍參謀本部, 《朝鮮地誌略》, 1888.

는 부족하지만 침략을 노골화하는 일제에 대한 조선 민중의 분노가 폭발한 사건으로 보인다. 일제는 당시 살해당한 일본인 간수들을 기리기 위해 '조난기념비'를 세웠는데 해방 후 파손된 채 방치되었다가 1997년 등대 부근에 항일전적비를 건립하고 그 옆에 파손된 조난기념비를 나란히 세워두었다.

소안도에서는 일제강점기에도 강력한 항일저항운동이 전개되었다. 소안도 항일운동기념관 이대욱 회장에 따르면 이 섬에서만 20명이 정부의 건국훈장을 받는 등, 모두 89명의 항일독립운동가가 배출되었다. 그리고 소안도는 함경도 북청, 부산 동래와 함께 일제강점기 가장 독립운동이 활발하게 일어났던 3대 성지로 꼽히게 되었다. 이러한 전통을 자랑하기 위해 지난 2012년부터 집집마다 태극기 걸기 운동을 시작하여 섬마을은 항상 온통 태극기 물결로 가득 차 있다.

역사상 소안도가 중요한 군사적 요충지로 부각되게 된 것은 태평양전쟁이 막바지로 치닫던 1945년 이후이다. 1945년 4월 8일 제주도 방어를 담당할 제58군을 새로 편성하는 등 꾸준히 본토결전 준비를 하던 일제는 오키나와가 함락된 직후부터 본격적으로 대규모 병력과 군수품을 제주도로 실어 나르기 시작했다. 미군의 집중적 공격 때문에 부산항보다는 여수나 목포항이 주로 이용되었는데, 그 당시 목포와 제주를 연결하는 항로상에서 중요한 중간 기항지가 바로 소안도였다. 특히 소안도 남서쪽에 있는 맹선리(孟仙里) 포구는 제주도를 오가는 일본군 수송선들의 중요한 대피항이었다. 맹선리에 사는 이서재 씨(1932년생)는 해방 전 마을 앞바다에서 직접 목격했던 일들을 아주 생생하게 기억하고 있다.

맹선리 앞바다는 옛날부터 제주도를 오가는 배들이 태풍을 피해 정박하던 천혜의 포구였어요. 그런데 해방 직전에는 제주도로 가는 수송선이 많을 때는 40~50척씩 정박했지요. 배는 일본 군인들과 군수물자를 가득 실었는데 언젠가는 보니까 자전거랑 지게만 가득 싣고 가더라고요.

당시에는 일본 선박에 대한 미군 비행기와 잠수함의 무차별 공격이 계속되었다. 그 때문에 일본 수송선은 낮에는 섬 안쪽에 숨어 있다가 어두워지면 움직이기 시작했다. 또한 미군의 공습을 피하기 위해 갑판 위에 나무로 만든 가짜 포를 설치하기도 하고, 배 위에 가득 실은 군수물자와 병력을 숨기기 위하여 그 위에 커다란 포장으로 덮어 위장하기도 했다. 이 씨의 목격담이 계속 이어진다.

일본의 수송선 왕래가 잦아지면서 맹선리 포구 뒤쪽 넓은 바다에는 항상 일본 군함들이 모여 있었어요. 적을 때는 두 척에서 많은 때는 대여섯 척씩 떠 있었는데 일본군들이 '가이보깡'이라고 불렀지요.

이 씨가 목격한 '가이보깡'은 해방함의 일본식 발음으로, 연합군 측의 무차별적인 통상파괴전에 의해 해상수송에서 큰 타격을 입은 일본군이 선단호위와 연안경비를 주 임무로 개발한 700톤급의 소형 전함을 말한다. 전쟁말기 일제는 주요 항로의 요지에 주정기지를 설치하고 해방함을 배치하여 선단의 호위임무를 맡도록 하였다. 일본군의 작전문서 〈군산·목포부근 연안방어 배비요도〉[3]를 보면 노화도(盧花島)에

3 JACAR, 〈附図第1 群山 木浦附 近沿岸防禦配備 要図〉, Ref. C13031946500.

소안도 포대 터를 설명하는 이서재 씨

설치한 주정기지가 표시되어 있는데, 이는 바로 노화도와 소안도 사이의 내해에 설치된 주정기지를 의미한다. 노화도의 다른 쪽에서는 아직까지 별다른 주정기지의 흔적이 발견되지 않고 있다.

오늘날의 맹선리 포구를 바라보면 해안가에 수백 년 된 후박나무 등 상록수림이 줄지어 자라고 있고 그 옆으로 고즈넉하게 자리한 포구 안에는 수십 척의 어선들이 평화롭게 정박해 있는 것을 볼 수 있다. 긴박했던 이전의 상황을 떠올릴 만한 아무런 흔적도 찾을 수 없다. 그런데 지금은 없어졌지만 얼마 전까지만 해도 마을 주변에는 일본 해군들이 사용하던 우물과 물탱크가 남아 있었다. 이서재 씨의 증언에 따르면 일본군들은 가끔씩 함정에서 내려와 뗏마선(전마선)으로 식수를 길어가거나 빨래를 해가기도 하였다. 마을 위쪽 빈 밭에서는 일본군들이 부상병을 응급치료하고 운송하는 응급구조훈련을 실시하기도 했다.

맹선리마을 뒷산 정상부에는 일본군들이 주변에 있는 돌들을 날라다 급하게 쌓아 만든 포대의 흔적도 남아 있다. 거의 무너져 내렸지만 일본군들은 이곳에 기관총을 설치하고 여러 차례 시험발사를 했다. 동네 사람들은 산꼭대기를 '탑바위 잔등'이라고 부르는데, 산 정산에 말안장 위에 놓인 탑처럼 생긴 바위가 있다고 해서 붙인 이름이다. 그곳에 서면 맹선리 포구는 물론 저 멀리 당사도와 그 뒤쪽으로 펼쳐진 추자군도가 가물거리는 모습을 볼 수 있다. 말로만 듣던 추자군도가 눈앞에 펼쳐지자 마치 그 앞의 거친 바다를 항해하는 듯 마음이 설레었다. 추자군도는 생각보다 상당히 넓게 자리 잡고 있다.

당시 긴박했던 상황 속에서 소안도와 직접 관련된 중요한 사건 중의 하나가 우리에게는 거의 알려지지 않은 '호에이마루(豊榮丸) 조난사고'다. 사고의 개요를 살펴보면 1945년 7월 2일 오후 3시, 일본인과 조선인 등 450명 이상의 소개자(疏開者)들을 실은 일본 육군의 화물선 호에이마루가 제주도를 출발한 뒤 목포 부근 소안도에 정박했다가 밤을 기다려 다시 목포로 출발했는데, 7월 3일 밤 11시경 기뢰에 부딪혀 해남군 송지면 어란리 서쪽 해상(34 22′N, 126 25′E)에서 침몰했다.

침몰의 정확한 원인에 대해서 미 해군의 공식전사에서는 '비행기 공격에 의한 침몰'로 기록되어 있고[4] 일본의 《일본상선대 전시조난사》[5] 등에는 '촉뢰'(觸雷)라고 되어 있는 등 기록마다 사고원인이 엇갈리지만, 화물선 호에이마루의 침몰로 인해 상당수의 승객들이 차디찬 바다 속에 수장된 것은 분명해 보인다.

---

4 Robert J. Cressman, *The Official Chronology of the US Navy in World War II*, Naval Historical Center, 1999.

5 海上勞動協會, 《日本商船隊 戰時遭難史》, 東京: 海上勞動協會, 1962.

이 사건에 대한 내용이 일본인 야마나베 신고(山辺愼吾)에 의해 《제주도, 호에이마루 조난사건》(東京: 彩流社, 1999)이라는 제목으로 출간되었는데, 저자가 직접 인터뷰한 제주도 출신 생존자 문한석 씨 증언도 실려 있다. 당시 상황을 이해하기 위해 증언 내용의 일부를 소개한다. [6]

호에이마루는 1945년 7월 2일 오후 3시 제주항을 출항하였다. 이 배는 석탄을 때서 달리는 철제증기선이었다. 3일, 목포 가까운 소안도에 정박. 밤을 기다려 출항하려고 했지만, 일본군함 2척이 호위하고 있었기 때문인지 미군기가 날아와서 교전하였다. (중략)
당시 11살이었던 나는 양친, 누나, 여동생 두 명과 이 배를 타고 있었다. 아버지는 전에 기미가요마루(君が代丸)의 선원이었지만, 오사카 부두에서 부상을 입고 제주도로 돌아와 있었다.
3일 밤 7시 반경 출항. 몇 시간이 흐른 뒤 아버지는 또 다른 배의 소리가 들린다고 이상해 했다. 웬일인지 호에이마루는 크게 뱃고동을 울렸다. 그때 "슈~" 하는 소리가 났다. 아버지가 "어뢰다!"라고 외치자마자 "꽝" 하는 굉음이 나고, 배는 선미 쪽이 아래로 기울기 시작했다. 선내는 야단법석 대소동이 일어났다. 이어서 2발이 명중, 배는 침몰해버렸다…. 생존자 45명 가운데 부모님과 여동생 두 명의 모습은 없었다.

우리에게는 멀게만 느껴지는 태평양전쟁의 실제 전투가 한반도 주변해역에서도 빈번하게 발생하였음을 이 사건을 통해서도 잘 알 수 있

6 山辺愼吾, 〈濟州島, 豊榮丸 遭難事件〉, 彩流社, 1999.

다. 소안군도 만내에 정박했던 선박들에 대한 미군의 공습도 여러 경로를 통해 확인되고 있다. 소안도 주민들 중에는 미군기의 공습장면을 직접 목격했다는 사람이 여러 명 있다. 증언을 종합하면 섬의 뒤쪽에서 날아온 미군기가 만내에 정박한 일본 선박들을 순식간에 공격하고 남쪽으로 빠져나가는 길에 당사도 등대도 공습했다는 것이다. 실제로 당사도 등대는 당시 크게 파손되었다가 1948년 복구되었는데 등탑의 벽면에는 탄흔이 지금도 남아 있다.

해방 이전 한반도 인근에서 '전쟁 아닌 전쟁'으로 희생된 사람들이 호에이마루 승객들뿐만은 아닐 것이다. 수많은 사고들이 원인도 밝혀지지 않은 채 역사의 뒤편으로 잊혀가는 한편, 억울하게 희생된 원혼들은 지금도 주변 바닷가 어딘가를 떠돌고 있는지도 모른다.

추자도의 주정기지와 수상특공기지

제주시 추자면 영흥리와 예초리

제주도 북쪽 해상에 자리한 추자군도(楸子群島)는 상추자와 하추자, 횡간도(橫干島)와 추포도(秋浦島) 등 4개의 유인도와 38개의 무인도로 이루어져 있어 제주의 다도해라 불린다. 목포까지의 직선거리는 93킬로미터이고, 제주까지의 거리는 45킬로미터로 제주 쪽에 훨씬 가깝다. 행정구역상으로도 제주특별자치도에 속해 있다.

　현재 육지에서 추자도에 가는 뱃길은 두 군데로 열려 있다. 목포항에서 쾌속선을 타면 2시간 25분, 그리고 완도항에서 카페리를 타면 거리는 훨씬 가깝지만 2시간 40분 정도 걸린다. 둘 다 추자도를 거쳐 제주로 연결되는 노선이다.

　추자도에 가는 여객선을 타고 얼마 지나지 않아 남해안 다도해 지역을 벗어나면 아득히 펼쳐진 망망대해를 볼 수 있다. 항해 기술이 발전하지 않았던 시대에 범선을 타고 거친 풍랑과 맞서며 제주도까지 항행한다는 것이 얼마나 큰 모험이었을지 자연스레 느껴진다.

그래서 예로부터 추자도는 육지와 제주도를 연결하는 항로상의 중간 기착지 역할을 했다. 육지와 제주를 오가는 선단들은 거친 파도를 헤치고 어렵게 중간 기착지인 추자도에 도착하면 다시 몇 날 며칠이라도 머물면서 순풍이 불어오기를 기다려야만 했다. 옛사람들은 이를 후풍(候風)이라고 하였다. 추자도는 제주도 항로의 오랜 후풍처(候風處)였다.

　추자도에는 후풍과 관련된 여러 일화들이 전해 내려온다. 1273년(원종14) 고려 장수 김방경은 몽골의 장수 흔도(忻都)와 함께 제주도로 달아난 삼별초군을 진압하러 나섰다가 추자도에 들어왔다. 그들은 풍랑이 잦아들기를 기다렸다 제주도로 진격하여 삼별초군을 대파했다. 이 일을 계기로 후세 사람들은 추자도를 후풍도(候風島)라고 불렀다고 한다.[1]

　그로부터 100년 뒤인 1374년(공민왕 23), 이번에는 최영 장군이 전함 314척과 2만 5,600명의 병력을 이끌고 추자도에 들어왔다. 제주도에서 일어난 목호(牧胡)의 난을 진압하기 위한 출정이었다. 최영은 추자도에서 잠시 후풍하면서 지역민들에게 그물을 사용해 고기 잡는 방법을 가르쳐주었다. 추자도에는 그의 은덕을 기리기 위해 주민들이 세운 사당이 남아 있는데 지금도 매년 봄가을로 제사를 지내고 있다.[2]

　오늘날 추자도 주민들은 대부분 면사무소가 자리한 상추자(1.5제곱킬로미터)와 하추자(3.5제곱킬로미터)에 밀집해 살고 있다. 추자도 근해는 어족자원이 풍부하여 일찍이 수산업이 활발하였다. 대표적인 어

---

1 "대동고사", 〈황성신문〉, 광무 2년(1898년) 3월 8일 자.
2 '최영장군 사당' 소개문, 제주특별자치도 홈페이지.

종으로는 삼치와 조기, 소라와 전복 등이 유명하다. 최근에는 아름다운 해안 풍광을 따라 이어진 올레길과 바다낚시를 즐기려는 사람들의 발길도 늘고 있다.

그런데 태평양전쟁 말기, 이 멀고도 외딴 섬 추자도에 일본군들이 몰려 들어와 해안과 산기슭에 진지동굴을 파고 포대를 구축하는 등 전쟁준비에 혈안이 되었다. 지금도 섬 곳곳에는 당시의 흔적들이 남아 있다.

미군이 오키나와에 대한 공격을 시작한 직후인 1945년 4월 8일, 일본 대본영은 제17방면군 산하에 제주도 방어를 담당할 제58군을 창설하고 예하에 3개 사단과 1개 여단 등 약 7만 5천 명의 병력을 집결시켰다. 그와 동시에 추자군도는 제주도 수비지역에서 제외시켜 조선본토에 포함시키도록 하는 결정이 이루어졌다.[3]

그에 따라 추자도에는 전라남도 지역의 방어를 담당하는 일본군 제150사단 예하 1개 중대가 배치되었다. 그들은 육상근무168중대(陸勤168中)로 주로 병참본부에서 노무작업을 담당하는 부대였다.[4] 추자도에 배치된 1개 중대 병력의 임무는 선단이 통과하는 항로상에 위치한 주정기지를 엄호하는 것이었다.[5]

추자도는 남·서해 항로상에 위치한 중요한 주정기지 중의 하나였다. 당시 제주 항로를 오가는 수많은 배들은 수시로 추자항을 이용하였다. 해방 전까지 추자항에는 대형선박이 접안할 수 있는 부두시설이

---

3 JACAR, 〈本土作戰記錄, 第3章 作戰準備 第2期の狀況(昭和20年4月~昭和20年5月)〉, Ref. C13070008200.

4 JACAR, 〈楸子島·周水子·珠河·占守島〉, Ref. C12121098700.

5 JACAR, 〈附図第1 群山·木浦附近沿岸 防禦配備 要図〉, Ref. C13031946500.

없었다. 그에 따라 대형선박이 들어오면 항구에 가까운 바다 위에 정박해두고 작은 종선을 이용해 화물과 사람을 실어 날라야 했다.

전쟁말기 추자도에서는 일본군 소형 전함들이 바다 위에 정박해 있는 모습을 자주 볼 수 있었다. 수송선단에 대한 미군의 무차별적 공격이 가해지자 일본군은 해방함이라고 부르는 소형 전함을 추자도 항로에도 배치하였다. 상추자 대서리에 사는 박명철 씨(1922년생)에 따르면 일본 군함이 주로 정박했던 곳은 상추자와 하추자가 연결되는 추자대교 앞쪽 해상이었다. 그 지역이 섬 일대에서 수심이 깊고 풍랑을 피하기에도 가장 적합한 곳이었다.

선단 보호조치를 강화했지만 미군 공습에 의한 피해는 속출했다. 앞에서 살펴본 호에이마루 조난사건이 발생하기 2달 전, 추자도 부근에서도 미군의 공격으로 선박이 침몰되어 수백 명의 승객들이 수몰되는 사태가 발생하였다. 제주와 목포를 오가는 유일한 연락선인 고와마루(晃和丸)가 일본군의 소개령에 따라 제주도 주민들을 가득 태우고 제주항을 출발한 것은 1945년 5월 7일 오전 7시 경이었다.

당시 고와마루에는 정원 350명의 2배가 넘는 750명이 타고 있었다. 고와마루는 오전 10시경 추자도에 입항하기 직전 미군 전투기의 1차 공습을 받았지만 인명 피해는 없었다. 그런데 추자항을 떠나 횡간도를 돌아 나오던 오후 1시경 재차 미군의 공습을 받고 침몰되었다. 이 사건으로 약 500명이 넘는 승객들이 목숨을 잃었다. 격침된 이후 횡간도 주변 바다 위에는 수많은 시신들이 4~5일 동안 계속 떠올랐다. [6]

일본군 문서를 보면 당시에 주정기지 보호를 위해 추자도에 파견된

---

6 山辺慎吾, 《濟州島, 豊榮丸 遭難事件》, 彩流社, 1999.

추자도 예초리 서쪽 해안

병력은 전부 상추자도에만 배치되었던 것으로 보인다. 일본군 제150
사단 진지위치 요도를 살펴보면 이들 부대는 상추자도에서만 진지 구
축작업을 실시한 것으로 나타난다.[7] 〈추자도 진지배비 요도〉에는 당
시 일본군들이 구축한 진지시설들이 표시되어 있다. 이 도면에 따르면
상추자 대서리와 영흥리 일대에 3개의 포대와 함께 기관총 등을 설치
한 15개의 진지시설을 구축하였다.[8]

　하지만 지금까지 남아 있는 진지시설의 흔적은 많지 않다. 상추자
영흥리에 사는 박정실 씨(1929년생)에 따르면 지금도 영흥리에서 추자
등대로 올라가는 등산로 주위에 당시에 만들었던 콘크리트 포대 흔적
과 그 옆에 파놓은 동굴이 남아 있다. 그 밖에도 몇 개의 동굴이 더

　7 JACAR, 〈第150師団 陣地位置 要図 其の4 巨文島・楸子島〉, Ref. C14021104600.
　8 JACAR, 〈楸子島陣地 配備 要図〉, Ref. C14021106100.

하추자 신대해안 진지동굴 내부

있지만 암반이 단단해서인지 대부분 깊이 파 들어가지는 못했다고 한다. 대서리 뒷산 능선 위에도 기관총을 설치한 진지가 있었지만 지금은 아무런 흔적도 남아 있지 않다.

그런데 주목할 만한 것은 현재 하추자도에 10여 개의 해안동굴이 뚫려 있다는 것이다. 하추자 예초리에서 확인된 것만 모두 9개인데, 예초리 입구에서 서쪽 해안지대에 6개, 그리고 예초리에서 언덕을 넘어 신대해안에 3개가 있다. 이들은 대부분 바다를 향해 '一'자형으로 뚫려 있는데 동굴의 깊이는 대부분 5~6미터 정도이지만 긴 것은 약 20미터에 달한다.

그리고 예초리 입구 엄바위산 중턱에는 주민들이 '7자굴'이라고 부르는 'ㄷ'자 형태의 동굴이 남아 있다. 길이가 20미터 이상 되는 이 동굴은 주변해안이 훤히 내려다보이고 주위의 해안동굴들을 아우를 수 있는 지점에 위치하고 있어 지휘본부였을 것으로 추정된다.[9]

이들은 일본 해군이 구축한 수상특공용 기지로 추정되는데, 이유는 일단 해안동굴의 형태가 제주도나 거문도, 그리고 목포의 고하도 등에 구축된 수상특공기지 형태와 매우 유사하다는 점 때문이다. 일본군은 이 기지를 완공한 뒤 신요나 카이텐 같은 자살특공병기를 숨겨놓고 미군과의 일전에 대비하려고 했을 것이다. 또 하나의 이유는 만약 일본 육군이 이 해안동굴을 굴착했다면 상추자에 만든 진지시설들만 지도에 표시하고 하추자에 있는 시설들은 제외했을 리가 없기 때문이다.

그 밖에도 주민들은 추자초등학교 신양분교 뒤쪽 돈대산 기슭과 예초리 앞바다에 떠 있는 검은가리섬 등에도 진지동굴이 있다고 증언하고 있는데 아직까지 현장 조사가 이루어지지 않은 상태다. 향후 예초리에 집중해 있는 해안동굴의 성격에 대한 추가적인 규명이 필요할 것으로 보인다.

9 제주홍사단 제주문화유산답사회 고영철 회장이 운영하는 향토자료 사이트 '고영철의 역사교실'(http://jejuhistory.co.kr/) 참고.

전남 진도군 조도면 가사도리

가사도(加沙島)는 진도군 조도면에 속해 있는 작은 섬이다. 가사도에 들어가려면 진도(珍島)의 서쪽 해안에 있는 가학리 선착장에서 카페리를 이용하는데 배를 타고 30분 정도 달리면 도착한다. 진도에서 가사도 선착장까지는 직선거리로 6.1킬로미터 정도 떨어져 있다. 가사도를 향하는 배 위에서 주위를 돌아보면 주변에 크고 작은 많은 섬들이 흩어져 있는데 몸섬인 가사도에 속한 섬들이 유인도 5개, 무인도 10개다. 작은 지도에는 표시조차 되지 않은 섬들이 참 많다는 것을 깨닫게 된다.

선착장에 도착하기 직전에 가사도를 바라다보면 남쪽 끝 지점에 등대가 높이 솟아 있는 것을 볼 수 있다. 일제는 조선을 강제로 병탄한 후 5년 뒤인 1915년 10월 23일, 가사도의 최남단(34 27′ 30″ N, 126 2′ 44″ E) 지점에 무인 등대를 세우고 총독부 관보를 통해 이를 고시했다. 당시 고시된 내용에 따르면 등대의 높이는 약 7.2미터, 수면으로부터의 높이는 약 66미터이고 빛의 도달거리는 맑은 날 밤의 경우 12 해리에 달했다.[1] 일제는 일찍이 남해에서 서해로 이어지는 항로상에 위치한 가사도의 전략적 중요성을 파악하고 등대를 세웠던 것이다. 현재의 시설은 1984년 10월 유인 등대로 전환하면서 새로 세운 것이다.

등대 오른쪽 위에는 가사도에서 가장 높은 노승봉(168미터) 또는 노인봉이라고 부르는 산이 솟아 있다. 일본군이 남긴 진지도에는 '큰산' (大山)이라고 표시되어 있다.[2] 노승봉으로 올라가다보면 광산에서 광물을 캐내고 버려진 잡석들이 산기슭마다 수북이 쌓여 있는 것이 보인다. 황토빛깔의 속살을 드러낸 채 방치된 노천 광산의 흔적도 여기저기서 볼 수 있다.

산 중턱에는 커다란 갱구가 뚫려 있는데 안으로 들어가면 동굴이 동서남북 네 갈래로 뚫려 있어 주민들은 십자동굴이라고 부른다. 광물이 주로 산의 서쪽지역에 집중되어 있는데 캐낸 광물을 부두가 있는 동쪽으로 쉽게 반출하기 위해 동쪽으로 연결 갱도를 파면서 십자형태가 되었다. 갱도의 총 연장은 약 200미터 정도라고 한다.

처음 가사도의 광물자원에 주목한 사람은 일본인 와카사야(若狹谷齊二)로, 1920년 이곳의 광업권을 따내 주로 경질도기용 고령토를 채취하였다. 그러다가 1930년대 초반 고령토 광산에서 풍부한 명반석 (明礬石) 원광을 발견하게 된다. 명반석은 정련을 통해 알루미늄의 원료인 알미나를 만들 수 있는 광물이다. 당시 신문에는 가사도에 발견

---

1 〈조선총독부 관보〉, 1915년 10월 23일 자.
2 JACAR, 〈第150師団 陣地位置 要図 其の3 慈恩島・飛禽島・加沙島〉, Ref. C140211 04500.

된 명반석 매장량이 노출부에서만 300만 톤, 지하매장량까지 합치면 1,600만 톤에 달할 것이라고 적고 있다.[3] 1936년 가사도에 명반석 채굴을 위해 광산 기사가 파견되고 사무실과 막사가 건립되면서 본격적인 채굴작업이 시작되었다.

일제가 명반석 채굴에 적극 나서게 된 것은 무엇보다도 거기서 만들어지는 알루미늄이 매우 중요한 군수용재였기 때문이다. 당시 일본 신문에는 알루미늄에 대한 인식을 엿볼 수 있는 기사가 실려 있다.[4]

세계는 백은색의 경량인 알루미늄 만능시대다. 특히 군수용재로서 알루미늄은 항공기 및 군수품의 주재료이며 합금에서 빠질 수 없는 것이다. 제1차 세계대전 중에 알루미늄의 세계적 생산량은 3배로 증가했고, 그중 90% 이상은 군용으로 사용된다는 점만 보아도 얼마나 중요한 재료인지 알 수 있다.

총독부 기관지인 〈매일신보〉에도 "조선 알루미늄 시대, 경금속 광업 약진, 군사 공업에 큰 공헌"이라는 제목의 관련 기사가 있다.[5]

조선의 각지에서 발견된 명반석으로 이제는 해외에서 수입하던 알루미늄을 대체 생산할 수 있게 됐으며 명년부터 본격 자원조사에 나설 것이다.

---

3 "진도 가사도는 세계 1의 명반석 풍장(豊藏)", 〈조선일보〉, 1936년 6월 16일 자.
4 〈大阪 朝日新聞〉, 1933년 3월 14일 자.
5 〈매일신보〉, 1933년 12월 19일 자.

해남 옥매산 명반석 가공공장. 현재는 방치되어 있다.

명반석 원광이 발견된 곳은 가사도뿐만이 아니었다. 인근 지역인 해
남군 황산면에 있는 성산광산과 옥매산에서도 대량의 매장량이 확인
되었다. 일본 본토의 스미토모(住友)와 아사다(淺田)사가 발 벗고 나
서 명반석에서 알루미늄을 정제하는 기술을 개발하고 요코하마(橫濱)
와 나가노(長野) 현 오마치(大町)에 제련공장을 세웠다. 전남 해남군
문내면 옥매산 남쪽 해안가에는 일본기업이 명반석을 선별하기 위해
세웠다는 2층 규모의 미완성 콘크리트 건물이 남아 있다. 그리고 그
건물 앞쪽 바닷가에는 명반석을 일본으로 반출하기 위해 만들어놓은
선착장 시설이 남아 있다. 처음에는 가까운 목포항을 통해 명반석을
반출하다가 광산과 인접한 곳에서 손쉽게 실어 나르려고 이 시설을 세
웠지만 완성을 보지 못한 채 전쟁이 끝났다.
　해방 이후 가사도의 명반석 생산은 점차 쇠퇴하게 된다. 알루미늄의
원료가 기존의 명반석에서 산화알루미늄이 더 많이 함유된 보크사이

트로 바뀌게 되었기 때문이다. 하지만 고령토와 옥석 등의 광물 생산은 계속 이어지고 있다. 지금도 가사도 북쪽 끝인 옥방지역 옥출광업소에서는 도자기 생산에 쓰이는 고령토 채굴을 계속하고 있다.

일제가 가사도를 군사적으로 주목한 것은 태평양전쟁이 막바지로 치닫던 1945년 5월 이후였다. 일제는 제 150사단 예하 보병 1개 중대를 가사도에 투입, 주둔시키면서 섬의 곳곳에 진지구축 작업을 하도록 명령하였다. 가사도에 병력을 배치한 목적은 수로폐색(水路閉塞)이었다. 즉, 가사도 인근의 바다 항로를 적함이 통과하지 못하도록 저지하는 역할이었다.[6]

가사도에 투입된 일본군의 주병력은 노승봉과 인접한 돌목(突目) 마을에 주둔하였다. 일본군들은 마을 한편에 막사를 줄지어 세우고 그 주변에 우물도 팠다. 그들은 매일같이 노승봉에 올라가 진지굴착 작업에 매달렸다. 마을 입구에는 굴착작업에 사용되는 정을 벼르기 위한 대장간도 세워졌다. 70여 년의 세월이 흐르면서 당시의 흔적들은 거의 사라졌지만 지금도 일본군이 콘크리트를 사용해 튼튼하게 만들었던 화약고 건물은 거의 원형 그대로 남아 있다.

마을의 오른쪽 산기슭에 있는 대나무 숲을 헤치고 들어가자 길이 4~5미터, 높이 2미터 정도로 돌담을 쌓은 장방형 공간이 나타났다. 이 돌담 안쪽에 2.5미터 높이의 2칸짜리 콘크리트 화약고 건물이 세워져 있었다. 녹이 많이 슬었지만 철문도 원래 그대로 달려 있고, 바닥에 깔았던 나무판자도 고스란히 남아 있다. 마을에서 멀지는 않지만 수풀 속에 가려져 있어 훼손되지 않고 지금까지 남아 있을 수 있었다.

6 JACAR, 〈附図第1 群山 £木浦附近 沿岸防禦 配備 要図〉, Ref. C13031946500.

덤불 속에 가려진 가사도 화약고

이런 형태의 화약고 건물이 남아 있는 것은 가사도가 거의 유일한 것이 아닐까 생각된다.

　일본군은 전라남북도 각지에서 조선인 주민들을 끌고 와 섬의 남쪽과 북쪽 양 지역에서 동굴진지 구축작업을 시켰다. 가사도 주민들에 따르면 일본군들은 노승봉 일대를 미나미(南) 진지, 그리고 섬의 북쪽에 있는 옥방지역을 기타(北) 진지라고 불렀다.

　노승봉 십자동굴에서 서쪽으로 산기슭을 조금 내려가면 깊이가 3~4미터쯤 되어 보이는 일본군 진지동굴을 발견할 수 있다. 다시 그 옆쪽으로 좀더 걸어가다 보면 콘크리트로 벽면을 매끄럽게 마감한 토치카도 만들어져 있다. 안쪽에 만들어진 총안은 앞바다를 오가는 배들을 한눈에 내려다 볼 수 있는 위치다. 제주도에 구축된 것들과 비슷한 형태의 토치카다.

　당시 일본군들은 군수물자와 건축자재가 부족해 애를 먹었다. 산중에 만든 토치카도 철근이 없어 주위에 있는 대나무를 베어다 엮어 골재로 사용하였다. 그래서인지 토치카의 벽면은 가볍게 손을 대기만 해도 쉽게 부스러졌다.

주민들의 말에 따르면 노승봉 주위에는 파다 만 것까지 합쳐 10여개의 동굴진지가 있다. 그리고 섬의 북쪽인 옥방지역에도 3~4개의 동굴이 있는데 거의가 토굴형태이고 깊이도 2~3미터 수준이라고 한다.

주민들의 증언들은 일본군이 남긴 〈가사도 진지배비 요도〉[7]에 나와 있는 진지현황과 대체적으로 일치한다. 이 문서에는 노승봉 주위에 지휘소와 기관총을 설치한 동굴 등 9개의 진지가, 그리고 북쪽 옥출광산 지역에 경기관총을 설치한 동굴과 대기용 엄폐부 등 6개의 진지가 표시되어 있다.

당시 일본군들은 대본영의 본토결전 준비지시에 따라 거의 필사적으로 전쟁을 준비했다. 부족한 인력을 해결하기 위해 부녀자들은 물론 심지어 어린 학생들까지 진지구축 작업에 강제동원하였다. 가사도에서 가장 큰 마을인 활목마을에 사는 문형인 씨(1929년생)는 당시에 동원되었던 상황을 생생히 기억하고 있었다.

내가 국민학교 6학년 때 해방이 됐어요. 그런데 그 전에 일본군들은 어린 학생들도 강제로 일을 시켰어요. 나도 다른 학생들과 같이 책보에 책 대신 모래를 담아서 어깨에 메고 노승봉 중턱까지 퍼 날랐지요.

그에 따르면 일본군들은 학생들에게 점심으로 수제비 한 그릇씩 끓

---

7 JACAR, 〈加沙島陣地 配備 要図〉, Ref. C14021105900.

여주고 하루 종일 일을 시켰다. 그렇게 몇 주간 일을 하다가 해방이 되면서 강제노역은 중단되었다.

　일제의 수탈과 착취 그리고 전쟁 대비를 위한 군사시설 등 우울한 과거의 흔적들이 가사도 곳곳에 숨겨져 있다. 하지만 다른 곳과 마찬가지로 사람들의 관심 밖에 머물러 있다. 하나둘씩 잊혀가고 있을 뿐이다. 파헤쳐진 채 방치된 산기슭의 황톳빛 흙들이 역사의 아픈 생채기처럼 눈가에 아물거렸다.

비금도 진지

전남 신안군 비금면

목포 연안여객선터미널에서 대흥페리호를 타고 2시간 정도 달리면 비금도(飛禽島) 북동쪽에 있는 선창인 가산항에 도착한다. 비금도는 신안군 팔구포 지역의 서북쪽에 있는 섬이다. 선착장에 내리면 먼저 섬의 상징인 커다란 독수리상이 맞아준다. 섬 전체의 형세가 날아가는 새의 형국이라 하여 날 비(飛), 새 금(禽) 자를 써서 '비금'이라는 이름을 붙였다고 한다. 선착장 대합실 옆에는 수차를 돌리는 염부(鹽夫)의 형상이 세워져 있다. 비금도가 염전의 섬이라는 것을 말해준다.

차를 타고 섬의 남쪽으로 달리는데 해안가를 중심으로 드넓은 평야와 염전이 펼쳐져 있다. 비금도는 생각보다 상당히 큰 섬이었다. 비금도의 실면적은 51.61제곱킬로미터로 신안군 전체면적의 7.8%를 차지하고 있다. 본도 주위에 유인도 3개, 무인도는 79개나 딸려 있다. 2014년 현재 인구는 1,910가구 3,910명이다. 안내하는 김창업 비금면 부면장의 설명에 따르면 한때 1만 2천 명이 넘는 주민들이 살았지만 매년 조금씩 인구가 줄고 있는 형편이라고 한다. 주민의 95%가 농업과 염전업에 종사하고 어업에 종사하는 인구는 5%도 안 된다고 한다. 섬이라기보다는 육지의 해안마을이라는 느낌이 들었다.

비금도는 섬의 형세도 매우 아름다운 곳이다. 저 멀리 비금의 등줄기라고 할 수 있는 그림산(226미터)과 선왕산(255미터)을 연결하는 능선이 눈에 들어오는데 200여 미터의 낮은 산이라고 무시했던 선입견을 무색케 할 정도로 봉우리가 제법 높고 기암괴석의 산세가 웅장하게 다가왔다.

비금도 서쪽 해안길을 따라가다보면 하누넘 해수욕장이 펼쳐지는데 풍광이 참 아름다웠다. 섬의 곳곳에는 산길을 넘는 고갯마루마다 길게 돌을 쌓아 놓은 것을 볼 수 있다. 석성(石城)이라고 하기에는 소박하고 아기자기하여 돌담이라는 표현이 정확할 것 같은데 그 길이가 몇십 미터 이어진 것도 보인다. 이 돌담들은 바다에서 섬 안쪽으로 불어오는 높새바람과 외부로부터 들어오는 나쁜 기운을 차단하기 위해 쌓은 것으로 이곳에서는 '우실'이라고 부른다. 지역에 따라서는 돌담 대신 나무를 심어 방풍림처럼 만든 우실도 있다고 한다. 섬 주민들의 지혜가 담겨 있는 건축물이라는 생각이 든다.

일제강점기의 흔적을 찾기 위해 제일 먼저 찾은 곳은 비금도와 도초도(都草島)를 연결하는 육교가 만들어진 수대선착장이었다. 지금은 많이 쇠락했지만 이 일대가 한때는 비금도와 도초도를 아우르는 행정 중심지로 순사주재소, 우체국, 금융조합 등의 기관들이 모여 있어 '관청마을'이라 불렸다. 금융조합으로 쓰였던 벽돌건물과 일본식 가옥의 특징을 잘 보여주는 사택 건물이 지금도 남아 있다.

한 마을 원로로부터 해방 전 섬의 서쪽 지역에 있는 내월리 내촌마을에 일본군들이 주둔했다는 증언을 듣고 곧바로 그곳으로 향했다. 내촌마을 경로당 앞에서 만난 노인들에게 묻자 "바로 저 앞에 일본군 헤이타이(兵隊)가 있었다"며 인접한 시금치밭을 가리킨다. 주민들의 말을 종합하면 이곳에 일본군 1개 소대 정도가 주둔했는데 2개의 막사와 '병참소'라고 하는 창고건물이 있었다고 한다. 해방 후 일본군이 쫓겨나간 뒤 그 건물의 목재들은 학교를 짓는 데 사용되었다. 일본군 막사가 있던 자리에는 지금도 당시 일본군이 만들었다는 우물이 남아 있다.

내촌마을 뒤쪽으로는 비금도에서 가장 높은 선왕산이 솟아 있다. 주민들은 일본군이 선왕산 정상 주변에 여러 개의 땅굴과 진지 등을 파놓았다고 설명했다. 실제 상황을 알아보기 위해 선왕산 너머에 있는 덕산리 한산마을 쪽에서 동네 이장의 안내를 받아 등산길에 올랐다.

한산마을 쪽에서 선왕산 정상부로 올라가면 마치 미륵바위 같은 거대한 암석들이 곳곳에 솟아 있는 것을 볼 수 있다. 산불감시 카메라가 설치된 정상부에 올라서면 비금도의 평야지대가 한눈에 내려다보이고 반대쪽으로는 푸른 물결의 망망대해가 펼쳐져 있다. 비금도 서쪽 난바다에 제주와 인천을 연결하는 서남해 항로의 뱃길을 밝혀주는 칠발도(七發島) 등대가 있는데 이날은 날씨가 흐려 볼 수가 없었다.

그런데 정상부 바로 아래 8부 능선, 등산로 옆에는 암석을 깎아 만든 'ㄴ'자 형태의 구덩이가 있었다. 한 변의 길이가 대략 3~4미터쯤 되게 정방형으로 파내려갔는데 깊이도 약 2~3미터쯤 되어 보인다. 부분적으로 무너져 내리고 틈새에서 자란 나무들이 뒤덮고 있지만 구덩이의 벽면을 보면 암석을 가지런히 다듬은 흔적이 그대로 남아 있다.

이 'ㄴ'자형 대형 참호에서 10여 미터 아래쪽 산비탈에는 암벽을 옆으로 파고 들어가 만든 진지동굴이 있다. 물이 가득 고여 있어서 안으

비금도 선왕산 전파경계기 터. 정상 부근에 4군데가 있다.

로 들어갈 수는 없지만 동행한 마을이장에 따르면 제법 깊게 파져 있고
안쪽은 'F'자 형태로 분기되어 있다고 한다. 위쪽에 있는 'ㄴ'자형 진지
와 연계된 것으로, 병력과 군수물자를 은닉하기 위한 용도일 것이다.

그런데 주목할 만한 것은 선왕산 정상부 반경 100~200미터 안의 능
선상에는 비슷한 형태의 'ㄴ'자형 진지가 4개나 만들어져 있다는 점이
다. 일부는 주변에 있는 돌을 주위와 진지 벽을 쌓기도 했지만 기본적
형태는 똑같다. 이 같은 구덩이 형태의 대형 진지는 지금까지 다른 어
떤 곳에서도 발견되지 않고 있다.

일본군들은 왜 선왕산 꼭대기에 이런 'ㄴ'자 형태의 대형진지들을 파
놓았을까? 아직까지 그 용도를 밝혀줄 직접적인 문서나 증언을 찾지는
못했지만 몇 가지 추정을 할 수 있는 단서가 남아 있다. 첫째는 〈조선
군 개요사〉의 기록이다.[1]

(1944년 봄부터) 동해안 방면에 적 잠수함이 출몰한다는 정보에 의해 유수 제 20사단으로부터 산포 1소대를 삼척 부근에 파견하고, 동년 11월 목포 서쪽 비금도에 전파경계기(電波警戒機)를 전개함에 따라 동도에 전환 배치하였다.

또 하나는 1945년 5월 말경에 축(築) 참모장(제 17방면군 참모장)이 호선(護鮮) 참모장(제 160사단 참모장)에게 보낸 전보문인데 그 내용은 다음과 같다.[2]

1. 비금도에 파견된 산포병 1소대 및 기관총 1소대를 제 150사단장 지휘 하에 편입하고, 지휘전이 시기는 6월 10일 0시로 한다.
2. 제 150사단장은 전항의 병력에게 비금도 방비 임무를 맡게 한다.

위 기록을 종합하면 1944년 11월에 비금도에는 전파경계기 부대가 배치되었고, 그 경비를 위해 처음에는 산포 1소대가 배치되었다가 나중에는 다시 기관총 1소대가 추가 파견되어 1945년 6월 10일까지 근무하였고, 그 이후 임무의 성격이 바뀌었음을 알 수 있다.

산포병이나 기관총 부대라면 산꼭대기에 이 같은 대형참호를 팔 이유는 없었을 것이다. 작은 포나 기관총이라면 바닥을 돌이나 콘크리트로 단단하게 다진 평지만 있으면 충분하기 때문이다. 그렇다면 나머지 가능성은 하나, 전파경계기와의 관련성이다.

1 JACAR, 〈本土作戰記錄 第5卷(第17方面軍)〉, Ref. C13070044800.
2 JACAR, 〈電報文起案·譯文綴 昭和20年5月(5)〉, Ref. C13070052200.

1944년 여름, 괌과 사이판이 함락된 이후 일제는 미국의 B29에 의한 본토공습이 본격화되는 것에 대비해 일본과 한반도 곳곳에 전파경계기를 배치하기 시작한다. 전파경계기는 발사된 전파를 통해 적기의 움직임을 미리 포착해 내는 일명 '레이더'(RADAR: *Radio Detecting and Ranging*) 를 의미하는데, 일본 해군은 전파탐신의(電波探信儀), 육군은 전파경계기(電波警戒機), 또는 전파표정기(電波標定機) 라고 부르는데 약칭은 전탐(電探) 이었다.

　　한반도 주변에서는 1944년 6월경 제주도 모슬포에 처음으로 전파경계기 갑 1기와 을 2기가 배치되었다. 모슬포 전파경계기는 1944년 6월 15일 밤 중국 청두(成都) 에서 출격하여 규슈 북쪽에 있는 야하타제철소를 공격하려는 B29 47기의 움직임을 미리 포착해 규슈 방위군에게 통보하기도 하였다. [3]

　　이후 전황이 악화되면서 일본군은 한반도 전역으로 전파경계기의 배치를 늘려나갔다. 비금도에 배치된 것은 목표물을 맞고 되돌아오는 반사파를 통해 적기를 포착하는 요지용 전파경계기 을(乙) 형으로, 패전 당시 한반도에는 비금도를 포함해 함경도 아오지, 평안도 철산(신의주 부근), 인천, 군산, 목포, 모슬포 등지에 배치되었다. [4]

　　당시에 전파경계기는 전파의 장애물이 없는 높은 산지의 능선부에 설치했으며 보통 1개의 송신기와 2~3개의 수신기를 50~70미터 간격으로 배치했다고 한다. 송신기에서 충격파(*pulse*) 를 발사하면 주변에

---

3 츠카사키 마사유키, 위의 논문.
4 防衛廳防衛硏究所戰史室, '본토(대만을 제외) 전파경계기 배치도', 《戰史叢書: 本土防空作戰》, 朝雲新聞社, 1968.

있는 2~3개의 수신기에서 적기에 부딪히고 되돌아오는 신호를 포착하여 그 위치를 추적하는 것이다.[5] 이러한 이유로 선왕산 정상 주위에 만들어진 4개의 대형 구덩이 형태의 진지는 전파경계기의 송신기와 수신기 안테나를 설치했던 장소로 추정할 수 있다. 하지만 직접적 증거가 없는 추정에 불과해 앞으로 추가적인 검증이 필요한 대목이다.

일본 육군이 남긴 〈제150사단 진지위치 요도〉[6]와 〈비금도 진지배치 요도〉[7]에는 비금도에 조성된 진지들의 개략적 위치가 표시되어 있다. 비금도가 일본군 제150사단의 관할로 편입된 1945년 6월 10일 이후 비금도에 구축한 진지들을 표시해놓았다. 이 도면에 따르면 해방 직전 비금도에는 크게 4지역에 군사진지가 집중적으로 구축되었다. 수대리 대두마을 뒷산, 선왕산 정상부근 일대, 고서리 일대, 그리고 신원리 왼쪽 바다 방향으로 돌출한 야산지대이다. 각 지역에는 기관총과 산포 등으로 무장한 4~6개의 동굴진지가 구축되었다. 고서리와 신원리에 구축된 일본군 진지들은 아직까지 한 번도 보고되거나 알려진 바가 없어 향후 현지조사가 필요한 부분이다.

비금면 수대리 대두마을 뒷산에도 일본군들이 파놓은 동굴진지들이 남아 있다. 주민들에 따르면 해방 직전에 이 마을에도 일본군 1개 소대 정도가 들어와 주둔하면서 대두큰산 능선 주위에 땅굴을 팠다. 현재 남아 있는 것은 4개 정도로 대부분 2~3미터 정도 깊이지만, 그중 1개는 길이가 수십 미터에 달할 정도로 긴 관통굴이다. 굴을 통과해 나

---

5 〈위키피디아〉, '레이더'(レーダー) 항목 참조.
6 JACAR, 〈第150師団 陣地位置 要図 其の3 慈恩島・飛禽島・加沙島〉, Ref. C14021104500.
7 JACAR, 〈飛禽島陣地 配置 要図〉, Ref. C14021105800.

가면 비금도와 도초도 사이 외해로 연결되는 수로가 내려다보이고 날이 맑으면 저 멀리 흑산도까지 바라볼 수 있다고 한다. 하지만 수풀이 너무 우거져 현장 확인은 다음 기회로 미루고 돌아올 수밖에 없었다.

전남 신안군 자은면

자은도(慈恩島)는 러일전쟁 당시 일본 해군 방비대가 설치되었던 팔구포 해역의 가장 북쪽에 자리하고 있는 섬이다. 섬의 서남쪽에는 비금도, 동남쪽에는 암태도(岩泰島)가 자리하고 있는데 암태도와는 지난 1996년 개통된 길이 675미터의 은암대교로 연결되어 있다.

자은도에 가려면 우선 목포에서 자동차를 타고 연륙교인 압해대교를 건너 송공리 선착장으로 가야 한다. 이곳에서 카페리를 타고 암태도 오도 선착장으로 건너가게 되는데 여기서부터 다시 자동차로 달려 은암대교를 지나면 자은도에 닿는다.

자은도는 전체가 하나의 면(面)을 이루고 있는 꽤 큰 섬이다. 섬 안 곳곳에 펼쳐진 너른 들판을 보면 이곳이 섬이라는 느낌이 전혀 들지 않는다. 전체면적은 52.71제곱킬로미터, 해안선 길이는 약 57킬로미터에 달한다. 주변에 43개의 작은 섬들이 산재해 있는데 전부 사람이 살지 않는 무인도다.

자은도는 일제가 신안군 일대 도서 중에서 옥도 다음으로 군사적 측면에서 중요시했던 섬이다. 일제가 처음 자은도에 주목한 것은 러일전쟁 당시 팔구포 방비대의 식수원 확보 때문이었다. 조선총독부가 1911년에 발간한 《한국수산지》의 압해면(押海面) 항목에 자은도 관련 내용이 나온다.

섬의 남서쪽 백산동과 와우동 및 분계동에 걸쳐 1개의 큰 연못이 있는데 동네사람들은 이를 용소(龍沼) 또는 영지(靈池)라고 한다. 넓이는 약 1만 평(3만 3,057제곱미터), 수심 15척 내외인데 물이 깨끗하여 음용으로 적당하다. 하루에 충분히 1만 톤을 급수할 수 있다고 한다. 갑진년(1904년) 러일전쟁 당시 일본함대가 팔구포에 머물 때 이곳 역시 급수장으로 선택되었지만 위치가 해안에서 떨어진 먼 곳이어서 사용하지 않게 되었다. 이 물을 이용한 부근의 황무지 개간이 유망하다.[1]

지금도 섬의 서남쪽 자은면 백산리 일대에 용소라는 저수지가 그대로 남아 있다. 1년 내내 물이 마르지 않아 백산리 일대의 땅콩단지와 인근 구영·고장마을 들녘의 농업용수로 활용된다.

러일전쟁 당시 팔구포 해역에서 장기간 머물렀던 일본 해군 방비대에게 안정적 식수원 확보는 매우 중요한 문제였다. 따라서 하루 1만 톤의 식수를 안정적으로 확보할 수 있는 자은도 용소는 확실한 해결책으로 떠올랐다. 일제는 서둘러 용소를 비롯한 주변 용지를 확보하고 해군용지로 지정하였다.

1 朝鮮總督府 農商工部, 《韓國水産誌》, 제3집, 1910, 329쪽.

자은도 용소

당시 일제가 자은도에 확보한 해군용지는 모두 1만 9,441평(6만 4,267제곱미터)으로 팔구포 지역에서는 옥도 다음으로 넓은 면적이었다. 밭 2,257평(7,461제곱미터), 논 5,253평(1만 7,365제곱미터), 연못 2,328평(7,695제곱미터) 그리고 원야(原野)가 602평(1,990제곱미터)이었다.

일제는 당시 필요한 용지를 매입하기도 했지만 섬 주민으로부터 헌납받기도 했다. 일본군 관련기록을 보면 광무 9년(1905년) 8월, 자은도에 사는 조선인 차의식이 자신의 땅을 일본군에 헌납하겠다는 청원서를 찾아볼 수 있다. 당시에 그가 헌납한 땅은 밭 17두락(斗落), 논 20두락 5승락(升落), 그리고 연못 1개소이다. 평 단위로 환산하면 논밭만 해도 9,200평(3만 413제곱미터)에 달했다. 이를 통해 당시 일본군이 자은도에 확보한 해군용지의 절반 이상이 주민으로부터 헌납받은 것임을 알 수 있다.[2]

자은도 용소 일대를 해군용지로 확보한 일본군은 그 주변에 '대일본 제국 해군용지'라고 새겨진 경계석을 만들어 세웠다. 지금도 자은면 백산리 일대에서는 그때 세웠던 경계석들이 심심치 않게 발견되고 있다. 백산리 용소 주변에 사는 주민 표문철 씨는 주위에서 발견한 경계석 3 개를 앞마당에 가져다 모아놓았다. 그에 따르면 경계석에는 일련번호 가 새겨져 있는데 지금까지 확인된 것 중에는 45번이 가장 큰 숫자라고 한다.

러일전쟁 당시 팔구포 지역에 머물렀던 일본 해군 방비대는 자은도 용소의 식수원 사용을 오래지 않아 중단하였다. 방비대까지 물을 실어 나르기 위해서는 용소에서 운반선이 접안할 수 있는 섬의 서쪽 해안지 역의 양산 포구까지 운반해야 하는데 그 거리가 너무 멀다는 단점이 있 었다. 더구나 방비대 기지가 있는 옥도에서 풍부한 수량의 지하수가 발견됨으로써 우물을 파서 식수문제를 해결할 수 있게 된 것이다.

러일전쟁 이후 한동안 평온했던 자은도에 또 다시 일본군들이 대거 들이닥친 것은 태평양전쟁 말기 본토결전을 준비하면서였다. 일본군 들은 이때 자은도의 가장 북쪽 마을 한운리(閑雲里) 뒷산 깃대봉(해발 150미터) 주변에 20여 개의 진지동굴과 벙커를 집중 구축하였다.

아시아역사자료센터에서 찾은 〈제150사단 진지위치 요도〉[3]를 살 펴보면 일본군은 한운리 뒷산에 크게 3지역으로 나누어 진지를 구축했 음을 알 수 있다. 〈자은도 축성(진지) 배비도〉에는 당시에 구축한 군

2 JACAR, 〈明治39年~45年 鎭海永興關係書類〉1(6), Ref. C08020181600.
3 JACAR, 〈第150師団 陣地位置 要図 其の3 慈恩島・飛禽島・加沙島〉, Ref. C140211 04500.

자은도 깃대봉 토치카 내부. 뒤쪽이 진지동굴과 연결되어 있다.

사시설들이 좀더 구체적으로 표시되어 있는데 특히 깃대봉 남쪽 산기
슭에 집중되어 있다. 4

이 지도상에는 진지동굴 12개(1개는 '一'자형 관통굴)와 각종 벙커(엄
폐호) 15개(배비 무기에 따라 중기관총 5개, 경기관총 6개, 수류탄 4개)가
표시되어 있는데 이 숫자가 구축할 목표인지 아니면 최종 완성된 진지
의 수를 의미하는지는 분명치 않다. 현재 자은도에 남아 있는 진지시
설의 정확한 숫자도 파악되지 않고 있다. 다만 주민들의 말을 종합하
면 대략 20개의 진지시설이 남아 있다고 하는데 수풀이 우거지고 일부
는 많이 훼손된 상태여서 정확한 실태는 알 수 없는 상황이다.

자은도 깃대봉 주변에 만들어진 일본군 진지시설들을 돌아보면 몇
가지 특징을 발견할 수 있다. 우선 대부분의 시설들이 깃대봉 7~8부

4 JACAR, 〈慈恩島 築城(陣地) 配備図〉, Ref. C14021105700.

능선 주변 고지에 만들어져 있다는 것이다. 그리고 그 주변에는 각 진지시설들을 연결하는 참호들이 파여 있다. 이 참호를 따라 조금만 올라가면 능선과 연결되는데 그곳에 서면 주변 해역의 항로를 한눈에 내려다 볼 수 있다.

또 한 가지 특징은 능선주변에 만들어진 콘크리트 벙커(토치카) 옆에는 대개 깊이가 20~30미터에 달하는 'ㄷ'자형 진지동굴이 만들어져 있다는 것이다. 산의 경사면에 20~30 정도의 기울기로 두 개의 굴을 나란히 파내려간 뒤, 끝에서 다시 옆으로 파 들어가 두 굴을 관통해 연결한 형태다. 이는 적군의 공격으로 한쪽 진지동굴의 입구가 막히더라도 반대쪽으로 나와 탈출하거나 적을 공격하기 위한 의도로 생각된다.

전쟁말기 자은도에 배치된 부대는 1945년 2월 28일 연안배비사단으로 긴급편성된 육군 제150사단 예하 2개 소대 정도의 병력이었다. 이들은 본토결전에 대비한 축성지시에 따라 해방 직전 서너 달 동안 자은도에 머물면서 밤낮으로 진지구축 작업에 매달렸다. 자은도 진지구축 작업에는 징용으로 끌려온 조선의 젊은이와 인근지역 주민들이 강제 동원되었다. 당시 한운리에서 고개 너머에 있는 송산마을에는 임시 막사가 세워지고 노무자들은 그곳에서 숙식을 해결하였다. 자은도가 고향인 서교순 씨(1929년생)도 징용으로 끌려나와 1945년 7월부터 한 달 동안 밤낮으로 노역에 시달리다가 해방을 맞았다.

그에 따르면 동굴 굴착작업은 일본군인 1명과 조선인 2명 등 3명이 한 조가 돼서 12시간씩 맞교대로 쉴 새 없이 계속되었다. 이 3명이 암반 위에 정을 사용해 5~6개의 구멍을 뚫으면 나중에 기술자가 따로 와서 화약을 넣고 발파하였다. 발파된 암석들은 40~50대 조선인 노무자 2명이 굴 밖으로 실어 날랐다. 나란히 파들어 간 2개의 굴을 관통해 연결하는 날에는 주변에서 작업하던 사람들이 모두 모여 만세를 부르고 잔치를 벌였다. 잔치에서는 마을에서 준비해온 떡과 같은 특식이 나누어졌다.

일본군 문서에는 자은도 군사시설의 구축 목적을 '수로폐색'이라고 명시하고 있다.[5] 자은도는 일본 해군의 주정기지가 설치된 팔구포 해역의 가장 북쪽에 위치해 있었고, 서남해 항로와 목포로 이어지는 연근해 항로를 감시할 수 있는 요지에 자리하고 있었다. 더구나 당시 일본군은 목포를 적군의 가장 유력한 상륙예상 지점으로 예상하고 있었다. 따라서 자은도에 구축된 진지시설들은 일단 유사시 자은도 앞바다를 통과하여 북쪽으로 올라가거나 목포항으로 진입하는 적함을 공격할 목적으로 만들어진 것이다.

5 〈附図第1群山・木浦附近 沿岸防禦配備 要図〉, Ref. C13031946500.

전남 신안군 하의면 옥도리

옥도를 중심으로 한 팔구포 일대에 해군방비대를 설치하고 러일전쟁을 승리로 이끌었던 일제가 그 후 그 지역을 어떻게 활용했는지에 대해서는 아직 체계적으로 밝혀진 바가 없다. 다만 단편적으로 남아 있는 몇몇 기록과 주민들의 증언을 종합하면 옥도는 그 후에도 여전히 중요한 일본 해군기지로 유지되었고, 중일전쟁과 태평양전쟁이 막바지로 치닫던 시기에도 수송선단을 보호하기 위한 전함들의 주정기지로 활용되면서 크게 중시되었다는 것을 알 수 있는 정도다.

러일전쟁 이후 옥도와 관련하여 제일 먼저 주목되는 사건은 조선 의병(義兵)들이 옥도에 사는 일본인을 습격한 사건이다. 1909년 7월 초 조선 의병 15~16명이 지도군(知島郡) 자라면(者羅面) 옥도에 사는 일본인을 내습했다가 그중 1명이 살해되었는데 시신을 유기한 채 도주하였다는 목포주재 경찰서장의 보고내용이다. [1]

이 보고서에는 조선인 의병들이 무슨 이유로 옥도에 사는 일본 민간인을 공격했는지에 대한 설명은 없다. 다만 일제가 조선을 강제로 병탄하기 직전, 전국적으로 끓어올랐던 조선 민중들의 분노가 표출된 의병활동의 일환이었을 것으로 추정할 수 있다.

여기서 흥미로운 점은 조선이 일제에 의해 병탄되기 전에 이미 옥도에는 일본 민간인이 들어와 살고 있었다는 것과, 그 이름이 '小翌原吉彌方'라는 것이다. 그런데 목포경찰서장의 보고서에 나와 있는 일본인 이름의 '익'(翌)은 '립'(笠)의 오기로 보인다. '오가사하라'(小笠原)는 일본인의 대표적인 성씨 중에 하나이며 옥도와 관련하여 이후에도 일본군 문서에는 '오가사하라'라는 성씨가 여러 번 등장하기 때문이다.

우선 1921년 9월 7일, '小笠原吉松'라는 자가 대부 기간이 끝나는 옥도의 구 해군용지 2만 9,720평(9만 8,247제곱미터)을 향후 5년간 더 사용할 수 있게 해달라고 조선총독에게 청원한다.[2] 그리고 1937년 7월 2일에는 '一文字國弘'이라는 자가 옥도에 있는 구 해군용지 2만 545평(6만 7,917제곱미터)을 향후 5년간 더 임대해 사용할 수 있도록 허가해달라는 내용이 나오는데, 단서조항에 보면 '一文字國弘'는 통칭 '小笠原國弘'이라고 부른다고 적고 있다.[3]

신안군 지역에서 러일전쟁 당시 일본 해군이 확보한 대규모 용지가 옥도에만 있었던 것은 아니었다. 장병도(현 신안군 하의면 후광리), 수치도(현 신안군 비금면 수치리), 자은도(현 신안군 자은면 백산리 용소마을), 대야도(현 신안군 하의면 능산리) 등지에도 상당한 면적의 해군용

---

1 '匪徒에 관한 건', 《한국독립운동사자료 15》(의병편 Ⅷ), 국사편찬위원회, 1986.
2 JACAR, 〈使用1(4)〉, Ref. C08051502800.
3 JACAR, 〈鎭要財 第50号の3 12. 7. 2 八口 玉島所在 海軍用地 繼續使用 許可の件〉, Ref. C05111114600.

〈표 4-1〉 팔구포 지역 일본 해군용지 면적

(단위 : 평)

자은도	수치도	옥도	대야도	장병도	계
19,441	559	29,720	1,528	790	52,039

JACAR, 〈明治39年~45年 鎭海永興關係書類 13(6)〉, Ref. C08020181600.

지가 있었다. 당시에 일본 해군이 확보한 팔구포 지역의 용지 면적은 〈표 4-1〉과 같았다.

표를 보면 일본 해군은 팔구포 일대에서 옥도에 2만 9천여 평(약 9만 5,867제곱미터), 자은도에 1만 9천여 평(약 6만 2,809제곱미터), 총 5만 2천여 평(약 17만 1,900제곱미터)을 해군용지로 확보하고 있었음을 알 수 있다. 일본 해군은 필요한 땅을 헐값에 매입하거나 헌납받기도 하고 관유지를 군사용지로 편입하는 방법을 사용하였다. 그 과정에서 오랫동안의 삶의 터전을 빼앗긴 조선 민중들의 분노가 치솟을 수밖에 없었다. 1909년에 있었던 조선인 의병들의 옥도 거주 일본 민간인 습격사건도 이런 상황과 무관해 보이지 않는다.

위 청원서들을 살펴본 결과를 종합하면, 일본 해군은 러일전쟁이 끝나고 옥도에 확보했던 용지 2만 9,720평(9만 8,247제곱미터)이 더 이상 필요 없어지자 총독부로 관리권을 넘겼고, 그 땅을 일본 본토에서 건너온 민간인 오가사하라 성씨의 일본인에게 대를 이어 5년 단위로 임대했다는 것을 알 수 있다. 그런데 주목할 것은 1921년에는 구 해군용지 2만 9,720평 전부를 임대했다가 1937년에는 임대신청 면적이 2만 545평(6만 7,917제곱미터)으로 줄어들었다는 것이다. 이를 통해 추측컨대 한동안 일본 해군이 옥도에서 완전히 철수했다가, 중일전쟁이 발발하는 전후의 시점에서 다시 주둔하기 시작한 것으로 보인다.

오가사하라 성씨의 일본인 가문은 일제강점기 내내 옥도에서 구 해군용지를 빌려 농사를 지으며 대를 이어 살았는데 이러한 내용은 옥도 주민들의 증언을 통해서도 확인된다. 섬 주민인 송성태 씨(1933년생)에 따르면 해방 직전까지 오가사하라라는 일본인이 딸, 사위 등과 함께 옥도에서 거주하였다. 주민들은 오가사하라는 성씨가 발음하기 어려워서인지 '오가사리'라고 불렀다. 송 씨에 따르면 오가사하라는 일본군 군사시설들이 집중되었던 선창가 마을 위쪽 언덕배기 지역에 살았다. 그들은 2만여 평(약 6만 6,115제곱미터)에 달하는 땅에 주로 농사를 지었으며 밤나무, 감나무, 무화과 등의 과수원을 조성하기도 하였다. 옥도 주민들과는 별다른 교류나 마찰이 없었다고 한다.

중일전쟁 발발 직전부터 일본 해군이 다시 옥도에 주둔하기 시작했다는 것은 여러 경로로 확인된다. 일본 해군의 흔적으로 꼽을 수 있는 것은 우선 일본군이 주둔했던 옥도 선창가 마을에 남아 있던 우물이다. 안타깝게도 그 우물 자체는 현재 파괴되어 사진으로밖에 볼 수 없지만 거기에는 '八口浦海軍井'(팔구포해군정), 그리고 그 옆에 '昭和拾壹年八月建立'(쇼와 11년(1936년) 8월 건립)이라고 새겨져 있다. 이 우물이 러일전쟁 직후에 만들어졌던 9개의 우물 중에 하나인지,[4] 아니면 새로 만든 것인지는 확인할 수 없지만 이 명문을 보면 1936년에도 일본 해군이 옥도에 주둔하고 있었음은 분명하다.

옥도와 팔구포 지역이 일본 해군의 전략기지로 중요시되었던 것을 말해주는 또 다른 기록도 남아 있다. 1937년 7월 7일 루거우차오(蘆溝橋) 사건을 핑계로 일본이 중국을 침략하는 중일전쟁이 일어난 뒤, 일본군은 거침없이 베이징, 톈진을 점령하고 곧이어 상하이를 침공한 뒤

---

4 朝鮮總督府 農商工部, 《韓國水産誌》, 제3집, 1910, 361쪽.

팔구포해군정에 '쇼와11년 8월 건립'이라고 새겨져 있다.

12월에는 난징까지 진격하였다. 중일전쟁의 확전에 따라 병력과 군수
물자의 수송이 크게 늘어나면서 일본과 중국을 연결하는 항로의 안전
확보는 매우 시급한 사안이 되었다. 그에 따라 이 항로상에 있는 팔구
포 지역은 다시 한 번 전략적으로 중요한 역할을 하게 된다. 1937년 10
월 21일에서 11월 10일 사이에 작성된 일본군 문서를 보면 팔구포 지
역에서는 일본군 군함들이 수시로 모여 상륙교련 및 항행법, 박지 침
입법, 적비행기의 회피법 등 각종 훈련을 실시했다. [5]

　그 후 팔구포가 또 다시 군사적 요충지로 크게 부각된 것은 태평양전
쟁이 중반기로 접어든 1943년 이후였다. 이때부터 한반도 주변 해역
에는 미군의 잠수함이 수시로 출몰하여 일본의 수송선단에 대한 무차
별 공격을 시작했다. 뿐만 아니라 항공기에 의한 공습도 매우 빈번해

　5 JACAR, 〈八口浦に於ける行事〉, Ref. C11111025200.

졌다. 그로 인한 일본군의 피해가 속출하였고 일본과 중국으로 이어지는 항로가 단절되면서 병력과 군수물자 수송에 큰 곤란을 겪고 있었다. 그에 따라 일제는 팔구포 주정기지에 각종 전함들을 배치하여 한반도 서남해 항로를 오가는 수송선단의 보호를 크게 강화하고 나섰다.

당시 팔구포는 일본에서 한반도 서남해안을 거쳐 중국으로 이어지는 항로상의 중요한 중간기지였다. 일제는 항로 주변에 있는 거문도, 소안도, 추자도, 목포, 팔구포 등지에 주정기지를 만들고 해방함과 같은 경비·호위함정을 배치하여 수송선단의 호위 임무를 맡겼다. 1945년 5월경 작성된 일본군 해방함 제63호의 전시일지를 보면 당시 일본군 전함들이 어떻게 활동했는지 한 단면을 짐작해볼 수 있다.[6]

해방함 제63호의 전시일지

1945. 5. 6. 중국 칭다오(靑島)에서 항해 중.

　　 5. 7. 19시 45분 팔구포에 가박.

　　 5. 8. 6시 00분 출항, 하의도 진입.

　　 5. 9. 13시 15분 목포 입항.

　　 5. 10. 13시 00분 목포 출항.

　　 5. 12. 칭다오 입항.

이 기록을 보면 일본군 해방함 제63호는 중국의 칭다오와 조선의 목포항을 왕복하면서 이 항로를 오가는 수송선박의 호위 임무를 수행하는데, 팔구포를 중간 기착지로 이용하고 있음을 알 수 있다.

---

6 JACAR, 〈昭和 20년 5월 1일~5월 31일 제63호 海防艦戰時日誌〉, Ref. C08030593700.

이러한 상황은 옥도 주민들의 증언을 통해서도 확인된다. 송성태 씨는 해방 직전 옥도 앞바다에는 거의 매일같이 일본군 군함 7~8척이 정박해 있었다고 증언했다. 아침저녁 국기게양식 때에는 일본군 군함 위에서 울리는 나팔소리가 마을까지 들렸다. 해방 직전에는 미군 비행기가 옥도 상공에 나타나 일본군 군함들과 교전을 벌이기도 했는데 군함에서 쏘는 포는 아무 소용도 없을 정도로 미군 비행기는 공습을 가한 뒤 순식간에 사라졌다고 회상했다.

러일전쟁 이래 태평양전쟁 때까지 일본군이 팔구포 해역의 옥도 주정기지를 얼마나 중요하게 평가하고 있었는지를 단적으로 알 수 있는 다음과 같은 기록들이 남아 있다.[7]

"이 지구에 팔구포 박지(泊地)가 있다. 목포 서방 약 16해리 지점에 있는 양호한 박지로 입구가 많은 것이 특징이고, 수송선단의 피박지(避泊地), 대잠기지로 적당하다. 일본해해전에서 이 박지를 이용하였다."

"팔구포는 수송선단의 피박지와 대잠수함 기지로서 특수한 가치가 있다."

7 JACAR, 〈木浦附近 Ⅱ彼我の利用し得べき上陸海岸〉, Ref. C13070030200(위).
〈要旨〉, Ref. C13070030000(아래).

장좌도요새와 목포 방어진지

전남 목포시 율도동

목포시 영산로 29번길 6, 구시가지가 훤히 내려다보이는 유달산 기슭에 목포에서 가장 오래된 근대식 건물 하나가 번듯하게 서 있다. 원래 목포 일본영사관 건물인데, 2년여의 내부공사를 마치고 지난 2014년 3월 1일 목포근대역사관으로 탈바꿈하였다. 1897년 10월 1일 목포가 개항하고 얼마 뒤인 1900년 12월에 이 건물이 완공되었다고 하니 114년이 넘은 셈이다.

일본영사관에서 내려다보이는 거리 일대는 개항장 구역으로 일제강점기 일본인들의 거류 중심지였다. 해방 직전 목포부(木浦府) 인구는 8만 5천 명, 그 가운데 일본인이 약 1만 명 정도였는데 일본인들은 대부분 그들의 거류지를 중심으로 모여 살았다.[1]

---

1 森田芳夫, '목포 일본인 세화회에 관하여', 《朝鮮終戰の記録: 米ソ兩軍の進駐と日本人の引揚》, 巖南堂書店, 1979.

목포근대역사관

일본인 거류지에는 식민통치의 중추기관인 경찰서, 우체국, 동양척식회사 목포지점과 같은 여러 기관과 학교, 은행, 상가, 창고 등이 밀집해 있었고 그 주변으로 일본인 가옥들이 줄지어 들어서 있었다. 지금도 당시의 건물과 일본식 주택들이 상당수 남아 있어 이 일대는 그 자체로 근대역사박물관 같은 곳이라고 할 수 있다.[2]

그런데 목포근대역사관 본관, 즉 구 일본영사관 건물 뒤에는 태평양전쟁 말기 일제가 미군의 공습과 상륙에 대비해 파놓았다는 대형 방공호가 남아 있다. 안내 간판에 따르면 내부는 연장 82미터, 높이는 2미터, 폭은 넓은 곳이 3.3미터이며 출입구는 모두 3개이다. 태평양전쟁 말기라면 이 건물은 목포부청, 즉 시청으로 사용되었는데 시청 뒤에 이처럼 대규모 땅굴을 만들었다는 것은 일단 유사시 방공호 역할과 함

2 고석규, 《근대도시 목포의 역사 공간 문화》, 서울대출판부, 2004.

께 전시상황실 등으로 사용하기 위한 것으로 추정된다.

주목할 만한 것은 이런 방공호가 목포부청뿐만 아니라 부근 일본인 거류지 곳곳에 만들어져 있었다는 것이다. 지금도 목포근대역사관 본관 바로 아래쪽 도로변에 있는 유달우체국(구 목포우체국 자리), 이훈동 정원〔1930년대 일본인 대부호 우치다니 만페이(內谷萬平)가 지은 일본식 가옥의 정원〕, 유달초등학교(일제강점기 당시 목포심상고등소학교), 목포진 터로 올라가는 입구 등에 일제 때 만들어진 방공호가 남아 있다. 안내를 도와준 조대형 목포시 문화관광해설사에 따르면 목포부청 옆에 있었던 목포경찰서 뒷마당에도 대형 방공호가 있었는데 재개발 과정에서 사라져버렸다.

일제는 개인주택이나 공공기관마다 방공호를 파게 하고 대피훈련을 실시하는 등 적극적으로 전쟁에 대비하였음을 알 수 있다. 그렇다면 당시 목포 일대에 배치된 일본군들의 움직임은 어땠을까? 사실 지금까지는 일제가 본토결전에 대비하여 목포 고하도 해안 일대에 자살공격용 특공병기를 숨겨두기 위한 진지시설을 구축했다는 것 이외에 별로 알려진 것이 없었다. 아시아역사자료센터에는 태평양전쟁 말기 목포지역의 방어를 위해 구축했던 진지 현황을 보여주는 문서들이 남아 있어 당시 일본군들의 움직임을 구체적으로 살펴볼 수 있다.

태평양전쟁 말기 목포지역에 배치된 일본군은 육군 제150사단 산하 보병 제430연대와 특설경비 제464대대 등이었다.[3] 이들의 주된 임무는 한창 건설공사가 진행 중인 목포망운비행장 주변 방어를 위한 진지, 그리고 목포항을 중심으로 한 목포 지역 방어를 위한 진지를 구축

---

3 JACAR, 〈第120師団 £第150師団〉, Ref. C12121093900.

하는 것이었다. 아시아역사자료센터에서 찾아낸 문서를 살펴보면 목포 지역 일본군 진지는 위치에 따라 크게 두 부류로 나눌 수 있다.

첫째는 목포 시가지와 인접한 유달산 주변 지역이고, 둘째는 목포항으로 진입해 들어오는 항로 주변의 섬지역이다.[4] 〈목포지구 진지편성 배비 요도〉를 살펴보면 유달산 주변지역, 즉 현재 신안비치호텔이 있는 서쪽 산기슭인 대반동(大盤洞), 현재의 북항 뒤쪽에 있는 야산으로 추정되는 소사평(小沙坪), 그리고 현재 산정동 지역인 산정리(山亭里) 일대에 진지를 구축했던 것으로 나타난다.[5] 하지만 이 지역은 상대적으로 가파르고 단단한 암반지대여서인지 구축된 진지가 많지는 않았던 것으로 보인다. 주민들에 따르면 유달산 지역에 남아 있던 진지동굴도 공원 조성과정에서 훼손되거나 안전상의 이유로 대부분 입구를 막아버렸다고 한다.

둘째 부류는 먼 바다에서 목포항으로 진입해 들어오는 항로 주변의 요지에 구축한 진지들로, 지도상으로는 압해도 앞에 있는 용출도(龍出島, 신안군 압해읍 장감리), 장좌도(長左島, 목포시 율도동), 고하도(高下島, 목포시 달동) 그리고 화원면(花源面, 전남 해남군 화원면) 등 4군데 지역에 위치하고 있다. 그중 고하도를 제외한 나머지 3군데는 진지 배치도가 남아 있어서 구체적인 진지구축 현황을 파악할 수 있다. 진지배치도가 남아 있는 곳 중에서 목포항 입구와 정면으로 마주하는 곳

---

4 JACAR, 〈第150師団 陣地位置 要図 其の2 木浦付近 望雲付近 海南半島〉, Ref. C140 21104400.
5 JACAR, 〈木浦地區 陣地編成配備 要図〉, Ref. C14021105400.

장좌도에서 바라보면 목포가 한눈에 들어온다.

에 위치한 작은 섬인 장좌도에는 하나의 작은 요새를 연상시킬 만큼 많은 진지시설들이 집중 구축되었다.

장좌도에 가기 위해서는 목포 북항에서 낚싯배를 빌려 타고 10분 정도 들어가야 한다. 섬이 작고 주민이 많지 않아 여객선이 운행되지 않기 때문이다. 한때 장좌도에는 14가구 정도가 살았지만 지금은 모두 떠나고 3가구만 남아 농사와 어장 등을 운영하며 살고 있는데 상주가구는 1가구에 불과하다.

섬의 안내를 도와준 박장율 씨(1949년생)는 목포에 거주하면서 수시로 장좌도에 드나들고 있다. 부모로부터 물려받은 3천 평(약 9,917제곱미터)의 농지와 어장이 남아 있기 때문이다. 어린 시절 대부분을 장좌도에서 보낸 그는 섬의 사정을 구석구석 잘 알고 있었다.

맨 먼저 도착한 곳은 해안가 경사지 자연암반에 굴착한 동굴로 깊이는 약 7~8미터 정도 되어 보였다. 동굴의 입구가 정확히 목포항 쪽을

장좌도에 남아 있는 일본군 토치카

향하고 있는데 기관총이나 포를 설치하기 위한 용도로 보였다.

이 동굴에서 산 위쪽으로 50여 미터 정도 올라간 산기슭에는 콘크리트로 만든 토치카가 있었다. 토치카 위쪽에는 환기구가 뚫려 있고 그 뒤쪽으로는 출입통로가 만들어져 있다. 총안은 남쪽에서 올라와 목포항으로 들어가는 수로를 겨냥하고 있다.

토치카가 있는 곳에서 다시 산의 정상부로 올라가면 땅굴을 파고 그 입구에 콘크리트 시설물을 만들어 놓은 것을 볼 수 있다. 다른 곳에서는 보지 못한 독특한 형태인데 안내를 해준 박 씨는 기관총을 고정하기 위한 시설이라고 들었다고 한다. 동굴의 방향은 섬의 북쪽을 향하고 있다. 그에 따르면 그 밖에도 장좌도에는 관통굴 1개를 포함해 2개의 땅굴이 더 있고, 파다가 만 미완성 굴은 7~8개에 달한다고 한다. 하지만 수풀이 우거져 확인하기가 어려웠다. 장좌도 외에 용출도와 화원반도 일대에도 당시에 만들어진 진지들이 남아 있는데 대체로 주변 해역의 항로들을 겨냥해 만들어져 있다.

그렇다면 일제가 목포일대에 병력을 집중시켜 진지구축에 열을 올린 이유는 무엇일까? 그것은 무엇보다도 호남의 관문으로서 목포항이 가지는 중요성 때문이라고 할 수 있다. 목포항은 일본과 중국을 연결하는 서남해 항로와 육지와 제주를 연결하는 항로의 중심항으로서 해상물류수송의 거점이었다. 뿐만 아니라 목포 연근해에 산재한 크고 작은 수많은 섬에서 거주하는 주민들의 생활 기지항이었다.

일본군이 작성한 자료에 따르면 목포항은 목포부 서남쪽 모서리에서 고하도를 잇는 선, 즉 현재의 목포대교 지점부터 시작해 동쪽으로 삼학도 동단과 대아산을 연결하는 선 사이의 넓은 수역을 가진 항구이다. 수역은 동서로 2,800미터, 남북으로 900~1,700미터이고 수심은 9~22미터에 달하여, 7천 톤급 선박 5척을 동시에 수용할 수 있는 항만 조건을 갖추었다고 보았다.[6]

그 때문에 일제는 조선을 병탄한 직후부터 막대한 자금을 들여 목포항 정비사업을 펼쳤는데 1910년에는 물양장 4개소와 호안 1개소, 잔교 3기, 창고 등을 건설하였고, 1921년에는 병종 1호부 잔교를 건설하고 대대적인 준설을 실시하였으며 1936년에는 제1고정잔교를 완성하였다.[7]

태평양전쟁 말기 미군의 비행기와 잠수함에 의한 공격이 격심해지자 일제는 목포항에도 주정기지를 설정하고 해방함 등 소형군함 등을 배치하여 주변의 항로를 오가는 수송선단의 호위 업무를 강화하였다.[8]

---

6 JACAR, 〈木浦附近 Ⅱ彼我の利用し得べき上陸海岸〉, Ref. C13070030200.
7 목포시, 《목포시사: 보정편》, 1991.

본토결전 기간에는 제주도 방어를 위해 수송해야 하는 군수물자와 병력들이 급증하면서 목포항의 역할은 더욱 중요해졌다. 이런 상황에서 일제가 목포항 방어를 중시한 가장 결정적 이유는 이곳이 미군이 상륙을 도모할 수 있는 가능성이 매우 큰 지역으로 예상했기 때문이다. 한반도 서남단 지역에서 목포항을 제외한 인근 지역은 수심이 낮고 개펄이 깊어 항구 이외에는 선박의 접근이 쉽지 않은 상황이었다.[9] 때문에 일제는 목포항 입구로 이어지는 주변의 섬들과 목포 서쪽 해안 유달산 기슭에 병력을 집중 배치하여 각종 진지를 구축했던 것이다. 그리고 적함이 목포항 안으로 들어왔을 경우에는 폭탄을 실은 소형 자살특공정으로 공격하기 위하여 고하도 해안 곳곳과 부두시설이 있는 건너편 해안에 특공기지, 즉 진지동굴을 대대적으로 굴착했던 것이다.

8 JACAR, 〈附図第1 群山・木浦附近 沿岸防禦配備要図〉, Ref. C13031946500.
9 JACAR, 〈木浦附近 I 位置及地域〉, Ref. C13070030100.

5

한반도의 수상·항공특공기지들

〈해방 직전 일본군 비행장 현황〉

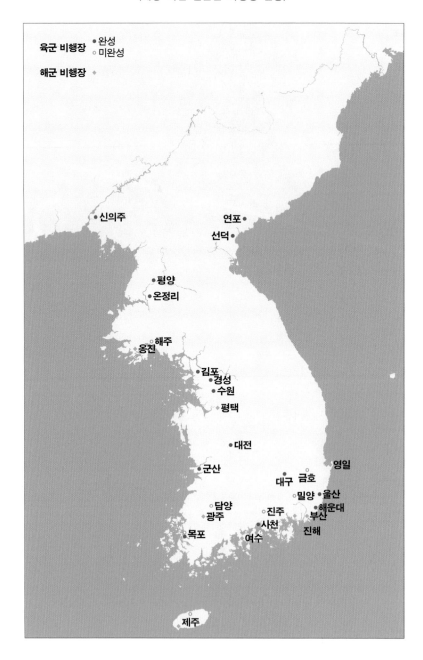

어불도 특공기지와 해남 방어진지

01

전남 해남군 송지면 일대

해남읍에서 자동차를 타고 땅끝마을이 있는 남쪽 방향으로 30~40분 달리다 도착한 송지면에서 다시 서쪽으로 20분 정도 가면 어란(於蘭) 이라는 작은 포구에 도착한다. '늘어져 있는 난초'라는 의미의 어란이 라는 지명은 자못 시적이다.

　조선 초에 진성을 쌓고 수군의 진을 설치한 곳이라 하여 어란진(於 蘭鎭)이라고도 불린다. 포구에는 송지면 앞바다 너른 만에서 김 양식 을 하는 주민들이 사용하는 작은 어선들이 옹기종기 정박해 있다. 어 란항 바로 앞쪽에는 어불도(於佛島)가 좌우로 늘어서 있는데 어란항을 병풍처럼 감싸고 있다. 외해로부터 불어 닥치는 태풍을 막아주고 외적 의 침입이나 염탐을 차단하는 형세이다. 어란에 수군의 진을 설치한 것도 바로 그러한 지형적 특색 때문일 것이다.

　어란진은 정유재란 당시 삼도수군통제사로 다시 임명된 이순신의 첫 전적지이기도 하다. 《난중일기》를 보면 1597년 8월 이순신이 어란

313

진에 잠시 머무는 동안 적선 8척이 앞바다에 나타났는데 뒤쫓아 가자 갈두(葛頭) 너머로 도망쳤다고 기록되어 있다. 갈두는 해남반도 남단 땅끝마을의 옛 이름으로, 인근 산에 칡이 많아 '칡머리'라고 불리던 명칭을 한자로 표기한 것이다.

어불도에 들어가려면 어란항에서 하루 6차례 왕복하는 연락선을 탄다. 운항시간은 10분 남짓, 왕복 배 운임은 2,500원이다. 연락선을 운행하는 선장은 대한민국에서 가장 싼 뱃삯이라고 너스레를 떨었다.

어불도는 전체 면적이 0.66제곱킬로미터, 해안선의 길이는 5.9킬로미터 정도 되는 작은 섬이다. 섬의 형상이 부처를 닮아 어불도라는 이름이 붙었다고 한다. 주민들은 대부분 섬의 남동쪽 해안 완만한 경사면 지대에 모여 산다. 섬마을 주변 길가에는 온통 김 양식에 사용되는 도구들이 가득 쌓여 있다.

섬의 북동쪽 해안가에 불쑥 튀어나온 야트막한 산이 있는데 이 산 아래쪽 길가를 따라 모두 9개의 동굴이 뚫려 있다. 그중 맨 오른쪽 1개는 굴착작업을 시작하자마자 중단한 듯 2∼3미터 파다 만 것을 볼 수 있다. 자연암반을 폭약을 사용해 뚫은 나머지 동굴들은 대체적으로 높이 2∼2.5미터, 폭 3∼4미터, 깊이 10미터 내외로, 일제가 제주도 성산 일출봉이나 목포 고하도 해안가에 파놓은 동굴들과 유사한 형태다.

일본군들은 왜 이곳 해남군 송지면 어불도 해안에까지 진지동굴을 팠을까? 어불도 주민 박지호 씨(1943년생)는 일본군들을 직접 목격하지는 못했지만 어른들로부터 전해들은 여러 얘기를 들려주었다. 그에 따르면 일본군들이 어불도에 들어온 것은 해방이 되기 몇 달 전이었다. 당시 일본군들은 마을 위쪽 언덕에 있는 평평한 밭 가운데에 임시 막사를 세워 주둔했고, 일본군 장교는 마을의 민가를 빌려 기거했다.

어불도 해안 진지동굴. 모두 9개가 있다.

일본군들은 육지에서 많은 조선인들을 보국대라는 이름으로 끌고 와 해안가에서 굴을 파는 일을 시켰다. 마을 주변에는 조선인 노무자들이 기거하던 임시 막사가 있었는데 박 씨의 조부모는 그들을 위해 밥을 지어 파는 일을 했다고 한다.

선창가에서 만난 김진수 씨(1936년생)는 좀더 구체적인 목격담을 들려주었다. 당시 어불도 앞바다에는 각종 군수물자를 싣고 온 일본군 수송선들이 정박해 있었다. 당시 어불도에는 부두시설이 없었기 때문에 물자의 하역은 작은 뗏마선(전마선)을 이용하였다.

동굴진지 굴착작업을 하던 일본군들은 가끔씩 '핫빠!' 하고 크게 외쳤다. '핫빠'(發破)는 발파하면서 돌이 튈 수 있으니 안전하게 대비하라는 신호였다. 호기심에 몰래 담 너머로 내다보면 공사현장에서 튀어 날아온 돌들이 300미터 넘게 떨어진 마을의 지붕 위까지 날아왔다고 한다.

김 씨는 어불도 해안동굴의 성격을 확인할 수 있는 중요한 증언을 들려주었다. 당시 굴착작업이 한창 진행되던 해안동굴 옆에는 침목으로 쓸 목재와 궤도용 레일이 쌓여 있었다. 동굴 안에 숨겨둔 작은 배들을 바다로 손쉽게 끌어내기 위해 궤도를 설치할 용도였음이 분명하다. 그런데 갑작스레 패전을 맞자 일본군은 동굴 굴착을 중단하고 주변에 쌓아둔 물자도 그대로 둔 채 섬을 떠났다. 섬의 주민들은 이 레일들을 가져다 작두나 쟁기를 만드는 데 사용했다고 한다.

이러한 증언들을 바탕으로 판단한다면 어불도의 해안동굴들은 일본 해군의 자살공격 보트 신요나 일본 육군의 4식육박공격정 마루레(マルレ) 같은 특공병기를 숨겨두기 위한 진지였을 것이다. 일본군은 해남 반도 서남쪽 송지면 일대의 만을 미군이 상륙할 수 있는 유력한 후보지로 상정하고, 미군 상륙함이 진입해올 경우 어불도 해안에 숨겨둔 자살특공 보트를 출격시켜 공격할 계획이었다.

해방 직전 해남군에는 어불도 외에도 그 주변 송지면 일대에 일본군 병력이 집중 배치되었다는 것을 보여주는 문서가 남아 있다. 우선 〈군산 · 목포 부근 연안방어배비 요도〉에는 보병 1개 대대의 병력이 해남 반도에 배치되어 있다고 표시하면서, 그 목적을 '상륙방어'라고 표시했다.[1]

해남에 배치된 것은 일본군 보병 제150사단 예하의 병력이었다. 일본군은 본토결전 1차 방비계획에 따라 1945년 2월 28일 연안배비를 위한 16개 사단을 신설하고 일본본토와 조선반도에 배치하였는데, 그중의 하나인 제150사단은 전라남도 지역에 파견되어 주로 해안지역 방

---

1 JACAR, 〈第150師団 陣地位置 要図 其の2 木浦付近 望雲付近 海南半島〉, Ref. C140 21104400.

어 임무에 나서도록 하였다.

해남지역의 일본군 병력은 주로 송지면에 집중되었다. 송지면 앞에는 남해와 접한 작은 만이 형성되어 있는데 일본군은 이곳을 미군의 유력한 상륙예상 지점으로 상정했다. 일본군 〈제150사단 진지배비도〉에 의하면 방어병력은 송지면 어란리의 내장지구와 외장지구, 송호리의 중리지구 등 3군데에 분산 배치되어, 주로 산기슭에 토치카와 진지동굴을 구축하는 작업에 동원되었다. 어불도에 구축된 특공기지와 연계해 송지면 앞바다를 통한 미군의 상륙기도를 저지하기 위한 것이었다. [2]

송지면 일대에는 당시 일본군들이 구축한 많은 진지들이 아직도 그대로 남아 있다. 동네의 연로한 어른들을 만나 땅굴과 콘크리트로 만든 벙커 등이 남아 있다는 것을 어렵지 않게 확인할 수 있었지만 수풀이 우거져 일일이 찾아볼 수는 없었다.

현재 확인된 일본군 진지들을 대략적으로 살펴보면, 송호리 중리마을(일명 배나무골) 뒷산에는 4개 정도의 땅굴이 남아 있고, 일본군들이 주둔했던 송지면 소죽리 대죽마을(일명 성주골) 일대에도 산기슭을 따라 6~7개의 땅굴이 파져 있다. 송지면에서 진지가 가장 집중적으로 구축된 곳은 어란리 내장지구와 외장지구다. 특히 내장마을 해안가에 접한 상단산 중턱에는 콘크리트 벙커를 비롯하여 5개 정도의 동굴진지가 남아 있다.

이와 함께 송지면 어란리 21번지에 있는 식품공장의 위쪽을 지나는 도로를 사이에 두고 위아래에 있는 두 야산에 콘크리트로 만든 토치카

2 JACAR, 〈山亭里付近 陣地配備図〉, Ref. C14021105600.

송지면 귀바우산 토치카

도 남아 있다. 그중 남쪽 귀바우산에 있는 토치카는 주민의 밭과 산이
접하는 길가에 만들어졌는데 안으로 들어가보면 일반적인 일본군 토
치카보다 내부 공간이 2배 정도는 크게 만들어져 있다.

　해방 당시 송지면 일대에는 많은 진지시설이 구축되어 있었지만 이
들 병력들이 갖춘 무기와 장비는 매우 빈약한 수준이었다. 해남지역에
구축된 진지들도 소총과 수류탄, 그리고 기껏해야 기관총 정도의 무기
를 보유했다. 당시 일제가 본토결전에 대비하여 연안배비를 위해 급조
한 16개 사단의 장비들은 대체로 매우 열악한 수준이어서 일본군들 사
이에서도 이들 부대를 '허수아비(かかし) 병단'이라고 불렀다. 3

　3 〈위키피디아〉 일본판 '本土決戰 第1次 兵備' 항목 참조.

전남 목포시 달동

목포 유달산에서 남쪽으로 내려다보면 가늘고 길게 늘어선 섬이 목포 항을 감싸고 있는 것을 볼 수 있는데, 이 섬이 바로 고하도(高下島)다. 높은 산인 유달산(228미터) 아래에 있다고 하여 붙여진 이름이라고 한 다. 전에는 고하도(高霞島, 또는 孤下島), 보화도(寶化島), 비로도 (悲露島), 칼섬 등으로도 불렸다.[1]

목포 쪽에서 바라본 섬의 북동쪽은 가파른 경사면에 수목이 우거져 있어 마치 무인도처럼 보인다. 하지만 섬의 남서쪽에는 소규모 갑과 만이 발달했고 그 사이 간석지가 펼쳐져 있는데, 예로부터 주민들은 이곳에 방조제를 쌓아 염전과 농경지로 활용했다.

섬의 전체 면적은 1.78제곱킬로미터, 해안선의 길이는 10.7킬로미 터이며, 가장 높은 뫼봉산 정상의 해발고도는 77미터이다. 목포항에

---

1 강지영, 《한국지명유래집 전라·제주편》, 국토해양부 국토지리정보원, 2010.

고하도. 길게 늘어선 섬이 목포항을 감싸고 있는 듯한 형세이다.

서 고하도 선착장까지의 거리는 1.2킬로미터에 불과하다. 이전에는 매일 운행되는 연락선을 타고 섬에 들어갔지만 지난 2012년 6월 29일 목포대교가 개통되면서 도로가 섬까지 연결되었다.

고하도는 주변 서남해의 여러 섬들과 가깝고 영산강을 통해 내륙수로와도 연결되는 요지에 위치한다. 비록 면적은 크지 않지만 이런 지리적 특성 때문에 고하도는 역사 무대에 자주 등장했다. 다양한 사연들을 많이 간직하고 있어서 가히 '역사의 섬'이라고 불릴 만한 곳이다.

먼저 섬의 오른쪽 해안 중간지점에 충무공 이순신의 유허비가 봉안된 모충각(慕忠閣)이 있다. 이 유허비에는 임진왜란 당시 고하도에서의 이충무공 행적이 적혀 있다. 이순신은 명량해전에서 13척의 배로 적선 133척과 맞서 대승을 거둔 직후인 1597년 10월 29일, 수군의 본진을 고하도로 옮겼다. 그리고 1598년 2월 17일 다시 고금도로 옮겨갈 때까지 108일 동안 이곳에 머물렀다. 난중일기에는 고하도에 대해 언

〈목포 지역 방비도〉

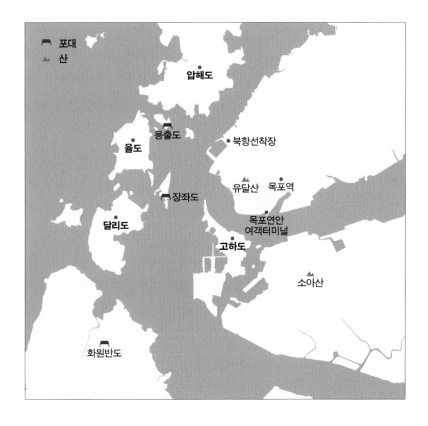

급한 부분이 나온다. [2]

> 목포에 갔다가 보화도로 옮겨 정박하니 서북풍을 막을 만하고 배를 감추기
> 에 아주 적합했다. 그래서 육지에 올라 섬 안을 돌아보니 지형이 매우 좋으
> 므로 진을 치고 집 지을 계획을 세웠다.

당시 조선의 수군은 이곳에서 겨울을 나면서 병력을 보충하고 전선
을 건조하는 등 전열을 크게 정비하였다. 고하도에는 당시에 쌓은 진
성 터가 남아 있고 큰덕골에 있었던 조선소에서 전선을 건조했다는 이
야기가 전해지고 있다.

고하도가 역사의 무대에 다시 등장하는 것은 열강들이 한반도에서
의 이권을 두고 각축전을 벌이던 구한말이었다. 1897년 10월 1일 목포
가 개항된 뒤 러시아는 조선 정부에게 목포 조계지에 인접한 고하도 땅
의 매입을 요구하였다. 부산의 절영도, 마산 율구미에서처럼 조차지
를 확보하려는 시도였다. 일본도 러시아를 견제하기 위해 조선의 고위
관리를 앞세워 고하도 토지의 매수에 나섰다. 당시 조선의 지방관리인
무안감리가 단호히 거부하고 나섰지만 양국은 조선 정부에 압력을 가
해 결국 고하도 땅 대부분을 침탈했다. [3]

고하도 선착장에서 가까운 언덕 위에는 또 다른 역사적 기념비가 서
있다. 일제강점기인 1936년 면화재배 30년 기념회에서 1904년에 처
음으로 고하도에서 미국 육지면의 시험재배에 성공한 것을 기념해 세

---

2 이순신 지음, 《난중일기》, '1597. 10. 29. 병술', 노승석 옮김, 민음사, 2010.
3 김경옥 외, 〈고하도-유달산 아래에 있는 작은 섬〉, 목포문화원 발간자료, 2004.

었다. 이 비석에는 '조선육지면발상지지'(朝鮮陸地棉發祥之地) 라고 새겨져 있다.[4]

사실 일제는 일본 본토에서 먼저 미국산 육지면 시험재배를 시작했지만 결과가 좋지 않았다. 일본에서는 기후와 강우량 등이 맞지 않아 육지면 이식이 불가능하다고 여겨지는 상황이었다. 그런데 당시 목포 주재일본영사였던 와카마츠 도사부로(若松冤三郎) 가 농사시험장에서 미국산 면화종자를 가져다 고하도에서 시험재배했는데 만족할 만한 성적을 거둔 것이다. 이후 면화재배는 함경도를 제외한 조선 전역으로 확대되었다. 고하도에서의 시험재배 성공이 이후 한반도에서 면화산업이 크게 발전하는 계기가 되었음은 분명하다.[5]

그리고 고하도에서 또 한 번 역사적 사건이 예비되고 있었으니 바로 태평양전쟁이 막바지로 치닫던 1945년 초였다. 일제는 수많은 군인과 조선의 민간인들을 강제동원하여 고하도 해안 곳곳에 진지동굴을 파게 하였다. 배를 타고 섬 주위를 돌아보면 먼발치에서도 곳곳에 뚫려 있는 진지동굴을 금방 확인할 수가 있다.

일제강점하강제동원피해진상규명위원회에서 발간한 보고서에 따르면 고하도와 인접한 허사도 해안에는 20개가 넘는 일본군 진지동굴이 만들어졌다고 한다.[6] 하지만 허사도가 개발되어 목포신항만이 조성되고 목포대교가 만들어지면서 상당수가 훼손되거나 없어졌다.

2009년 취재 당시 고하도에서만 13개의 진지동굴을 확인했다. 섬의

---

4 '拓殖欄, 朝鮮の 綿花栽培(上・下)', 〈中央新聞〉, 1912년 3월 31일 자.

5 목포문화원 홈페이지(www. mokpoculture. or. kr) 향토사연구소 설명자료.

6 일제강점하 강제동원 피해진상규명 위원회, 《일제시기 조선내 군사시설조사: 전남 서남 해안 일대 군인동원을 중심으로》, 평화당출판사, 2008.

고하도에 굴착된 10여 개의 해안동굴 중 일부.

동쪽 끝 뒷도랑 지역에서 시작해 일정한 간격으로 파진 동굴은 섬의 북쪽 끝 용머리를 돌아 공생재활원 선착장 주변에서까지 발견되었다.

고하도에 남아 있는 진지동굴들은 대략적으로 폭 3.5미터, 높이 3.2미터, 길이는 10~30미터 정도인 것으로 조사되었다. 대부분 미완성 상태에서 공사가 중단되었는데 공정률이 60~70% 정도인 것으로 나타났다. 동굴은 해안에 있는 단단한 암반에 정과 폭약을 사용해 판 것으로 내부 곳곳에는 발파 흔적들이 남아 있다. [7]

고하도에 있는 진지동굴은 해남 어불도나 추자도에 있는 진지동굴의 형태와 아주 유사하다. 동굴 입구가 향하는 방향은 먼 바다에서 목포항으로 들어오는 함선을 겨냥하고 있다. 그리고 동굴의 바닥은 바다 쪽으로 약간 기울어져 있다. 어불도나 추자도와 마찬가지로 목포항으

7 "1945년 한반도는 일제의 결전기지였다", 〈KBS스페셜〉, 2009년 8월 16일 방영.

로 접근해 들어오는 적선을 공격하기 위한 자살특공정을 숨겨두기 위한 진지동굴임에 분명하다. 다만 직접적인 문서자료가 발견되지 않아 진지동굴의 조성 주체가 누구인지, 그리고 특공병기의 종류가 어떤 것인지 정확히 알 수 없는 상황이다.

해안에 만들어진 진지동굴 이외에도 수상특공부대의 지휘본부와 관련된 것으로 보이는 동굴들도 발견되었다. 섬의 동북쪽 말바우 옆 작은 만에 있는 유류기지 옆에는 입구가 조그마한 동굴이 남아 있다. 다른 것들과는 다르게 'Y'자형으로 갈라져 제법 길게 파져 있는데, 입구에서 안으로 들어가보면 안쪽에 상당히 넓은 공간이 만들어져 있다. 그리고 이곳에서 산기슭 쪽으로 조금 올라가면 뒷도랑이라고 하는 곳에 위치한 교회건물 뒤쪽으로 길이가 40~50미터쯤 되어 보이는 대형 관통굴이 남아 있다. 정확한 용도는 알 수 없지만 주둔병력이나 군수물자를 숨겨두기 위한 시설로 추정된다.

지난 2014년 3월 초 목포에 답사를 갔다가 목포시 문화관광해설사 조대형 선생의 제보로 새로운 사실을 알게 되었다. 진지동굴이 고하도뿐만 아니라 바로 맞은편 목포연안여객터미널이 있는 해안가에서도 여러 개 조성되어 있다는 것이다.

연안여객터미널에서 왼쪽으로 난 해안로를 따라가다가 유달산으로 올라가는 지점의 해안로 83번지 공터 옆에서 고하도의 진지동굴과 유사한 형태의 일자 동굴을 볼 수 있었다. 동굴 안에서 밖으로 내다보면 멀리 고하도가 선명하게 들어온다. 그리고 바로 인접한 해안로 79번지 암벽 산에도 비슷한 크기의 관통굴이 만들어져 있다. 하지만 동굴 한쪽 끝은 주민이 저장고로 개조하면서 완전히 막혀 있는 상황이다. 그리고 연안여객터미널 바로 뒤쪽에서도 1개의 진지동굴을 추가로 발견

고하도가 바라다 보이는 진지동굴. 목포로 들어오는 미군 잠수함을 양쪽에서 협격하려는 의도였다.

하였다. 이곳은 동굴 앞에 대형 상가건물이 들어서서 안으로 들어가 볼 수는 없었지만 입구가 향하는 방향은 고하도 쪽임을 쉽게 알 수 있었다. 조대형 선생의 설명에 따르면 이쪽 해안에는 몇 개의 동굴이 더 있었지만 도시개발과정에서 모두 사라져버렸다고 한다.

이러한 상황을 종합하면 일제는 1945년 본토결전을 준비하면서 고하도뿐만 아니라 맞은편 유달산 아래쪽 해안가에도 자살특공정을 매복하기 위한 진지동굴을 구축하려고 했던 것을 알 수 있다. 먼 바다에서 목포항으로 진입하는 미군함정을 항로 양쪽에서 협격하려는 계획을 가지고 특공병기를 숨겨두기 위한 동굴진지를 구축하고 있었던 것이다.

제주도와 남해안

우리는 '특공대'('특별공격대'의 약칭)라는 말을 들으면 엔테베 인질 구출작전에 성공한 이스라엘의 사이렛 매트칼(Sayeret Matkal)이나 영국의 SAS, 미국의 델타포스와 같은 특수부대를 떠올린다. 고도의 훈련을 받고 적진에 침투하여 기습, 폭파, 인질구출 등의 특별임무를 수행하는 부대를 의미하는데 임무수행 과정에 큰 위험이 따르긴 하지만 대원의 죽음을 전제로 하지는 않는다.

하지만 태평양전쟁 말기에 시작된 일본군 특공대는 그 의미가 좀 달랐다. 일본군 특공대는 비행기나 선박에 폭탄을 싣고 돌진하여 적의 비행기나 전함에 '다이아타리'(体当り; 몸으로 직접 부딪힌다는 의미로 우리말 표현으로는 '몸통박치기' 정도가 적합하다고 생각된다) 공격을 하는 부대로, 이 경우에는 대원의 죽음이 반드시 전제된다고 봐야 한다.

보통 일본군 특공대 하면 1944년 필리핀 방면 해전에서 처음 투입된 신푸(神風) 특공대, 즉 가미카제 특공대를 생각한다. 우리에게는 자살특공대라는 용어로 각인되어 있기도 한 가미카제 특공대는 일본 해군과 육군의 항공부대가 최후의 수단으로 채택한 비행기를 이용한 몸통박치기 공격, 즉 '항공특공'을 의미한다. 하지만 소형선박이나 특수잠수정을 이용한 해상특공은 항공특공보다 역사가 더 길고, 사용한 병기의 종류도 다양했다.[1]

태평양전쟁에서 일본 해군이 사용한 해상특공에는 카이텐(回天), 신요(震洋), 코류(蛟龍), 카이류(海龍), 후쿠류(伏龍)의 다섯 가지가 있었다. 각각의 제원을 살펴보면 〈표 5-1〉과 같다.

〈표 5-1〉 태평양전쟁 시 일본 해군 전술무기 제원

	카이텐(1형)	신요		코류	카이류
		1형정	5형정		
전장(m)	14.75	5.1	6.5	26.15	17.2
전폭(직경, m)	1.00	1.67	1.86	2.04	3.5
속력/사정거리 (kt/km)	30/23 20/43 10/7.8	16/203	27/314	수중 2.5/231 수상 8/1,850	수상 13km/h 수중 19km/h
탑승원 수(명)	1	1	2	5	2
무장	폭약 1.55t	폭약 250kg, 로사탄(분진포) 2발	폭약 250kg, 로사탄 2발, 기총 1개	45cm어뢰 발사관 2개 3식어뢰 2발	외장어뢰 2발 또는 폭약 600kg

---

1 원래 가미카제특공대의 공식 명칭은 '신푸 특공대'였다. 명칭에 대해서는 다음 논문 참조.
배영미·노기 카오리, "일제말기 조선인 특공대원의 지원과 특공사", 한일민족문제학회,
〈한일민족문제연구〉, 제 13호, 2007.

1

2

3

4

5

1. 카이텐
2. 신요
3. 코류
4. 카이류
5. 후쿠류

카이텐

카이텐은 일본 해군이 개발한 최초의 특공병기로, '인간어뢰'라는 별칭을 가지고 있다. 카이텐은 '하늘을 돌리듯 전쟁국면을 역전시킨다'는 의미를 담고 있다. 카이텐은 초대형인 93식 3형 어뢰(산소어뢰)를 특공병기로 개조한 것이다. 93식 3형 어뢰는 직경 61센티미터, 중량 2.8톤, 작약량 780킬로그램, 시속 48노트로 달릴 수 있으며 주로 구축함에 탑재되었다. 카이텐은 어뢰본체 중간에 1명이 들어갈 수 있는 공간을 만들고 간단한 조종장치와 잠망경을 설치한 것이다. 보통 잠수함에 실어 옮긴 뒤 적함이 있는 부근에서 발진되었다. 카이텐에는 특별한 탈출장치가 없어 일단 한 번 출격하면 공격의 성패와 관계없이 탑승원의 목숨을 구할 수가 없었다. 카이텐은 1944년 7월에 시험기가 만들어졌고 8월 1일에 정식으로 채용되었으며, 11월 8일에 처음 실전 투입되었다. 패전까지 420기가 생산되었다.

신요

신요는 도요타자동차의 엔진을 장착한 소형의 베니아판제 모터보트의 뱃머리에 폭약을 탑재하고, 탑승원이 들어앉아 조종하여 적의 함선에 직접 부딪혀 공격하는 특공병기이다. 말기에는 적함선에서 가해지는 총격에 반격하면서 목표에 도달하기 위해 로켓탄과 기관총을 탑재하였다. 1944년 5월 27일 일본 해군기념일에 처음 시제품이 나온 뒤 보완을 거쳐 8월 28일에 정식으로 채용되었다. 1944년 6월 25일부터 이미 대량생산을 시작하여 패전까지 6,197척이 생산되었다. 육군의 해상정진부대에서도 4식 육박공격정(四式肉薄攻擊艇)이라고 부르는 신요와 비슷한 소형공격정을 운용하였는데 비밀명칭으로 연락정 또는 마루레, 마루레정이라고 불렀다.

코류

1941년 12월 8일 일본 해군항공대가 하와이 진주만을 기습공격했을 때, 바다 속에서는 어뢰 2발씩을 장착한 특수잠항정 5척이 진주만 내로 돌입하여 어뢰를 발사하였다. 이 공격에서 특수잠항정에 타고 있던 승무원은 1명만 의식불명 상태에서 포로가 되고 나머지 9명은 모두 전사하였다. 태평양전쟁 최초의 자살특공 공격이라고 할 수 있다. 전사한 9명은 일본에서 지금도 군신으로 모셔진다. 초기에 만들어진 이 특수잠항정을 갑표적(甲標的)이라고 부른다. 갑표적은 여러 가지 이유로 행동력이 부족하여, 이를 보완하기 위해 대형 엔진을 탑재하고 항속거리와 탑승원수를 늘린 소형잠수함이 코류였다. 코류의 양산형이 완성된 것은 1945년 이후였다. 본토결전에서 일본이 사용할 수 있는 마지막 카드로 간주되어 전국 각지의 조선소에서 1천 척을 서둘러 건조할 계획이었다. 패전 시 약 150척의 코류가 완성되어 각지에 배치되었지만 실전에는 거의 투입되지 않았다. 3척만이 오키나와 전투에서 출격하였다.

카이류

카이류는 날개를 장착한 2인승 특수잠함정으로서, 수중특공병기로 개발되었다. 통상의 잠수함과 달리 날개가 있어 비행기처럼 상승과 하강을 할 수 있고, 구조가 단순했기 때문에 단기간에 건조가 가능했다. 초기에는 목표물 가까이까지 모함인 잠수함으로 운반되어 적함정을 어뢰로 공격한 뒤 모함으로 귀환하게 설계되었지만, 실제로는 귀환이 불가능하였다. 전황이 악화된 뒤로는 정수에 폭약을 충전하고 몸통박치기 공격에 나서는 특공병기로서 건조되었다. 속도가 느리기 때문에 적의 수송선단에 대한 공격을 주된 목표로 하였다. 1945년에 모두 200척이 건조되었지만 패전으로 인해 실전 배치되지는 않았다.

후쿠류

후쿠류는 태평양전쟁 말기에 개발된 특공병기의 하나로 잠수구를 착용한 특공대원이 물속에 숨어 있다가 기뢰를 매단 막대기로 상륙해오는 적함을 찔러 자살공격하는 특공병기이다. 일명 '인간기뢰'라고 한다. 일본 해군은 전쟁말기 비행기가 부족해지자 비행사의 훈련에 사용되던 93식 중간연습기(일명 '아카돈보'라고 한다) 마저 오키나와 해전에 자살특공기로 투입하였다. 그로 인해 해군비행 예과연습생들은 훈련할 비행기가 없어 방공호나 파는 잉여인력 신세가 되었고, 그들을 유효하게 활용할 방법으로 고안된 것이 바로 후쿠류이다. 원래는 B29가 투하한 자기기뢰를 소해(掃海)하기 위해 개발했던 간이잠수구를 공격병기로 개조한 것이다. 잠수투구와 산소통 등 장비의 총중량이 68킬로그램에 달했다. 그로 인해 대원들은 물속에서 유영은 하지 못하고 걸어서 움직일 수밖에 없었다. 전쟁말기 신체조건이 우수한 예과련(豫科練) 출신자를 중심으로 3천 명을 모집하여 잠수훈련 등을 시켰으나, 전쟁이 예상보다 일찍 끝나는 바람에 실전에 투입되지는 않았다. 일본군 스스로도 후쿠류를 가장 원시적이고 비현실적인 것으로 평가했다.[2]

---

2 JACAR, 〈4 航空及び海上部隊の反擊計畵/海上特攻作戰計畵〉, Ref. C12120129400.

특공 사망자 수

태평양전쟁 기간에 특공공격에 나섰다가 전사한 일본군의 수는 연구자나 산정기준에 따라 편차가 커서 정확한 숫자는 알기 어렵다. 그런데 일본의 특공대 위령현창회에서 편찬한 《특별공격대》에는 특공사의 범위를 비교적 넓게 정하여 전사자 수를 파악한다.[3] 즉, 이 책에서는 특공대로 차출되었지만 훈련 중에 사고사하거나 적의 공격을 받아 순직한 자, 전선으로 파견 도중 수송선이 격침된 경우, 또는 격전지에 도착했지만 출격의 기회가 주어지지 않아 육상전투에 참가했다가 전사하거나 식량부족으로 굶어 죽은 사례까지도 포함하고 있다. 이 책에는 다양한 이유로 죽음을 맞이한 특공대원 전원의 이름이 망라되어 있는데 그 숫자가 해군이 4,156명, 육군이 1,689명, 총 5,845명이다.

〈표 5-2〉 일본군 특공 사망자 수

	해군		육군		소계
항공	해군항공 특별공격대	2,531	육군항공 특별공격대	1,417	3,948
해상	카이류 (특수잠항정 포함)	440	단우(丹羽) 전차특별대	9	1,897
	카이텐특별공격대 (인간어뢰)	104			
	신요특별공격대	1,081	육군해상정진대 (마루레)	263	
	소계	1,625	소계	272	
계		4,156		1,689	5,845

특공대위령현창회 편, 《특별공격대》, 1990.

3 特攻隊慰靈顯彰會 編, 《特別攻擊隊》(특별공격대), 1990.

그런데 특공의 형태별로 보면 항공특공 사망자가 3,948명, 해상특공 사망자는 1,897명이다. 해상특공이 의외로 많아 사망자가 항공특공의 절반 가까이 됨을 알 수 있다. 해상특공의 내역을 자세히 살펴보면 사망자 1,897명 가운데 특수잠항정 등의 특공사망자는 440명, 카이텐 특공사망자는 104명인 데 비해, 해군의 신요와 육군의 마루레 등 자살보트에 의한 숫자가 1,344명으로 월등히 많음을 알 수 있다. 이는 비교적 손쉽게 만들 수 있고 기동력이 우세한 자살보트를 대량으로 만들어 실전에 투입했기 때문인 것으로 보인다.

한반도에 남아 있는 해상특공기지

1944년 7월 사이판이 함락되면서 홋카이도를 제외한 일본 전역이 B29의 공습 가능권역에 들어오게 되었다. 10월에는 미군이 필리핀 레이테만에 상륙하고 이제 일본 본토 상륙도 가시권 안에 들어왔다. 일본 대본영은 연안축성을 개시하고 모든 시설을 지하화하는 등 본토결전에 대비하기 시작했다.

일본 방위총사령부는 1944년 12월 초 막료를 조선에 파견하여 제주도, 목포, 군산 지구를 시찰하고 다음과 같은 연안축성계획을 그달 말에 지시하였다.

1. 방침: 남선(南鮮) 연안지구에서 선박항행 및 박지를 엄호함과 동시에 연안방비를 강화하고 나아가 주정기지를 설정한다.
2. 해상교통보호: 제주도, 목포, 여수를 포함하는 지역 사이에 선박 항행 및 박지를 엄호하기 위하여 임시포대를 구축한다.
3. 연안방어: 임시포대의 엄호 및 상륙방어를 위해 다음과 같이 축성을

실시한다〔제주도 보병 5개 대대분(평양사단)/목포 부근 보병 2개 대대분(경성사단)/군산 부근 보병 1개 대대분(경성사단)〕.

4. 주정기지의 설정: 장래 소형주정에 의한 연안항로대 설정을 목적으로 하여 목포, 여수, 제주도 간의 지역에 주정기지를 설정한다.

5. 앞의 시설은 대략 1945년 3월 말 완성을 목적으로 골간 중의 골간진지로 한다.

이처럼 일본 육군이 제주도와 목포, 여수 일대에서 본격적으로 해안 축성을 시작한 1945년 2월 해군도 비밀특공기지의 건설을 개시했다. 제17방면군 작전계획에 따르면 당시 일본 해군은 제주도 지구 및 여수, 거문도, 진해, 통영 부근에 카이텐, 코류 등의 특공기지를 설정함과 동시에 육전병력의 증강을 계획 중이었다.[4]

또 다른 기록을 보면 당시 일본 대본영은 조선의 제주도에는 카이텐과 신요, 그리고 코류와 카이류 등 4가지 종류의 특공기지를 모두 건설할 계획이었다. 그 밖에 진해에는 코류, 카이류, 카이텐 기지를, 그리고 여수 부근에는 코류와 카이류 기지를 설치할 계획이었다.

제주도에 건설 중이던 해상 특공기지는 모두 다섯 군데였다. 모슬포 송악산(松岳山), 북촌 서우봉(犀牛峰), 서귀포 삼매봉(三梅峰), 성산일출봉, 고산 수월봉(水月峰) 해안 등이었다. 이 가운데 카이텐 기지는 송악산과 서우봉에 구축되어 있었다. 현재 송악산 해안에는 '一'자형, 'H'자형, 'ㄷ'자형 등 모두 15개 정도의 해안 진지동굴이 굴착되어 있으며, 서우봉 해안의 경우에도 북촌 포구 동쪽으로 10개, 북쪽으

---

4 JACAR, 〈本土作戰記錄 第5卷(第17方面軍)〉, Ref. C13070044800.

<표 5-3> 해군특공기지 설정 개위

종류		제주도	쓰시마	여수 부근	진해
	코류 · 카이류	○	○	○	○
	카이텐	○			○
	신요	○			

防衛廳防衛研究所戰史室,《戰史叢書: 大本營海軍部》, 朝雲新聞社, 1976, 319쪽.

<표 5-4> 제주도 특공기지 현황

명칭	위치	시설(터널)/건물	특공병기	배치부대
송악산	모슬포 해안	550㎡/ 6동	?카이텐	–
서산악	서우봉 해안	730㎡/ 7동	?카이텐	–
수월포	수월봉 해안	760㎡/12동	신요	제120신요대
서귀포	삼매봉 해안	900㎡/10동	신요	제119신요대
성산포	일출봉 해안	760㎡/ 3동	신요	제45신요대

JACAR, 〈濟州道航空基地〉, Ref. C08010531800.

<표 5-5> 일본군 제 41 돌격대 현황

구 분	제45신요대	제119신요대	120신요대	비고
부대장	무라야마(村山)부대	다나카(田山)부대	오노(小野)부대	
편 성	1945. 2. 20	1945. 3. 20	1945. 3. 25	
인원(총원/탑승원)	188/49	187/50	191/50	576/149
장 비	신요1형 50척	5형 26척	5형 26척	102척
배치장소	제주도 성산포	제주도 서귀포	제주도 고산리	
배치일시	1945. 3. 24 이후	1945. 4. 8 이후	1945. 4. 9 이후	

奧本 剛,《육해군수상특공부대전사》, 潮書房光人社, 2013.

로 6개의 진지동굴이 남아 있다. 하지만 이곳에는 패전일까지 카이텐이 배치되지는 않았다.[5]

그 외 고산 수월봉과 서귀포 삼매봉, 성산일출봉 3군데에는 실제로 해군 특공부대가 배치되어 주둔하였다. 당시에 배치된 특공부대는 진해 경비부 소속의 제 42돌격대 산하 신요 특공대로, 구체적인 내역은 〈표 5-5〉와 같다.

기록에 따라 제주도에 배치되었던 특공부대 신요의 장비 내역에 다소 차이가 나타난다. 〈해상특공부대의 편제 및 병력일람표〉를 보면 "진해 경비부 산하 제 42돌격대에는 코류 3척과 신요 100척의 특공정이 있었다"고 기록되어 있는데 차이가 발생한 원인은 확인되지 않는다.[6]

제주 성산일출봉(천연기념물 제 420호) 해안가에는 벙커형 시설물 2곳과 '王'자형 갱도 1곳, 그리고 '一'자형 갱도 15개 등 모두 18개의 진지시설이 굴착되었다. 뿐만 아니라 갱도 앞에는 3개의 콘크리트 유도로 시설 흔적이 남아 있다. 간조시에 드러난 이 유도로 시설은 갱도 안에 숨겨둔 특공정을 유사시 유도로 레일을 통해 신속하게 출동시키기 위한 것이다.[7]

일본 해군시설부는 성산일출봉 특공시설 구축작업에 조선 본토 각지에서 동원된 광산 노동자 200~300명을 투입했다. 공사가 끝나고

---

5 조성윤, "알뜨르 비행장: 일본 해군의 제주도 항공기지 건설과정", 제주대 탐라문화연구소, 〈탐라문화〉, 2012년 8월.

6 JACAR, 〈4航空及び海上部隊の反擊計畫/海上特攻作戰計畫〉, Ref. C12120129400.

7 "'고난의 역사현장' 일제 전적지를 가다(7) : 성산일출봉 특공기지", 〈한라일보〉, 2008년 10월 9일 자.

일출봉 해안 유도로시설(좌)·수월봉 특공기지 유도로 잔해(우) (사진: 한라일보)

이 잦자 이 시설을 제대로 사용하지 못하고 별도의 장소에 보관해야만
했다.

갑작스레 패전하자 일본군은 특공정 신요는 한곳에 모아 소각시키
고 탄두는 바다 속에서 모두 처분하였다. 일본으로 복귀하기 위해 진
해 경비부에 모여 있던 중 지상에서의 기뢰 폭발사고로 제119 신요대
대원 5명이 희생되는 사건이 발생하기도 하였다.[8]

남해안 일대의 해상특공기지
제주도 이외에도 남해 해안과 인근 항로 주변의 섬들에는 일본군이 소

---

8 奧本 剛, 《陸海軍 水上特攻部隊 戰史》, 潮書房光人社, 2013.

형특공정을 숨겨두기 위해 구축한 갱도들이 남아 있다. 지금까지 확인된 곳은 여수시 삼산면(거문도) 동도리 해안, 전남 해남군 송지면 어란리 어불도 해안, 전남 목포시 달동 고하도 해안 그리고 제주시 추자면(추자도) 예초리 해안 등 모두 4군데 장소이다.

하지만 남해안 일대에 남아 있는 특공기지들은 관련된 문서가 발견되지 않아 아직까지 언제, 어떤 과정을 통해 구축되었는지, 건설 주체가 육군인지 해군인지 구체적인 것들을 알 수 없는 형편이다. 다만 위의 4군데 특공기지에 대한 해군 측 기록인《대본영해군부(7)》의 특공기지 관련 부분에서 적시되지 않은 것으로 봐서 육군 해상정진부대의 특공정인 마루레 기지일 가능성도 배제할 수 없다. 또한 일본군 기록에 따르면 여수, 진해, 통영 부근에도 카이텐, 코류 등의 특공병기를 숨기기 위한 갱도진지를 구축했던 것으로 보이는데 아직까지 발견되지 않고 있다. 향후 지속적인 연구조사가 필요한 부분이다.

부산광역시 해운대구 재송동 · 우2동 일대

최근 몇 년 사이 부산 해운대 지역의 변화와 발전상은 실로 눈부시다. 광안대교를 올라타고 해운대 방면으로 달리다보면 수영강 입구에 수많은 요트들이 즐비해 있고, 그 오른쪽 마린시티 주변에는 초고층빌딩들이 하늘 높이 솟아 있다. 다시 수영강을 따라 좀더 올라가다보면 오른쪽으로 말끔하게 정비된 주거단지와 상업시설, 그리고 각종 사무용 공간들이 밀집한 센텀시티가 눈에 들어온다. 동남권 최대의 컨벤션 공간인 벡스코와 동양 최대의 크기라는 백화점 건물, 그리고 독특한 외양을 자랑하는 영화의 전당 등이 이 지역을 대표하는 랜드마크로 자리잡았다.

처음 해운대 센텀시티를 찾은 사람들은 화려한 건물들의 외관에 눈을 빼앗겨 과거 이 지역에 부산을 대표하는 공항이 있었다는 사실을, 그리고 해방 전에는 일본군이 만든 비행장이 있었던 곳이라는 사실을 짐작조차하기 어렵다.

오늘날 대한민국의 대표적인 피서지로 자리 잡은 해운대 지역은 1900년대 초반만 해도 거북이들이 노니는 한가한 어촌마을이었다. 그래서 이름도 '구남(龜南) 벌'이었다. 그러다 일제강점기인 1920년대 온천이 개발되면서 관광지로 본격 개발되었다. 1930년대에는 근대식 호텔과 각종 위락시설이 들어서고 1935년 12월에는 동해남부선까지 개통되면서 해운대를 찾는 관광객이 급증하였다. [1]

그리고 1932년에는 구남벌에서 조금 떨어진 수영강변 동쪽 소나무밭이 펼쳐진 산기슭에 골프장도 만들어졌다. 7만 7천 평(24만 7,933제곱미터)의 면적에 9홀 규모로, 부산지역에 사는 일본인 고위관리와 기업인 등 135명이 회원이었다. 당시 부산을 홍보하는 관광책자에는 해운대 온천과 함께 골프장도 소개되어 있는데, 눈길을 끄는 것은 책자에 실린 골프장 사진 아래 '진해만요새사령관 검열제'(鎭海灣要塞司令官 檢閱濟)라는 문구이다. 당시 부산은 1924년 7월 3일 자로 진해만요새지대로 편입되었기 때문에 이러한 관광홍보책자 하나를 발간하기 위해서도 요새사령관의 통제를 받아야만 했다. [2]

일본 육군이 해운대에 비행장 조성을 시작한 것은 1940년대 태평양전쟁이 막바지로 치닫던 시기였다. 일본군은 인근 지역에 사는 주민들을 강제로 동원하여 골프장이 들어서 있던 수영강변 동쪽의 땅을 평평하게 다지고 활주로를 만들었다. 당시 비행장과 관련하여 남아 있는 기록은 별로 없다. 해방 직후 육군성이 8월 31일 자로 작성한 "재 남선 일본군부대 개황보고"에 관련기록이 조금 남아 있을 뿐이다.

---

1 "구남온천에서 센텀시티까지", KBS부산총국 〈부산 재발견〉, 2012년 2월 9일 방영.
2 《朝鮮 海雲台溫泉 案內》, 海雲台溫泉合資會社, 1936.

부산해운대비행장(1953년)

이 기록에 따르면 해운대 육군비행장 활주로의 크기는 폭 60미터, 길이 1,750미터였다. 비행장에 배치된 병력을 살펴보면, 206독립비행대(FMS), 66독립비행중대(Fcs)의 1개 중대, 지상병력으로는 225비행장대대, 166야전비행장설정대(AR), 189독립정비대(Dfs)가 있었다. 그리고 지원부대인 제48항공지구사령부가 부산에 있었다.[3]

하지만 1945년 초만 해도 조선 방면에 있는 비행장 시설들은 대체로 열악한 상황이었고 항공전비도 빈약했다. 일본과 한반도를 연결하는 해협의 해상교통보호를 위해 제206독립비행대 주력이 부산 해운대비행장에 배치되었고 그 외는 전국각지에 흩어져 있는 교육부대를 관장하는 제53항공사단이 있었을 뿐이다. 조선 지역에서 항공전력이 크게 강화된 것은 본토결전을 위해 관동군 관할하의 제5항공군이 중국에서 이

3 JACAR, 〈職員表〉, '航空部隊 配置要図', Ref. C13070040900.

전해온 1945년 5월 이후의 일이다. [4] 하지만 다행히 예상보다 일찍 일본이 항복하면서 해운대 육군비행장이 직접 전쟁에 휘말리는 상황은 오지 않았다.

해방 이후 해운대비행장은 서울-부산 간의 민간항공기 운항에 이용되었으나 한국전쟁이 발발하면서 군비행장으로 사용되었다. 1950년 6월 말 미군은 엔지니어들을 긴급 투입, C-54s와 같은 대형수송기가 이착륙할 수 있도록 기존의 활주로를 개조하였다. 그리고 이곳을 '부산동비행장'〔Pusan East(K-9)〕으로 명명하였다. 그 후 해운대비행장에는 미군 제18전투비행단과 제452폭격비행단 등이 배치되어 한국전쟁을 수행하였다. [5]

한국전쟁이 끝난 뒤 K-9비행장은 한국군으로 이관되었고, 1958년 8월 30일 '부산 수영비행장'이라는 이름으로 민간 공간이 문을 열었다. 1963년에는 일본노선 운항이 시작되면서 국제공항으로 승격되었다. 그리고 1976년 8월 1일 수영비행장의 모든 기능이 김해비행장으로 이전되었다. 당시 여객과 수출화물이 크게 늘어났지만 수영비행장은 산기슭이라는 입지조건 탓에 확장하기 어려웠기 때문이다.

그 뒤 한동안 수영비행장터는 공터로 방치되어 컨테이너와 건축자재의 야적장으로 활용되었다. 그리고 1990년대 후반 센텀시티가 개발되면서 이전 비행장의 모습은 완전히 사라져버렸다. 다만 '수비'(수영비행장)라는 이름이 상점의 간판이나 거리 이름에 남아 있을 뿐이다. [6]

---

4 防衛廳防衛研究所戰史室, 《戰史叢書: 本土防空戰》, 朝雲新聞社, 1968.

5 William M. Leary, *Anything, Anywhere, Anytime: Combat Cargo in the Korean War*, University Press of the Pacific, 2000.

6 "부산근현대의 장소성 탐구(6): 수영비행장", 〈국제신문〉, 2013년 8월 6일 자.

부산 해군항공기지

부산광역시 강서구 대저 2동

김해국제공항은 우리나라 동남권지역의 최대 국제항공 관문이다. 2013년 국내선 이용객 수가 967만 명, 국제선 이용객 수가 470만 명으로, 각각 1천만과 5백만이라는 숫자 도달을 눈앞에 두고 있다.[1]

    김해국제공항 홈페이지에서 그 연혁을 살펴보면 1958년에 만들어진 수영비행장이 1976년 8월 이전하면서 김해국제공항의 역사가 시작되었다고 간단히 소개하고 있다. 사실 민간공항으로 이용되기 시작한 것은 그때부터이겠지만 비행장 활주로가 처음 만들어진 것을 기준으로 한다면 그 기원은 수영비행장과 마찬가지로 과거 일제강점기까지 거슬러 올라간다. 현재 김해공항 자리는 태평양전쟁 기간에 일본 해군이 항공기지(비행장)를 설치하고 항공기 조종사들의 교육, 훈련을 담당하는 부대를 배치했던 곳이다.

---

1 "김해공항 작년 이용객 수 1천만 명 육박", 〈연합뉴스〉, 2014년 2월 26일 자.

부산 김해공항(1951년)

하지만 부산항공기지가 언제, 어떤 과정을 통해서 만들어졌는지는 정확히 알려져 있지 않다. 다만 일본이 항복한 뒤 진해 경비부에서 작성한 인도목록에 부산항공기지의 제반시설과 비행장 도면, 잔류 무기 현황 등을 정리한 문서가 있어 대략적인 상황을 짐작해볼 수 있다.

먼저 시설규모를 살펴보면 패전 당시 부산항공기지는 경남 김해군 대저면 지역 411만 제곱미터를 차지하고 있으며 그중에 비행장 면적은 150만 제곱미터에 달했다. 활주로는 남북방향으로 길게 뻗어 있는데 크기는 50×1,500미터였다. 유도로도 15×3,750미터가 만들어져 있었지만 사용은 불가능한 상태였다. 그리고 탄약과 연료를 보관하기 위한 지하동굴 시설이 각각 1,250제곱미터와 160제곱미터씩 만들어져 있었다.

또한 당시 보유하던 무기의 내역을 살펴보면 비행기는 연습기 9대, 수송기 1대, 전투기 1대, 공격기 2대가 있었고, 일반 무기로는 12센티미터 고각포 4문과 7.7밀리미터 고정기총 2정, 경기관총 5정, 소총 111정 등 대체적으로 보유한 병기는 빈약한 수준이었다. [2]

부산항공기지에 처음 배치된 부대는 1945년 2월 11일 오무라항공대(大村航空隊) 제주도분견대가 부산으로 옮겨오면서 독립해 만들어진 부산항공대였다. 규슈 나가사키 지역에 있는 오무라항공대는 원래 해군 항공기 조종사를 교육, 훈련하는 부대였다. 그런데 태평양전쟁이 발발한 이후 항공기 조종사의 대량 양성이 시급해지자 오무라항공대도 분견대를 만들었다. 3개의 분견대가 설치된 곳은 일본 내 나가사키 지역의 이사하야(諫早), 조선의 원산(1944. 3. 15), 제주도(1944. 5. 15)였다. [3]

부산해군항공대에는 비행기 조종사가 되기 위해 해군비행 예과연습생 과정을 마친 젊은이들이 각지에서 모여들어 일명 아카돈보(赤とんぼ)라고 불리는 93식 중간연습기(93式 中間練習機)를 사용해 다양한 비행훈련을 받았다.

전황이 악화되면서 일본 해군은 1944년 10월경부터 비행기에 폭탄을 싣고 적함으로 돌진해 직접 부딪혀 공격하는 자살특공, 즉 신푸 특별공격대를 조직해 전장에 투입하기 시작했다. 부산항공대에서 훈련을 마친 조종사들도 신푸 특공대, 이른바 '가미카제 특공대'에 차출되는 것을 피할 수는 없었다. 그를 증명해주는 일본군의 공식적 기록을 발견하지는 못했지만 그런 사실을 뒷받침해주는 증언이나 회고록은 어렵지 않게 찾아볼 수 있다.

2 JACAR, 〈釜山航空基地〉, Ref. C08010531900.
3 〈위키피디아〉 일본판 '大村航空隊' 항목 참조.

스기모토 기이치(杉本儀一) 씨는 15살이던 1944년 9월, 해군비행 예과연습생으로 입대하여 기본교육을 마치고 이듬해 3월 졸업, 항공기 정비병 실습생이 되어 부산해군항공대에 배속되어 근무한 경험이 있었다. 1999년 야스쿠니 신사 창립 130주년을 맞아 그가 한 신문에 기고한 글의 일부를 소개하면 다음과 같다.

야스쿠니 신사를 참배할 때 눈물이 멈추지 않았다. 부산의 기지에서 연일 특공기에 탑승하는 선배들을 전송했는데 그들의 마지막 모습이 떠올랐던 것이다. 우리 정비병들은 '아카돈보'라고 부르는 연습기에 폭탄을 다는 장치를 만들었다. 그것은 적함에 투하하기 위한 것이 아니고, 폭탄을 몸에 안은 채 비행기채로 돌진하기 위한 것이었다.

스기토모 씨의 기억에 따르면 당시 부산항공기지에는 원산이나 광주 등 조선 내 다른 항공기지에서 훈련을 마친 특공기들이 모여들었다. 그리고 그들은 다시 규슈의 운젠(雲仙)이나 가노야(鹿屋) 기지로 향했고, 거기에서 비행기를 최종 정비한 다음 오키나와 방면으로 날아갔다. 그의 기고문에는 또 다른 정황들도 언급되었다.[4]

현해탄을 건너갈 때, 기관총을 장착하고 속도가 5배나 빠른 그라만(미군의 함상 공격기)의 습격을 받아, 절반 가까이 바다에 떨어져버렸다. 그라만이 나타나면 해면에 스칠 정도로 내려가 도망갈 수밖에 없었다. 마치 그것은 참새가 독수리에게 쫓기는 것과 같았다. 규슈의 기지에서 250킬

---

[4] "杉本儀一, 靖國神社 御創立130周年に寄せて", 〈世界日報〉, 1999년 11월 14일 자.

로그램의 폭탄을 안고 날아갔지만, 가는 도중 바다 위에서 적함의 대공포화 공격을 받아 태반이 사라져갔다. 적함을 명중시킨 특공기는 몇 퍼센트되지 않았을 것이다.

1945년 5월 5일 부산항공대가 해체되고 그 자리에는 항공부대에 대한 지원과 기지방어를 기본임무로 하는 조선항공 을(乙) 항공대가 설치되어 운영되다가 패전을 맞았다. 해방 이후 부산항공기지가 어떻게 활용되었는지는 분명치 않다. 그러다 한국전쟁이 발발하자 미군이 들어와 부산서비행장(Pusan West, K-1)으로 지정해 군사비행장으로 사용하기 시작하였다. 한국전쟁에 처음으로 참전한 미군부대인 스미스대대(Task Force Smith)가 이 비행장을 통해 들어오는 등 이후 미 공군과 해병대의 항공기지로 중요한 역할을 수행하였다.[5]

현재 김해국제공항은 민간공항으로 이용되는 한편 한국 공군의 제5 공중기동비행단이 주둔하고 있으며, '평화의 눈'(peace eye)이라는 애칭으로 불리는 보잉 737 AEW&C 공중조기경보기 4대의 모 기지로도 활용되고 있다.[6]

5 William M. Leary, *Anything, Anywhere, Anytime: Combat Cargo in the Korean War*, University Press of the Pacific, 2000.
6 "First ROKAF Peace Eye Boeing 737 AEW&C Delivered", *Key.aero*, 2011년 9월 21일 자.

밀양 일본육군비행장

경남 밀양시 상남면

동남권 신공항을 둘러싼 부산과 밀양, 두 도시의 유치전이 뜨겁다. 급증하는 화물과 여객 수로 인해 김해공항이 조만간 포화상태에 이를 것이기 때문에 서둘러 대체할 신공항 후보지를 물색해야 한다는 주장에서 비롯된 것이다. 지난 2007년 대선에서 이명박 후보가 동남권 신공항 건설을 공약으로 내걸면서 논란은 더욱 커졌다.

2014년 현재 신공항 후보지로 거론되는 곳은 부산 가덕도 천가동 인접 해역과 밀양 하남읍 낙동강 유역의 평야지대다. 비행장 입지조건에는 여러 가지가 있겠지만 토지조성 비용 측면에서만 보면 바다를 매립해야 하는 부산보다는 낙동강 유역의 평야지대를 그대로 활용할 수 있는 밀양 쪽이 좀더 유리하다고 할 수 있다.

그런데 논쟁이 한창 뜨겁게 진행되는 와중에 밀양의 한 시민단체는 "밀양은 역사가 증명하는 신공항 최적지"라고 주장하였다. 그 근거로 일제강점기 때 이미 밀양에는 비행장이 있었으며, 지금도 그때 건립한 비행기 격납고가 남아 있다고 주장하였다. 사실 일제강점기 때 있었던 비행장은 일본 육군이 만든 군비행장으로, 밀양강 왼쪽으로 펼쳐진 상남평야 한가운데 자리 잡고 있었다. 현재 신공항 후보지로 거론되는 하남평야보다는 조금 북쪽 지역이다.

밀양시청 홈페이지에는 일본군이 상남면 일대의 넓은 들판에 비행을 위한 활주로를 건설하고 적의 레이더와 폭격을 피할 수 있는 배후 구릉지에 전투기를 보관할 4기의 격납고를 건축했다는 설명이 나와 있다. 그리고 현재 기산리 1378번지와 연금리 1072번지에 남아 있는 2곳의 격납고 사진을 게재했다. 하지만 아쉽게도 설명의 근거는 나와 있지 않다.

홈페이지에 나와 있는 대로 상남면 기산리 1378번지를 찾아가보았다. 밀양역에서 상남로를 따라 남쪽으로 내려가다가 우회전하여 기산리마을로 올라가다보면 왼쪽 산기슭에 있는 과수원 한쪽에 격납고가 있는 것을 볼 수 있다. 거의 온전한 상태로 남아 있는데, 격납고 아래 좌우 폭은 13.6미터, 높이 약 3미터, 깊이는 13미터 정도다. 밀양시에서 등록문화재 제206호로 등재하고 '대한민국 근대문화유산'이라는 안내판을 붙여 놓았다.

그런데 과수원에서 만난 주민은 격납고가 마을 위쪽에도 있다고 말했다. 실제로 마을 위쪽으로 약 400~500미터 더 올라가다보니 밭 귀퉁이에 또 하나의 격납고가 상남뜰 방향으로 만들어져 있다. 2번째 격납고의 외형은 거의 그대로 유지되었지만 내부는 개조하여 누군가 살림집으로 사용하고 있었다. 격납고와 붙어 있는 밭에서 일하던 농민한 분이 다가와 바로 인접한 곳에 만들다 만 격납고 흔적이 남아 있다고 귀띔해주었다. 자세히 보니 2번째 격납고 왼쪽으로 50미터쯤 떨어

밀양 기산리 격납고. 좌측의 것은 현재 살림집으로 사용되고 있다.

진 곳에 두개의 작은 콘크리트 시설물이 땅 위로 솟아 있는데, 이는 미완성 격납고의 좌우 양끝 기초 부분이었다. 나머지 부분은 흙으로 덮여 있어 어느 정도 공사가 진행되었는지 확인할 수는 없었다.

미완성 격납고를 보면 당시 일본군의 작업과정을 유추할 수 있다. 먼저 좌우 양쪽에 콘크리트로 일정 높이의 측벽을 구축한 다음, 그 안에 흙을 넣어 둥근 형태로 돋운다. 그 위를 가마니 등으로 덮고 자갈과 철근을 섞은 콘크리트를 부어 굳힌 다음 아래에 있는 흙을 파내는 것이다. 이러한 공정 때문에 격납고 천장에는 공사 중에 사용되었던 가마니나 판자의 문양이 그대로 남아 있다.

이번에는 연금리 1072번지로 향했다. 기산리에서 약 2킬로미터 남쪽 산기슭 농로 변에 덩그러니 서 있는 격납고를 볼 수 있다. 이곳 역시 입구를 막아 살림집으로 사용했던 것으로 보이는데 현재는 비어 있는 상태다. 그리고 이 격납고 뒤쪽 100미터 정도 떨어진 곳에 기산리와 똑같이 기초부분만 만들어진 상태에서 건설이 중단된 격납고가 남아 있다. 현장을 돌아본 결과 상남면에서는 모두 3개의 완성된 격납고와 2개의 미완성 격납고를 확인할 수 있었다.

그리고 기산리와 연금리 사이에 있는 이연리에는 산기슭을 따라 여러 개의 동굴이 있는 것도 확인했다. 그중 일부는 입구가 무너져 막혀 있기도 했지만 민가 뒤뜰에 7~8미터 깊이로 뚫려 있는 암반동굴은 거의 온전한 상태다. 동네에서 만난 노인들에 따르면 해방 직전 일본군들은 이연리에 10여 개의 땅굴을 파고 그 안에 기름이 가득 찬 드럼통 등 전쟁물자를 비축했다고 한다.

그렇다면 당시에 비행장 활주로는 어디에 있었을까? 주민들에 따르면 활주로는 기산리 앞 상남들판 한가운데 있는 대성동마을에서 시작해 남쪽으로 연금리마을 앞쪽까지 뻗어 있었다. 하지만 그동안 수차례의 경지조성 작업으로 인해 비행장 활주로는 완전히 없어졌고, 다만 농로가 뻗어 있는 방향으로 활주로가 있었다는 것을 추정할 뿐이다.

다행히 아시아역사자료센터에는 밀양비행장의 규모를 알 수 있는 기록이 남아 있는데 당시 활주로의 크기가 60×1,500미터(1945년 8월 31일 현재)라고 되어 있다.[1] 패전 당시까지 상당히 큰 규모의 활주로가 완성돼 있었음을 알 수 있다.

현장을 돌아본 결과 밀양에 있었던 일본군 비행장의 대략적 배치를 파악할 수 있었다. 우선 밀양강을 끼고 있는 상남들판 가운데 남북으로 길게 활주로를 만들어져 있었고, 활주로 북쪽 끝 대성동마을 부근에는 군 막사 등 부대시설이 있었다. 주민들은 지금도 이 일대를 '비행

1 JACAR, 〈職員表〉, '飛行場 配置要図', Ref. C13070040900.

장 터'라고 부른다. 그리고 활주로 양 끝과 나란한 기산리와 연금리마을 산기슭에 비행기를 은폐·엄폐할 수 있는 격납고를 건설했다. 아울러 활주로 중간에 위치한 마을인 이연리에는 기름과 탄약 등 각종 전쟁물자 등을 저장하기 위한 땅굴 굴착작업을 한창 진행하던 중 패전하면서 모든 공사가 중단되었다.

그렇다면 밀양비행장은 언제 어떤 과정을 통해서 만들어진 것일까? 정확한 시기를 알 수 있는 기록은 남아 있지 않지만, 대체로 태평양전쟁 후반기 악화되는 전황 속에서 일본 육군이 서둘러 만들었던 것임은 분명하다. 밀양 출신의 세계적인 수학자 안재구 박사의 자전적 회고록에는 비행장 조성 당시 상황을 짐작해볼 수 있는 언급이 실려 있다. [2]

(밀양심상소학교 5학년 때인 1944년 — 필자 주) 여름방학 이후로도 우리들은 내내 근로동원에 나갔으며 학교 공부는 거의 하지 않았다. 근로동원은 겨울방학 때도 계속되었고 그 이듬해 봄까지 계속되었다. 상남들판에 비행장 닦는 데 쓰일 자갈과 모래를 강바닥에서 끌어 모으는 일이었다. 아예 학교에 등교하지 않고 바로 남천강 예림다리 아래에 모였다. 아침 9시부터 오후 5시까지 일하는데 점심때에 주먹밥 한 덩이에 다쿠앙(단무지) 세 조각 얻어먹는 것뿐이었다.

안 박사의 회고록에 따르면 밀양비행장 건설공사가 시작된 것은 대략 1944년 여름 전후로 보인다. 이 시기에는 밀양뿐만 아니라 제주 조천읍과 전남 무안의 망운 등 전국 곳곳에서 기동비행장들이 급조되고

---

2 안재구, 《할배, 왜놈소는 조선소랑 우는 것도 다른강?》, 돌베개, 1997.

있었다. 당시 다급했던 일제는 비행장 건설에 국민학교에 다니는 어린 이들마저 강제로 동원하였다. 집집마다 어른들도 1명씩 강제로 불려 나왔는데 대부분 노인들이나 여자들이었다. 장성한 남자들은 대부분 군대나 징용, 그리고 보국대로 끌려 나갔기 때문이다. 당시 일제가 얼마나 극단적으로 전쟁준비에 광분했는지 알 수 있다.

1945년 봄 일제는 미국과 최후의 일전을 위한 본토결전에 대비하면서 한반도 남부지역에는 이른바 '결7호 작전'을 하달하였다. 미군의 오키나와 공략 이후, 다음 차례는 제주도와 한반도 남부가 될 것으로 상정하고 주변에 있던 전력을 집중하여 전쟁에 대비하였다. 육군 항공부대도 마찬가지였다. 6월 상순에는 중국 각지에 진출했던 제5항공군이 경성 등 조선 내 주요지역에 이전 배치되었다.[3] 그에 따라 밀양비행장에도 일본군 항공부대가 이전했는데 그 배치병력은 다음과 같았다.[4]

밀양육군비행장 배치병력 현황
5FA(항공군) 일부
1KFA(활공비행대) 잔(殘)
10ac(비행장중대)
225ab(비행장대대) 일부
176AR(야전비행장설정대)

위에서 '활공비행대'는 글라이더를 이용한 낙하산부대를, 그리고 '비

---

3 防衛廳防衛研究所戰史室, 《戰史叢書: 本土防空作戰》, 朝雲新聞社, 1968.
4 JACAR, 〈職員表〉, '航空部隊 配置要図', Ref. C13070040900.

행장중대'나 '비행장대대'는 육상에서 전투비행기의 정비나 보급 등을 지원하는 부대를 의미한다. 이 기록을 볼 때 1945년 6월부터 해방될 때까지 짧은 기간이었지만 밀양비행장에는 상당한 규모의 항공부대가 배치되어 있었음을 알 수 있다.

해방 직후 부대시설이 있었던 대성동 비행장 터에는 1947년 해외로부터 귀환한 동포들을 수용하기 위한 후생주택이 세워져, 한때 이 일대는 '후생촌'이라고 불리기도 했다. [5] 하지만 그 후 사람들은 하나둘씩 다 흩어지고 후생주택도 모두 경지화되었다. 일제에 의해 군비행장이 들어섰던 상남뜰은 다시 주민들을 위한 농토로 환원되었다.

5 밀양문화원, 《밀양지명고》, 1994.

군산시 옥서면 선연리에 위치한 군산공항은 1970년 8월 미군비행장
(Kunsan Air Base)의 한쪽에 민간 공항시설을 개설하여 운항을 시작했
다. 그러나 오일쇼크로 인해 1974년 3월 운항 중단에 들어갔다가 1992
년 12월 재개했다. 현재 미군 측과 비행장 사용 협정을 맺고 군산-제
주 노선을 하루 2차례 왕복 운항하는데[1] 매번 일정한 액수의 착륙료(활
주로 사용료)를 미군 측에 지불하고 있다. 미군은 해방 후부터 1949년
전면 철수 때까지 소규모 파견대를 군산비행장에 배치했다가 6·25전
쟁이 발발한 이듬해인 1951년부터 공군 전력을 본격 주둔시키고 있다.

　그런데 민간공항이 차지하는 공간은 미군이 점유, 관리하는 전체 군
산비행장 면적의 극히 일부분에 불과하다. 군산비행장 정문에서 옥서
면사무소 쪽으로 되돌아 나와 만경강 하구에 있는 하제항으로 가다보

---

1 군산공항 홈페이지(http://www.airport.co.kr/mbs/gunsan/) 참조.

면, 오른쪽으로 길게 이어진 철조망 너머로 광활한 땅에 들어선 각종 미군시설들을 볼 수 있다. 활주로 지역을 포함한 군산비행장의 전체 면적은 약 7.27제곱킬로미터로 알려져 있는데 이는 윤중로 제방 안쪽의 여의도 면적 2.9제곱킬로미터의 2.5배에 해당한다.

현재 군산비행장에는 태평양미공군사령부 제7공군(the Pacific Air Forces Seventh Air Force) 산하의 제8전투비행단(the 8th Fighter Wing)이 주둔하고 있는데 일명 '이리 떼'(Wolf Pack)라는 별칭을 가지고 있다. 오산에 있는 제51전투비행단과 함께 주한 미 공군 전력의 주축을 이루고 있다.[2]

군산에 있는 제8전투비행단 예하에는 제35전투비행대대(the 35th Fighter Squadron)와 제80전투비행대대가 있는데, F-16(Fighting Falcon)을 주축으로 한 60여 대의 전투기가 배치된 것으로 알려져 있다. 군산비행장 한쪽 구역에는 한국 공군의 제38전투비행전대도 자리 잡고 미군과의 협력체계를 구축하고 있는데 그래서인지 기지 정문에는 미군과 한국군 헌병이 함께 근무하고 있는 것을 볼 수 있다.

군산비행장 내부에는 선연리 산동마을에서 하제마을 쪽으로 뻗어 있는 주활주로(2,740미터×45미터)와 보조활주로(2,440미터×23미터) 2개, 그리고 그 동쪽으로 수십 동의 격납고와 창고 등 군사 시설물들이 들어서 있다. 그 밖에 영내에는 야구장과 골프장 등 각종 편의시설과 숙소 등이 갖추어져 있으며 군인과 군속 등 3천여 명이 거주하는 것으로 알려져 있다.[3]

---

2 군산 미 공군 홈페이지(http://www.kunsan.af.mil/) 참고.
3 "우리 땅 군산, 미군기지의 주소는 캘리포니아?", 〈한겨레〉, 2010년 8월 16일 자.

군산비행장 활주로. 일제가 건설한 활주로를 보강하여 현재도 사용하고 있다(사진: 군산 미 공군).

군산에 처음 비행장이 건설된 것은 미군이 주둔하기 시작하기 훨씬 이전인 1938년경으로 거슬러 올라간다. 중일전쟁이 발발한 해인 1937년 10월 15일 일본 육군대신은 조선군경리부에 통첩하여 군산에 비행장을 건립할 부지를 매수하도록 지시하였다. 당시에 매입한 땅은 전북 옥구군(沃溝郡) 옥구면 선연리(仙緣里) 일대 47만 773평(155만 6, 274제곱미터)의 면적으로 매수비용은 예정된 11만 7, 600원보다 훨씬 적은 10만 2, 600원이 사용되었다. [4]

선연리가 고향인 육종술 씨(1922년생)에 따르면 비행장 부지로 편입된 마을은 하제, 중제, 상제와 김제촌 등 4개 마을로, 갑자기 삶의 터전을 강제로 빼앗긴 이 지역 주민들은 인근의 미면이나 군산 시내 쪽으로 쫓겨나야만 했다. 현재 활주로가 펼쳐진 지역 일대가 마을이 자리

4 JACAR, 〈群山飛行場 敷地買收の件〉, Ref. C01007164900.

했던 곳으로 주위에는 드넓은 모래밭과 함께 아름다운 소나무숲이 길게 펼쳐져 있었다.

그는 비행장 건설을 담당했던 우메바야시(梅林) 토목회사에서 2년간 급사로 일하면서 공사현장을 지켜보았다. 일본인 토목회사는 주변 마을의 조선인들을 동원하여 활주로 조성공사를 진행하였다. 공사는 해안가 소나무를 베어내고 모래밭을 평평하게 다지는 일로 시작되었다. 다음에 인근 야산에서 황토를 실어다가 1자 정도 두께로 모래 위를 덮고 롤러로 고르게 흙을 다진 다음 잔디를 심어 완성하였다. 활주로는 밭두둑처럼 주변보다 높게 하고 옆에는 배수구를 만들어 물이 잘 빠지게 하였다. 공사에 동원된 조선인 노무자들에게는 하루 90전의 일당과 함께 만주에서 가져온 깻묵, 조, 수수 등을 배급품으로 주었다.

일본군이 군산에 조성한 비행장의 용도는 무엇이었을까? 직접적인 설명은 남아 있지 않지만 이와 관련하여 주목할 만한 것은 당시 일본군의 문서에는 '군산육군집중비행장'(群山陸軍集中飛行場)이라는 표현이 자주 나타난다는 것이다. 그런데 '집중비행장'이라는 표현은 일본어 사전이나 일본군 군사용어집 등에는 나와 있지 않다. 그래서 아시아역사자료센터 사이트에서 '육군집중비행장'이라는 용어로 검색해보면 군산을 비롯해 대구와 울산, 그리고 요나고(米子; 일본 돗토리 현) 비행장 등이 나온다.

그렇다면 이들 네 군데 비행장의 공통점은 무엇일까? 일본의 몇몇 전문가들에게 이메일을 보내 그 의미를 질문했지만 확실한 대답을 얻을 수 없었다. 다만 《어느 일한역사의 여행: 진해의 벚꽃》의 저자인 다케쿠니 토모야스 씨는 "분명한 근거가 있는 것은 아니고 단순한 추측이지만 군사용과 민간용이 '집중'하는 공항이라는 의미일 수 있다"는 의견을 보내왔다. 즉 일본 육군이 공항을 건설하면서 민간과 군이 함께 사용하는 비행장으로 계획한 것이라는 것이다. 이와 관련하여 다케쿠니 씨는 몇 가지 참고할 만한 근거를 제시하였다.

첫째, 1929년 일본에서 처음으로 만들어진 국책 민간항공사인 일본항공수송(日本航空輸送)은 처음으로 일본 도쿄와 중국 다롄(大連)을 연결하는 대륙노선을 개설하였는데, 당시 운항표를 보면 도쿄를 출발하여 중간에 오사카-후쿠오카-울산-경성(여의도)-평양을 경유하여 만주의 현관인 다롄에 도착하는 것으로 되어 있다. 당시 도쿄에서 다롄까지의 운송에는 꼬박 이틀이 소요되었다. [5]

참고로 울산비행장은 1928년 3월 태화강 남쪽의 논을 매수하여 조성하였는데, 처음에는 일본 육군이 연습비행장으로 사용하였다. 그러다 1929년 4월 1일 일본항공수송의 첫 번째 비행기가 중국 다롄의 저우수이쯔(周水子)를 출발하여 울산공항에 도착함으로써 대륙을 오가는 민간항공 노선의 중간 기착지로 사용되기 시작하였다. 당시에 부산이 아닌 울산비행장이 이용된 것은 부산 일대가 요새지대로 지정되어 민간비행장이 허용되지 않았기 때문이다.

둘째, 대구집중비행장은 1935년 토지매수를 시작하여 1937년 1월에 문을 열었는데 당시의 신문기사를 찾아보면 "울산비행장이 지형과 그 밖의 이유 때문에 근대적 공항으로서 입지가 적합하지 않아 울산을 대신하여 대구의 동쪽(경상북도 달성군 해안면, 현 동촌면) 14만 평(46만 2,809제곱미터) 부지에 신공항을 만든다"고 되어 있다. [6]

---

5 〈旅客航空輸送案內 東京-大連線 1929年〉 (http://www.tt-museum.jp).
6 "大邱飛行場面積十四万坪・近代設備を誇り", 〈大阪 朝日新聞〉, 1936년 10월 27일 자.

셋째, 군산육군비행장 관련 신문을 검색하면 1940년 3월 26일 자에, "4월부터 새로 운항계획이 바뀜에 따라 고속을 자랑하는 록히드 여객기가 상하이와 난징의 대륙으로 진출함에 따라, 기존의 다치아라이(大刀洗), 군산 양 비행장은 사용하지 않게 되고 종래의 후쿠오카, 칭다오 직항 편은 경성 경유로 바뀌는 외에, 새로 요나코비행장이 만들어짐에 따라 도쿄에서 요나코를 거쳐 경성으로 가는 노선이 생겼다"는 기사가 보인다.[7]

이 기사에 따르면 군산육군비행장은 1938년에 만들어진 뒤 1년 남짓 일본에서 중국 상하이와 난징으로 가는 민간노선의 중간기착점으로 이용되다가 1940년 4월 이후 사용이 중지되었음을 알 수 있다.

넷째, 요나코비행장은 1938년 일본 돗토리 현에 만들어진 육군비행장인데, 1940년 9월 대일본항공의 운항표를 보면 도쿄와 신징(新京)〔창춘(長春)의 만주국(滿洲國) 시대의 이름〕 노선의 중간기착점으로 경성과 요나코가 사용되었음을 알 수 있다.[8]

이런 근거들을 종합하여 육군집중비행장은 군과 민간이 함께 사용하는 비행장이었을 것이라고 다케쿠니 씨는 추론하고 있다. 향후 추가적인 검토가 필요한 부분이지만 일단 군산비행장의 경우 일본 육군이 군사용으로 건설했지만 한동안 민간항공기가 대륙노선의 중간 기착지로 활용했음은 분명해 보인다.

1940년 4월 민간항공기의 이용이 중단된 이후 군산육군비행장을 어떻게 활용했는지에 대해서는 알려진 바가 별로 없다. 다만 제 5부 8장

7 "空旅・夏の新ダイヤ四月から", 〈大阪 朝日新聞〉, 1940년 3월 26일 자.
8 "空新ダイヤ", 〈大阪 毎日新聞〉, 1940년 9월 29일 자.

에서 기술하는 다치아라이 육군비행학교 군산분교소가 설치되어 비행사들의 교육과 훈련 등을 위한 장소로 계속 사용된 것은 분명하다. 대규모 비행대가 배치되지는 않았지만 활주로의 확장과 유지관리 공사는 계속되었는데 여기에는 주로 인근 지역의 주민들과 학생들이 강제동원되었다.

군산문화원장을 역임한 김양규 씨(1929년생)의 증언에 따르면 활주로 확장공사에는 군산뿐만 아니라 인접 시군에 있는 학생들까지 동원되었다. 1942년 당시 이리농림학교 3학년에 재학 중이던 그도 동료 학생들과 함께 비행장으로 끌려와 20여 일간 합숙을 하면서 강제노역을 해야만 했다.

태평양전쟁이 막바지로 치닫던 1945년에 들어 일본군은 본토결전에 대비해 군산육군비행장을 기동비행장으로 지정하여 관리하였다. 기동비행장에는 1개의 비행전대가 1주일 정도 사용할 수 있는 연료와 탄약이 집적되어 있었다는 것을 의미한다.

아시아역사자료센터를 검색해보면 일본 육군이 1945년 당시 군산비행장의 시설상황과 그에 대해 평가해놓은 자료가 남아 있는데 그중 주요한 부분만 추려보면 다음과 같다. [9]

어떤 기종이 이 비행장을 사용할 수 있나?

쌍발 중폭기 이하(부산과 함께 남선 제일의 좋은 비행장이다).

위치, 형상 등은?

군산 서방 약 10킬로미터, 대략 정방형, 활주로 1,200×100(동북에서 서

9 JACAR, 〈群山附近 Ⅲ飛行場及施設〉, Ref. C13070040400.

남방향), 잔디로 덮임, 각 방향 이착륙 가능.

격납시설, 즉 격납고의 구조는?

철제격납고 수동(단발기 약 30기분), 토제무개엄체 약 60(대형기용).

구릉 등 비행장애물은?

큰 장애물 없음. 안개 시에 금강 너머 (장항)제련소 굴뚝이 장애가 됨.

위 내용 중 특히 주목되는 것은 당시 일본군이 군산비행장을 "부산
(해운대육군비행장)과 함께 남선(남한 지역) 제일의 양호한 비행장"이
라고 평가하고 있다는 점이다.

다치아라이 육군비행학교 군산분교소 08

전북 군산시 옥서면 선연리

일본군이 건설한 군산비행장 부지의 한쪽에는 육군의 비행사들을 훈련 양성하기 위한 비행학교가 있었다. 공식 명칭은 '다치아라이 육군비행학교(大刀洗 陸軍飛行學校) 군산분교소(群山分校所)'였다. 이곳에서 교육을 받은 소년비행병을 포함한 수많은 비행사들이 이른바 가미카제 특공대로 강제차출되어 '자살특공공격'에 나서야만 했다. 그중에는 한국인 출신도 있었다.

일본의 히로히토(裕仁) 천황이 칙령(제578호)으로 다치아라이 비행학교령을 재가하고 공포한 것은 1940년 9월 13일이었다. 그 주요 내용을 살펴보면 다음과 같다.[1]

---

1 JACAR, 〈御署名原本・昭和15年・勅令 第578号・大刀洗 陸軍飛行學校令〉, Ref. A03022497800.

다치아라이 비행학교령

제1조 다치아라이 육군비행학교는 비행기 조종에 종사할 소년비행병과
　　　소년비행병이 될 생도를 교육하는 곳이다.

제2조 생도는 도쿄 육군항공학교를 졸업한 자로, 비행기 조종에 종사할
　　　소년비행병이 되는 데 필요한 학술을 수습시키며, 통상 매년 2회
　　　입교시키고 그 수학기간은 대개 1년이다.

제3조 육군대신은 임시로 병과(헌병을 제외) 장교 이하를 소집하여 필요
　　　한 수학(교육)을 시킬 수 있다.

제4조 생도의 교육요령은 육군항공총감이 정한다. (중략)

제6조 다치아라이 비행학교에 교육대를 둔다. (중략)

제8조 육군대신은 필요에 따라 분교소(分校所)를 둘 수 있다.

　칙령에 따라 다치아라이 비행학교가 문을 연 것은 1940년 10월 1일
이었다. 다치아라이 비행학교가 세워진 곳은 규슈 후쿠오카(福岡) 현
미이(三井) 군 다치아라이(大刀洗) 마을로, 이곳에는 1919년 10월에
문을 연 다치아라이 육군비행장이 있었다. 다치아라이 육군비행학교
가 문을 연 같은 날에 3개의 분교소가 별도로 설치되었다. 그중 1개는
일본 본토 내 미야자키(宮崎) 현에 세워진 뉴타바루(新田原) 분교소이
고, 나머지 2개는 조선반도의 군산과 대구에 개교했다.[2]

　다치아라이 육군비행학교 군산분교소가 들어선 곳은 전라북도 옥구
군 선연리 군산육군집중비행장 내부 지역으로, 시설면적은 4만 7,489
평(15만 6,988제곱미터)에 달했다. 경상북도 달성군 동촌면 입석동(立

---

2 JACAR, 〈陸軍航空諸學校の分教所の名稱及位置の件達〉, Ref. C01007802600.

군산비행장 정문. 입구 오른쪽에 '다치아라이 육군비행학교 군산교육대'라고 적혀 있다.

石洞) 대구육군집중비행장 내에 자리한 대구분교소(1만 7,539평)에 비해 2.7배 넓었다. 비행학교 내에는 비행기고(庫)를 비롯하여 기계고, 소방용구치장(消防用具置場), 자동차치장(自動車置場), 기름창고(油庫), 비탑(飛搭, 관제탑으로 추정된다), 그리고 사무실과 휴게실 등의 각종 시설이 갖추어져 있었다. 3

비행학교에서는 '아카돈보'라고 불리는 연습기를 사용해 훈련을 진행하였다. 95식 1형 연습기는 아카돈보로 불리는 연습기 중 대표기종이었다. 동체 아래위로 두 개의 날개가 붙어있는 복엽기(複葉機)이며, 두개의 좌석이 있어 교관과 훈련생이 함께 타도록 되어 있다. 비행기 동체는 강관 골조 위를 천으로 덮었고 날개는 나무 골조 위를 합판과

3 JACAR, 〈2-1 大刀洗 陸軍飛行學校 群山分敎所〉, Ref. C13021281600.

아카돈보(93식중간연습기)

천으로 감싸 만들었다. 95식 1형 연습기는 외장을 주황색으로 칠했기 때문에 해군이 운용하던 93식 중간연습기와 함께 '아카돈보', 즉 '고추잠자리'라는 애칭으로 불렀다.

〈다치아라이 비행학교령〉 제1조에 나와 있듯이 이 학교의 기본목표는 비행기 조종에 종사할 소년비행병(약칭은 '소비'라고 한다)과 소년비행병이 될 생도들을 교육하는 것이었다. 1933년에 시작된 소년비행병제도는 초등교육을 마친 만 15~17세의 소년들을 선발하여 1년의 기초교육과 2년의 상급교육을 시켰다. 이들이 소정의 교육과정을 모두 수료하면 육군의 항공병과 하사관으로 임명되었다. 다치아라이 비행학교에서는 주로 1년간의 비행기의 기본조종교육을 담당하였다. 해군에서는 이보다 앞선 1929년부터 해군비행예과연습생(海軍飛行予科練習生, 약칭 '예과연') 제도를 운영하여 항공병을 양성했다.

1937년 중일전쟁이 일어난 후 전역이 계속적으로 확대되면서 항공

전력에 대한 수요는 급증하게 된다. 일제는 소년비행병의 모집인원을 늘리고 각 지역에 비행학교와 분교소를 늘려가지만 그 수요를 충족시키기엔 역부족이었다. 1941년 12월 태평양전쟁 발발 이후에도 애초의 기대와는 달리 전황은 날로 악화되고 항공기와 비행사의 손실이 크게 늘어나자 그 보충이 더욱 절실해졌다. 기존에 있던 소년비행병과 정규장교 양성기관인 육군항공사관학교 생도의 증원만으로는 수요를 충족시킬 수 없었다. 그러자 1943년 6월 도조 히데키(東條英機) 일본 수상 겸 육군대신은 항공 전력의 신속한 확충을 위해 연내에 3천 명, 다음 해 말까지 2만 명의 비행사를 육성하라는 지령을 하달하였다. 그에 따라 조종사를 속성으로 양성하기 위한 다양한 제도들이 마련되었다.[4]

소년비행병 제도는 종래 3년 과정을 2년으로 단축시킨 단기속성과정이 만들어져 1943년 4월부터 시행되었는데 이를 기존의 과정과 구분하여 을종(乙種)이라고 불렀다. 아울러 기존에 있던 쿠마가야(熊谷), 다치아라이, 우츠노미야(宇都宮) 등 각 비행학교의 분교소 수도 늘려 나갔다. 다치아라이 비행학교 분교소의 경우 1940년 10월 개설 당시에는 3개뿐이었으나 1944년 9월 4일에는 11개로 급증했다. 그 사이에 대전과 경성에도 분교소가 개교하여 조선반도에만 4개의 분교소가 운영되었다. 분교소 설치는 고정적인 것이 아니었는데 패전 전까지 한 번이라도 다치아라이 비행학교 분교소가 만들어졌던 곳으로 확인된 지역은 17개에 달한다.[5]

---

4 防衛廳防衛研究所戰史室,《戰史叢書: 陸軍航空の軍備と運用 (3) 終戰まで》, 1976, 朝雲新聞社, 207쪽.
5 〈위키피디아〉일본판 '大刀洗 陸軍飛行學校' 항목 참조.

기존에는 없었던 속성의 비행사 양성과정도 만들어졌는데 그중 대표적인 것이 특별조종견습사관(特別操縱見習士官, 약칭 '특조', '학취'(學鷲)라는 명칭으로도 불렀다)과 육군특별간부후보생(陸軍特別幹部候補生, 약칭 '특간') 제도이다.

1943년 7월에 마련된 특별조종견습사관은 고등교육기관의 졸업자나 재학생 중에서 지원을 받아 1년 정도의 단기교육을 마친 뒤 조종 장교(소위)에 임관하는 제도이다. 명목적으로는 지원제도라고 하지만 실제로는 온갖 협박과 회유를 통한 강제차출이었다.

특간제도는 1943년 12월에 시행되었는데 15~20세 미만의 남자 지원자를 선발, 30개월 정도의 교육과정을 수료하면 단기현역하사관으로 부임케 하는 제도로, 주로 항공·선박·통신 등 특별한 기능이 필요한 병과에 한하였다.

그 밖에 항공기승원양성소(航空機乘員養成所)에서도 육군에서 필요한 비행사를 양성해 배출하였다. 양성소는 원래 민간비행사를 양성하는 기관이었는데 군에서 필요한 비행사 양성과정이 개설되었다.

이처럼 여러 가지 경로를 통해 양성된 비행기 조종사들 중 많은 수가 전황이 극도로 악화되는 1944년 10월 말부터 가미카제(神風) 특별공격대로 나서야만 했다. 그들은 비행기에 폭탄을 싣고 날아가 직접 적함에 돌진하는 자살공격을 감행하였다. 1945년 8월 15일 전쟁이 끝나는 시점까지 가미카제 특공대로 동원되어 '특공사'(特功死)한 대원의 수는 연구자마다 약간씩 차이는 있지만 3천 명을 훨씬 웃돌았다.

지금까지 연구된 바에 의하면 가미카제 특공대로 동원되어 적함을 공격하다 목숨을 잃는 특공사 조선인 중에서 신원이 확인된 경우는 모두 17명이다. 모두 육군 소속인데 이들의 출신 경로를 분류하면 소년비행병 9명, 특별조종견습사관 4명, 항공기승원양성소 2명, 특별간부후보생 1명, 육군사관학교 1명이다.

그중에서 다치아라이 비행학교 군산분교소에서 비행교육을 받은 것이 확인된 것은 2명으로 특별조종견습사관 제1기였던 노용우〔(盧龍愚, 일본이름 카와다 세이지(河田淸治)〕와 이시바시 시로(石橋志郎, 한국이름 불명)이다.[6]

이시바시 시로는 경성부 출신으로 일본의 도쿠시마(德島) 고등공업학교에서 공부한 뒤 특별조종견습사관으로 교육을 받고 27살이 되던 해였던 1945년 5월 29일 오키나와 해상에서 자폭공격으로 전사하였다. 경기도 수원 출신의 경성법학전문학교 학생이었던 노용우는 특별조종견습사관으로 선발돼 군산분교소 등에서 1년간 교육을 받고 1944년 10월 1일 소위로 임관하여 일본 아이치(愛知) 현의 비행 제5전대에 배치되었다. 1945년 5월 29일 미군 B29의 기습공격에 맞서 출격했다가 피습되어 자신이 탄 전투기의 날개가 부서졌지만 동체를 적기에 직접 부딪쳐 격추시킨 뒤 추락, 사망하였다. 그의 유골은 해방이 된 뒤 도쿄에 있는 사찰 유텐지(祐天寺) 등을 떠돌다가 죽은 지 60년 만인 2005년 6월 16일 가족의 품으로 돌아와 천안 망향의 동산에 안치되었다.[7]

이시바시 시로와 노용우 외에 특조 출신이 2명 더 있는데, 연희전문 출신인 김상필(金尙弼, 일본이름 結城尙弼)과 교토약학전문 출신인 탁

---

6 이향철, "가미카제 특공대와 한국인 대원", 현대일본학회, 《일본연구논총》, 제24호, 310쪽.
7 "B-29와 충돌 뒤 전사… 유골 쪼개 '군신'으로 선전", 〈한겨레〉, 2010년 2월 15일 자.

경현(卓庚鉉)이다. 이들은 각각 다치아라이 비행학교 쿠마노쇼(隈之庄) 분교소와 치란(知覽) 분교소에서 교육을 받고 소위로 임관된 뒤 가미카제로 동원되어 오키나와 상공에서 전사하였다.

당시 특조 출신 조선인 특공대원들은 모두 치열한 경쟁을 뚫고 선발된 최고의 엘리트들이었다. 1943년 10월 특별조종견습사관 제 1기로 선발된 1,800명 가운데 조선인은 위에서 살펴본 4명이 전부였다. 일제는 최소 3년 이상의 정규 교육과정을 거쳐 배출되는 사관 출신 조종사들을 보호하기 위해 1년의 단기속성 과정을 통해 양성된 학도지원병들을 대거 가미카제 특공대로 동원하였다. 복잡하고 힘든 비행기 조종기술을 단기간에 집중 습득하려면 우수한 두뇌를 가진 인재들이 필요했다.

군산비행장 내에 있는 비행학교에서 가미카제 특공대원들의 교육과 훈련이 이루어졌다는 사실은 다른 경로를 통해서도 확인된다. 군산향토문화연구소장 김양규 씨는 해방 직전 허리에 칼을 찬 정복 차림의 앳된 일본 군인들이 특공대로 출격하기 수일 전 술에 취한 채 군산 월명동 시내를 배회하는 모습들을 볼 수 있었다고 말했다.

스즈키(鈴木孝) 씨(1929년생)는 일제가 군산 앞바다를 대규모로 간척하고 일본인들을 이주시켜 조성한 불이농촌(不二農村)에서 태어나 살다가 해방과 함께 일본으로 건너갔는데, 그가 남긴 기록에도 당시 군산분교소에 대한 언급이 있다. 관계되는 부분을 옮기면 다음과 같다.[8]

---

8 스즈키 씨 관련 자료는 '南九州友愛の旅'(http://www3. ic-net. or. jp/~hanahana/chiran. htm) 참고.

내가 태어나고 자란 조선에도 거의 비슷한 시기 다치아라이 비행학교 군산분교소가 개교, 연일 통칭 '아카돈보'라는 연습기로 비행훈련을 하고 있었다. 전쟁 상황이 닥쳐왔을 때, 아버지의 친구 동생도 조종학생으로 가끔씩 집에 놀러와 이야기를 들려주었지만 어느 날부턴가 오지 않았다. 남쪽으로 간 것 같다는 것밖에 알 수 없었다. 근로동원으로 비행장에 풀을 깎으러 갔을 때 특공대가 출발한다는 말을 듣고 모두 줄지어 서서 전송하였다. 저녁 무렵 군산을 이륙하여 어두워지면 규슈에 도착한다고 들었다. 규슈의 모 기지는 치란이라고 생각했다.

스즈키 씨가 말하는 가고시마 치란은 당시 다치아라이 비행학교 치란분교소가 있던 곳으로 전황이 극히 나빠지는 1945년부터 육군특공대의 발진기지로 사용되었다. 다른 지역에서 훈련을 마친 특공대원들이 일단 치란으로 모였다가 오키나와 등으로 출격했음을 알 수 있다.

육군특공대가 출격했던 기지에는 지난 1985년 치란특공평화회관(知覽特攻平和會館)이 세워져 당시 전사자들의 사진, 유서 등 약 4,500점과 1,036명의 특공대원 사진이 전시되어 있다. 아울러 당시에 사용되던 비행기와 특공보트 등 다양한 무기들의 실물과 모형을 볼 수 있다. 이곳에는 일본 각지에서 찾아오는 방문객들의 발길이 연중 끊이지 않는데 그 안에서 당시 숨겨간 특공대원들은 군국주의 영웅으로 기억되고 추앙되고 있다.

현재 다이아라이 육군비행학교 군산분교소의 흔적으로 남아 있는 것은 거의 없다. 일제강점기 군산비행장에서 일했던 육종술 씨(1922년생)의 증언에 따르면 미군이 비행장을 점유한 이후에도 일부 흔적이 남아 있었다고 한다. 활주로 끝 야산 아래에 콘크리트로 만든 방공호와 일본군이 사용하던 목제 격납고가 반쪽 정도 남아 있었다고 한다. 현장을 확인하기 위해 군산 미군비행장 측에 취재를 요청했지만 거절 당한 채 남아 있는 것이 없다는 답변만 듣고 발길을 돌려야 했다.

서해안고속도로를 달려 내려가다가 함평 JC에서 무안-광주 고속도로로 바꿔 타고 서쪽으로 10여 분쯤 더 가다보면 최신식 청사와 시설을 갖춘 무안공항을 만나게 된다. 기존에 있던 목포공항 국내선 및 광주공항 국제선의 대체공항으로서 10여 년의 공사 끝에 2007년 11월 개항하였다. 소재지는 전남 무안군 망운면 피서리 해안지대로 목포 북방 30킬로미터 지점에 있다.

　무안공항이 문을 열기 전 이 지역에는 1969년에 건설된 목포공항이 운영되고 있었다. 목포시청으로부터 22킬로미터 떨어진 전남 영암군 삼호읍 용당리에 위치하였다. 하지만 목포비행장은 공항의 제반시설이 열악하고 활주로의 길이도 2,500~3,000미터에 달하는 다른 국내공항에 비해 훨씬 짧은 1,500미터에 불과하였다. 더구나 착륙항로상에 해발 200미터 정도의 야산이 있고 잦은 안개 때문에 베테랑 조종사들도 이착륙에 애를 먹었다.

급기야 1993년 7월 26일에는 아시아나항공 733편 여객기가 악천후 속에서 목포공항에 착륙을 시도하다 공항에서 10여 킬로미터 떨어진 해남군 화원면 마산리 뒷산에 추락하는 사고가 발생하였다. 이 사고로 탑승자 106명 가운데 66명이 사망하는 참사가 발생하였다. 이 사건 이후에도 탑승객 수가 적어 결국 무안공항이 문을 열면서 목포공항은 폐쇄되었다.

무안공항이 들어선 망운면 일대는 완만한 구릉지가 드넓게 펼쳐진 해안지역이다. 주변 황톳빛 대지 위에는 온통 양파와 마늘밭이 이어져 있다. 예로부터 이 지역은 안개일수가 적고 비행기 이착륙을 방해하는 장애물이 없어 비행장의 최적지로 꼽혀왔다고 한다. 재미있는 것은 공항이 들어선 이 지역의 지명도 비행장이 들어설 곳을 미리 알았다는 듯 '구름을 바라본다'는 의미의 '망운면'(望雲面)이다.

그런데 망운면과 바로 인접한 현경면(玄慶面) 지역을 지나다보면 여기저기 일제강점기 일본군들이 만든 비행기 격납고 시설이 눈에 띈다. 콘크리트로 견고하게 만든 격납고들은 70년 가까운 세월의 풍상 속에서도 농경지 한가운데 굳세게 버티고 있다. 이전에도 지역 언론에서 일본군 격납고가 남아 있고 일부는 농민들이 창고나 감자저장고로 사용하고 있다는 보도를 몇 차례 했지만 한 번도 체계적인 조사는 이루어지지 않았다.

일본의 아시아역사자료센터를 검색하면 목포 망운비행장과 관련된 몇 가지 문서를 찾을 수 있다. 그에 따르면 목포 망운비행장은 목포 북방 30킬로미터 지점 무안군 망운면에 자리 잡고 있으며 남북 방향으로 2개의 장방형 활주로가 나란히 놓여 있었다. 크기는 제 1활주로가 100×1,500미터, 제 2활주로는 100×1,200미터이고 양 활주로는 약 3킬

로미터 정도 떨어져 있었다. [1]

그리고 또 다른 문서에는 당시 조성된 2개의 활주로 위치와 그 주변에 비행장을 보호하기 위해 구축한 진지시설들이 표시된 도면이 실려 있다. 이 도면은 일본군이 1945년 본토결전에 대비하여 제150사단 산하 보병 제430연대 제3대대를 망운비행장 주변에 배치하면서 작성한 것이다. [2] 이러한 사실은 〈조선본토병력 기초배비 요도〉에서도 확인되는데, 이 도면을 보면 망운 지역에 1개 대대가 배치되어 있다고 표시되어 있다. [3]

〈보병 제430연대 제3대대 진지편성 요도〉에 의하면 2개의 활주로 중에 한 개는 현 망운면 피서리에 들어선 무안공항 활주로의 위치나 방향과 대체로 일치한다. 무안공항이 기존에 일본군이 만든 비행장 활주로 부지를 활용해 만든 것임을 알 수 있다. 다른 하나의 활주로는 현재의 무안군 현경면 평산리 현경교차로 지점에서 시작해 현경면 외반리 조암마을로 이어지는 남쪽방향으로 조성되어 있었던 것이다. 하지만 이 활주로가 있었던 곳은 도로와 농지, 주택지로 변경되면서 그 흔적을 찾아 볼 수가 없다. 그렇다면 비행장과 관련된 부속시설은 어떤 것들이 남아 있을까? 무안지역 향토사를 연구한 백창석 무안문화원장의 안내를 받아 활주로가 있었던 주변지역을 돌아보았다.

제일 먼저 찾은 곳은 현경면 외반3리 조암마을에 남아 있는 콘크리트 시설물이다. 마늘밭 한가운데 덩그러니 솟아 있는 이 콘크리트 구

1 JACAR, 〈木浦附近 Ⅲ飛行場及 施設〉, Ref. C13070030300.
2 JACAR, 〈步兵 第430聯隊 第3大隊 陣地編成 要圖〉, Ref. C14021105500.
3 JACAR, 〈附圖 第3 朝鮮本土兵力 基礎配備要圖〉, Ref. C13031946700.

무안 망운비행장 통신시설(#7)

조물은 일견 커다란 벙커나 토치카처럼 보인다. 입구를 통해 내려가니 지하에는 칸칸이 나누어진 방들로 이루어진 제법 널따란 공간이 있다. 벽면 한쪽에는 토치카의 총안처럼 보이는 직사각형 모양의 구멍이 3개 뚫려 있다. 천장에는 사각 형태의 구멍이 뚫려 밖으로 연결되어 있다. 다시 밖으로 나와 구조물 위쪽으로 올라가보았다. 옥상에는 굴뚝 모양의 4각 기둥 3개가 세워져 있는데 가운데에는 구멍이 뚫려 있어 구조물 지하공간과 관통되어 있다.

그런데 이곳에서 남쪽으로 약 100미터 떨어진 곳에 똑같은 형태의 구조물이 또 하나 있는 것을 발견하였다. 민가의 뒤뜰에 위치한 이 구조물은 주민이 지하공간을 창고로 사용하면서 입구를 막아 놓아 안으로 들어가보지는 못했지만 기본적 형태와 구조는 앞의 것과 똑같았다. 다만 지붕에 놓여 있는 굴뚝 모양의 기둥이 4개라는 점이 다를 뿐이다. 안내한 백창석 원장에 따르면 주민들은 이 구조물을 폭약 등을 저장하는 시설로 알고 있다고 전해주었다.

좀더 정확한 조사가 이루어져야 하겠지만 일단 이 구조물들은 비행장의 통신시설이었을 것으로 생각된다. 구조물 위에 세워진 굴뚝모양의 사각기둥은 지하공간에서 옥상으로 통신 안테나를 연결하기 위한 통로이다. 그리고 똑같은 형태의 구조물 2개가 인접한 것은 각각 전파의 송신과 수신을 분리 담당하는 시설이었을 것으로 추정된다. 이와 유사한 형태의 시설물은 전남 여수시 주삼동 여수시농업기술센터 정문 옆에도 남아 있다.

뒤이어 찾은 곳은 현경면 평산리 통정마을 도로변 밭 한가운데 있는 격납고였다. 그리고 도로 건너편 밭 귀퉁이에 또 하나의 격납고가 남아 있었다. 가까이 가보니 격납고 지붕 중간부분이 깨져 있다. 아마도 농사에 방해가 되는 이 격납고를 깨트리려고 했지만 워낙 단단하여 중도에 포기했을 것으로 짐작된다. 그리고 두 번째 격납고에서 좀더 아래쪽 민가 옆에 남아 있는 세 번째 격납고는 지붕에 환기시설을 설치하여 농산물 저장창고로 사용하고 있었다. 두 번째와 세 번째 격납고 위치는 현경면 평산리 유수정마을에 속한다. 네 번째 것은 조금 떨어진 현경면 송정리 하수장마을 밭 한가운데 있는데 외관이 상당히 온전한 상태였다. 그리고 다섯 번째와 여섯 번째는 망운면 목동리에 위치하고 있다. 주민들에 따르면 격납고는 모두 9개 정도 남아 있었는데 도로 건설과정에서 없어지고 현재는 6개만 남아 있다.

특이한 것은 남아 있는 6개 격납고 모두 내부 바닥에 흙이 상당히 높게 쌓여 있다는 것이다. 현재 상태 그대로였다면 도저히 비행기를 안에 집어넣을 수 없었을 것으로 보인다. 주변 지형을 돌아보면 격납고를 만든 뒤에 흙을 일부러 돋우었을 리도 없어 보인다. 아마도 격납고

무안군 일대의 격납고

들을 만들었지만 활주로에서 격납고까지 이어지는 유도로를 건설하지 못한 상태에서 비행장 조성공사가 중단된 것으로 보인다.

　다음으로 찾아간 곳은 망운면 송현리 두모마을이다. 무안공항과 인접한 해안지역이다. 이곳에는 언뜻 봐서는 정체를 알 수 없는 정방형 콘크리트 구조물 2개가 밭 한가운데 100여 미터 간격으로 놓여 있다. 모서리 일부분이 깨져 나갔지만 대체로 온전한 형태로 보인다. 크기는 가로, 세로, 높이가 2.5×2.5×1.5미터 정도다. 주민들 사이에는 일본군이 만든 포대시설이라고 알려져 있지만 확실치 않았다. 이 구조물을 자세히 살펴보니 위쪽에 환기구가 있고 한쪽 벽면에는 누군가 막아버렸지만 4각형 모양의 총안이 만들어져 있는 것을 볼 수 있다. 총안의 방향은 각각 무안공항과 바다 쪽을 향하고 있었다. 단정할 수는 없지만 토치카가 분명해 보인다. 국내에서는 처음 확인된 특이한 형태의 토치카다. 이러한 모양의 토치카는 일본 홋카이도(北海島) 아사히하

두모마을 토치카 (#1, 2)

마(旭浜) 토치카군에서 비슷한 형태를 찾아볼 수 있다.[4] 일본군은 주변에 산이나 바위같이 마땅한 엄폐물이 없는 평지나 해안가에 이런 형태의 토치카를 만들어 방어시설로 활용하였다. 현지에서 만난 주민들에 따르면 두모마을에는 이런 토치카가 두 개 정도 더 있었는데 도로를 만들면서 없어졌다고 한다.

뿐만 아니라 활주로 주변에는 물자를 보관하기 위한 여러 개의 토굴이 구축되었지만 지금은 대부분 무너지거나 입구를 막아버려 흔적을 찾을 수 없었다. 그 밖에 주민들은 무안읍 교촌리에 있는 병산(柄山, 130미터)에 일본군 지휘본부가 있었다고 하는데 이 역시 남아 있는 흔적은 없다. 일본군이 남긴 도면과 연계하여 좀더 정밀한 조사가 필요

4 小西 誠, 《本土決戰 戰跡ガイド》, 社會批評社, 2012.

〈표 5-6〉 무안군 (망운-현경) 군사시설 현황 (2014년 8월 현재)

일련번호	위치	용도	비고
#1	현경면 평산리 통정마을	격납고	
#2	현경면 평산리 유수정마을	〃	중간 부분 절단
#3	현경면 평산리 유수정마을	〃	농가 창고로 활용
#4	현경면 송정리 하수장마을	〃	상태 양호
#5	망운면 목동리	〃	밭 중간 위치
#6	망운면 목동리	〃	
#7	현경면 외반3리 조암동	통신시설	2개
#8	망운면 송현리 두모마을	토치카	2개

한 것으로 보인다. 현장을 돌아보고 확인한 일본군 비행장 관련시설의 현황을 정리하면 〈표 5-6〉과 같다.

목포 망운비행장이 언제, 어떤 과정을 통해 만들어졌는지를 알 수 있는 관련기록은 남아 있지 않다. 지역 주민들의 증언을 통해 당시의 상황을 대략적으로 추정해볼 수밖에 없다. 비행장이 들어선 주변 일대는 1940년대 일제가 주민들에게 강제적으로 면화를 재배하게 한 경작지였다. 당시 전남은 전국 제일의 면화 생산지였으며, 무안은 전남 22개 군 중에서도 가장 대표적인 면화 산지였다.[5] 1930년대부터 일제는 남면북양(南棉北羊)이라고 하여 한반도 북쪽에서는 양을 키우게 하고 남쪽에서는 면화 재배를 강제하였다. 공업용 원료인 면화에 대한 수요는 계속 늘어나 1940년대에는 경기도 이남의 모든 경작지의 28%에서 면화재배가 이루어졌다. 생산된 면화는 대부분 공출이라는 이름으로 거두어 갔다. 다른 작물의 재배는 허용되지 않았다. 주민들에게는 식

---

5 "棉作地帶を行く", 〈京城日報〉, 1942년 11월 13일~11월 23일 연재.

량으로 피(稗)나 조(粟) 같은 잡곡들만 배급형태로 나누어졌다. 주민들은 부족한 양식을 확보하기 위해 면화밭 사이에 몰래 콩을 심기도 했지만, 일본인 지주들은 이를 발견하면 가차 없이 뽑아버렸다. [6]

면화경작지 한가운데에서 이루어진 비행장 건설공사는 대체로 1943년에 시작되어 1945년 해방될 때까지 계속되었다. 활주로 조성공사에는 전라도 전역의 주민들이 보국대라는 이름으로 강제동원되었다. 해방 직전에는 대부분의 활주로 공사가 끝나고 여러 부대 병력이 배치되었다. [7] 제16항공지구사령부, 제211비행장대대, 제231비행장대대, 제154야전비행장설정대, 제161독립정비대가 그것이다.

해방 직전 모든 비행장 시설이 완성된 것은 아니지만 비행기의 이착륙에는 문제가 없었던 것으로 보인다. 실제로 전쟁말기 이 비행장이 특공공격을 위한 가미카제 비행기들의 발진기지로 이용되었다는 기록도 남아 있다. [8]

해방 이후 비행장은 한동안 황무지로 방치되어 있었다. 그러다가 6·25전쟁이 발발한 뒤 피난민들이 망운면 피서3리, 즉 지금의 무안공항 활주로 북쪽 끝 지역에서 집단으로 머무르게 되면서, 이 지역에 '정착'(定着)이라는 이름이 붙게 되었다. [9] 하지만 세월이 흐르면서 당시 벌어졌던 많은 일들은 사람들의 기억에서 사라져갔다. 몇몇 남아 있는 격납고와 콘크리트 구조물들만이 70년 전 치열했던 전쟁 준비상황을 쓸쓸히 증언하고 있을 뿐이다.

---

6 神谷丹路, 《韓國の小さな村で-近い昔の記憶》, 凱風社, 1997.
7 JACAR, 〈職員表〉, Ref. C13070040900.
8 제5부 10장 "일제의 항공특공기지들" 참조.
9 무안군사편찬위원회, 《무안군사》, 1994.

조선 내 일본군비행장

신푸 특공대는 1944년 10월 필리핀 방면 해전에서 일본 해군이 비행기에 폭탄을 싣고 적함에 돌진하는 자살공격대로, 우리에게는 '가미카제 특공대'로 더 잘 알려져 있다. 초기에 가미카제 특공대가 상당한 성과를 거두자 일본 육군도 자살특공대를 조직하여 공격에 나섰는데 일본 해군과 명칭을 달리하여 특공부대는 토호대(と号隊), 특공작전은 토호작전(と号作戦)이라고 불렀다. 토(と)는 특별(特別; とくべつ)의 첫 글자, 호(号)는 '명령'의 의미이다.

그동안 일본군 자살특공대와 관련하여 조선인 출신 대원이 특공대에 참여한 사례들은 꽤 알려져 있지만, 당시 조선 내 일본군 비행장 현황과 그곳에서 이루어진 특공대 훈련 및 출격에 대해서는 알려진 바가 거의 없다. 대부분 특공대 훈련은 일본 내 비행장에서 이루어지고 출격은 규슈 남부 가고시마에 있는 특공기지에서 이루어진 것으로 알려진 정도다.

　그런데 최근 당시에 특공대로 차출되었던 일본인 대원들의 회고록이 간행되면서 조선 내 비행장에서도 특공훈련이 이루어졌고 특공기의 출격기지로도 사용되었다는 사실들이 조금씩 알려지기 시작했다. 먼저 본토결전을 준비하던 시기, 조선 내 일본 육군과 해군의 비행장 현황을 살펴보고 이어서 특공부대의 활동을 살펴보고자 한다.

　1944년 7월 5일 사이판 섬이 함락되면서 이른바 일본의 절대국방권이 붕괴된 이후, 일본은 연거푸 패전을 거듭하며 뒷걸음질을 계속하였다. 10월 말에 있었던 레이테해전에서는 총력을 다해 반격했으나 해군 전력은 사실상 괴멸 당했고, 1945년 1월 9일에는 미군이 루손 섬 린가엔 만에 상륙하여 필리핀 전역을 연합군에 내어줄 위기에 처했다.

　일본군의 패색이 점차 짙어지고 미군의 일본 본토 진격의 가능성이 점차 커지자 일본군 대본영은 1945년 1월 20일 〈제국육해군 작전계획 요강〉을 책정, 발표하였다. 이른바 본토결전의 기본방침을 천명한 것이다. 전쟁 내내 견원지간처럼 반목하던 육군과 해군이 공통의 작전계획 책정에 합의한 것 자체가 전황의 심각성을 말해주는 것이었다.

　이 〈제국 육해군 작전계획 요강〉의 기본개념은 "1억 국민의 협력 아래 남아 있는 모든 해공군의 전력을 특공공격에 투입하여 적 상륙군을 해상에서 격멸하고, 이어서 본토의 모든 지상병력을 결전의 요지에 집중, 상륙하는 적군과 결전을 단행하여 전세를 일거에 반전시킨다"는 것이었다. 하지만 당시 이미 일본 해군은 전력의 대부분을 상실하고 항공 전력도 부족하여 이후에는 지상병력에 크게 의존해야만 하는 상황이었다.[1]

　〈제국 육해군 작전계획 요강〉은 본토 방위작전인 〈결호작전 준비

〈표 5-7〉 조선의 육군비행장 및 제5항공군 배치현황(1945년 6월경)

순서	비행장	부대	기타
1	경성	82전대	1비행단
2	김포	22 · 85전대	
3	수원	25전대	
4	대전	44전대	2비행단
5	대구	6전대	
6	평양	16전대	8비행단
7	신의주		
8	온정리	(평안도)	
9	해운대	206독립비행대/66독립비행중대	
10	울산		
11	사천		
12	목포		
13	군산		
14	연포	(함경남도)	
15	선덕	(함경남도)	
16	제주도		미완성
17	담양		〃
18	진주		〃
19	밀양		〃
20	금호		〃
21	해주	(황해도)	〃

防衛廳防衛研究所戰史室, 《戰史叢書: 本土防空作戰》, 朝雲新聞社, 1968, 538쪽

1 JACAR, 〈2. 決号作戰準備要綱/策定の経緯〉, Ref. C12120128000.

<표 5-8> 패전 시 일본 해군 항공기지 (비행장) 현황

	비행장	활주로(미터)
1	진해	40×67 (활수로)
2	제주도	70×1,400
3	부산	50×1,500
4	광주	40×1,000
5	영일	50×1,500
6	여수	100×210 (활수로)
7	평택	50×1,500
8	옹진	50×1,700

진해 경비부 인도목록, 〈釜山航空基地〉, Ref. C08010531900.

요강안〉으로 구체화되어 3월 20일 각 방면군 참모장과 막료를 통해 작전준비가 내시되었다.

대본영은 일본 본토를 7군데 요역으로 나누어 방위계획을 수립했는데 한반도를 관할하는 제17방면군에는 결7호 작전이 하달되었다. 결7호 작전의 핵심은 제주도와 한반도 서남해안으로 상륙할 것이라고 예상되는 미군을 저지하는 것이었다. 하지만 그때까지만 해도 조선에 있던 일본군 항공전력은 매우 취약했다. 일본과 조선을 연결하는 항로의 해상교통 보호를 담당하던 제206독립비행대 (해운대육군비행장) 와, 비행교육을 담당하던 제53항공사단 (사령부는 경성) 의 예하부대가 조선 각지에 배치되어 있을 뿐이었다. [2]

그런데 일본 대본영은 결호작전을 준비하며 조선의 항공 전력을 강화할 필요성에 따라 5월 8일 중국에 있던 제5항공군을 지나파견군의 전투서열에서 제외시켜 항공총군의 예하로 편입시키고, 그 주력을 조

2 防衛廳防衛研究所戰史室, 《戰史叢書: 本土防空作戰》, 朝雲新聞社, 1968.

선방면으로 이동하게 했다. 그에 따라 시모야마 다쿠마(下山琢磨) 제5항공군사령관은 주력(약 120기)을 가지고 5월 중순 조선으로 이동을 개시하였다. 조선으로 이동한 제5항공군은 조선 각지에 있는 비행기지에 배치되었는데 6월 초의 배치상황은 〈표 5-7〉과 같다.

〈표 5-7〉에 나와 있는 것은 모두 일본 육군이 개설한 비행장이고 일본 해군이 운용하던 항공기지(일본 해군은 비행장을 항공기지라고 구분해 불렀다)는 별도로 있었는데 패전 시점에는 〈표 5-8〉에서와 같이 8군데에 걸쳐 있었다.

제시된 표들을 보면 두 가지 측면에서 놀라게 된다. 우선 해방 직전 일본군에 의해 건립된 비행장이 전국 각지에 걸쳐 그 수가 상당히 많았다는 점이다(314쪽 〈해방 직전 일본군 비행장 현황〉 지도 참조). 사실 〈표 5-7〉과 〈표 5-8〉는 당시에 만들어졌던 모든 비행장을 망라한 것도 아니다. 예컨대 당시 제주에는 현재의 제주국제비행장 위치에 건설 중인 정뜨르비행장 외에도 인근 조천읍 신촌리에 건설하다 중단된 진뜨리비행장과 한라산 중턱에 특공기를 띄우기 위해 비밀리에 건설 중이던 교래리비행장(현재의 표선면 가시리 대한항공 정석비행장 자리)이 있었다.[3]

또 하나는 당시에 일본군이 건설한 비행장들 중 상당수는 지금도 여전히 비행장으로 사용되고 있다는 점이다. 비행장의 시설이나 규모 면에서 비교할 수 없을 만큼 달라지기는 했지만 좋은 비행장 입지조건이란 세월의 변화에도 불구하고 여전하다는 것을 알 수 있다.

3 조영윤 엮음, 《일제말기 제주도의 일본군 연구》, 보고사, 2008.

특공기지의 운용

결호작전이 하달되기 전 조선 내 비행장들은 비행요원의 훈련장이나 일본 본토와 중국 대륙을 연결하는 항로의 중간 기착지 정도로 이용되었을 뿐 작전비행장으로서의 준비는 부족하였다. 그러나 해상과 항공의 모든 전력을 특공공격에 투입하라는 본토결전 기본방침이 확정됨에 따라 상황은 크게 바뀌었다. 전국 요지에 추가로 비행장을 건설하는가 하면, 기존에 있던 비행장은 관련 시설을 지하화하고 그곳에 탄약과 유류 등을 비축하였다. 아울러 곳곳에 있었던 교육비행대의 정규 교육과정을 중단하고 교육생들을 특공공격에 투입하기 위한 속성교육으로 전환하였다.

이런 사실들은 최근 당시에 특공대원으로 참여했던 몇몇 일본인들이 간행한 회고록을 통해서 확인할 수 있다. 그중 두 사람의 회고록에서 관련된 내용을 위주로 일부 발췌 요약해보면 다음과 같다.

토호부대의 추억 ─ 타마이 슈지(玉井修治)[4]

1944년 12월 제41교육비행대는 (중국) 다이도(大同)에서 조선의 수원(水原)으로 이동하여 조선 제106부대로 개칭하고 엄격한 훈련을 시작하였다. 매일 토호훈련이 반복되었다. 기량이 향상될 무렵 특별공격대 요원지망 요청이 있었고 전원이 지원하였다. 4월 25일, 드디어 특별공격대 편성 발표가 있었다.

5월 3일 다른 토호요원과 함께 특공기를 공수하기 위해 내지로 갔다. 5월

20일 돌아올 때는 부대가 이미 함경북도 경성면 경성읍 소재 회문(會文) 비행장으로 이동했기 때문에 우리는 직접 그곳으로 돌아갔다.

(우리 토호309대 6명은) 회문 앞바다에 가상의 적으로 만든 30톤 크기의 어선을 표적으로 하여 포탄회피 공격과 몸통박치기 공격을 위한 돌입요령, 해면을 스치는 초저공비행 등 죽음의 훈련을 반복하였다. 마침내 1945년 8월 10일, 함경남도 선덕(宣德) 비행장에 '토호309비행대' 기지가 설정되고 같은 날 그곳으로 공수 이동하였다.

잊을 수 없는 8월 12일 오후 3시경 제5항공군 참모가 도착하여 '내일 아침 7시, 함경남도 나남 앞바다, 소련 수송선단 6척, 호위순양함 4척에 대한 특공명령'을 하달하였다. 가카와치 소위가 탑승한 사령부정찰기가 전과를 확인하기 위해 동행하기로 정해졌다. (이하 생략)

아카돈보와 토호대 시말기 ─ 카가와 히로시(賀川 浩)[5]

내가 토호요원의 명령을 받은 것은 1945년 5월 초순이었다. 전년인 1944년 6월 1일에 우츠노미야(宇都宮) 육군비행학교에 입학하고, 나스노케하라(那須野ヶ原)의 가네마루하라(金丸原) 분교에서의 지상교육을 거쳐 8월 1일 미부(任生)에 있는 본교에서 비행훈련에 들어갔다. (쇼와) 20년(1945년) 2월 제53항공사단 제543부대로 전속명령을 받고 3월 3일 미부를 출발, 하카다에서 연락선을 타고 부산에 도착한 다음 대전, 경성을 거쳐 개성에서 지선으로 갈아타고, 해주시 교외에 있는 영양(迎陽) 비행장에 3월 8일 도착하였다.

5월 초순 우리는 토호대에 편성되었다. 명령은 간단하게 "413비행대 부

---

5 船空碑奉贊會, 《結·陸軍船空の鎮視》, 1982, 82쪽.

가미카제 특공대 출격장면 (가고시마 치란)

임을 명함"이라고 되어 있었다. 95식 1형 연습기, 이른바 아카돈보를 검게 바꾸어 칠하고, 뒷자리를 탱크로 개조하여 연료 선적을 늘린 다음 100 킬로그램의 폭탄을 장착하고 가는 것이라고 들었을 때는 솔직히 '큰일이구나' 하는 생각뿐이었다. 그리고 〈토호부대 전투요령〉이라는 소책자를 받았을 때의 느낌도 비슷했다. 그 책자의 머리말에 있는 "토호부대의 목적은 항행하거나 박지에 있는 적의 함선에 돌진 충돌하여, 그것을 반드시 격침시킴으로써 적의 기도를 복멸하고, 그로써 전군 필승의 바탕을 확립하는 것"이라는 제1항 외에는 거의 기억나지 않는다.

6월 1일부터 합동훈련이 시작되고 5항공군에서 소령이 통괄 지도하기 위해 왔다. 급강하 공격, 초저공비행, 2개 편대의 1개 목표 급강하 공격, 야간 이착륙, 해상 비행, 폭장 이착륙이 주요과목이었다.

8월이 되자 제1선 기지로의 전개명령이 내려졌다. 토호 제413대는 목포로 그리고 제414대는 군산으로 가게 되어 있었다. 그리고 하카마에서 훈도시까지 새 옷과 함께 국화문양이 들어간 담배 3갑씩이 지급되었다. 해주의 여학생들로부터 피로 쓴 '필침'(必沈)의 머리띠도 받았다. …

위 회고록을 남긴 사람들은 특공대 요원으로 훈련을 마치고, 출격명령까지 받았지만 갑작스런 일본의 항복으로 목숨을 부지할 수 있었던 경우였다. 우리는 이 회고록을 통해 지금까지 몰랐던 몇 가지 새로운 사실을 확인할 수 있다.

첫째, 당시 조선에 주둔하고 있었던 제5항공군 산하에는 1945년 8월 7일 기준으로 모두 93대(隊)의 토호대(특공대)가 편성되어 있었다. 일본군 〈항공총군 전력일람표〉[6]를 보면 1개의 토호대에 6대씩 모두 558대의 특공기가 있었던 것으로 나타나 있다. 당시 조선 내에 있었던 일본 육군의 비행장에서 교육을 받고 있었던 생도들이 대거 특공요원으로 차출되어 특공공격에 필요한 훈련을 받았다는 것이다. 뿐만 아니라 특공공격에 필요한 전투기가 부족해지자 교육훈련에 사용하던 아카돈보 비행기마저 특공기로 개조해 전쟁에 투입했다는 것이다.

둘째, 당시의 특공훈련에는 조선 내 거의 모든 비행장들이 활용되었으며 특히 목포, 군산비행장은 특공기의 출격기지로 상정되어 있었다는 것이다. 당시 일본 내지에서는 주요 군사시설에 대한 미군의 공습이 격심해지자 보다 안정적인 훈련을 위해 조선 내 비행장들을 적극 활용하고자 했던 것으로 보인다.

이러한 상황은 일본 해군의 경우도 마찬가지였다. 계속된 해전에서 해군 주력전투기인 제로센(零戰; 零式 함상전투기) 등의 보급이 끊어지자 93식 중간연습기 '해군 아카돈보'를 특공기로 전용하였다. 1945

---

6 JACAR, 《전사총서 본토방공작전》, 부록 〈항공총군 전력일람표(1945. 8. 7)〉.

년 3월 1일에는 해군의 연습항공대를 해체하고 훈련 중인 모든 연습기를 실전부대에 투입하였다. [7]

그리고 조선 내 각 해군항공기지에서도 연습기를 특공기로 개조한 뒤 비행학교 생도들을 동원한 특공교육을 실시하였다. 당시 광주나 원산 등에서 특공교육을 마친 대원들은 부산항공기지를 거쳐 각지의 전선으로 투입되었다. [8]

7 德田忠成, "赤とんぼ", 《航空と文化》(《特攻の悲劇》의 웹 버전), 2008년 12월 15일.
8 椿本儀一, "靖國神社 御創立130周年に寄せて", 〈世界日報〉, 1999년 11월 14일 자.

6

본토결전과 최후의 저항진지 구축

전북 고창군 일원

고창군은 전라북도 남서부에 자리한 곳으로 위쪽부터 시계방향으로 부안군, 정읍시, 장성군, 영광군으로 둘러싸여 있고, 서쪽은 서해바다와 접해 있다. 해안과 가까운 남서쪽에 펼쳐진 낮은 구릉과 넓은 평야지대를 중심으로 농업이 발달했다. 고인돌 공원과 수박, 복분자 등의 특산물로 널리 알려져 있다.

그런데 평화롭고 한적하기만 한 농촌지대인 고창군에서 남한 지역에서는 가장 많은 수의 일본군 진지동굴이 발견되었다. 주로 군의 남서쪽에 위치한 해리, 상하, 무장, 공음, 성송면의 산간지대에 집중되어 있다. 조금 과장해서 말하면 이 지역에 있는 어떤 산에 올라가더라도 콘크리트로 만든 토치카와 땅굴을 발견할 수 있을 정도다. 하지만 지금까지 한 번도 체계적인 조사는 이루어지지 않았다.

고창군 공음면 칠암리 용산마을. 마을 뒤에는 해발 200미터 남짓한 야산이 길게 펼쳐져 있다. 맑은 날 능선 위에 서면 멀리 법성포와 서해

공음면 용산의 일본군 토치카

바다가 시야에 들어온다. 능선을 따라 만든 등산로를 따라 산 위로 올라가다보면 길가에 일련번호가 매겨진 팻말들이 꽂혀 있는 것을 볼 수 있는데 '일본군 진지동굴', '벙커' 등의 표시가 되어 있다. 이 지역 주민인 표을종 씨가 10여 년 전 마을 뒷산인 용산 여기저기에 만들어진 일본군의 군사시설을 발견하고 마을 청년들과 함께 실태를 조사한 다음 사람들에게 널리 알리기 위해 팻말을 만들어 세운 것이다.

이곳에 만들어진 대부분의 진지동굴은 산기슭에 옆으로 파 들어간 형태의 토굴이다. 연약한 황토층에 서둘러 굴착해서 그런지 오랜 세월이 지나면서 대부분 입구가 훼손되고 갱도 중간이 무너져 내린 경우가 많았다.

6번 동굴의 경우는 비교적 온전하게 남아 있었다. 사람이 허리를 약간 구부리고 들어갈 수 있는 크기로, 입구에서 10미터쯤 들어가면 'Y'자 형태로 갈라지고 왼쪽으로 더 깊숙이 파여 있다. 전체적으로 약 40

미터 정도의 길이다. 굴 안 벽면에는 여기저기 굴착 당시의 연장 자국이 생생하게 남아 있고, 등잔 같은 것을 올려놓기 위해 홈을 파놓은 흔적도 보인다. 공사가 갑작스레 중단된 듯 벽면이 전혀 다듬어지지 않은 상태이고 바닥 곳곳에는 흙더미가 쌓여 있다. 아무런 안전장치도 보이지 않았다.

6번 동굴이 있는 곳에서 조금 아래쪽에는 4번 벙커라고 쓰인 시설이 남아 있는데 전형적인 콘크리트 토치카 형태다. 벽면의 두께가 1.5~2미터에 달해 웬만한 폭격에도 견딜 수 있을 정도로 견고하다. 토치카 내부에는 2개의 총안과 환기 구멍, 물을 빼내기 위한 배수구도 만들어져 있다. 뒤쪽으로 동굴이 연결되어 있는데, 천장에서 무너져 내린 흙이 통로를 막고 있어 안으로 들어갈 수가 없다. 토치카는 불과 며칠 전에 만들어진 것처럼 온전한 모습이다. 벽면에 거푸집으로 사용되었던 판자의 무늬가 선명하게 찍혀 있다.

표을종 씨의 말에 따르면 용산에 있는 진지시설 중 등산로 가까이에 있어서 팻말을 세운 것은 동굴만 21개, 토치카가 3개이다. 하지만 등산로에서 벗어난 계곡 깊숙한 암벽지대에 파놓은 진지동굴도 여러 개 확인되었다. 수풀이 우거져 접근하기 어려운 곳에 있는 것까지 합하면 40개가 넘는다는 것이 그의 주장이다.

놀라운 것은 이러한 진지시설들이 공음면 용산 일대에만 있는 것이 아니라는 점이다. 고창군 남서쪽 6개면 지역 전역에 걸쳐 광범위하게 만들어져 있다. 이러한 사실은 당시 고창에 주둔했던 일본군이 남긴 문서를 통해서도 그대로 확인된다.

당시 고창에 배치된 부대는 일본군 제150사단이었다. 태평양전쟁 말기인 1945년 1월 20일 책정된 〈제국 육해군 작전계획 대강〉에 따라

<표 6-1> 일본군 제150사단 배치상황

부대명	동원일시(장소)	배치일시	배치지역	주요임무
제150사단사령부	4. 10 (경성)	4. 10	정읍	경비
보병 제429연대	4. 9 (경성)	5. 10	무장	〃
제430연대	5. 25 (경성)	5. 18	목포	〃
제431연대	4. 29 (대구)	5. 16	무장	경비, 축싱
제432연대	4. 24 (용산)	5. 28	정읍 해남(8. 9)	경비
제150사단속사포대	4. 10 (용산)	5. 26	무장	〃
통신대	4. 29 (용산)	6. 11	고창	〃
치중병대	4. 30 (용산)	5. 8	장성 (사가리)	경비, 수송
병기근무대	5. 20 (용산)	5. 25	고창	경비
야전병원	6. 13 (용산)	7. 2	고창(도산리)	경비, 병원
특설분진포대	6. 20 (교토)	7. 18	정읍	경비

JACAR, 〈朝鮮(南鮮)方面陸上部隊(1)〉, Ref. C12122490700.

본토결전에 대비하기 위한 1차 병비로서 2월 28일 군령 육갑 제34호에 따라 긴급 편성된 16개 연안배비사단 중의 하나가 바로 일본군 제150사단이었다. 1945년 당시 일본군 제150사단 예하부대의 동원 내역과 배치 지역을 살펴보면 〈표 6-1〉과 같다.

〈표 6-1〉을 살펴보면 제150사단 예하 병력의 절반 이상이 고창군에 배치되어 있었음을 알 수 있다. 즉, 보병 2개 연대와 속사포부대가 무장면에, 통신대, 병기근무대, 야전병원이 고창읍에 주둔하고 있다. 일개 군 단위에 이렇게 많은 병력이 집중해 주둔한 경우는 제주도를 제외하면 그리 흔치 않은 일이다.

고창군 무장면 경로당에서 만난 어른들은 해방 직전 무장면 지역에 밀려들어온 일본군들에 대해 생생한 증언들을 들려주었다. 김종수 씨(1932년생)는 해방 당시 14살로 무장국민학교 6학년이었다. 당시 6학년 동급생은 2개 반 83명이었다. 그의 기억에 따르면 당시 무장지역에

398

들어온 일본군은 2개 연대 규모로 주로 송림산(무장면 송계리)과 왕제산(무장면 신촌리) 주변에서 진지구축 작업을 실시하였다. 일본군들이 들어와 학교를 차지하면서 학생들은 교실을 내주어야 했다. 학교 운동장에는 목재와 철근 같은 군수물자가 산더미처럼 쌓여 있었다. 교실을 빼앗긴 학생들은 대신 남녀 구분 없이 왕제산에 굴을 파는 일에 동원되었다. 지게나 자루에 모래나 자갈을 담아 짊어 날라야 했다. 뿐만 아니라 틈틈이 동네 야산으로 관솔(송진이 많이 엉긴 소나무의 가지나 옹이)을 따러 다녀야 했다. 당시 연료가 부족했던 일본군은 소나무의 송진을 연료 대용으로 사용하였다. 박수종 씨(1931년생)의 증언에 따르면 현재 영선고등학교 자리에는 학생들이 산에서 따온 관솔들을 모으는 5개의 대형 콘크리트 시설이 만들어져 있었다.

고창문화원장을 역임한 이기화 씨의 증언에 따르면 모양성(牟陽城, 고창읍성) 안쪽에는 일본군 연대본부가 자리 잡고 있었다. 성안에는 일본군 기마대가 머물렀으며 식량 등 군수품을 날라다 성안에 비축하고 있었다. 지금도 모양성 정문 주변과 성 뒤쪽 산기슭에는 당시 일본군들이 파놓은 땅굴이 남아 있다.

당시 고창에는 여러 부대가 주둔했지만 실제로 산속에 땅굴을 파고 벙커를 만드는 등의 축성작업을 실제로 담당했던 것은 보병 제431연대로 보인다. 〈표 6-1〉에 정리된 내용을 보면 이 부대만 경비와 함께 축성업무를 담당한 것으로 표시되어 있다. 당시 이 부대는 병력 3,850명과 말 125필을 보유하고 있었다.

또 다른 일본군 문서에는 상세히 계획한 고창지역의 진지위치도가 수록되어 있는데 〈보병 제431연대 수제진지(水際陣地) 배비요도〉[1], 〈보병 제431연대 진지배비 요도〉[2]가 그것이다. 둘 다 공사 주체는

<표 6-2> 고창지역에 남아 있는 일본군 진지 현황

순서	구역 명칭	위치(현 행정구역)	확인된 진지시설
1	해안지역	계마리 (영광군 홍농읍) 구시포 (상하면 자룡리) 동호리 (해리면 동호리)	포대, 토치카, 땅굴
2	청룡산 (314m)	해리면 하련리	
3	한제산 (220m)	해리면과 무장면 경계지역	
4	송림산 (270m)	공음, 상하, 무장 경계지역	토치카, 땅굴, 발전소 터
5	용산 (200m)	공음면 구암리–신대리–칠암리	땅굴 40개, 토치카 3개
6	용수	공음면 용수리	
7	선산	공음면 선동리	
8	왕제산 (150m)	무장면 신촌리	왕제산 5개, 선인봉 5개, 옥녀봉 4개
9	평장 · 송암	무장면 신촌리–고라리	
10	가라	무장면 옥산리	
11	월봉 (150m)	무장면 옥산리 신월–월봉–죽림	토치카, 땅굴
12	성동	대산면 성남리	
13	삼대봉 (197m)	성송면 괴치–판정–하고리 사이	땅굴
14	모양성	고창읍 고창읍성	벙커, 땅굴

보병 제431연대로 되어 있다. 이 밖에도 진지의 위치를 개략적으로 표시한 〈제150사단 진지위치도 기1〉[3]이라는 제목의 문서가 남아 있는데, 이 세 가지 문서를 바탕으로 고창지역에 남아 있는 진지시설들을 정리하면 〈표 6-2〉와 같다. 참고로 진지 구역의 명칭은 필자가 임의로 붙였다.

　고창군 전체적으로 토치카나 땅굴 등 일본군 진지시설은 몇 개나 있

1 JACAR, 〈步兵 第431連隊 水際陣地 配備要図〉, Ref. C14021105100.
2 JACAR, 〈步兵 第431連隊 陣地 配備要図〉, Ref. C14021105000.
3 JACAR, 〈第150師団 陣地位置図 其の1〉, Ref. C14021104300.

었을까? 개인적 조사를 통해 땅굴 40개와 토치카 3개가 있다고 알려진 공음면 용산 지역을 제외하면 정확한 실태가 파악된 곳은 전무하다. 다만 일본군이 남긴 문서를 근거로 판단해보면 수백 개에 이를 것으로 추정된다.

예컨대 〈표 6-2〉에 나와 있는 삼대봉 지구를 살펴보자. 삼대봉(三台峰, 197미터)은 고창군 성송면 괴치리, 판정리, 하고리 사이에 걸쳐 있는 가장 높은 봉우리이다. 일본군은 이 삼대봉 지구의 전역에 걸쳐 수류탄, 기관총, 대포 등을 설치할 진지를 〈화기배치 요도〉에 표시했는데 그 수가 무려 64개에 이른다. [4]

패전 당시 "포좌(砲座)는 전부 미완성, 하지만 동굴(tunnel)은 80% 완성"이라는 기록과, [5] "각 진지는 거의 모두 동굴진지로 만들고, 사격실의 대부분은 콘크리트 동굴로 하며 사격실부터 개구부까지는 갱도로 연결한다"라는 기록[6]을 감안하면 삼대봉 지구에만 50개 이상의 진지동굴이 만들어져 있었을 것으로 추정된다.

고창지역 일본군 진지시설은 위치에 따라 크게 두 가지로 나누어 볼 수 있다. 바닷가에 만들어진 해안진지와 좀더 내륙 안쪽에 만들어진 주저항 진지다.

고창 해안을 미군의 상륙 가능성이 상당히 큰 곳으로 판단한 일본군은 해안선 주변 여러 곳에 진지를 구축하였는데 지금도 곳곳에 흔적이 남아 있다. 계마리(桂馬里, 영광군 홍농읍 가마미해수욕장 뒷산), 고니

---

4 *Map for the position - arrangement of the Sandaiho district*(火器の配置要図), Ref. C1402 1105300.

5 위 문서(C14021105300)의 'Notice'.

6 JACAR, 〈註〉, Ref. C14021104200.

포(古尼浦), 구시포(九市浦, 상하면 자룡리) 그리고 맨 위쪽 동호리(冬湖里, 해리면 동호리) 등인데, 일본군은 이곳에 기관총과 대포 등을 설치할 진지를 구축하였다.

구시포 위쪽 해안에는 주민들이 '명사십리'라고 부르는 완만한 백사장이 펼쳐져 있다. 남북으로 8킬로미터 정도 곧게 뻗은 해안은 주변에서 자라고 있는 해송들과 어우러져 멋진 경관을 자랑한다. 그런데 이 백사장 모래는 자동차나 오토바이가 달릴 수 있을 정도로 지반이 단단하다. 주민들의 말에 따르면 이곳에서 일본군 비행기들이 자주 뜨고 내렸다고 한다. 해송 주변에는 땅바닥 위로 살짝 드러난 철근과 콘크리트 구조물의 일부를 볼 수 있는데, 해방 이후 주민들이 이곳에 만들어진 일본군 벙커를 부수고 흙으로 묻어버린 흔적이라고 한다.

내륙지역에 만들어진 진지시설들은 대부분 공음면과 무장면 지역에 집중되었다. 송림산(270미터)은 공음, 상하, 무장 3개 면에 걸쳐 있는데 진지시설은 주로 해안지역에서 고창읍으로 가기 위해 넘어가야 하는 고갯길 주변에 있다. 산 중턱에서 2~3개의 토치카와 진지동굴이 남아 있는 것을 확인하였다. 송림산과 산줄기가 이어진 장사산에도 몇 개의 진지동굴이 남아 있다고 하는데 수풀이 우거져 접근할 수가 없었다. 고창에서 상하로 넘어가는 고갯길 오른쪽 기슭에는 일본군이 발전기를 설치했던 곳이 있었는데 지금은 그 자리에 민가가 들어서 있다.

무장면 신촌리 선인봉 주변에도 여러 개의 군사시설물들이 남아 있다. 선인봉 아래 산기슭에 자리한 김진수 씨 과수원에도 견고하게 구축된 토치카가 남아 있다. 워낙 단단하게 만들어져 없애지를 못하고 있다고 한다. 그리고 과수원 위쪽 산속에도 또 다른 토치카가 남아 있다. 그에 따르면 그 밖에도 주변에는 진지동굴이 여러 개가 있는데,

고창 신촌 선인봉 과수원 내 토치카(좌) · 선인봉 정상부근 토치카(우)

선인봉에 5개, 왕제산에 5개, 인근 옥녀봉에서 4개를 확인하였다. 무장면 옥산리에 있는 월봉산에도 여러 개의 진지시설이 확인되었다. 산 중턱에 있는 수풀을 걷어내고 흙더미를 조금 파내자 땅속으로 콘크리트 벙커의 입구가 드러났다. 현장을 안내한 김기현 씨에 따르면 주변에 여러 개의 진지동굴이 있었는데, 지난 1960~1970년대 남파간첩의 은신처로 쓰일 수 있다는 우려 때문에 예비군들을 동원하여 입구를 폐쇄하거나 흙으로 덮어버렸다고 한다.

고창지역에 남아 있는 진지시설들의 특징은 영광 법성포에서 고창군 공음면과 무장면으로 연결되는 선상에 집중되어 있다는 점이다. 이 두 개 면에서는 비록 동네 야산일지라도 어느 곳이나 콘크리트 토치카나 땅굴을 어렵지 않게 찾아볼 수 있다. 토치카는 적이 상륙해 들어오면 이를 저지하기 위한 중화기를 설치하는 방어시설이고, 토치카 주변의 동굴들은 병력들이 기거하거나 탄약과 식량 등을 비축하기 위한 공간이었다.

성송면 괴치리에 사는 정균구 씨의 집에는 산속에 있는 일본군 진지 동굴에서 뜯어온 나무판자로 만들었다는 문짝이 남아 있다. 괴치리 뒷산에는 여러 개의 동굴이 있었는데 일본군들은 흙이 무너져 내리는 것을 방지하기 위해 판자를 버팀목으로 사용했다고 한다. 동굴 안에 판자 버팀목을 설치했다는 것은 병력들이 장기간 기거할 계획이었음을 말해준다. 주민들에 따르면 일본군들은 진지구축과 함께 인근 지역에서 식량 가마니를 수레에 싣고 와 동굴 안에 비축하는 작업도 계속했다고 한다. 이런 정황을 종합하면 해안선이 무너질 경우 산속에 구축한 진지 속에 숨어서 장기적인 저항전을 계획했음을 알 수 있다.

부안의 방어진지

전북 부안군 일원

부안군(扶安郡)은 전라북도의 중서부에 위치하며 서해바다로 돌출된
반도의 모습을 하고 있다. 군산시와는 바다로 접경하고 북동으로 김제
시, 남동은 정읍시 그리고 남쪽은 고창군과 경계를 이룬다.

군의 남서부에는 변산반도 국립공원의 높은 산악지대가 들어서 있
고 북동부는 넓고 비옥한 평야지대가 펼쳐져 있다. 해안선의 길이는
동진강 하구에서부터 줄포면 우포리까지 99킬로미터이며 겨울철에는
바닷바람의 영향을 받아 눈이 많이 내린다고 한다.

일본군은 전쟁말기 미군이 상륙할 수 있는 해안지대를 예상하고 그
일대에 병력을 집중배치하였다. 상륙이 예상되는 지점으로는 황해도
용연, 인천, 군산 부근, 해남 부근, 그리고 고성반도 등을 상정하였
다.[1] 그중에서도 가장 유력한 곳 중의 하나가 고창과 부안, 군산으로

---

1 JACAR, 〈附図第3 朝鮮本土兵力基礎配置 要図〉, Ref. C13031946700.

이어지는 전라북도 서해안 지역이었다. 일본군은 군산, 고창 등과 함께 부안의 서쪽 해안지대를 미군 상륙이 유력한 지역으로 상정하고 이미 주변의 지형조건에 대한 철저한 사전 조사를 해둔 상태였다. 일본군이 부안군 내에서 미군의 상륙해안으로 예상한 곳은 남쪽의 줄포항(茁浦港)과 북쪽의 하서면 백련리-장신리 사이의 평야지대였다.

줄포는 군산항 남쪽 50킬로미터 지점에 위치한 항구로 일제강점기 대표적인 쌀의 적출항(積出港)이었다.[2] 줄포항은 1900년대 초에는 인천 제물포, 군산, 목포와 함께 서해지역 4대항에 꼽힐 정도로 큰 항구였다. 1910년 한국을 강제병탄한 이후에는 일본인들이 대거 몰려들어와 어업조합을 설립하고 상권도 장악했다. 1915년에는 줄포에 도정공장들이 들어서면서 해방될 때까지 호남지역의 쌀을 일본으로 반출하는 중요 항구로 자리매김하였다. 줄포에는 일본군 헌병분소와 경찰서, 우편국, 식산은행 출장소, 곡물검사소, 소방서, 남선전기, 어업조합 등 각종 기관과 기업들이 들어설 정도로 번성하였다.

그러나 해방 이전부터 토사가 쌓이기 시작해 항구의 수심이 점차 낮아지고 그로 인해 선박의 입출항이 곤란해지기 시작했다. 결국 1958년에는 어업조합과 부두노조가 곰소항으로 옮겨가자 줄포항은 폐항이 되고 말았다.[3] 현재는 이전에 있던 시설물들도 대부분 사라지고 어판장으로 사용되던 목조건물만이 유일하게 남아 있다.

일본군이 미군 상륙에 대비했던 또 다른 곳은 부안군의 북쪽 해안지대인 하서면 백련리와 장신리로 이어지는 길이 4킬로미터 정도의 평야

2 JACAR, 〈群山附近Ⅱ彼我の利用し得べき上陸海岸〉, Ref. C13070040300.
3 "갯벌에 묻힌 줄포항", 〈부안21〉, 2005년 2월 17일 자.

줄포항에 유일하게 남은 어판장 건물

야지대였다. 일본군이 남긴 문서에는 이 일대를 지도상에 그려 놓고 상륙예상 지점으로 표시해놓았다.[4] 그리고 실제로 이 지역에 약 3개 대대의 병력을 투입, 배치하였다.

당시 부안에 투입된 병력은 일본군 제160사단 예하 보병 제461연대였다. 제160사단은 일본 대본영의 본토결전 지침에 따라 1945년 2월 28일 임시동원 명령이 내려져 긴급 편성되었고 5월 초부터 주로 전라북도 지역에 배치되었다.

1945년 4월 7일 1차 편성 완결된 제461연대가 부안지역에 도착한 것은 5월 4일이었다.[5] 갑자기 들이닥친 일본군은 부안국민학교에 연대본부를 설치하고 인근 상서국민학교에는 고사포부대를 주둔시켰다.

4 JACAR, 〈群山附近 附図〉, Ref. C13070040500.
5 JACAR, 〈朝鮮(南鮮)方面 陸上部隊(1)〉, Ref. C12122490700.

<표 6-3> 일본군 제160사단 편성 및 배치현황

부대명	고유번호	동원장소(일시)	최종배치(일시)
제160사단사령부	護鮮 22902	평양(5. 5)	이리(5. 8)
보병 제461연대	22903	평양(4. 7)	부안(5. 4)
제462연대	22904	평양(5. 8)	군산(?)
제463연대	22905	평양(5. 4)	서천(5. 6)
제464연대	22906	평양(5. 25)	이리(5. 28)
제160사단 속사포대	22907	평양(5. 24)	군산(6. 5)
통신대	22908	평양(4. 7)	이리(5. 3)
치중대	22909	평양(4. 7)	이리(5. 3)
병기근무대	22910	평양(5. 24)	이리(6. 4)
야전병원		평양(6. 14)	이리
분진포대		오사카(7. 11)	이리(8. 15)

JACAR, 〈第160師團 第320師團〉, Ref. C12121094000.

당시 부안국민학교 4학년이었던 김형주 씨(1931년생, 부안역사문화연구소 고문)의 증언에 따르면 일본군에게 교실을 빼앗긴 학생들은 여름내 인근 향교, 정미소 창고, 교회당 등으로 옮겨 다니며 수업을 받아야 했다. 뿐만 아니라 학생들은 일본군 기마대를 위해 교대로 말꼴을 베어다 바쳐야 했다.

일본군이 행안면의 산간 평야와 군청 뒤 성황산 일대에서 훈련을 펼치는 모습은 자주 목격되었다. 성황산 꼭대기에는 약 30미터 높이의 해수욕장 다이빙대처럼 생긴 항공기 감시소가 있었다. 일본군은 그 위에 올라가 망원경으로 적의 비행기 출현을 감시하였다.

한편 일본군들은 마을 주민들을 강제로 동원하여 해안선 주변 곳곳에 진지를 구축하게 하였다. 주로 산기슭에 참호를 파거나 동굴을 파는 일이었다. 그중에서도 일본군이 진지시설을 집중적으로 구축한 곳은 해안에서 부안 읍내로 들어가는 하서면 백련리와 장신리 사이의 도로 주변에 있는 야산지대였다.

현장을 확인해보기 위해 가장 먼저 하서면 백련리 노계동마을을 찾았다. 김남수 이장에 따르면 동네 뒤쪽 야산에는 일본군이 파놓은 두 개의 동굴이 있었다. 하지만 현장을 찾아가보니 최근 부안읍에서 새만금으로 이어지는 4차선 도로공사가 진행되면서 진지는 흔적도 없이 사라져버렸다.

또 다시 찾아간 곳은 인접한 하서면 등룡마을이었다. 이곳에서 만난 방극룡 씨(1932년생)에 따르면 해방 직전에 들어온 일본군들은 마을에 있던 성당을 강제로 차지해 숙소로 사용하면서 주변 지역에서 진지구축 작업을 하였다. 일본군들은 성당 옆 노지에 대장간을 설치하고 칼과 연장 등을 직접 만들었다. 대장간 한편에는 철근과 쇠붙이가 수북이 쌓여 있었다. 그는 마을 뒤쪽에 있는 귀바우산 중턱과 정상부에 일본군이 파논 동굴이 남아 있어서 어렸을 적 자주 들락거렸다고 말했다. 하지만 정상부 주위를 여러 차례 돌면서 동굴을 찾아보았지만 끝내 실패하고 말았다. 수풀이 뒤덮어 도저히 접근할 수가 없었다. 산 중턱에 있다는 동굴도 찾을 수가 없었다.

일본군 진지시설들을 여러 개 확인한 것은 좀더 북쪽 해안가에 있는 마을인 장신리 일대였다. 장신리 장신마을에서 만난 유만영 씨(1942년생)에 따르면 마을 앞산에는 폭 5~6미터, 길이가 30~40미터 되는 대형동굴과, 그 옆으로 콘크리트 토치카가 있었다. 하지만 현장에 가보니 동굴의 입구는 무너져 내려 막혀 있었고, 토치카는 우거진 수풀 때문에 찾을 수가 없었다.

인접한 장신리 양지마을에서 만난 이영호 씨(1932년생)는 또 다른 얘기를 들려주었다. 그는 해방되던 해 하서국민학교 6학년이었다. 그

부안 장신리 토치카

해 들어온 일본군 1개 중대는 마을에 있는 학교에 주둔하면서 뒷산 주변에 10여 개의 동굴을 굴착하였다. 공사에는 조선인 노무자들이 동원되었는데 그는 일본말을 할 줄 알아서 현장에서 통역으로 따라다녔다. 학교 마당에는 공사에 필요한 자재들이 수북이 쌓여 있었다.

그의 안내로 진지의 흔적을 찾아 나섰다. 하지만 산속으로 들어가는 길은 우거진 수풀 때문에 포기하고 말았다. 대신 불등마을 해안가에 만들어진 진지시설을 찾아보기로 했다. 옛 기억을 되살려 해안가 언덕의 한 지점을 정하고 그 위를 덮고 있는 우거진 칡넝쿨을 낫으로 걷어내자 그 속에 있던 토치카가 모습을 드러냈다. 토치카는 바로 앞까지 바닷물이 들어오는 해안가에 만들어져 있었다. 그에 따르면 양지마을 뒷산과 주변에는 이와 같은 진지시설이 여러 개 있었다고 하는데 정확한 실태 파악은 향후의 과제로 넘길 수밖에 없었다.

부안 지역에서는 일본군들이 구축했다는 진지시설뿐만 아니라 그들이 자주 이용했다는 유곽에 대한 이야기도 전해지고 있다. 동네 사람들이 '유곽'이라고 불렀던 군인위안소는 부안읍 선은리(상원길 39번지 주변)에 있었다. 변산해수욕장의 숙박시설물을 뜯어다 서둘러 만든 위안소에는 모두 17개의 방이 있었고 주로 조선인 위안부 15, 16명이 고용되어 있었다.[6] 당시 부안국민학교 학생이었던 김형주 씨의 회고에 따르면 당시 유곽 앞에는 줄지어 선 일본군, 유곽 안을 들락거리는 일본군들을 쉽게 볼 수 있었다. 유곽 앞으로 지나다니면 어른들이 크게 혼냈기 때문에 학생들은 가까운 길을 놔두고 주변을 빙 둘러 돌아가야만 했다.

---

6 김석성, "해방 전후 부안의 일본사람들", 〈부안이야기〉, 부안역사문화연구소, 2011 겨울호.

군산의 방어진지들

군산시 전역

일제는 미군이 오키나와를 장악한 이후 본토에 대한 공격을 시작할 것으로 상정하고 본격적인 본토결전 체제에 들어갔다. 규슈와 한반도, 특히 제주도나 서남해안 지역을 미군이 우선적으로 상륙할 수 있는 지점으로 예상하고 이 지역에 가용할 수 있는 병력과 장비를 집중시켰다.

한반도 서남해안 지역에서 미군의 상륙이 예상되는 곳은 해남반도와 군산 서안, 그리고 인천지역이었다. 제17방면군 사령관은 특히 상륙 가능성이 큰 전남과 전북에 각각 신설사단인 보병 제150사단과 보병 제160사단을 배치하여 각종 진지를 구축하도록 지시하였다.[1]

당시 일본군은 현지를 방문해 면밀히 조사하고 미군이 상륙할 수 있는 가능성이 높은 곳을 파악하였는데, 특히 군산을 중심으로 한 서해

---

1 JACAR, 〈附図第3 朝鮮本土兵力基礎配置 要図〉, Ref. C13031946700.

안 일대를 가장 유력한 지점으로 보았다. 당시 일본군이 파악했던 미군 상륙가능 해안은 다음과 같았다.[2]

피아가 이용할 수 있는 상륙해안

1. 군산항
2. 군산비행장 서안(4km)
3. 부안 서방 해안(백련리-장신리 사이 4km)
4. 고창 서방 해안(4km)
5. 대천 서방 해안(3km)
6. 장항 서북방 해안(왕남리 2km)
7. 비인만(4km)

당시 일본군이 군산지구를 전략적으로 중요시했던 이유를 알 수 있는 문서가 남아 있어 그 내용을 그대로 옮기면 다음과 같다.[3]

〈군산지구 병요지리〉 요지

1. 군산 부근은 항구와 비행장의 소질이 양호하고, 부근에 상륙점의 존재와 더불어 남선(南鮮) 서안지역 제일의 전략요점을 형성하고 있다.
2. 군산 부근은 목포·순천 방면의 배후를 공격하거나 대전 방면으로 전진하여 대구 평지 방면의 작전에 책응하는 편의가 있을 뿐 아니라 직로

---

2 JACAR, 〈群山地區兵要地 昭和20年〉, Ref. C13070040000.
　JACAR, 〈群山附近 附図〉, Ref. C13070040500.
3 JACAR, 〈要旨〉, Ref. C13070040100.

로 경성에 돌진할 수 있는 요건을 갖추고 있다.

3. 상륙지점은 군산비행장 해안을 제1로 하고, 부안 서쪽 해안, 대천 서쪽 해안, 장항 서북쪽 해안, 고창 서쪽 해안 등이 있다. 그 종합적 가치는 기록한 순위로 판단한다.

(주) 이 내용은 조선의 사정을 숙지한 일본의 전 육해군 참모장교의 기억을 주로 하고 현재 가지고 있는 기록자료를 참조하여 조정한 것이다.

군산 부근은 남선 서해안에서 가장 유력한 미군 상륙예상 지점이었다. 뿐만 아니라 군산항에서 출발하면 이리역을 거쳐 경성이나 여수, 목포로 연결되기도 하고 대전을 거쳐 대구로 갈 수 있는 교통의 요처였다. 그리고 군산은 일대에서 가장 양호한 시설을 갖춘 항구를 가지고 있었다. 특히 1899년에 세운 일명 뜬다리부두(부잔교)는 조수간만의 차이에도 불구하고 선박을 편리하게 접안할 수 있는 시설이었다. 패전 당시에는 3개의 부잔교가 남아 있어 각 3천 톤급 선박의 계류가 가능했고, 그 주변에서는 3천 톤급 기선 3척과 4,500톤급 기선 2척이 동시에 계류·정박할 수 있었다.[4]

또한 군산 서방 약 10킬로미터 지점 해안가에는 활주로가 1,200×100미터 정도인 군산육군비행장이 있었다. 비행장 주변은 야트막한 구릉과 평지여서 강 건너 장항제련소 굴뚝 외에는 특별한 장애물이 없고, 장내에서는 각 방향 이착륙이 모두 가능하였다. 이런 조건 때문에 당시 군산육군비행장은 부산비행장과 함께 남선 지역에서 제

---

4 JACAR, 〈群山附近　Ⅱ彼我の利用し得べき上陸海岸〉, Ref. C13070040300.

일 양호한 비행장으로 꼽혔다.

본토결전 시기 군산지역에 배치된 병력은 보병 제160사단(사령부 이리) 산하 보병 제462연대와 특설경비 제408대대, 그리고 육상근무 제180중대였다.[5] 이들의 주요 임무는 전략적 요지인 군산항과 비행장을 보호하고 바다로부터 접근해오는 미군의 상륙을 저지하기 위한 진지시설을 구축하는 것이었다.

보병 1개 연대 이상의 병력이 1945년 4월 이후부터 패전할 때까지 머물면서 전쟁준비를 수행했기 때문에 군산지역에는 여타 지역과 마찬가지로 상당한 규모의 진지시설이 남아 있을 것이라고 기대했다. 하지만 처음 조사를 시작한 2008년만 해도 군산지역에서 일본군들이 구축한 군사시설에 대해 보도되거나 알려진 바가 거의 없었다. 군산의 향토사연구자들이나 관공서 등에도 문의했지만 되돌아오는 대답은 대부분 금시초문이라는 반응이었다.

군산 지역에서 처음으로 일본군이 구축한 진지시설이 발견되어 언론에 보도된 것은 지난 2009년 8월이었다. 군산문화원에서 군산시 미룡동 산 240-5번지 일대에서 일본군이 구축한 진지시설(토치카) 2기를 발견했다는 것이다. 당시 신문기사에는 이 진지가 군사전략적 요충지인 군산비행장을 방어하고 연합군의 상륙을 저지하기 위해 만들어졌다고 보도하고 있다.

당시 현장을 답사했던 이복웅 전 군산문화원장에 따르면 일본군 토치카 시설에 대해 주민들의 제보로 처음 알게 되었다고 한다. 그리고 당시 진지구축에 직접 동원되었던 고지영 씨(1932년생)를 찾아 인터뷰

---

5 JACAR, 〈第160師団 g第320師団〉, C12121094000.

군산 옥구읍 할미산 토치카 내·외부

했는데, 그의 증언에 따르면 당시 마을에는 청장년들이 별로 없어 어린 소년이나 노인들까지 동원되었으며 주변의 강에서 모래와 자갈 등을 채취해 나르는 일을 했다고 한다.

일본군 진지가 남아 있는 곳은 미제 저수지 남쪽 중간 부분과 21번 도로 사이에 있는 할미산 중턱이다. 할미산은 높이가 수십 미터 정도에 불과한 야산이지만 수풀이 우거지고 사람들의 왕래가 많지 않아 진지 위치를 찾기는 쉽지 않았다. 마을주민 고성만 씨의 도움을 받아 현장을 확인할 수 있었다.

할미산에는 능선 주위에 약 200미터 간격으로 2개의 토치카가 있었다. 위쪽에 있는 토치카 옆에는 2개의 진지동굴이 있는데 참호를 통해 서로 연결되어 있다. 또 다른 토치카는 능선 아래쪽의 비교적 완만한 경사면에 있으며 주위로 3개의 진지동굴이 있다. 토치카와 진지동굴이 연계되어 구축된 것은 그 속에 병력과 물자를 숨기기 위한 의도로

<표 6-4> 군산지역의 일본군 진지시설

	위치	잔존 시설	비고
1	영변산 중턱(옥구읍 어은리)	토치카 1, 동굴 5, 참호	
2	선제리 오산마을	토치카 1, 동굴 1	
3	면청산 기슭(옥구읍 이곡리)	동굴 5	신흥마을(입구 폐쇄)
4	광월산 능선(옥구읍 상평리)	토치카 1	
5	돗대산 중턱(옥산면 당북리)	동굴 3	
6	할미산 중턱(옥구읍 옥정리)	토치카 2, 동굴 5, 참호	(미룡동 산 240-5)
7	소룡동 동아아파트 자리	미확인	개발과정에서 훼손

보인다.

그런데 주민들을 만나 취재하는 동안 일본군 진지시설이 할미산뿐
만 아니라 군산시 전역 곳곳에 상당히 많이 남아 있다는 것을 알게 되
었다. 주로 마을이장과 동네 원로들을 통해 확인했는데 군산지역 주요
도로의 주변 야산 중턱에 위치한 것을 알 수 있었다. 현장을 모두 직접
확인할 수는 없었지만 증언을 통해 일차적으로 확인된 진지시설 현황
은 <표 6-4>와 같다.

군산지역에 구축된 일본군 진지시설들은 몇 가지 특징을 보인다.

첫째, 미군이 상륙할 곳이라고 예상한 군산비행장 해안지대로부터
는 상당히 떨어져 있는데, 해안 쪽은 주로 평야지대여서 진지를 구축
할 만한 지형지물이 없기 때문인 것으로 보인다.

둘째, 지역적으로는 군산시 옥구읍 구역 내에 집중해 있고 특히 군
산선 철도와 도로가 통과하는 부근에 몰려 있다. 이는 상륙한 미군이
내륙으로 이동해 들어가는 것을 차단하기 위한 목적으로 보인다.

셋째, 대부분의 일본군 진지시설들이 야산이나 동네 산기슭에 위치
한다는 것이다. 이는 이 부근이 주로 야산이나 낮은 구릉지이기 때문

군산 옥구읍 선제리 오산마을 토치카

일 것이다. 옥구읍 선제리 오산마을에서도 진지시설이 발견되었는데 토치카는 마을 민가 바로 위쪽에, 진지동굴은 민가 옆 농로 옆에 위치한다. 이 진지동굴은 폭이 약 3미터, 길이는 약 20미터 정도의 '一'자형으로, 동네 주민이 동굴 안에서 흘러나오는 찬바람을 버섯재배에 활용하고 있었다.

군사시설 구축작업에는 인근 지역주민들, 특히 연약한 소년이나 노인들까지 강제동원되었다. 옥산면 당북리에 사는 이구형 씨(1934년생)도 12살 때 강제노역에 동원되었는데 나이는 어렸지만 키가 크고힘이 세서 아버지 대신 참여하였다고 한다. 그가 한 일은 주로 산에서나무를 베거나 베어낸 나뭇가지를 치우는 것이었다. 그에 따르면 돗대산 중턱에 3개의 동굴이 남아 있었는데 해방 후 동네사람들이 굴 내부에 남아 있던 송판을 뜯어내려고 갔다가 불발탄이 터져 1명이 죽고 서너 명이 다치는 사고도 있었다고 한다.

여기에 제시된 군산지역 일본군 진지시설들은 아주 짧은 기간에 서둘러 조사한 결과물이다. 향후에 좀더 체계적인 조사를 한다면 지금보다는 훨씬 많은 진지시설과 주민들에 대한 강제노역 실태를 구체적으로 파악할 수 있을 것으로 기대된다.

부평 미군기지 캠프 마켓 일대

인천시 부평구 산곡동과 부평동 일대에는 일명 '캠프 마켓'(Camp Market)이라고 불리는 주한미군기지가 있다. 한때 주한미군을 위한 군수물자 보급 등 다양한 업무를 수행했으나 현재는 기능이 크게 축소되어 주로 미군들에게 빵과 과자를 생산하여 공급하는 일을 하고 있다. 그 베이커리 시설도 조만간 평택으로 이전한다고 알려졌다. 캠프 북쪽에 있었던 군수품재활용센터(DRMO: Defense Reutilization and Marketing Office)는 2011년 경북 김천으로 이전해 현재는 비어 있는 상태이다.[1]

현재 캠프 마켓이 차지하는 부지 면적은 약 44만 제곱미터에 달한다. 인천시는 지난 1998년 사용하지 않는 부지를 1차 반환받아 부영공원(11만 5,000제곱미터)과 부평공원(11만 3,000제곱미터)을 조성하였

---

[1] 한만송, 《캠프 마켓: 아픈 희망의 역사 부평 미군기지를 말하다》, 봉구네책방, 2013.

다.[2] 시민들은 현재 사용하지 않는 군수품재활용센터 7만 5천 제곱미터의 부지도 조기에 반환하도록 요구하고 있지만 협상이 답보상태에 빠져 있다.

미군기지가 들어선 부평 캠프 마켓 일대는 원래 일제강점기 때 군수품 생산공장인 인천 육군조병창이 들어서 있던 곳이다. 그런데 해방 후 미군이 그 시설을 접수해 지금까지 사용한 것이다.[3] 지금도 캠프 마켓 내에는 해방 전 인천조병창 시절의 시설들이 남아 있다. 중앙문화재연구원이 문화재청의 의뢰를 받아 캠프 내부를 조사한 결과에 따르면 일제강점기 건축물 35동과 일본식 석등 1기 등이 남아 있다.[4]

일본 육군이 인천조병창 건립을 계획하고 부지매입에 나선 것은 1939년 8월이었다. 처음에 확보하려고 한 부지 면적은 약 100만 평 (3.3제곱킬로미터)에 달했다. 토지 확보는 우선 조선군 제20사단 소관의 부평연습장 72만 8천여 평(2.4제곱킬로미터)을 넘겨받고, 이어서 거기에 인접한 땅(경기도 부천군 부내면 산곡리, 대정리 소재) 약 43만 평(1.4제곱킬로미터)을 약 44만 원의 예산으로 매입하였다.[5]

인천조병창은 부평에 제1제조소, 그리고 평양에 병기제조소를 설치하여 매월 소총 2만 정, 경기관총과 중기관총 각 100정, 총검 2만 정, 군도 1천 자루 제조를 초기 생산목표로 하여 설비하였다. 이러한 생산목표를 달성하기 위하여 인천조병창은 1930년대 말 부평지역에 집중적으로 건립된 금속·기계 계통의 민간 기업들과 협력 하청관계

2 김도훈, "부평 캠프 마켓 미군 반환부지 공원화 계획", 서울대 석사논문, 2011.
3 부평사편찬위원회, 《부평사》, 2007.
4 "부평 미군기지 일제 건물 35개동 존치", 〈시사인천〉, 2013년 11월 15일 자.
5 JACAR, 〈土地買收に關する件〉, Ref. C01004619300.

부평 캠프 마켓 전경

를 구축하였다.[6] 일제가 부평에 대규모 조병창을 세운 것은 중일전쟁 발발 이후 전쟁이 장기화되고 전역이 중국 남부지역으로 계속 확대됨에 따라 현지 주둔군에게 각종 병기와 탄약 등 군수물자를 신속하고 안전하게 공급하기 위한 것이었다. 이러한 계획은 사전에 치밀한 검토와 준비과정을 통해 진행되었다.

1930년대 중반까지만 해도 인천지역의 산업시설은 정미공장이나 성냥공장 같은 소규모 경공업 중심이었다. 그러다 1937년 중일전쟁을 계기로 일제는 군수관련산업 집중육성 정책을 펼치면서 대규모 기계, 금속 관련 기업들을 유치하기 시작했다. 그때 부평지역에 들어선 기업들이 홍중상공(1937. 6), 조선제강소(1937. 6), 조선기계제작소(1937.

6 이병례, "일제말기(1937~1945) 인천지역 공업현황과 노동자 존재양태", 〈인천학연구〉, 제10호(2009년 2월).

6), 동경자동차공업(1939. 12), 시바우라(芝浦) 제작소(1940. 1), 히다치(日立) 제작소(1940. 3) 등이다. 한 연구에 따르면 당시 인천지역에 들어선 기계·금속업 부문의 기업체 수는 1936년 8곳에서 1939년 47곳으로 늘어났다고 한다.[7]

이처럼 일본 육군은 부평지역에 먼저 기계·금속 관련 기업들을 집중 유치한 뒤, 연관 기업들 간의 네트워크 체제가 어느 정도 갖추어지자 이를 기반으로 한 대규모 군수공업의 중핵으로서 인천조병창을 건설하려고 한 것이다. 인천조병창의 시공은 당시 일본의 주력 토건업체인 간토구미(關東組), 다다구미(多田組), 시미즈구미(淸水組), 다마보구미(玉操組), 하자마구미(狹間組) 등이 맡았다. 당시 조병창 조성공사에도 역시 많은 조선인들이 근로보국대라는 이름으로 강제동원되었다.

일제는 공사에 총력을 기울여 마침내 1940년 12월 1일 인천조병창을 준공하였다. 준공 직후 건립을 대대적으로 축하하는 분위기 속에서 일본의 황족인 히가시쿠니노미야 모리히로오(東久邇宮 盛厚王)와 조선 의친왕의 차남인 이우공(李鍝公)이 인천조병창과 인근 민간공장을 시찰하기도 하였다.[8]

1940년대 초반 부평 일대는 100만 평에 달하는 부지에 걸쳐 인천조병창과 민간 협력·하청업체들이 밀집해 들어선 대규모 군수산업단지로 탈바꿈하였다. 그 결과 대규모 군수공장에서 일할 신규 노동력 확보가 시급해졌고, 준공을 앞둔 시점에서 견습직공 모집을 알리는 기사

7 김인호, 《태평양전쟁기 조선공업연구》, 신서원, 1998.
8 JACAR, 〈其1 槪況〉, Ref. C12121722900.

를 신문에 실기도 했다.

　기사를 살펴보면 인천조병창에서 만 16세부터 20세까지 국민학교를 수료한 남자를 대상으로 각종 견습공을 다수 모집하는데, 상세한 내용은 거주하는 도내 각 부윤이나 군수, 그리고 경성에 사는 사람은 경성 직업소개소로 문의하라는 내용이다. 주목되는 것은 견습공에 대한 대우는 3개월 후에 월급이 약 41원이고 매년 2회의 승급이 있다고 설명하면서, 내지인(일본인)의 경우에는 6할의 임금을 가산 지급한다고 밝히고 있다. 즉 똑같은 일을 하더라도 조선인에 대해서는 공개적으로 차별하겠다는 것이다. [9]

　아무튼 당시 부평에는 전국 각지에서 수많은 사람들이 일자리를 찾아 몰려들었다. 당연히 그들이 기거할 장소가 절실해져 노동자들을 위한 주택단지도 시급히 마련되었다. 지금도 부평에는 당시에 노동자들을 위해 지은 일본식 가옥인 나가야(長屋; 칸을 막아서 여러 가구가 살 수 있도록 길게 만든 집)와 같은 주거의 흔적이 남아 있으며, 노동자들의 주거지역에 붙여졌던 '다다구미'(부평1동), '간토구미'(산곡2동) 같은 마을 이름을 기억하는 주민들도 많다.

　태평양전쟁이 말기로 치달으면서 수많은 조선의 젊은이들은 징용과 징병을 통해 일본 내 군수공장과 태평양의 전쟁터 등으로 끌려 나갔다. 전쟁이 계속되며 노동력 부족은 더욱 심화되었고 인천조병창도 마찬가지였다. 그러자 일제는 인천과 경성에 있는 중등학교 학생들까지 군수품 생산에 투입하였다. 첫 번째로 동원된 학교는 경성공업, 인천중학, 인천상업, 인천공업, 인천고녀, 소화(昭和)고녀 등 6개 학교

　9 "인천조병창에서 견습직공 모집", 〈매일신보〉, 1941년 11월 18일 자.

424

360명이었다. 이들은 1944년 5월 8일 대대적인 입창식에 참여한 다음 전원 조병창 생산 공정에 투입되었다. 조병창 기숙사에 합숙하기가 어려웠던 여학생들은 일감을 가지고 재학 중인 학교에 돌아가 군수품을 만들어오도록 시켰다. 이러한 학생동원은 그 뒤에도 계속 이어졌다.[10]

당시 인천조병창에서 일한 인력이 얼마나 되는지 알 수 있는 공식적 자료는 없다. 다만 미루어 짐작할 수 있는 단서는 남아 있다. 일본 대본영 군사과의 쿠니다케(國武) 중좌가 1945년 6월 19일부터 22일까지 조선에 출장 왔다가 남긴 수기에는 다음과 같은 내용이 담겨 있다.[11]

인천조병창

인원계: 13,740(내 평양 4,036)

생산: 군도, 총검, 소총, 대발[大發; 대형 발동정(상륙용 주정)], 실포,
　　　수류탄, 탄환(소구경, 중구경)

이 기록을 보면 해방 직전 인천조병창에서는 총검과 탄환, 수류탄 등 다양한 병기들이 제작되었음을 알 수 있다. 근무인원은 총 1만 3,740명인데 그중 평양제조소 인원이 4,036명이므로 부평 조병창에는 9,704명, 즉 1만 명에 가까운 인원이 일하고 있었다는 것을 알 수 있다. 더구나 주변 협력·하청업체에서 일하는 노동자까지 포함하면 몇만 명의 인원이 부평 일대의 공장지대에서 일제의 전쟁 수행을 위한 탄약과 병기 등 각종 군수물자를 생산했다.[12]

10 "8일 전원 집합하여 성대한 입창식", 〈매일신보〉, 1944년 5월 7일 자.
11 防衛廳防衛研究所戰史室, 《戰史叢書: 大本營 陸軍部(1)》, 朝雲新聞社, 1967, 298쪽.

인천 만석정에 있는 조선소. 건물 뒤쪽이 조선기계제작소의 후신인 두산인프라코어 공장시설이다.

주목할 만한 것은 태평양전쟁 말기 인천조병창의 주도하에 인천지역에서 일본 육군이 발주한 잠수함까지 생산했다는 사실이다. 당시 인천조병창의 감독을 받으면서 일본 육군이 발주한 잠수함을 직접 생산한 업체는 조선기계제작소였다. 조선기계제작소는 원래 조선에서 금을 캐내는 데 필요한 광산기계를 생산할 목적으로 1937년 6월 4일 자본금 50만 원으로 출범한 합자회사였다. 본사는 경성의 남대문로에 두고 공장은 인천 만석정 (현재 두산인프라코어가 위치) 에 세웠다.

창립된 이후 조선기계제작소는 계속적인 증자를 통해 시설을 급격하게 확장했다. 당시는 전시통제체제로 일본에서 조선으로의 기계류 반입이 어려워졌지만 그에 대한 수요는 급증했기 때문이다. 다른 한편

---

12 대한민국 제2대 육군참모총장을 역임한 채병덕은 일본육사를 졸업한 뒤 육군 소좌로 인천조병창 제1공장장으로 근무하다 해방을 맞았다. 해방 직전 인천조병창에는 3개의 공장이 있었다.

으로 군수품 생산을 염두에 두고 인천조병창이 조선기계제작소의 시설확장을 강력히 밀어붙인 것도 중요한 요인이었다. 이러한 배경 속에서 조선기계제작소는 제강-주조와 단조-제관-기계에 이르기까지 종합적인 일관제작시스템을 구축하고 선박용 기계생산까지 생산 범위를 확대하였다.

당시 일본 육군은 제해권 상실로 태평양 각지에 고립된 일본군에게 소형잠수함을 건조해 군수물자 수송문제를 해결하고자 했다. 하지만 전통적으로 해군에 대한 오랜 불신을 가지고 있던 일본 육군은 잠수함 건조까지 직접 주도하고 나선 것이다. 건조명령을 받은 조선기계제작소는 잠수함 진수를 위한 도크를 신축하고 1,300여 명의 종업원을 위한 112동의 숙사를 건립하는 등 대대적인 설비를 마련하였다.

1943년 4월 처음 건조명령을 받은 조선기계제작소는 1년 뒤인 1944년 4월 제1호기를 완성하고 이후 총 4척을 제작하여 인계하였다. 당시 일본 육군이 건조한 잠수함은 공식 명칭이 '3식 잠항수송정'(3式潛航輸送艇)이었는데 통칭 '마루유'(まるゆ)라고 불렸다. 그중에서 조선기계제작소에서 건조된 것은 별도로 'ゆ(유)3001급'으로 구분하였다.

당시에 조선기계제작소에서 만든 잠수함의 제원은 길이 35미터, 배수량 300톤, 잠수수심 100미터, 잠항속도 4.4노트였다. 당시 전투용 잠수함의 길이가 보통 70미터 정도였으므로 상대적으로 소형이었다. 쌀을 실으면 2만 명 병사의 하루분 식량 24톤을 적재할 수 있었다.[13]

이처럼 조선기계제작소가 잠수함을 포함한 특수병기를 생산하고 때

---

13 잠수함 제조에 대해서는 배석만, "일제시기 조선기계제작소의 설립과 경영(1937~1945)", 〈인천학 연구〉, 2009. 2.를 참고.

로는 정비 업무를 담당하는 등 전쟁 수행과정에서 크게 활약하자 인천 육군조병창에서 직접 표창을 하고 공적을 치켜세우기도 하였다.[14] 비록 수송 목적의 소형수송정이라고는 하지만 당시 결전병기라고 불렸던 잠수함까지 인천지역에서 만들어졌다는 것은 다소 놀랍고 흥미로운 사실이 아닐 수 없다.

해방되고 일본군이 떠난 뒤 인천조병창은 미군이 접수하고 군수지원단 애스컴(ASCOM: Army Support Command)이 주둔하였다. 한반도 내 곳곳에 산재하는 미군기지에 군수물자를 보급하는 것이 주된 임무였다. 이후 부평기지에는 제6의무보급창, 제4통신대, 제55보급창, 제195・330・74병기대대, 제728헌병대 등 각종 단위부대들이 들어섰다. 미군기지의 규모가 점차 커지면서 애스컴에 종사하는 한국인 근로자가 한때 8천 명에 달하고, 일대는 '애스컴 시티'라고 불렸다. 주변에는 거대한 기지촌이 만들어지고 그에 따른 어둠도 짙게 드리워졌다.

1971년 부평에 있던 121후송병원이 용산기지로 이전하고 물류기능은 왜관에 있는 캠프 캐롤(Camp Carroll)로 옮겨가면서 기능이 조금씩 축소되고 1973년 6월 애스컴은 정식으로 폐쇄되었다. 그리고 일부 기능만 남아 현재의 캠프 마켓으로 이어지게 되었다. 그리고 2002년 3월 29일 국방부와 주한미군이 체결한 연합토지관리계획(LPP; Land Partnership Plan) 협정에 따라 캠프 마켓도 2016년까지 평택으로 이전하고 그 부지는 한국에 반환될 예정이다.

인천시에서는 캠프 마켓이 반환되면 그 부지에 공원을 조성하는 등

---

14 "병기증산에 수범 ― 조선기계제작소 표창", 〈매일신보〉, 1945년 1월 8일 자.

다각적인 활용방안을 검토하고 있다. 수십 년간 군사지역으로 묶여 있던 땅이 비로소 시민의 품으로 돌아올 수 있게 된 것이다.

그러나 공원 조성 등 재개발에 착수하기에 앞서서 당시 조병창이 들어서 있던 지역에 대한 현장조사와 발굴이 철저하게 이루어질 필요가 있다. 당시 그곳에서 무슨 일이 어떻게 진행되었는지 제대로 밝히는 작업이 선행되어야 한다. 일례로 캠프 마켓 내부와 주변에는 일제가 전쟁말기에 구축했다는 땅굴과 벙커가 여러 곳에 존재한다는 증언이 잇따르고 있다. 그중에는 조병창에서 인천항으로 무기를 반출하기 위해 만든 통로로 만든 것도 있다고 한다. [15]

뿐만 아니라 캠프 마켓 주변에는 벙커시설로 추정되는 시설물들이 여러 개 남아 있는데 대부분 방치된 채 사람들의 관심으로부터 멀어져 간다. 자신이 살고 있는 삶터에서 과거 무슨 일이 있었는지를 제대로 아는 것, 그것은 너무나 당연한 개개인의 과제다.

15 "일본군 옛 주둔지서 대형터널 발견", 〈한겨레〉, 1999년 3월 31일 자.
   "부평 미군기지에 일제강점기 땅굴", 〈인천일보〉, 2013년 9월 17일 자.

서울특별시 용산구 일원

오는 2016년 용산 미군부대가 평택으로 이전하면 그 일대의 땅은 드디어 시민의 품으로 돌아오게 된다. 그중에서 용산기지의 본체라고 할 수 있는 메인포스트(Main Post)와 사우스포스트(South Post) 265.4만 제곱미터의 부지 중, 미국 측이 계속 사용하기로 한 미 대사관 부지와 드래곤힐호텔 및 헬기장 약 23만 제곱미터를 제외한 약 243만 제곱미터에는 대규모 시민공원이 들어설 예정이다.[1] 그렇게 되면 거대도시 서울도 뉴욕의 센트럴파크(약 3.3제곱킬로미터), 도쿄의 우에노공원(약 2제곱킬로미터) 부럽지 않은 번듯한 도시공원을 갖추게 된다.

　100년이 훨씬 넘는 기간 동안 외국군대가 주둔하고 지배했던 '불의와 망각의 공간'이 '문화 생태 공간'으로 탈바꿈하는 역설의 실현이 가능하게 된 것이다.[2] 문화재청은 지난 2011년 7~8월에 걸친 현지조사

---

1 국토교통부 '용산공원 기획단' 홈페이지.

를 마치고 〈군 주둔지 내 근대건축·시설 일제조사 용역보고서〉를 작성했는데 그에 따르면 용산 미군기지 안에는 모두 1,245동의 건물이 있고 그 가운데 132동이 1906년 이후 일제강점기에 건설된 것으로 밝혀졌다.[3] 하지만 문화재청은 현재까지 보고서를 공개하지 않고 있는데, 대부분의 시설과 건물을 미군들이 지금도 사용하고 있어 보안상의 문제가 있기 때문이라고 한다.

용산 일대가 외국군대의 주둔기지로 바뀌게 된 것은 지금으로부터 110년 전 러일전쟁 당시로 거슬러 올라간다. 물론 그 이전 임진왜란이나 임오군란, 청일전쟁 당시에도 외국군이 주둔한 전례가 있었지만 상시적 주둔시설이 만들어진 것은 러일전쟁 이후이다.

　러일전쟁이 발발한 얼마 후인 1904년 8월 일본 육군대신은 군무국 군사과장(岡市之助; 오카 이치노스케 대좌)을 한국에 파견하여 병영 등 군사시설을 세울 부지를 조사하게 하였다. 그리고 용산과 평양, 의주 등 975만 평(32.2제곱킬로미터)의 땅을 군사용지로 수용하겠다고 한국정부에 통고하였다. 일제가 법적 근거로 내세운 것은 1904년 2월 강제 체결한 한일의정서 제4조 "대한제국의 황실안녕과 영토보전에 위험이 있을 때 대일본제국 정부는 신속히 필요한 조치를 할 수 있고, 이러한 목적을 달성하기 위하여 전략상 필요한 지점을 사용할 수 있다"였다.

　당시 용산 일대에는 1,176호의 민간 가옥과 많은 전답, 분묘 등이

---

2 홍성태, "군사공간의 생태적 재생과 문화정치", 한국공간환경학회, 《공간과 사회》, 14, 2000.

3 "용산 미군기지에 일제 병영시설 132동 있다", 〈한겨레〉, 2013년 5월 17일 자.

〈표 6-5〉 한국 주차군 주둔지 수용면적

군용지 구분	수용예정 평수	수용확정 평수	반환 평수
용산	3,000,000	1,150,000	1,850,000
평양	3,930,000	1,960,000	1,970,000
의주	2,820,000	860,000	1,960,000
합계	9,750,000	3,970,000	5,780,000

JACAR, 〈朝鮮駐箚軍歷史第1卷〉, Ref. C13070072100.

있었다. 일제는 군대를 동원하여 주민들을 강제로 이주시키고 분묘를
파헤치면서 토지를 강제로 수용하려고 하자 주민들의 시위와 반발이
계속되었다. 더구나 보상비도 턱없이 낮게 책정되어 불만이 고조될 수
밖에 없었다.[4]

분쟁이 심화되자 일본 주차군사령부와 한국 정부는 군용지 정리위
원을 임명하고 1907년 2월부터 4월까지 현지를 답사하여 정리하였는
데 수용대상 면적을 애초 300만 평(9.9제곱킬로미터)에서 절반 이하로
줄어든 115만 평(3.8제곱킬로미터)으로 최종확정하였다.

러시아와의 전쟁을 명분으로 용산 등지에 주둔지를 확보한 일제는
전쟁에서 승리하고 나서도 군대를 철수시키지 않고 오히려 장기주둔
을 위한 영구시설 구축에 착수하였다. 이는 향후 조선을 군사적으로
완전히 지배하겠다는 강력한 의지의 표현이자, 거대한 군사시설을 통
해 조선인을 위압하고 장기 주둔을 기정사실화하는 정치적 효과를 노
린 것이었다. 1904년 11월 12일 하세가와 요시미치(長谷川好道) 한국
주차군사령관이 육군 참모총장에게 보낸 의견서에는 그러한 의도가

---

4 신주백, "용산과 일본군용산기지의 변화(1884~1945)", 〈서울학연구〉, 서울시립대 서울
학연구소, 2007, 189~218쪽.

잘 드러나 있다.[5]

한국민은 1894, 1895년의 전역(청일전쟁)의 예를 통해 한국에 있는 일본의 제설비는 일시적인 것으로 전쟁이 끝나면 일본군은 모두 귀환하고 제시설은 전부 폐기하고 토지는 환원할 것으로 생각하는데, 이는 우리의 대한정책상 결코 득책이 아니다. 고로 영구적인 시설에 착수하여 한국인의 미몽을 타파하고 병영부지로 할 토지에 대한 권리 획득도 신속히 해결할 필요가 있다.

러일전쟁을 빌미로 1904년 3월 한국주차군을 편성하고 2개 사단을 파견, 주차시켰던 일제는 러일전쟁이 끝난 후에도 병력을 철수시키지 않았다. 전쟁종료 직후 일시적으로 병력 수가 줄어들기도 했지만 1907년 군대 해산으로 의병 전쟁이 확산되자 다시 병력을 대거 증강시켰다. 1910년 한국을 강제병합한 후 한국주차군에서 조선주차군으로 이름을 바꿨지만, 기본적으로 1개 사단과 여단 규모의 병력을 2년 주기로 한국에 교차 주둔시키는 체제를 계속 유지하였다.

일본군은 1906년 8월부터 용산 일대에 영구 주둔에 필요한 병영시설과 연병장, 사격장 등 군사시설 구축에 착수하였다. 그리하여 1907년 육군화장장 및 매장지 완공을 시작으로 군사령부 청사와 사령관 관사, 그리고 보병연대와 기병과 야포병 중대의 병영 시설들을 차례로 준공하였다.

그중에서도 가장 구설에 휘말렸던 시설이 1910년 4월 30일에 준공

5 신주백, 위의 책, 253쪽.

〈표 6-6〉 용산기지 주요 군사시설물 건축 현황

1. 병영

부대별	기공 연월일	준공 연월일	적 요
보병연대영	1906. 8. 6	1908. 6.30	장교숙사는 1908.10.30 준공
기병중대영	1908. 6. 4	1909. 9.30	
야포병중대영	1908. 6. 4	1909. 9.30	

2. 관아 및 부속건물

부대호	기공 연월일	준공 연월일	적요
군사령부 청사	1907.10.20	1908. 7.31	
구 군사령관 숙사	1907. 6.22	1910. 4.30	속칭 '용산 아방궁(阿房宮)'
사단사령부 청사	1907. 9.28	1908.12.31	
육군병기지창 청사	1908. 7.18	1908.10.31	
육군창고 청사	1908. 2.20	1908.11.30	
경성위수병원 청사	1908. 2.21	1908. 9.30	
위수감옥 청사	1908. 9.10	1909. 9.30	
육군 연병장	1907. 8.24	1908. 5.13	
육군 사격장	1908. 3.24	1908. 4.21	
육군화장장 및 매장지	1907. 5.18	1907. 7.16	

JACAR, 〈朝鮮駐箚軍歷史第1卷〉, Ref. C13070072100.

된, 일명 '용산 아방궁'이라고 불렸던 구 군사령관 숙사, 즉 한국주차
군사령관 관저이다. 이 건물은 제2대 한국주차군사령관이었던 하세
가와 요시미치(長谷川好道)가 러일전쟁에 사용하고 남은 전비 50만
원을 들여 지었는데, 대지 600여 평(1,983제곱미터)에 신 바로크 양식
으로 지은 2층 건물로 외관상으로도 매우 웅장하고 화려하였다. 당시
에 한 달 전등료만 400여만 원이 들 정도로 유지비가 많이 들어 대표적
인 예산낭비 사례로 비난받으며 '불충관'(不忠館)이라는 오명이 붙기
도 했다.[6]

이러한 비난여론 때문에 완성 이후에도 사령관 관저로 사용되지는

조선군사령관 관저

않고 대신 조선총독(한국의 강제병합 이전에는 조선통감)의 새 관저로
사용하는 대안이 제시되었다. 당시 총독관저는 남산 아래 왜성대(중구
예장동)에 있는 총독부 청사 인근에 자리하고 있었다. 하지만 서울 중
심부와 동떨어져 있어 업무상 불편하다는 이유로 총독관저를 용산으
로 이전하는 계획은 실현되지 않았고, 그 대신 때때로 중요한 행사나
연회 등을 개최하는 제2총독관저처럼 사용되었다. 이 관저는 해방 후
까지 존재하다가 한국전쟁 후에 없어진 것으로 보인다. 관저가 있던
자리는 지금의 용산기지 사우스포스트 서남쪽 지역으로, 현재는 주한
미군 121후송병원이 들어서 있다.

　121후송병원 북쪽으로는 미군 장성들의 관사가 들어선 나지막한 언
덕이 있는데 그 너머에 바로 주차군사령부(용산동 5가 2-1 일대)가 있

---

6 이순우, "아방궁으로 썼다는 용산의 제2총독 관저", 〈시사저널〉, 2010년 12월 8일자.

었다. 사령부청사는 없어졌지만 일본군의 전시지휘본부로 만들어진 벙커건물은 지금도 남아 있다. 사령부청사와 제 2총독관저 사이에 있는 언덕 아래에는 양쪽 건물을 연결하는 지하터널이 있었다고 하는데 지금도 철문으로 막힌 터널의 흔적이 남아 있다.

주차군에서 주둔군으로

일본 육군은 전쟁이 끝난 직후부터 한반도에 주둔하는 상설사단의 창설을 강력히 추진했다. 식민지로 획득한 조선의 치안을 안정적으로 유지하고, 향후 만주의 패권을 놓고 러시아와의 사이에 벌어질 각축에 대비한 것이었다. 실제로 러시아는 1914년 시베리아 철도를 복선화하는 등 동북아 지역에서의 영향력 확대를 계속 시도하고 있었다.

하지만 일본 정부는 계속적인 재정난에 시달려 새로운 사단을 창설할 여력이 없었다. 러일전쟁에서 승리했다고 하지만 미국의 중재로 서둘러 이루어진 포츠머스조약에서 한 푼의 전쟁배상금도 받지 못했을 뿐만 아니라, 전비 마련을 위해 발행한 막대한 규모의 외채가 그대로 쌓였기 때문이다.

하지만 계속적인 군부의 압력에 밀린 일본 제국의회는 1915년 6월 마침내 조선에 상주하게 될 2개 사단의 창설을 승인하였다. 그에 따라 1916년 4월부터 2개의 보병사단 편성에 착수하였다. 아울러 1918년 5월 29일을 기점으로 사령부의 명칭도 주차군사령부에서 조선군사령부로 변경하였다. 강력한 상주군을 설치함으로써 식민지 조선의 완전한 점령체제를 갖춘 것이다.

그에 따라 조선에 주둔하는 일본군의 편제도 크게 달라진다. 신설되는 2개 사단은 함경남도 나남에 사령부를 둔 제 19사단과 용산에 사령

〈표 6-7〉 일본군 제20사단의 편제 및 주둔지

제20사단 (용산)	보병 제39여단 (평양)	보병 제77연대 (평양)	
		보병 제78연대 (용산)	
	보병 제40여단 (용산)	보병 제79연대 (용산)	
		보병 제80연대 (대구)	*보병 제3대대 (대전)
	기병 제28연대 (용산)		
	야포병 제26연대 (용산)		
	공병 제20대대 (용산)		
	국경수비대 (압록강일대)		제1수비대: 강계 제2수비대: 위원 제3수비대: 신의주

박경식, 《일본제국주의의 조선지배》, 청아출판, 1986.

부를 둔 제20사단이었다. 제19사단은 함경도 일대에 주둔하면서 동만주와 러시아에 접한 국경지역 수비를 담당하고, 제20사단은 함경도를 제외한 한반도 전역의 수비를 담당하였다. 양 사단은 1916년 4월부터 편성을 시작하였지만 계속적인 재정난으로 인해 편성이 완결되기까지는 3년 가까운 시간이 걸렸다.

창설 당시 제20사단 예하에는 제77~제80연대의 4개 보병연대와 공병대대, 기병연대, 야포병연대 등이 있었다. 그중 제77연대는 연대본부가 평양에, 제80연대는 대구에 있었고 제78연대와 제79연대만 용산에 사령부가 있었다.

일본군 제78연대와 제79연대의 병영이 있었던 곳은 현재 용산 미군기지 북쪽에 있는 메인포스트 지역이다. 현재 제78연대 자리에는 2층 병영 5개동과 2개의 부속건물, 79연대는 병영 1개 동이 남아 있는데 미군들의 사무공간으로 사용되고 있다고 한다.[7]

제78연대 막사로 사용되었던 건물 2층 박공에는 일본군 시설임을

05_용산기지와 일본군 보병 제20사단　437

용산78연대막사

상징하는 별 문양이 지금도 그대로 남아 있고, 79연대 막사 건물에는
페치카 굴뚝이 외부로 촘촘하게 만들어진 특징을 볼 수 있다. 이 밖에
도 만초천 가에 있었던 제78연대 정문 시설의 흔적도 일부 남아 있다.

일본군 제20사단의 행적

제19사단과 제20사단을 근간으로 한 조선군은 1945년 1월 본토결전
에 따라 제17방면군으로 개편할 때까지 명칭과 기본체제가 그대로 유
지되었다. 그 기간에 있어 조선군의 역할은 크게 두 가지로 나눌 수 있
다. 첫째, 식민지의 강압적 통치를 위한 물리적 기반을 제공하고, 둘
째, 관동군과의 협력하에 이루어진 대륙 침략의 야전군 역할이다.

　1919년 3월 1일 조선의 독립을 요구하는 비폭력적·평화적인 만세

---

7 "창간기획: 용산기지 유적의 재발견", 〈한겨레〉, 2013년 5월 17일 자.

438

운동이 시작되었다. 예상과 달리 전국으로 확산되면서 전 민족적인 운동으로 진전되자 당황한 일제는 당시에 편성의 완결을 눈앞에 두고 있던 상주군을 직접 시위현장에 투입하여 무자비하게 진압하였다.

1919년 3월 10일 평안남도 맹산에서 군민 100여 명이 헌병대로 몰려가 만세운동을 하다 체포된 주민의 석방을 요구했다. 그러자 현장에 출동한 제20사단 예하 제77연대 소속 10여 명의 일본군은 헌병대 마당에 있던 사람들에게 무차별 총격을 가하고 부상자들을 총검으로 찌르는 만행을 저질렀다. 그 결과 군민 54명이 목숨을 잃고 9명이 부상을 당했다. 1919년 4월 15일 수원 제암리에서는 마을 주민들을 교회당에 몰아넣고 총격을 가한 다음 교회와 주변의 가옥에 불을 질러 30여 명을 살상시키는 참혹한 사건이 발생했는데, 당시 현장에 출동한 부대가 제79연대 소속 아리타 도시오(有田俊夫) 중위가 이끄는 일본군 1개 소대였다. [8]

조선군의 만세운동에 대한 탄압은 만주지역에서의 독립운동에 대한 잔혹한 진압으로 이어졌다. 3 · 1운동 이후 간도지방을 중심으로 한인들의 무장독립투쟁이 활발하게 전개되자 일제는 1920년 8월 이른바 '간도지방 불령선인 토벌계획'을 수립하고 조선군 제19사단과 제20사단, 그리고 북만주파견군과 관동군까지 망라한 약 2만 명의 대규모 토벌군을 투입하였다.

그 과정에서 한국 독립투쟁 역사상 최대의 전과로 기록되는 청산리전투(1920. 10. 21~10. 26)가 벌어졌다. 김좌진, 홍범도 등이 이끄는 독립

---

8 채영국, "3. 1운동 전후 일제 '조선군' 주한일본군의 동향", 독립기념관 한국독립운동사연구소, 《한국독립운동사연구 제6집》, 1992.

군 연합부대 약 2천 명이 조선군 소속 토벌군 약 5천 명과 맞붙어 대승을 거둔 것이다. 일본군은 전사 1,200여 명, 부상자가 2,100여 명이었는데 독립군은 전사자 130명, 부상자 220여 명뿐이었다.[9] 청산리전투에서 참패를 당한 일본군은 그 보복으로 간도지역에 대한 초토화 작전에 나섰다. 한인들이 사는 마을을 찾아다니며 민간인들을 학살하고 가옥들을 모두 불태웠다. 이른바 경신참변(庚申慘變)을 자행한 것이다. 상해 〈독립신문〉은 당시의 참상을 다음과 같이 기록한다.[10]

10월 9일부터 11월 5일 합 27일간에 도처에서 양민을 학살하고 부녀를 강간하고 가옥과 노적(露積; 곡식 더미)과 교당과 학교를 태워버리고 더욱이 백발의 노친과 강보의 유아들이 혹은 왜의 칼날을 받고 혹은 배고픔과 추위로 백설 위에 쓰러지는 참상에 누가 피눈물을 흘리지 않으리오. 그러나 이 만행으로는 절대로 우리 단군 자손의 정신과 충의를 뺏거나 꺾지를 못한다는 것은 분명한 사실이고, 다만 세계에 그들의 폭악을 또 한 번 자랑할 뿐이며 각국의 저주를 한층 더 받게 될 뿐이라.

〈독립신문〉은 기사의 말미에 참상의 내역을 적었는데 피살 3,469명, 체포 170명, 강간 71명 등이다. 이에 반해 일제는 조선인 사살 1,022명, 부상 2명, 중국인 사살 18명, 부상 7명으로 기록하고 있다. 이처럼 무고한 민간인 살상의 중심에 조선군 주력 부대가 있었다.[11]

9 신용하, "독립군의 청산리 독립전쟁의 연구", 《한국민족독립운동사연구》, 을유문화사, 1985.
10 "서북간도 동포의 참상혈보", (상해) 〈독립신문〉, 1920년 12월 18일 자.
11 임종국, 《일본군의 조선침략사 II》, 일월서각, 1989, 27쪽.

대륙침략의 지원군

1931년 9월 18일 밤 일본 관동군은 펑톈(奉天; 선양의 옛 이름) 교외의 류탸오후(柳條湖)에서 만주철도를 고의적으로 폭파하고 이를 중국 군벌의 소행이라고 조작한 뒤, 만주 침략에 나섰다. 이른바 만주사변의 발발이다. 그리고 관동군사령관은 조선군사령관에게 병력을 지원해줄 것을 요청했다. 당시 조선군사령관 하야시 센주로(林 銑十郞)는 평양에 있던 비행 제6연대 소속 전투・정찰 각 1개 중대를 펑톈에 파견하고, 제20사단 예하 혼성 제39여단 등 약 1만 명의 병력을 압록강가에 대기시켰다.

그러나 전쟁의 확대를 꺼린 천황이 계속 재가를 미루자 조선군사령관은 독단으로 혼성 제39여단의 월경을 명령하였다. 천황의 재가 없이 군대를 움직인 것은 이른바 통수권 간범(統帥權 干犯)으로, 육군 형법상으로도 사형에 처해질 수 있는 중범죄였다. 제20사단 병력의 무단 월경 하루 뒤 천황도 할 수 없이 사후 재가 결정을 내렸다.

이후 혼성 제39여단은 만주의 펑톈과 지린(吉林) 일대에서 관동군과 합세해 만주침략의 선봉에 나섰다. 그리고 일본 관동군의 괴뢰정권인 만주국이 수립된 직후(1932. 3. 1) 조선으로 돌아왔다.

일본군은 1937년 7월 7일에는 이른바 루거우차우(蘆溝橋) 사건을 빌미로 대대적인 중국 침략에 나섰다. 일본의 고노에 후미마로(近衛文麿) 내각은 11일 이번 사건이 중국의 계획적인 무력 항일이라고 선언하고 군사동원령을 내려 일본 본토에서 3개 사단, 만주와 조선에서 2개 사단을 파견하기로 결정하였다.[12]

---

12 한도 가즈토시, 《쇼와사 1926~1945》, 루비박스, 2010.

조선군에서는 제 20사단이 동원되어 주로 중국의 화북지방에서 침략 전쟁을 수행하다 1939년 11월 7일 동원 해제되어 조선에 돌아왔다. 이처럼 조선군 제 20사단은 만주사변에서 중일전쟁으로 이어지는 일제의 대륙 침략전쟁에서 관동군의 지원군으로 활약하였다.

태평양전쟁과 남방으로의 동원

1941년 12월 8일 일본군의 진주만 기습공격과 함께 태평양전쟁이 시작되었다. 일본군의 전선은 중국에서 동남아와 남태평양까지 확대되었다. 전쟁 초반에 승승장구하던 일본군의 전세는 미드웨이 해전(1942. 6. 5~6. 7)과 과달카날 전투(1942. 8. 7~1943. 2. 7)를 거치면서 점차 역전되기 시작했다.

조선군 제 19사단과 제 20사단에 동원령이 내려진 것은 1942년 11월 9일이다. 이 날짜로 제 20사단은 제 8방면군 산하 제 18군에 편입되어 작전준비 및 교육훈련을 시작하였다. 1942년 9월, 일본군은 1개 사단을 4개 연대에서 3개 연대로 줄이는 편제개편을 단행하였다. 그리고 1943년 5월에 제 5사단 제 41연대, 제 19사단 제 74연대, 제 20사단 77연대를 묶어 보병 제 30사단(사령부 평양)을 신설하였다. 제 30사단은 1944년 8월 제 35군에 편입되어 필리핀 레이테 섬 전투에 투입되었다가 괴멸되었다.

조선군 제 20사단은 과달카날의 함락이 불가피해지는 1943년 초 남태평양 뉴기니 전선으로 동원되어 마당에 주둔하였다. 제 20사단은 제 18군에 소속된 제 41사단, 제 51사단과 함께 패전 시까지 미국·호주 연합군과 치열한 전투를 계속하였다. 하지만 현지 일본군은 해군의 괴멸과 보급로의 차단으로 크게 고전하였다. 적군의 공격에 의한 사망자

보다 말라리아와 같은 풍토병과 굶주림에 의한 사망자가 더 많았다. 뉴기니 전선에 동원된 제20사단 소속 2만 5천 명의 병력 중 생환한 자는 겨우 1,711명에 불과했다.

　제20사단에는 특히 조선 출신 병사가 3천여 명에 달했다. 거친 환경에 익숙한 조선인 병사들은 일본인보다 훨씬 전투력도 뛰어나고 생존율도 높았다. 그래서 일본군 지휘관들은 일부러 조선인 병사를 당번병으로 데리고 있는 경우가 많았다. 당시 뉴기니 일본군 부대에서는 "일본 병사가 죽으면 병사(病死), 조선 병사가 죽으면 전사(戰死)"라는 말이 나돌았다고도 한다. 그러나 생존력이 뛰어난 조선인 병사들도 3천여 명 중에 살아서 고국 땅을 밟은 사람은 5%도 채 되지 않았다. [13]

13 권주혁, 《나잡비행장》, 지식산업사, 2009, 358~359쪽.

'조선판 마쓰시로 대본영', 영동의 땅굴들

충북 영동 매천리 일대

충북 영동군은 기후가 비교적 온화하고 일조량이 풍부하여 예전부터 과수농업이 발달한 지역이다. 포도, 사과, 복숭아, 배 등 다양한 과일이 재배되는데 그중 포도의 경우 전국 생산량의 12.6%(2013년도 기준)가 영동에서 생산되었다. 영동군청에서는 지난 1990년대 초반부터 군에서 생산되는 포도의 대량소비 방안을 모색하다가 군내에 직접 와이너리를 만들고 자체 브랜드의 포도주를 생산하기로 결정하고 (주)와인코리아라는 회사를 설립했다.

영동군에서는 와인공장 설립 초기 대량의 포도주를 숙성시킬 공간을 찾다가 매천리 일대의 땅굴을 발견하고 그중 3개를 와인저장고로 개조해 사용했다. 그런데 이 과정에서 상당히 많은 땅굴의 존재가 알려지게 되었고, 1997년 영동군청 농정과 서정길 과장은 전수조사를 실시하였다. 조사결과 영동읍 매천리 일대에서 모두 89개의 동굴이 확인되었다. 마을별로 살펴보면 매천리 병마골에 8개, 늘머니에 40개,

〈영동 매천리 일대에서 발견된 땅굴〉

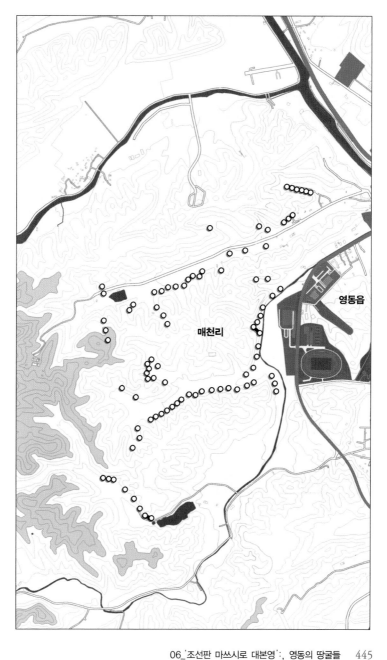

도리비에 7개, 변덕골에 34개였다.

　지난 2009년 봄 필자는 현장을 확인하기 위해 영동을 찾았다. 서정길 과장의 안내로 남아 있는 땅굴들을 돌아보고 정말 놀라움을 금할 수 없었다. 최근 도로공사 과정에서 없어진 것도 있고, 주민들이 입구를 폐쇄해버린 것도 있어 애초에는 그보다 훨씬 많았을 것이라고 한다. 매천리 노인회장 장한 씨(1929년생)는 동굴이 200개가 넘었다고 주장했다. 한반도 남부의 중심부 산간오지에 왜 이렇게 많은 땅굴이 만들어져 있을까?

　그 후 관련되는 문서를 찾아보기도 하고 현장을 재차 방문하여 당시의 상황을 증언해줄 수 있는 사람들도 찾아보았다. 그리고 일본의 동굴진지 전문가인 츠카사키 마사유키 씨에게 도움을 청했다. 츠카사키 씨는 흔쾌히 요청을 받아들이고 일본방위청도서관에서 관련문서를 찾아내고 한국으로 날아와 현장조사에도 함께 참여하였다.

　현장조사팀이 제일 먼저 찾은 곳은 도리비에 있는 와인 숙성고였다. 철문을 열고 들어가자 서늘한 기운이 확 덮쳐왔다. 안쪽으로 이어진 동굴은 폭 3~4미터, 높이 4~5미터, 길이는 80미터에 달했다. 원래 2개의 동굴이었는데 중간을 연결하고 한쪽 끝을 막아 저장고로 개조했다고 한다. 통로 바닥 양쪽 가에는 원액이 담긴 저장통이 늘어서 있고 벽면에 만든 거치대에는 12만 병에 달하는 포도주 병이 빼곡히 채워져 있었다. 동굴 안은 연중 내내 섭씨 12~14도로 유지되어 포도주 숙성에 최적의 조건이라고 한다.

　그런데 동굴의 바닥을 살펴보니 약간 경사가 져 있고 양쪽으로 배수를 위한 도랑이 쳐져 있다. 굴 안의 습기를 없애기 위한 조치로 이곳이 탄약 저장을 위한 시설이었음을 추정케 한다. 탄약 보관을 위해서는

영동 와인저장고

반드시 습기를 피해야 하기 때문이다. 동굴 안쪽 구석에는 보통 철길에서 사용하는 것보다 훨씬 가는 레일이 남아 있었다. 이를 살펴본 츠카사키 씨는 이 동굴이 탄약고였음이 분명하다고 결론을 내렸다. 당시 일본군들은 일반적으로 동굴 바닥에 폭 60센티미터(내경 50센티미터)의 레일을 깔고 그 양쪽에 탄약상자를 쌓아 보관했다고 한다.

포도주 저장고를 돌아보고 나와 이번에는 산기슭을 따라 굴착된 동굴들을 전체적으로 살펴보았다. 약 50미터 정도의 간격을 두고 일정하게 파인 동굴들은 정도의 차이는 있지만 폭 3~4미터, 높이 2~3미터, 길이는 30~40미터 정도로, 마치 하나의 설계도면에 기초하여 뚫은 것처럼 일정한 규격이었다.

언뜻 보기에도 동굴의 대부분은 야산의 기슭을 따라 비슷한 높이에 굴착되어 있음을 알 수 있었다. 츠카사키 씨의 설명에 따르면 단단한 암반으로 이루어진 야산지대가 진지동굴을 구축하기에 가장 좋은 조

영동 와인저장고 옆 동굴

건이라고 한다. 동굴 위쪽 산의 높이가 단단한 암반의 경우는 10미터, 조금 약한 암석이라면 20미터 정도가 가장 적합하다. 그 이유는 산이 너무 높으면 동굴로 물이 너무 많이 흘러나오고, 반대로 너무 낮으면 미군 폭격기가 투하하는 1톤 폭탄을 견뎌낼 수 없기 때문이다.

또 하나의 특징은 일부를 제외한 대부분의 동굴은 내부의 높이가 2~3미터 정도로 천장이 낮다는 것이다. 츠카사키 씨는 연료 등 군수물자를 보관하는 동굴은 내부를 굳이 높게 팔 필요가 없기 때문이라고 설명하였다. 장비가 아닌 사람의 힘만으로 연료통이나 식량 등을 운반할 때 인간의 키 높이 정도까지 물자를 쌓아두는 것이 가장 효율적이라고 한다. 군수물자 저장을 위한 땅굴을 파는 것도 상당히 과학적으로 이루어졌음을 알 수 있다.

그렇다면 영동군에 있는 땅굴들은 언제, 어떻게 만들어진 것일까? 나는 당시 동굴을 파는 데 직접 동원되었던 노인들을 찾아 나섰다. 처음에는 좀 막막했지만 탐문을 하다 보니 의외로 어렵지 않게 근로보국대로 끌려가 굴 파는 일을 했다는 노인들을 여러 명 만날 수 있었다.

청주에서 만난 이상성 씨(1936년생)는 9살이라는 어린 나이에 동굴 파는 일을 겪었다. 1945년 여름, 보국대에 나갈 사람이 집집마다 1명씩 할당되었는데 이 씨는 농사일을 해야 하는 아버지를 대신하여 참가하였다. 나이가 어리다는 이유로 현장에 서 있다가 정이 무뎌지면 대장간에 들고 가 벼려오는 심부름을 주로 했는데 일을 시작한 지 15일 만에 해방이 되어 집으로 돌아왔다.

장인하 씨(1927년생)는 보국대로 끌려가 직접 굴 파는 일을 해야 했다. 암반에 구멍을 뚫고 폭약을 넣어 암반을 폭파시킨 뒤 부서져 나온 버력(잡석)을 가마니 위에 얹어 목도로 져 나르는 일을 하루 12시간씩 강행해야만 했다.

노인들의 증언을 종합하면 매천리 야산 앞쪽 평지에 세워진 수십 채의 '함바'(노무자 숙소)에서 각지에서 끌려온 수백 명의 조선인들이 합숙하면서 진지구축공사를 해야만 했다. 많은 사람들이 콩과 옥수수 위주의 빈약한 끼니로 굶주림에 시달려야 했고, 계속되는 중노동으로 설사병이 자주 발생해 큰 고통을 겪어야 했다고 한다.

남선(南鮮)의 복곽진지(複郭陣地) 영동

영동에 만들어진 대규모 땅굴의 정체를 밝혀낼 단서는 일본군 관련기록 내에 몇 군데 남아 있다. 그중에 하나가 육군성 군사과 쿠니다케 중좌가 1945년 6월 19일부터 22일까지 조선에 출장을 왔다가 남겼다는 수기이다.[1]

1. 육군창고

군수품 집적 70만 인월분 중 16만 인월분(2개월분)

2. 인천조병창

인원 계: 13,740(내평양 4,036)

생산: 군도, 총검, 소총, 대발(大發, '대형발동정'의 준말), 실포, 수류탄,
     탄환(소구경, 대구경)

3. 영동(대전동남방)

4,000세제곱미터의 동굴을 굴착 중. 장래 남선(南鮮)의 중심으로 한다.

1945년 6월이면 오키나와가 완전히 함락되고 미군의 본토상륙이 임박했다고 예상한 일제가 본토결전에 대비해 총력을 기울이던 시점이다. 이 수기는 한반도에서 최후의 일전에 대비한 준비상황을 점검한 내용으로 보인다. 먼저 첫 번째 기록은 장기전에 대비해 군수품을 집적하고 있는데 출장 당시 약 2개월 정도 버틸 수 있는 군수품을 확보하고 있다는 의미로 보인다. 주목되는 것은 세 번째 기록이다. 영동에 4천 세제곱미터의 동굴을 파고 있으며 장차 남한지역의 중심으로 삼겠다는 것이다.

"장래 남선의 중심으로 한다"는 문구의 의미는 또 다른 기록을 보면 좀더 분명해진다. 〈조선에 있어서 전쟁준비〉라는 기록을 보면 "5월에 들어 군은 장래 방면군 전투사령소(戰鬪司令所)를 대전에 설치하기로 결정하고 미리 이 시설을 개시하기 위해 전신연대를 대전에 전개하여 간선통신망을 구성, 제1선 부대와 연락할 수 있게 하고 … 한편으로

1 防衛廳防衛研究所戰史室,《戰史叢書: 大本營陸軍部(10)》, 朝雲新聞社, 1975, 298쪽.

부대명	소재지	인원 개요
전신 제4연대	대전	1,170
제86·87독립통신작업대	〃	600
인천조병창	〃	252
조선 육군화물창	〃	238
제46병참지구대 본부	〃	168
독립치중병 제63·64중대	〃	1,339(일부)
제10야전근무대 본부	〃	17
건축근무 제59중대	〃	507
제16군 마병역창	영동	150

〈조선에 있어서 전쟁준비〉, 부표 제4

군수품 집적을 개시하기 위해 정찰을 실시하고 그 복곽적(複郭的) 중심지대를 남선 대전과 대구 사이 지구에 선정한다"는 부분이 나온다.[2]

여기서 말하는 '복곽'이란 최후의 저항진지를 의미하는 것으로, 만약 미군이 상륙해 들어와 해안방어선과 내륙의 2차방어선이 무너지면 대전과 대구 사이, 즉 영동일대를 최후의 저항진지로 삼겠다는 것이다. 그에 따라 가용할 수 있는 병력들을 대전으로 집중시키기 시작했다. 기록상 확인되는 패전 당시 대전에 주둔했던 일본군 병력은 대략 〈표 6-8〉과 같다.

그 밖에도 육군중앙 제3통신대, 제5통신대, 제137정차장사령부(철도부대), 제171비행장대대, 제53항공사단사령부, 비행 제44전대, 제172독립정비대 등이 추가로 대전에 배치되어 있었다. 한편으로 일본군 제320사단은 전주 부근에, 그리고 제120사단은 대전 부근

---

2 宮田節子 編·解說, 〈朝鮮に於ける戰爭準備〉(조선에 있어서 전쟁준비), 《朝鮮軍概要史》(15年戰爭極秘資料集; 15), 不二出版, 1989.

에 전개시킬 계획도 세워두었다. 3

대전에 설치하기로 한 전투사령소는 그 위치가 어디이고 어느 정도 공사가 이루어졌을까? 이에 대해 일본군 기록은 제17방면 군참모장 이하라(井原潤次郎)의 말을 빌려 "그때 대전공원의 가운데에 커다란 방공호를 파고 패전 시에는 회반죽을 칠한 상태였다"고 적혀 있다. 4

대전광역시 시사편찬위원회 송백헌 교수에 의하면 해방 직전 대전에는 5군데에 공원이 있었다. 대전역 부근 소제동에 있었던 대전공원, 도청 뒤의 아라키(荒木) 공원, 보문산의 스지공원, 부사동의 하타공원, 성남동의 아키지공원 등이었다. 그중에서 대규모 방공호가 확인된 곳은 보문산공원, 현재 아쿠아월드가 들어서 있는 지역이었다.

이곳에는 일명 '충무시설'이라고 부르는 약 6,000제곱미터의 대규모 지하방공호가 있었다. 주로 을지훈련 등에서 지휘본부로 사용되었는데 내부에는 통신, 전기시설도 갖추어져 있고 통제부, 통합관제실 등 20여 개의 방으로 나누어져 있었다. 주민들의 증언에 따르면 이 일대에는 일본인 주택과 과수원이 있었는데 해방 직전 일본군들이 들어와 방공호를 팠다고 한다. 하지만 이 방공호와 대전전투사령소와의 관련성을 밝혀줄 문서나 증언은 확인되지 않고 있다.

결전의 준비태세

이처럼 일제는 전쟁말기 대전에 전투사령소를 설치하고 잔여 병력을 집결시켜 전열을 정비하려고 했지만, 사실 대전은 광활한 평야지대여

---

3 宮田節子 編·解說, 위의 책, 부표 제5-8.
4 森田芳夫, 《朝鮮 終戰の記錄》(조선 종전의 기록), 巖南堂書店, 1984.

서 장기 유격전과 같은 결전장소로는 부적합했다. 그에 따라 대전에서 불과 40~50킬로미터 떨어진 영동을 결전지로 정했던 것이다.

그렇다면 패전 직전 영동에서 진행된 결전준비는 어느 정도까지 진행되었을까? 먼저 영동군 영동읍 매천리 일대에 남아 있는 동굴들을 살펴보면 굴 안쪽에 폭약 구멍이 남아 있고 여기저기 폭파된 잡석들이 그대로 쌓여 있는 것도 볼 수 있다. 전체적으로 당시의 동굴 굴착작업은 목표의 60% 단계에서 중단되었다고 알려져 있다.

전쟁준비에 다급했던 일본군은 동굴이 미완인 상태에서 군수품의 집적 작업을 동시에 진행했다. 당시 동굴 굴착작업에 강제로 동원되었던 정상배 씨(1930년생)도 그러한 사실을 다음과 같이 증언했다.

일본군들이 여기에 왜 굴을 팠나?
전쟁준비를 위해 물자를 저장하려고 팠다. 근방에는 야산이 많고 그래서 굴을 만들기가 수월했다.
굴에는 무엇을 저장했나?
기름을 저장했다. 기름이 들어오면 영동역에서 여기까지 기름통을 직접 운반했다. 당시에는 차가 없어서 손으로 밀면서 기름통을 굴려왔다.

이러한 사실은 일본군 문서에서도 확인된다. 일본방위청 방위연구소에 남아 있는 일본군 기록에는 패전 당시 남한지역에서 비축된 탄약과 연료의 현황이 나와 있다. 영동의 비축량은 탄약 500톤과 연료 160 kℓ로, 당시 더 절박하게 여겨졌던 제주도를 제외하면 남한지역에서 가장 많은 양이 집적되어 있음을 알 수 있다. 이 수치는 물론 최종단계를 보여주는 것은 아니기 때문에 전쟁이 갑자기 끝나지 않았다면 그보다

〈표 6-9〉 작전용 자료집적 (위도 30도선 이남)

지역	탄약(t)	연료(kℓ)	지역	탄약(t)	연료(kℓ)
영동	500	160	150사단 (정읍)	300	
대전		80?	고창	450	
경성사관구	250		무장 (고창)		43
안양분창	500		광주사관구	150	
서천	150		사가리 (함평)		53
군산	150		목포	150	
이리 (익산)	300	40	여수	75	3
160사단 (이리)	300		부산요새	75	
320사단 (전주)	200		대구	150	30
부안	150	43	120사단 (대구 → 제주도)	700	

방위성방위연구소 부속도서관, 〈滿洲 朝鮮44 在南鮮日本軍部隊槪況報告〉

훨씬 더 많은 양이 집적되었을 수도 있다. 영동 다음으로 많은 탄약이
비축된 안양분창(450톤)과 고창(450톤)도 눈에 띈다.

그런데 영동에 가장 많은 군수물자를 비축하고 있었다고 하더라도
단순히 탄약과 연료 정도를 보관하기에 89개가 넘는 동굴은 너무 많
다. 장기주둔에 필요한 식량과 의복을 포함한다고 하더라도 마찬가지
다. 그렇다면 이렇게 많은 지하동굴을 파려고 했던 것은 대량의 병력
과 대규모 전비를 전제로 한 것은 아닐까? 그러한 추정이 가능한 또 다
른 기록이 남아 있다.

조선총독부 관리를 지냈던 모리타 요시오(森田芳夫)의 《조선 종전
의 기록》은 제 17방면군이 조선에서 "장기항전을 계획하고 경남 거창,
경북 상주 그리고 충남 대전을 연결하는 산간지구에 작전에 필요한 자
재, 제작 기계의 공장 건설을 논의하고, 겸이포의 일본제철소[5] 및 인
천조병창의 일부를 이곳으로 이주할 준비를 시작했다"고 적고 있다.

454

지도상에서 거창과 상주, 그리고 대전을 연결하면 바로 그 중심에 영동이 위치하고 있음을 알 수 있다. 일본군은 이곳에 황해도에 있는 겸이포 일본제철과 인천조병창 산하 일부 시설을 옮겨 장기저항에 필요한 기계와 무기를 직접 생산할 계획까지 마련했던 것이다.

　일본군은 실제로 거창에 작은 용광로 설치에 착수하고 김천과 거창을 연결하는 철로를 부설하기 위해 측량을 시작하였다. 공장에 필요한 전력은 영월, 석탄은 삼척에서 확보하기로 계획하였다. 아울러 공장에서 일할 인력은 북한지역의 공장과 광산에 있는 노무자와 학생을 동원하려고 하였다. 뿐만 아니라 최종적으로는 경성에 있는 총독부까지 옮겨오는 방안을 세워두고 있었다. 군과 관, 그리고 무기생산에 필요한 산업시설까지 갖춘 '조선판 마쓰시로 대본영(松代 大本營)' 건설계획이었던 것이다. 하지만 일제의 갑작스런 패전 선언으로 실제로 총독부의 이전은 이루어지지 않았다.

나가노(中野) 마쓰시로(松代) 대본영

일본 혼슈(本州)의 중북부 고산지역에 나가노시가 있다. 우리에게는 1998년 열렸던 나가노 동계올림픽으로 친숙한 곳으로 주변은 일본의 알프스라고 불리는 2~3천 미터급 고산들이 둘러싸고 있다.

　사이판이 함락된 직후부터 일제는 나가노에 대규모 지하방공호를 건설하고 그곳으로 정부의 중추기관을 이전하는 문제를 검토하기 시

---

5 겸이포의 일본제철소는 1917년 미쓰비시(三菱) 재벌계열사인 미쓰비시제철이 황해도 황주군(현재의 황해도 송림시)에 세웠다. 1934년 설립된 반관반민의 국책회사 일본제철에 합쳐져 일본제철 겸이포제철소로 이름을 바꾸었다. 고로에 의한 선철제조부터 제강, 강재압연까지를 다루는 선강일관제철소였다.

마쓰시로 대본영 입구

작하였다. 해안가에 위치한 도쿄는 방위에 취약하다는 우려 때문이었
다. 나가노는 중부 내륙에 위치한 산악지대로, 단단한 암반 때문에 폭
격에 견딜 수 있고 주변에 비행장이 있으며 산으로 둘러싸여 있고 인심
이 순박하여 보안유지에 유리하다는 판단 때문이었다. [6]

공사는 1944년 11월 11일 시작되었다. 지하호 건설작업에 동원된
것은 조선인 7천 명과 일본인 3천 명이었다. 처음에는 하루 3교대로
일했지만 시간에 쫓기자 12시간 맞교대로 공사가 진행되었다. 이들이
인접한 죠잔(象山), 마이즈루(舞鶴) 산, 미나카미(皆神) 산 3곳에 구
축한 지하호는 총 길이가 10킬로미터에 달한다.

죠잔 지하호는 현재 유일하게 일반 관광객들에게 개방되고 있는데
내부로 들어가면 엄청난 규모에 놀라지 않을 수 없다. 정부기관, 일본

6 〈위키피디아〉 일본판 '松代大本營跡' 항목 참조.

방송협회(NHK), 중앙전화국 등이 들어서기로 한 곳이다. 곳곳에 당시 강제로 끌려와 힘겨운 노역에 시달렸던 조선인들이 가족과 고향을 그리워하며 남긴 낙서가 남아 있다.

　마이즈루 산 지하호 입구에는 현재 지진계가 설치되어 있다. 그 위쪽으로 지하호 지상부에는 천황 어좌소, 황후 어좌소, 궁내성이 사용할 건물들이 지어져 지금도 남아 있는데 관광객들도 먼발치에서 천황 거소를 들여다 볼 수 있다.

1. 한국어

1) 논문

김경남, "1930·40년대 전시체제기 부산 시가지계획의 군사적 성격", 〈韓日關係史研究〉, 제34집, 2009. 12.

_____, "韓末 日帝의 鎭海湾要塞 建設과 植民都市 開發의 変形", 〈港都釜山〉, 통권 제28호, 2012.

김도훈, "부평 캠프 마켓 미군반환부지 공원화 계획", 서울대학교 석사학위논문, 2011.

김석성, "해방전후 부안의 일본사람들", 〈부안이야기〉, 2011년 겨울호.

김윤미, "일제말기 거문도 요새화와 조선인 동원", 〈한일민족문제연구〉, 제22호, 2012. 6.

김일상, "일제의 한반도 침략정책과 진해군항 건설", 〈해양전략〉, 69호, 1990.

배석만, "일제시기 조선기계제작소의 설립과 경영(1937~1945)", 〈인천학 연구〉, 2009. 2.

배영미·노기 카오리, "일제말기 조선인 특공대원의 지원과 특공사", 〈한일민족문제연구〉, 제13호, 2007. 12.

신용하, "독립군의 청산리 독립전쟁의 연구", 《한국민족독립운동사연구》, 을
　　유문화사, 1985.

신주백, "1945년도 한반도 남서해안에서의 '본토결전' 준비와 부산 · 여수의 일
　　본군 시설지 현황", 〈군사〉, 제70호, 군사편찬연구소, 2009. 4.

＿＿＿, "용산과 일본군용산기지의 변화(1884～1945)", 〈서울학연구〉, 제29
　　호, 서울학연구소, 2007. 8.

이병례, "일제말기(1937～1945) 인천지역 공업현황과 노동자 존재양태", 〈인
　　천학연구〉, 제10호, 2009. 2.

이향철, "카미카제 특공대와 한국인 대원", 〈일본연구논총〉, 제24호, 현대일
　　본학회, 2006년 겨울호.

정재정, "미군기지는 왜 용산에 있나", 〈내일을 여는 역사〉, 제4호, 2000.

조성윤, "알뜨르 비행장; 일본 해군의 제주도 항공기지건설과정", 〈탐라문
　　화〉, 2012. 8.

채영국, "3.1운동 전후 일제 '조선군' 주한일본군의 동향", 〈한국독립운동사연
　　구〉, 제6집, 1992. 12.

최성환, "러일전쟁기 일본 해군의 옥도 팔구포 방비대 설치와 활용", 〈도서문
　　화〉, 제38집 2011. 12.

츠카사키 마사유키, "제주도에서의 일본군의 '본토결전' 준비"(증보개정판),
　　〈4·3과 역사〉, 제4호, 제주 4·3연구소, 2004.

하재평, "한국전쟁 시 국가 총력전 전개 양상", 〈전사〉, 제3호, 국방부군사편
　　찬연구소, 2001.

허정도, "일제에 의한 진해신도시 계획의 식민성 고찰", 〈인문논총〉, 2011.

홍성태, "군사공간의 생태적 재생과 문화정치", 〈공간과 사회〉, 14, 2000.
　　12.

홍순권, "한말 경남지역 의병운동과 일본군의 의병학살", 〈군사연구〉, 제131
　　집, 2011. 6.

황정덕, "주체적 사관에 따른 일제의 진해군항 설치에 관한 연구", 〈경남향토
　　사논총〉, 1992.

2) 단행본

가토 기요후미(加藤聖文), 《大日本帝國: 崩壞 東アジアの1945年》, 中央公論新社, 2009(《대일본제국 붕괴》, 안소영 옮김, 바오출판사, 2010).

거제문화원향토사연구소, 《거제문화》, 거제문화원, 2011.

고석규, 《근대도시 목폭의 역사 공간 문화》, 서울대출판부, 2004.

郭泳甫, 《(激動)巨文島風雲史: 韓末巨文島事件》, 三和文化社, 1987.

국사편찬위원회, 《한국독립운동사자료15(의병편Ⅷ)》, '匪徒에 관한 건'.

국토지리정보원, 《한국지명유래집 전라·제주편》, 2010. 12.

권주혁, 《나잡비행장》, 지식산업사, 2009.

김경옥 외, 《(유달산 아래에 있는 작은 섬) 고하도》, 목포문화원, 2004.

김계유, 《여수여천발전사》, 향토문화사, 1988.

김윤식, 《김윤식의 지도유배일기》, 최성환 외 공역, 신안문화원, 2010.

김인호, 《태평양전쟁기 조선공업연구》, 신서원, 1998.

김종식, 《기독(奇篤)한 인간, 김덕형 이야기》, 도서출판 목민, 2008.

김한근·홍성권, 《산복도로이야기》, 산리협동조합, 2014.

김호경 외, 《일제 강제동원, 그 알려지지 않은 역사》, 돌베개, 2010.

목포시, 《목포시사》, 보정편, 1991.

무안군사편찬위원회, 《무안군사》, 1994.

문화재청, 《2009년도 군부대 문화재보고서(우리 군)》, 2009.

_____, 《군 주둔지 내 군대건축·시설 일제조사 용역 보고서》, 2011. 11.

_____, 《태평양전쟁 부산·경남·전남지역 일제조사 연구 용역》, 2013.

밀양문화원, 《밀양지명고》, 1994.

박경식, 《일본제국주의의 조선지배》, 청아출판, 1986.

부평사편찬위원회, 《부평사》, 2007.

수요역사연구회, 《제국 일본의 하늘과 방공, 동원1》, 선인, 2012.

안재구, 《할배, 왜놈소는 조선소랑 우는 것도 다른강?》, 돌베개, 1997.

완도군지편찬위원회, 《莞島郡誌》, 완도군, 1992.

요시다 유타카(吉田裕), 《アジア·太平洋戰爭》, 岩波書店, 2007(최혜주 옮김, 《아시아태평양전쟁》, 어문학사, 2012).

이순신, 《난중일기》, 노승석 옮김, 민음사, 2014.

이종락, 《성웅 이순신 그리고 일본성, 왜성》, 2010, 선인.

이창위, 《일본세국흥망사》, 궁리, 2005.

인문사 편집부 엮음, 《아시아 태평양전쟁과 조선》, 신승모·오태영 옮김, 제이앤씨, 2011.

일광면지편찬위원회, 《일광면지》, 2006.

일본외무성 편, 《일본의 한국침략사료총서1~10》, 국학자료원, 1999.

일제강점하강제동원피해진상규명위원회, 《일제시기 조선내 군사시설조사: 전남 서남해안 일대 군인동원을 중심으로》(직권조사보고서 5), 2008.

임종국, 《일본군의 조선침략사Ⅱ》, 일월서각, 1988.

絶影誌發刊推進委員會, 《絶影誌》, 釜山, 1983.

정일성, 《일제 조선지배 40년》, 지식산업사, 2010.

조성윤 편, 《일제말기 제주도의 일본군 연구》, 보고사, 2008.

천가동주민센터, 《천가동 역사기행-가덕도 편》, 2009.

최길성 편, 《일본식민지와 문화변용: 한국 거문도》, 1994.

최해군, 《부산의 맥》, 지평, 1990.

탁지부(조선) 편, 《度支部各部院等公文來去文》, 규장각한국학연구원.

표용수, 《부산 역사의 현장을 찾아서》, 선인, 2010.

한국문화원연합회 제주특별자치도지회, 《한경면 역사문화지》, 2007.

한도 가즈토시(半藤一利), 《昭和史 1: 1926~1945》, 平凡社, 2009(박현미 옮김, 《쇼와사 1: 1926~1945》, 루비박스, 2010).

한만송 《아픈 희망의 역사 부평미군기지를 말하다, 캠프 마켓》, 2013.

황정덕, 《진해시사》, 지혜문화사, 1987.

_____. 《우리고장 문화유산》, 2008.

후지와라 아키라(藤原彰), 《日本軍事史》, 社會批評社, 2006(서영식 옮김, 《일본군사사》, 제이앤씨, 2012).

KBS부산총국, 《부산재발견》, 우진, 2012.

2. 일어

都珍淳, "戰爭と平和の記憶, 忘却", 國際日本文化研究センター, 2012.

德田忠成, "'赤とんぼ' 特攻の悲劇", WEB版 〈航空と文化〉, 2008. 12. 15.

谷本光生, 《私の軍隊生活 現役・應召とその前後》, 2001.

近現代史編纂會編, 《航空隊戰史》, 新人物往來史, 2001.

對馬要塞物語編集委員會, 《對馬要塞物語》(1・2), 2013.

木俣滋郎, 《日本特攻艇戰史》, 光人社, 1998.

_____, 《日本海防艦戰史》, 圖書出版社, 1994.

半藤一利, 《日露戰爭史1》, 平凡社, 2012.

防衛廳防衛硏修所戰史室, 《戰史叢書: 大本營陸軍部(8・19)》, 朝雲新聞社, 1968.

小西 誠, 《本土決戰 戰跡 ガイド》, 社會批評社, 2012.

山辺愼吾, 《濟州島, 豊榮丸 遭難事件》, 彩流社, 1999.

森田芳夫, 《朝鮮終戰の 記錄》, 巖南堂書店, 1984.

仙石敏夫, 《第41敎育飛行隊: 隼18434, 少年飛行兵たちの回想》, 1990.

少飛會歷史編纂委員會, 《陸軍少年飛行兵史》, 少飛會, 1983.

小西 誠, 《本土決戰 戰跡ガイド》, 社會批評社, 2012.

神谷丹路, 《韓國の 小さな 村で-近い 昔の 記憶》, 凱風社, 1997.

奧本 剛, 《陸海軍水上特攻部隊戰史》, 潮書房光人社, 2013.

五味文彦 外, 《新編新しい社會 歷史》, 東京書籍, 2011.

外山三郎, 《日本史小白科 海軍》, 東京堂出版 1991.

陸軍參謀本部, 《朝鮮地誌略》, 1888.

林茂 外, 《日本終戰史》(上・中・下), 讀賣新聞社, 1965.

戰爭遺跡保存 全國ネットワーク 編, 《戰爭遺跡から學ぶ》, ジュニア新書, 2003.

井上 淸, 《日本の 歷史》(上・下), 岩波新書, 1963.

淨法寺朝美, 《日本築城史: 近代の沿岸築城と要塞》, 原書房, 1971.

朝鮮所在重砲兵聯隊史編纂委員會, 《重砲兵聯隊史》, 千倉, 1998.

朝鮮總督府農商工部, 〈韓國水産誌〉, 第3輯, 1910.

佐山二郎,《日本陸軍の 火砲 要塞砲》, 光人社NF文庫, 2011.

竹國友康,《ある日韓歴史の旅 鎭海の櫻》, 朝日選書, 1999.

中村 均,《韓國巨文島にっぽん村: 海に浮かぶ共生の風景》, 中央公論社, 1994.

坂本正器 外,《日本海軍 編制事典》, 芙蓉書房出版, 2003.

樋口雄一,《戰時下朝鮮の民衆と懲兵》, 總和社, 2001.

特攻隊慰靈顯彰會 編,《特別攻擊隊》(非賣品), 1990.

航空碑奉贊會,《續・陸軍航空の鎭魂》, 1982.

海上勞動協會,《日本商船隊戰時遭難史》, 海上勞動協會, 1962.

海雲台溫泉合資會社 編,《朝鮮 海雲臺溫泉案內》, 1936.

3. 참고 사이트

1. Japan Center for Asian Historical Records(アジア歴史資料センター)
   http://www.jacar.go.jp/

2. 국립 국회 도서관 근대 디지털 라이브러리(國立國會図書館近代デジタル
   ライブラリー)
   http://kindai.ndl.go.jp/

3. National Archives of Japan(國立公文書館)
   http://www.archives.go.jp/

4. 고베대학교 부속도서관 디지털 아카이브 신문기사문고(神戶大學附屬図
   書館デジタルアーカイブ 新聞記事文庫)
   http://www.lib.kobe-u.ac.jp/sinbun/

5. 규슈대학교 도서관(九州大學附屬図書館)
   https://www.lib.kyushu-u.ac.jp/

6. 〈平和憲法を世界へ!〉
   http://www15.ocn.ne.jp/~hide20/

7. 〈釜山でお晝を〉
   http://nekonote.jp/pusan.html

8. 〈櫻と錨の海軍砲術學校〉
   http://navgunschl. sakura. ne. jp/
9. 국회도서관
   http://www. nanet. go. kr/
10. 국립중앙도서관 디브러리
    http://www. nl. go. kr/
11. 국사편찬위원회
    http://www. history. go. kr/
12. 공훈전자사료관
    http://e-gonghun. mpva. go. kr/
13. 〈The Official Chronology of the US Navy in World War Ⅱ〉
    http://www. ibiblio. org/hyperwar/USN/USN-Chron. html
14. 〈Mark Lovmo, 'KIM DUK-HYUNG MEMORIAL PAGE'〉
    http://dokdo-research. com/
15. 〈The Internet Archive〉
    https://archive. org/

류주현 실록대하소설

조선총독부

한국현대사의 격동기를 담아낸 절규의 서사시!
일제강점기 한국인들이 겪은 고통과 독립투사의 뜨거운 투쟁,
친일파 인사들의 카멜레온 같은 변절 행태, 그리고
조선총독부의 횡포 등 질곡의 반세기를 고스란히 담아냈다.
못난 조상이 되지 않으려면 치욕스런 과거도 재조명해야 한다.

전3권   **1권 대한제국의 바람과 구름**
2권 아! 광화문
3권 빼앗긴 들에도 봄은 오는가

각 권 값 13,800원

스티브를 버리세요

임헌우(계명대 교수) 지음

올컬러 값 14,900원

이것으로 당신의 마음은 한없이 뜨거워질 것이다.

미래가 깜깜하고 힘들어 잠 못 드는 날이 많아졌다.
그러다 침대 맡에서 우연히 펴 본 이 책은 나에게 질문을
던지는 것 같았다. 너는 지금 행복하냐고, 잘 살고 있냐고.
– 이지윤

참 많이 펼쳤다 덮었다. 때로는 따끔했고, 때로는 먹먹했고,
때로는 따뜻했다. 떠밀려 가는 현실 속에서 나의 좌표를
잃고 살았다. 하지만 이제 그 좌표를 이제 바라볼 용기가
생겼다. 물론 쉽지 않겠지만– – 주미정

나남
nanam Tel:031-955-4601
www.nanam.net

상상력에 엔진을 달아라

임헌우(계명대 교수) 지음

올컬러 값 18,000원

교보문고 63주간 베스트셀러 정치/사회 부문

〈조선일보〉 선정 문화계 30인이 고른 추천도서 30종
2007. 9. 13. 〈조선일보〉

'선생님이 권하는 여름방학 추천도서'30권 선정
책으로 따뜻한 세상 만드는 교사들

'손에 잡히는 책 – 그 아이디어, 정말 놀라워라.'
2007. 5. 14. 〈국민일보〉

죽기 전에 꼭 읽어야 할 책 100선,
대학생이 꼭 읽어야 할 책 100선 2012. 네이버 검색